Edmund Husserl · Gesammelte Schriften 1

EDMUND HUSSERL

Gesammelte Schriften

Herausgegeben von
Elisabeth Ströker

Band 1

FELIX MEINER VERLAG
HAMBURG

EDMUND HUSSERL

Philosophie der Arithmetik

Text nach Husserliana XII

FELIX MEINER VERLAG
HAMBURG

Textgrundlage: Edmund Husserl, Gesammelte Werke (Husserliana), Band XII: Philosophie der Arithmetik. Herausgegeben von Lothar Eley.

Zur Textgestalt des vorliegenden Bandes siehe »Editorische Hinweise«.

Die Deutsche Bibliothek – CIP-Einheitsaufnahme

Husserl, Edmund:
Gesammelte Schriften / Edmund Husserl. Hrsg. von Elisabeth Ströker. – Hamburg : Meiner.
ISBN 3-7873-1094-0
NE: Ströker, Elisabeth [Hrsg.]; Husserl, Edmund: [Sammlung]
Bd. 1. Philosophie der Arithmetik : Text nach Husserliana XII. – 1992

 Gesamtherstellung: J. Ebner, Ulm. Gedruckt auf säurefreiem, alterungsbeständigem Werkdruckpapier. Printed in Germany.

VORBEMERKUNG

Diese Ausgabe der *Gesammelten Schriften* Edmund Husserls umfaßt in chronologischer Anordnung sämtliche Druckschriften, die Husserl selbst veröffentlicht hat, mit Ausnahme seiner kleineren Abhandlungen und Aufsätze. Dabei darf hier als Veröffentlichung auch gelten, was zwar erst nach Husserls Tod in der Kritischen Edition seines Werkes *Husserliana* erscheinen konnte, von Husserl aber noch selbst für eine Drucklegung ausgearbeitet oder zumindest für eine spätere Publikation ausdrücklich vorgesehen worden war. Ersteres betrifft die letzten Partien des ‚Krisis'-Werkes; letzteres die beiden in mancherlei Hinsicht herausragenden Vorlesungen Husserls über ‚Erste Philosophie'.

Die acht Bände dieser *Gesammelten Schriften* können selbstverständlich nicht den Reichtum an Einzelfragen und Lösungsansätzen präsentieren, die Husserls Philosophie in mehr als 50 Jahren intensiver Forschungstätigkeit im einzelnen geprägt haben – um so weniger, als die Erschließung seines umfänglichen Nachlasses noch längst nicht abgeschlossen ist. Gleichwohl bietet diese Ausgabe mehr als nur eine handliche Auswahl aus Husserls Gesamtwerk. Als eigene Schriften Husserls von besonderer Authentizität, lassen sie Husserls Ausgangspunkte für seine verschiedenen Wege in die phänomenologische Philosophie wie auch deren entscheidende Etappen, die „leitende Zweckidee" seiner Philosophie wie auch seine Mühen, sich ihr in mehrfach erneuerten Anläufen zu nähern, mit besonderer Klarheit und Deutlichkeit erkennen. Insofern dürfen die *Gesammelten Schriften*, wenn nicht für das Ganze der Philosophie Husserls, so doch für ihre grundlegende Problematik, die Methodik ihrer Bearbeitung und für das in ihr Erstrebte und Erreichte im ganzen stehen.

Die Wiedergabe der Texte in dieser Ausgabe folgt, mit Ausnahme der ‚Cartesianischen Meditationen', der Husserliana-Ausgabe, und zwar in der Weise, daß Satzspiegel und Seitenzählung in beiden Ausgaben deckungsgleich sind. Über einige Einzelheiten unterrichten anschießend die editorischen Hinweise.

Der Ergänzungsband *Husserls Werk. Zur Ausgabe der Gesammelten Schriften* bietet dem Leser eine Darstellung, die ihm die inneren Beziehungen zwischen den einzelnen Husserlschen Werken in Grundzügen verdeutlichen sowie die Zusammenhänge nahebringen soll, die zwischen ihnen auch vor dem Hintergrund des bisher zugänglichen Ganzen der Philosophie Husserls. bestehen.

Der Ergänzungsband enthält ferner ein eigens für diese Ausgabe erstelltes Namenregister und ein Sachregister. In diesem konnte eine Auflistung aller Fundstellen der aufgenommenen Termini nicht beabsichtigt sein; angesichts bestimmter Spracheigentümlichkeiten Husserls könnte einer vollständigen Registrierung ein entsprechendes Maß an Orientierungshilfe für den Benutzer kaum zukommen. Sprachstil und Sprachduktus Husserls in einer auffällig festgefügten Begrifflichkeit bedingen zahlreiche Wiederholungen oder synonym genutzte Abwandlungen der grundlegenden phänomenologischen Fachausdrücke. Andererseits hat Husserls nicht zuletzt auch betont sprachreflektiver Umgang mit seiner Terminologie nicht eben selten zu Bedeutungsänderungen bei beibehaltener Wortwahl geführt, so daß diese nur aus der begrifflichen Umgebung des jeweils verwendeten Ausdrucks erkennbar werden.

Husserls in der Philosophie nicht eben häufig anzutreffende, da zum einen terminologisch gefestigte, zum anderen aber auch besonders kontextempfindliche Sprache ließ es deshalb sinnvoll erscheinen, zwar in der Auswahl der grundlegend wichtigen Terme größtmögliche Vollständigkeit anzustreben, in der Anführung der einschlägigen Stellen jedoch weniger auf Lückenlosigkeit als vielmehr auf optimale Möglichkeit schnellen Zugriffs bedacht zu sein, wo es dem Benutzer des Registers um Husserls Bildung, Festigung und Abwandlung seiner Ausdrucksweise geht.

Bei allen Lücken und Mängeln, die auch einem Register als Erstlingsarbeit noch in besonderer Weise anhaften mögen, mag aber wenigstens, wer bisher ausschließlich nach der *Husserliana* gearbeitet hat und weiter arbeiten möchte, es begrüßen, in dieser Ausgabe ein Register zu finden, das auch für seine Orientierung angelegt ist. So korrespondieren, wiederum mit der bereits erwähnten Ausnahme der ‚Cartesianischen Meditationen', den arabischen Zahlen für die Bände dieser Ausgabe die beigegebenen römischen Zahlen den Bänden der *Husserliana*.

Erwartungen, Hoffnungen und Wünsche, welche Autoren und Herausgeber nach getaner Arbeit im allgemeinen an ihre Leser zu richten pflegen, mögen hier dahingehend ergänzt werden dürfen, daß diese erste in Deutschland erscheinende Ausgabe der Werke Husserls nicht bloß als hierzulande wohl leichter zugänglicher Ersatz für die diesbezüglichen Bände der Kritischen Edition der Werke Husserls genommen werde, sondern daß sie auch Anregung und Ansporn zu weiterführenden und noch detaillierteren Studien der Husserlschen Philosophie werden möge, wie sie in vollem Umfange erst die *Husserliana* durch fortlaufende wissenschaftliche Erschließung des Husserl-Nachlasses ermöglichen.

Eigentümliche Umstände haben es gefügt, daß im Jahr 1991, in dem gegen Ende wesentliche Vorbereitungen für diese Ausgabe vor dem Abschluß standen, die drei letzten Philosophen verstarben, die noch zu den Archiv-Forschern der ersten Stunde gehört haben: Stephan Strasser, Marly Biemel und Ludwig Landgrebe. Ohne ihre entschlossene und tatkräftige Initiative, ihre intensive, aufopferungsvolle Editionsarbeit, in den ersten Nachkriegsjahren zumal, wäre auch diese Ausgabe kaum möglich geworden.

Zur geschuldeten Erinnerung kommt endlich die angenehme Pflicht des Dankens. Ricardo Marti-Vilaplana, Christiane Reuter und Rochus Sowa waren sachkundige, sorgfältige und stets verläßliche Mitarbeiter, welche die Hauptlast der Arbeit am Sachregister dieser Ausgabe getragen haben – Glücksfälle in einer Team-Arbeit, die über lange Zeit nicht nur eine mühsame, sondern auch eine recht entsagungsvolle Aufgabe bedeutete. Widrigen äußeren Umständen, die gelegentlich den Zeitablauf der Unternehmung zu gefährden drohten, wußten sie gesteigerte Energie des Einsatzes entgegenzusetzen, wie sie wirksam nur aus einem Engagement gespeist wird, welches die Sache, um die es geht, in besonnener, eigener Entscheidung zu der eigenen macht. Nicht zuletzt auch dafür gebührt ihnen Anerkennung und Dank. Ralf Peters hat schließlich die Hauptarbeiten an den umfänglichen Korrekturen umsichtig und gewissenhaft übernommen. Auch ihm sei für diese unentbehrliche Mithilfe herzlich gedankt.

Köln, im Mai 1992 Die Herausgeberin

EDITORISCHE HINWEISE

Zu Band 1

Edmund Husserls erste Buchveröffentlichung, die *Philosophie der Arithmetik. Logische und psychologische Untersuchungen, Erster Band,* erschien im Jahre 1891 bei C. E. M. Pfeffer (Robert Stricker) in Halle a. d. Saale. Sie war aus einer Überarbeitung und Weiterführung seiner Habilitationsschrift *Über den Begriff der Zahl. Psychologische Analysen* hervorgegangen, die Husserl 1887 der philosophischen Fakultät der Friedrichs-Universität Halle-Wittenberg vorgelegt hatte und die im selben Jahr von der Heynemann'schen Buchdruckerei (F. Beyer) in Halle a. d. Saale aufgelegt wurde, aber nicht in den Buchhandel gelangte. Sie wurde Grundlage der ersten vier Kapitel der späteren *Philosophie der Arithmetik.* Husserl hat aus sachlichen Gründen von der Publikation des darin angekündigten 2. Bandes Abstand genommen.

Die vorliegende Ausgabe ist ein seitengleicher Nachdruck des Textes der Neuedition dieses Werkes in dem von Lothar Eley herausgegebenen und eingeleiteten Band XII der *Husserliana* (Edmund Husserl, Gesammelte Werke), Den Haag: Martinus Nijhoff 1970.

Für die vorliegende Ausgabe wurde der Text durchgesehen. Druckfehler wurden berichtigt. Die ‚Einleitung des Herausgebers', die ‚Ergänzenden Texte (1890–1901)', unter denen auch die Habilitationsschrift von 1887 abgedruckt ist, und der ‚Textkritische Anhang' aus Band XII der *Husserliana* sind dieser Ausgabe nicht beigegeben. Das Namenregister wurde korrigiert und ergänzt in das Gesamtregister der Namen in dem Ergänzungsband dieser ‚Gesammelten Schriften' eingearbeitet.

Zu Band 2

Edmund Husserls *Logische Untersuchungen* (LU) erschienen in erster Auflage in zwei Teilen: *Erster Theil: Prolegomena zur reinen Logik* (1900) und *Zweiter Theil: Untersuchungen zur Phänomenologie und Theorie der Erkenntnis* (1901) beim Verlag Max Niemeyer in Halle a.d. Saale. Ursprünglich sollte das Werk im Verlag Veit und Comp. in Leipzig erscheinen, und die dort verlegten Prolegomena waren Ende November 1899 bis auf das Vorwort gedruckt. Das erklärt die Verlagsangabe in Husserls „‚Selbstanzeige'" (S. 261 dieses Bandes) und in den broschierten Vorexemplaren, die Husserl im Dezember 1899 an Hallenser Ordinarien versandte, sowie in einer Anzahl von Exemplaren, die im Juli 1900 u.a. an Alexius Meinong, Paul Natorp und Wilhelm Schuppe versandt wurden. Bei der Drucklegung des zweiten Teils der LU kam es auf seiten des Verlages zu für Husserl untragbaren Verzögerungen, die zum Bruch mit dem Verleger Veit und zur Übernahme des gesamten Werkes durch den Verlag Max Niemeyer führten (vgl. K. Schuhmann: Husserl-Chronik. Denk- und Lebensweg Edmund Husserls, Den Haag 1977, 58–61).

Die zweite, umgearbeitete Auflage der bald vergriffenen LU erschien – wie auch alle folgenden Auflagen, die unveränderte, nur um Druckfehler bereinigte Nachdrucke der zweiten darstellen – ebenfalls bei Max Niemeyer. Im Jahre 1913 wurden als nun „‚Erster Band'" der LU die *Prolegomena zur reinen Logik* neu aufgelegt. Da sie, wie Husserl im Vorwort schreibt, „eine bloße Ausarbeitung" von Vorlesungen sind, die er 1896 in Halle gehalten hatte, hat Husserl bei der Umarbeitung relativ wenig in den alten Text eingegriffen, um die von der Art des Vortrags herrührende „größere Lebendigkeit der Darstellung" nicht zu beeinträchtigen. Näheres zu der Umarbeitung ist diesem Vorwort zu entnehmen.

Die hier vorgelegte Ausgabe des ersten Bandes der LU ist ein seitengleicher Nachdruck der *Prolegomena* in dem von Elmar Holenstein herausgegebenen und eingeleiteten Band XVIII der *Husserliana* (Edmund Husserl, Gesammelte Werke), Den Haag: Martinus Nijhoff 1975. Den Grundtext bildet der Text der 2., umgearbeiteten Auflage von 1913; die Änderungen gegenüber der 1. Auflage sind im fortlaufenden Text bezeichnet und in den vom Herausgeber stammenden Fußnoten angeführt. Nicht eigens vermerkt sind Korrekturen offensichtlicher Druckfehler sowie Modernisierungen der Orthographie und der Interpunktion. Die Seitenangaben in eckigen Klammern am Rand beziehen sich auf den Seitenumbruch nach der 1. und 2. Auflage (A und B). Die Edition verwendet folgende auch für die Bände 3 und 4 dieser ‚Gesammelten Schriften' gültigen Sigel und Zeichen:

A	1. Auflage des I. Teiles, 1900, und des II. Teiles, 1901
B	2. Auflage des I. Bandes, 1913
B_1	2. Auflage des I. Teiles des II. Bandes, 1913
B_2	2. Auflage des II. Teiles des II. Bandes, 1921
|	Beginn einer neuen Seite in A bzw. B
||	Beginn von neuen Seiten in A und B
⌜ ⌝	Varianten zwischen A und B
[ ]	1) In Zitaten: Einfügungen Husserls, von ihm als solche gekennzeichnet 2) Am Rande: Seitenzahlen in A bzw. B
ist*	Hochgestellte Sternchen: Fußnoten Husserls (in A und B: hochgestellte Ziffern), durch einen kurzen Strich vom Haupttext getrennt
ist[1]	Hochgestellte Ziffern: Fußnoten der Hrsg., durch einen sich über die ganze Seite erstreckenden Strich vom Grundtext getrennt
°ist	Fußnoten der Hrsg., die für stark umgearbeitete Passagen den gesamten A-Text wiedergeben
ist[a]	Hochgestellte kleine Buchstaben: Fußnoten der Hrsg., die Änderungen des Drucks (Kursivierung, Sperrdruck, Kleindruck) oder Änderung von Groß- und Kleinschreibung anzeigen
Anm.	Anmerkung
‹›	Zusätze der Hrsg.
Sperrdruck	1) Hervorhebung (in A z. T. durch Schreibung mit großen Anfangsbuchstaben) 2) Eigennamen (in A und B in Kapitälchen)
Kursivdruck	1) Ausdrücke und Zitate in fremden Sprachen 2) Alleinstehende Buchstaben 3) Titel von Büchern und Zeitschriften (in A und B nicht oder unterschiedlich gekennzeichnet)

Für die vorliegende Ausgabe wurde der Text durchgesehen. Druckfehler wurden berichtigt. Die ‚Einleitung des Herausgebers' und der

,Textkritische Anhang' aus Band XVIII der *Husserliana* sind nicht beigegeben. Mitaufgenommen ist Husserls ,Selbstanzeige' der *Prolegomena* aus dem Jahr 1900 (dieser Band, S. 261 f.) Das Namenregister wurde ergänzt in das Gesamtregister der Namen in dem Ergänzungsband dieser ,Gesammelten Schriften' eingearbeitet.

Zu Band 3

In der ersten Auflage der *Logischen Untersuchungen* (LU) bildete deren ,Zweiter Theil' mit den sechs *Untersuchungen zur Phänomenologie und Theorie der Erkenntnis,* der 1901 im Verlag Max Niemeyer in Halle a. d. Saale erschien, den zweiten, auf die *Prolegomena zur reinen Logik* folgenden Teilband; er trug auf dem Vorlageblatt noch den (in den folgenden Auflagen entfernten) Zusatz „Erste Reihe", da Husserl zunächst beabsichtigte, gleich im Anschluß eine zweite Reihe von Untersuchungen zur Phänomenologie der Anschauung, der Phantasie, der Wahrnehmung und des Bildbewußtseins zu veröffentlichen. Dieses Vorhaben scheiterte zum späteren Bedauern Husserls an den Bedenken des Verlegers, der das finanzielle Risiko eines weiteren Teilbandes scheute (vgl. K. Schuhmann: Husserl-Chronik. Denk- und Lebensweg Edmund Husserls, Den Haag 1977, 63 f.). Für die 2., umgearbeitete Auflage der *Logischen Untersuchungen* verteilte Husserl die sechs Untersuchungen auf zwei Teilbände; davon erschien 1913 bei Niemeyer der erste Teilband mit der ersten bis fünften Untersuchung unter dem Titel *Logische Untersuchungen. Zweiter Band: Untersuchungen zur Phänomenologie und Theorie der Erkenntnis. I. Teil.* Der II. Teil dieses zweiten Bandes mit der umfangreichen sechsten Untersuchung (,Elemente einer phänomenologischen Aufklärung der Erkenntnis') folgte erst im Jahre 1921. Über Motive, Maximen und Ziele der Umarbeitung der ersten 5 Untersuchungen, bei der Husserl einen „Mittelweg" zwischen der Anpassung dieses Werkes an das inzwischen erreichte und in den 1913 erschienenen *Ideen zu einer reinen Phänomenologie und phänomenologischen Philosophie* dokumentierte transzendentale Niveau seiner Phänomenologie und der Bewahrung seines alten Gesamtcharakters zu gehen versuchte, gibt Husserls ,Vorwort zur zweiten Auflage' im ersten Band der LU Auskunft.

Die hier vorgelegte Ausgabe des I. Teils des zweiten Bandes der LU ist ein seitengleicher Nachdruck der Neuausgabe dieses Textes in dem von Ursula Panzer herausgegebenen und eingeleiteten Band XIX/1 der *Husserliana* (Edmund Husserl, Gesammelte Werke), Den Haag: Martinus Nijhoff Publishers 1984. Den Grundtext bildet der Text der 2., umgearbeiteten Auflage (B_1) von 1913; die Änderungen gegenüber der 1. Auflage (A) sind im fortlaufenden Text bezeichnet und in den von der Herausgeberin stammenden Fußnoten angeführt. Nicht eigens vermerkt sind Korrekturen offensichtlicher Druckfehler sowie Modernisierungen der Orthographie und der Interpunktion. Die Seitenangaben in eckigen Klammern am Rand beziehen sich auf den Seitenumbruch nach der 1. und 2. Auflage (A und B_1). Die Edition verwendet die unter ‚Zu Band 2' erläuterten Sigel und Zeichen.

Für die vorliegende Ausgabe wurde der Text durchgesehen. Druckfehler wurden berichtigt. Die ‚Einleitung der Herausgeberin' aus Band XIX/1 der *Husserliana* zu den Bänden XIX/1 und XIX/2 ist dieser Ausgabe nicht beigegeben.

Zu Band 4

In der ersten Ausgabe der *Logischen Untersuchungen* (LU) enthielt deren *Zweiter Theil: Untersuchungen zur Phänomenologie und Theorie der Erkenntnis,* der 1901 im Verlag Max Niemeyer in Halle a. d. Saale erschien, alle sechs Untersuchungen in einem Band. Für die zweite Auflage der LU teilte Husserl die umgearbeiteten Untersuchungen neu auf. Die fünf ersten wurden zum I. Teil des ‚Zweiten Bandes', der 1913 erschien. Die sechste Untersuchung (‚Elemente einer phänomenologischen Aufklärung der Erkenntnis') veröffentlichte Husserl erst 1921 in der zweiten, ‚teilweise umgearbeiteten' Auflage als II. Teil des ‚Zweiten Bandes' unter dem Titel *Logische Untersuchungen. Zweiter Band: Elemente einer phänomenologischen Aufklärung der Erkenntnis. II. Teil.* Diese Neuausgabe lag den beiden noch zu Husserls Lebzeiten erschienenen, nur um Druckfehler bereinigten Auflagen von 1922 und 1928 zugrunde. Entgegen der im ‚Vorwort zur zweiten Auflage' von 1913 im ersten Band der LU angekündigten Umarbeitung dieser „in phänomenologischer Beziehung wichtigsten" Untersuchung (ebd.), mußte sich Husserl, wie er im Vorwort zur Ausgabe von 1921 schreibt, „dazu entschließen, an Stelle der radikalen Umarbeitung, von der damals schon ein erheblicher Teil gedruckt war, den alten, nur in einigen Abschnitten wesentlich verbesserten Text zu veröffentlichen“ (dieser Band, S. 533). über die Grundzüge dieser teilweisen Umarbeitung gibt dieses Vorwort Auskunft.

Die vorliegende Ausgabe des II. Teils des zweiten Bandes der LU ist ein seitengleicher Nachdruck der Neuausgabe dieses Werkes, in dem von Ursula Panzer herausgegebenen Band XIX/2 der *Husserliana* (Edmund Husserl, Gesammelte Werke), Den Haag: Martinus Nijhoff Publishers 1984, auf den sich auch die ‚Einleitung der Herausgeberin‘ in Band XIX/1 bezieht. Den Grundtext dieser Neuedition bildet der Text der 2. Auflage (B_2) voon 1921. Die Änderungen gegenüber der 1. Auflage (A) von 1901 sind im fortlaufenden Text bezeichnet und in den von der Herausgeberin stammenden Fußnoten angeführt. Nicht eigens vermerkt sind Korrekturen offensichtlicher Druckfehler sowie Modernisierungen der Orthographie und der Interpunktion. Die Seitenangaben in eckigen Klammern am Rand beziehen sich auf den Seitenumbruch nach der 1. und 2. Auflage. Die Edition verwendet die unter ‚Zu Band 2‘ erläuterten Sigel und Zeichen.

Für die vorliegende Ausgabe wurde der Text durchgesehen. Druckfehler wurden berichtigt. Die ‚Annotationen und Beiblätter aus dem Handexemplar‘ und der ‚Textkritische Anhang‘ aus Band XIX/2 der *Husserliana* (zu den Bänden XIX/1 und XIX/2) sind dieser Ausgabe nicht beigegeben. Mitaufgenommen ist dagegen Husserls ‚Selbstanzeige‘ des zweiten Teils seiner *Logischen Untersuchungen* aus dem Jahre 1901 (dieser Band, S. 779–783). Das Namenregister zu den beiden Teilbänden wurde korrigiert und ergänzt in das Gesamtregister der Namen in dem Ergänzungsband dieser ‚Gesammelten Schriften‘ eingearbeitet.

Zu Band 5

Husserls *Ideen zu einer reinen Phänomenologie und phänomenologischen Philosophie. Erstes Buch: Allgemeine Einführung in die reine Phänomenologie* erschienen zu Husserls Lebzeiten in drei fast identischen Auflagen 1913, 1922 und 1928 im Verlag Max Niemeyer in Halle a.d. Saale. In erster Auflage erschien das Werk als der Beitrag, mit dem Husserl das von ihm begründete und in Gemeinschaft mit Moritz

Geiger, Alexander Pfänder, Adolf Reinach und Max Scheler herausgegebene *Jahrbuch für Philosophie und phänomenologische Forschung* im Jahre 1913 eröffnete (Erster Band, Teil I, S. 1–323). Mit der Gründung dieses Publikationsorgans reagierte Husserl auf die große Resonanz, die seine *Logischen Untersuchungen* mit ihrem phänomenologischen Ansatz gefunden hatten. Um der sich allmählich formierenden phänomenologischen Bewegung eine systematische und methodische Grundlage zu geben, konzipierte Husserl die *Ideen* als eine ‚Allgemeine Einführung in die reine Phänomenologie' und zugleich als Programm seiner gegenüber den *Logischen Untersuchungen* geklärten und gewandelten transzendentalen Phänomenologie. Zur Veröffentlichung des geplanten und fast zur Druckreife gediehenen Zweiten und Dritten Buches der *Ideen* kam es zu Husserls Lebzeiten nicht mehr. Diese beiden Bücher wurden erstmals 1952 im Rahmen der *Husserliana* (Edmund Husserl, Gesammelte Werke) als Band IV und V von Marly Biemel aus dem Nachlaß herausgegeben.

Neben dem Erstdruck der *Ideen* im Jahrbuch von 1913 erschien zeitgleich im selben Verlag ein Sonderdruck dieses Werkes in Buchform. Eine verbesserte 2. Auflage erschien 1922; die 3. Auflage erfolgte 1928 als unveränderter Nachdruck der ersten.

1950 erschien eine von Walter Biemel herausgegebene Neuausgabe der *Ideen* als Band III der *Husserliana*. Darin hatte der Herausgeber in den bislang bekannten Text die zahlreichen Verbesserungen und Ergänzungen eingearbeitet, die Husserl bis in die späten zwanziger Jahre hinein an dem *Ideen*-Text seiner Handexemplare vorgenommen hatte.

Die hier vorgelegte Ausgabe ist ein seitengleicher Nachdruck der von Karl Schuhmann besorgten Neuausgabe der *Ideen zu einer reinen Phänomenologie und phänomenologischen Philosophie. Erstes Buch: Allgemeine Einführung in die reine Phänomenologie* in dem von ihm eingeleiteten Band III/1 der *Husserliana* (Edmund Husserl, Gesammelte Werke), Den Haag: Martinus Nijhoff 1976. In dieser Ausgabe sind alle späteren Verbesserungen und Ergänzungen Husserls in einem 2. Halbband (III/2) gesondert abgedruckt. Textgrundlage dieser Edition ist der Text der 2. Auflage der *Ideen* von 1922. Er wurde, wo er Fehler aufwies, vom Herausgeber, teilweise unter Heranziehung der vier Handexemplare Husserls, verbessert. – Die Seitenangaben in eckigen Klammern am Rand dieser Ausgabe beziehen sich auf die Originalpaginierung; auf diese beziehen sich alle Seitenverweise innerhalb dieses Werkes.

Für diese Ausgabe wurde der Text durchgesehen. Druckfehler wurden berichtigt. Die ‚Einleitung des Herausgebers' und der ‚Textkritische Anhang' zum 1. Halbband aus Band III/1 der *Husserliana* sind dieser Ausgabe nicht beigegeben, ebenso nicht das darin abgedruckte ‚Ausführliche Sachregister' von Dr. Gerda Walter (erschienen 1923) und das ‚Sachregister' und ‚Namenregister' von Dr. Ludwig Landgrebe (erschienen 1928). Sein Namenregister wurde in vereinfachter Form in das Gesamtregister der Namen in dem Ergänzungsband dieser ‚Gesammelten Schriften' eingearbeitet.

Im Anschluß an den Text der *Ideen* ist im vorliegenden Band Husserls *Nachwort zu meinen ‚Ideen zu einer reinen Phänomenologie und phänomenologischen Philosophie'* abgedruckt, das im *Jahrbuch für Philosophie und phänomenologische Forschung,* Band 11 (1930), S. 549–570, erstmals publiziert wurde und seinem wesentlichen Inhalt nach den Text des für die englische Ausgabe der *Ideen* geschriebenen Vorwortes wiedergibt, die 1931 in der Übersetzung von William R. Boyce Gibson in New York erschien. In diesem Nachwort spricht sich Husserl über „die allgemeinen Mißverständnisse" aus, die „den wahren Sinn" seiner „transzendentalen Phänomenologie verhüllt haben" (ebd., Vorbemerkung).

Das in dem vorliegenden Band aufgenommene *Nachwort* Husserls ist ein seitengleicher Nachdruck dieses Textes in dem von Marly Biemel herausgegebenen Band V der *Husserliana* (Edmund Husserl, Gesammelte Werke), *Ideen zu einer reinen Phänomenologie und phänomenologischen Philosophie. Drittes Buch: Die Phänomenologie und die Fundamente der Wissenschaften,* Den Haag: Martinus Nijhoff 1971 (Photomechanischer Nachdruck der Erstausgabe von 1952), S. 138–162. Für diese Ausgabe wurde der Text durchgesehen. Druckfehler wurden berichtigt.

Zu Band 6

Im Wintersemester 1923/24 hielt Husserl in Freiburg eine groß angelegte Vorlesung unter dem Titel *Erste Philosophie.* Darin trug er in einem ersten Teil eine kritische Durchmusterung der seit Platon aufgetretenen Versuche zu einer philosophischen Grundwissenschaft vor; in einem zweiten Teil führte er über eine Darstellung der phänomenologischen Reduktion als Methode des Zugangs zum Feld transzendentaler Erfahrung in seine Konzeption einer phänomenologischen Philosophie ein. Im stenographischen Originalmanuskript (Archiv-Signatur: F I 34 I und II), das Husserl während des Semesters als Grundlage für den mündlichen Vortrag verfaßte, trägt der erste Teil die Überschrift „Ideengeschichte, kritisch", der zweite die Überschrift „Theorie der phänomenologischen Reduktion". Da Husserl sich von vornherein mit Publikationsabsichten trug – die *Erste Philosophie* sollte im nächsten Band (VII) des von ihm begründeten und herausgegebenen *Jahrbuchs für Philosophie und phänomenologische Forschung* erscheinen –, ließ er von seinem damaligen Assistenten, Ludwig Landgrebe, sogleich eine Maschinenabschrift seines Manuskriptes anfertigen, die nur wenige Abweichungen von diesem aufweist, aber im Unterschied zu diesem durchgängig in Vorlesungen (1.–54.) gegliedert ist. Sie hat die Archiv-Signatur M I 3/F I 34/ I b und II b. Ein zweites Exemplar dieser Abschrift hat Husserl mit Blick auf eine künftige Drucklegung stark und teilweise mehrfach überarbeitet (M 3/F I 34/ I a und II a). Zu einer Veröffentlichung der nicht zu völliger Druckreife gelangten *Ersten Philosophie* kam es jedoch zu Lebzeiten Husserls nicht. Sie erfolgte erst 1956 und 1959 im Rahmen der *Husserliana* (Edmund Husserl, Gesammelte Werke) in den von Rudolf Boehm herausgegebenen und eingeleiteten Bänden VII und VIII: *Erste Philosophie (1923/24). Erster Teil: Kritische Ideengeschichte* und *Erste Philosophie (1923/24). Zweiter Teil: Theorie der phänomenologischen Reduktion,* die bei Martinus Nijhoff (Den Haag) erschienen. In diesen beiden Bänden, die auch eine Reihe ergänzender Texte (Abhandlungen und Beilagen) bieten, folgt der Haupttext dem stenographischen Originalmanuskript Husserls unter Einbeziehung aller weiteren, oben genannten Bearbeitungen; sie sind jeweils in einem textkritischen Anhang kenntlich gemacht.

Die vorliegende einbändige Ausgabe ist ein seitengleicher Nachdruck des Haupttextes in den beiden Bänden der von Rudolf Boehm besorgten Erstausgabe der *Ersten Philosophie*; deshalb setzt mit Beginn des zweiten Teils die Paginierung neu ein. Abgesehen von den als solche gekennzeichneten Anmerkungen des Herausgebers stehen alle von ihm stammenden Zusätze in spitzen Klammern; dies gilt insbesondere für die Überschriften der einzelnen Abschnitte, Kapitel und Vorlesungen.

Für diese Ausgabe wurde der Text der *Husserliana*-Bände durchgesehen. Druckfehler wurden berichtigt. Von beiden Bänden sind hier nicht beigegeben: die ‚Einleitung des Herausgebers', die ‚Ergänzenden Texte' sowie der ‚Textkritische Anhang'. Verweise des Herausgebers auf Beilagen wurden aber beibehalten. Die Namenregister wurden ergänzt und in das Gesamtregister der Namen in dem Ergänzungsband dieser ‚Gesammelten Schriften' eingearbeitet.

Zu Band 7

Husserls letztes, noch von ihm selbst veröffentlichtes Werk ist die *Formale und transzendentale Logik. Versuch einer Kritik der logischen Vernunft* (FTL). Auf dem Hintergrund seiner langjährigen Bemühungen um die Klärung der Grundlagen und des Leistungssinnes der Logik binnen zweier Monate niedergeschrieben, entstand es als Husserls Beitrag für den X. Band des von ihm begründeten und herausgegebenen *Jahrbuchs für Philosophie und phänomenologische Forschung,* der 1929 im Verlag Max Niemeyer (Halle a. d. Saale) erschien; zeitgleich erschien das Werk in Buchform als Sonderdruck aus dem *Jahrbuch.* Zum Textbestand der FTL gehören drei ‚Beilagen', deren erste ihrem wesentlichen Inhalt nach auf eine Göttinger Vorlesung Husserls im Wintersemester 1910/11 zurückgeht. In Beilage III stammt der abschließende § 4 („Bemerkungen über Tautologie im Sinne der Logistik") von Husserls ehemaligem Assistenten Oskar Becker. Eine Druckvorlage zur FTL in Form eines hand- oder maschinengeschriebenen Manuskriptes existiert nicht mehr.

Die vorliegende Ausgabe der FTL ist ein seitengleicher Nachdruck des Haupttextes in dem von Paul Janssen herausgegebenen und eingeleiteten Band XVII der *Husserliana* (Edmund Husserl, Gesammelte Werke), Den Haag: Martinus Nijhoff 1974. Er folgt dem Text des 1929 erschienenen Sonderdrucks aus dem *Jahrbuch,* und zwar in dem heute im Löwener Husserl-Archiv aufbewahrten Handexemplar Husserls, das er bei einer erneuten Lektüre im Jahre 1937 mit einer Reihe von Annotationen versehen hat. Von diesen sind die inhaltlich belangvollen unter Angabe der Zeile und der Art der Annotation in den Fußnoten angeführt; vom Herausgeber stammende Teile sind hier kursiv gesetzt. Die in eckige Klammern gesetzten Zahlen am

Seitenrand beziehen sich auf den Seitenumbruch der Originalausgabe.

Für die vorliegende Ausgabe wurde der Text durchgesehen. Druckfehler wurden berichtigt. Die ‚Einleitung des Herausgebers', die ‚Ergänzenden Texte' und der ‚Textkritische Anhang' aus dem Band der *Husserliana* sind dieser Ausgabe nicht beigegeben. Das Namenregister wurde ergänzt und in das Gesamtregister der Namen in dem Ergänzungsband dieser ‚Gesammelten Schriften' eingearbeitet.

Zu Band 8

Husserls *Cartesianische Meditationen. Eine Einleitung in die Phänomenologie* (CM) verdanken ihr Entstehen einer Einladung zu zwei Doppelvorträgen, die Husserl als Korrespondierendes Mitglied der Académie Française im Februar 1929 unter dem Titel „Einleitung in die transzendentale Phänomenologie" in deutscher Sprache an der Sorbonne gehalten hat. Für das französische Publikum arbeitete Husserl diese Vorträge noch im selben Jahr zu einem eigenständigen Werk aus, das 1931 als *Méditations Cartésiennes. Introduction à la Phénoménologie* in der Übersetzung von Emmanuel Levinas und Gabrielle Pfeiffer bei A. Colin in Paris erschien. Das Manuskript, das dieser einzigen zu Husserls Lebzeiten erschienenen Ausgabe der CM zugrunde lag, gilt bis heute als verschollen.

Husserls Arbeiten an dem Manuskript für eine deutsche Ausgabe der CM, die gegenüber der französischen erheblich erweitert und zu einer Gesamtdarstellung seiner transzendentalphänomenologischen Philosophie ausgestaltet werden sollte, blieben, nicht zuletzt wegen der 1933 veränderten politischen Situation, unvollendet. So erschien die erste deutschsprachige Ausgabe der CM erst postum in dem von Stephan Strasser unter dem Titel *Cartesianische Meditationen und Pariser Vorträge* herausgegebenen und eingeleiteten Band I der *Husserliana* (Edmund Husserl, Gesammelte Werke), Den Haag: Martinus Nijhoff 1950. Dieser Edition liegt ein aus dem Jahr 1929 stammendes und handschriftlich verbessertes Maschinentyposkript aus dem Husserl-Nachlaß (Archiv-Signatur: M II 5 I–II) zugrunde, das von Husserl als „Ausarbeitung für den Druck" gekennzeichnet worden ist. Für die zweite, im wesentlichen unveränderte Auflage (Den Haag 1963; Photomechanischer Nachdruck 1973), zog Rudolf Boehm, der mit der Neuauflage betraut worden war, zusätzlich ein Typoskript heran, das zur Zeit der Erstauflage noch unbekannt war. Dieses sogenannte ‚Typescript C', das Dorian Cairns Ende 1932 von Husserl mit der Widmung „Cartesianische Meditationen / Originaltext / E. Husserl / für Dorion Carins" zum Geschenk erhalten hatte, weist die größte Nähe zur französischen Übersetzung auf und lag wahrscheinlich dieser in einer überarbeiteten Fassung zugrunde, da die im Typoskript M II 5 I–II von Husserl und Eugen Fink angebrachten Zusätze und Verbesserungen in das ‚Typescript C' übernommen und bei der Übersetzung ins Französische berücksichtigt worden sind. (Näheres zur Entstehungsgeschichte und Quellenlage in *Husserliana I* von 1963, S. XXI–XXXIII u. 221–228.)

Die hier vorgelegte Ausgabe der *Cartesianischen Meditationen* ist ein seitengleicher Nachdruck dieses Textes in der von Elisabeth Ströker herausgegebenen, eingeleiteten und mit Registern versehenen Neuedition in Band 291 der Philosophischen Bibliothek, Hamburg: Felix Meiner 1977. Diese Ausgabe weicht im Wortlaut nur an wenigen Stellen, in der äußeren Gestaltung dagegen durchweg von den beiden *Husserliana*-Ausgaben ab. Dies betrifft vor allem die häufigen Hervorhebungen durch Sperrungen, die auf Unterstreichungen in Husserls Manuskripten zurückgehen, bei denen aber sowohl der Urheber als auch die Funktion im Text unklar ist; auf sie wurde in der Neuedition ganz verzichtet. Ähnlich wurde mit den bei Husserl auffällig häufigen Anführungszeichen verfahren, die in den *Husserliana*-Ausgaben teils durch Kursivdruck, teils durch Anführungszeichen ohne klar ersichtliches Prinzip und der Gefahr emphatischer Verzerrungen wiedergegeben sind; die in den Manuskripten gesetzten Anführungszeichen wurden deshalb nur teilweise übernommen. Die Zeichensetzung wurde den heute geltenden Regeln entsprechend modernisiert. Einfügungen in spitzen Klammern kennzeichnen die in *Husserliana I* vom Herausgeber hinzugefügten und in den Manuskripten offensichtlich fehlenden Wörter. Der uneinheitliche Gebrauch von „primordinal" und „primordial" wurde zugunsten des letzteren vereinheitlicht.

Für die hier vorgelegte Ausgabe wurde der Text dieser Neuedition von 1977 durchgesehen. Druckfehler wurden berichtigt. Die ‚Einleitung' und der ‚Editorische Bericht' der Herausgeberin sind dieser Ausgabe nicht beigegeben. Die beigefügte Konkordanz erleichtert den Vergleich zwischen der von E. Ströker erarbeiteten Edition mit den beiden Editionen in der *Husserliana*. Das Sach- und Namenregister sind in den entsprechenden Gesamtregistern im Ergänzungsband der vorliegenden ‚Gesammelten Schriften' aufgegangen.

Die Krisis der europäischen Wissenschaften und die transzendentale Phänomenologie, Husserls letztes, unvollendetes Werk, geht auf Vorträge zurück, die er 1935 in Wien und Prag gehalten hat. Die beiden thematisch zusammenhängenden Prager Vorträge, die er am 14. und 15. November unter dem Titel „Die Krisis der europäischen Wissenschaften und die Psychologie" hielt, gestaltete er anschließend mit bedeutenden Erweiterungen zu einer größeren Schrift aus, die eine neue und „eigenständige Einleitung in die transzendentale Phänomenologie" (Vorwort) darstellt. Von dieser erschienen zu Husserls Lebzeiten nur die Teile I und II als ein Artikel im 1. Band der von Arthur Liebert in Belgrad herausgegebenen Zeitschrift *Philosophia* (1936, S. 77–176). Zur Vollendung dieser auf fünf Teile angelegten Schrift, die, da sie in Deutschland nicht mehr erscheinen konnte, zunächst in einer Serie weiterer Artikel in der *Philosophia* und dann auch in Buchform veröffentlicht werden sollte, kam es nicht mehr, da Husserl nach langer Krankheit im April 1938 starb. Zur Druckreife gelangte lediglich noch das Manuskript des III. Teils der *Krisis,* in dem die Problematik der „Lebenswelt" entfaltet wird. Dieses von Eugen Fink, Husserls letztem Assistenten, aus dem nicht mehr vorhandenen stenographischen Original transkribierte, maschinenschriftliche Manuskript wurde von Husserl handschriftlich überarbeitet und ergänzt (Archiv-Signatur M III 5 III 1 und 2).

Die vorliegende Ausgabe der *Krisis* ist ein seitengleicher Nachdruck des 73 Paragraphen umfassenden Haupttextes in Band VI der *Husserliana* (Edmund Husserl, Gesammelte Werke), der, herausgegeben und eingeleitet von Walter Biemel, 1956 unter dem Titel *Die Krisis der europäischen Wissenschaften und die transzendentale Phänomenologie. Eine Einleitung in die phänomenologische Philosophie* bei Martinus Nijhoff in Den Haag in 2. Auflage erschien (1. Aufl. 1954). Der Gestaltung des Textes lag für die §§ 1–27 Husserls Artikel in der *Philosophia* (ohne sein kurzes Vorwort) und für die §§ 28–71 das Manuskript M III 5 III 1 u. 2 zugrunde. Den Paragraphen 72 bildet ein nicht transkribierter Text aus dem Manuskript K III 6 (Bl. 230–236), der von Husserl als zur Krisis-Abhandlung gehörig gekennzeichnet worden ist. Der Text des vom Herausgeber als ‚Schlußwort' angefügten § 73 ist demselben Manuskript (Bl. 150–156) entnommen.

Für die vorliegende Ausgabe wurde der Text durchgesehen. Druckfehler wurden berichtigt. In den Anmerkungen auf S. 130 und 221 wurde aufgrund des Originalmanuskriptes, das an den entsprechenden Stellen fast interpunktionslose stenographische Einfügungen in den maschinengeschriebenen Text aufweist, die Zeichensetzung sinnverdeutlichend geändert.

Der in diesem Band abgedruckte *Krisis*-Text folgt auf den Text der *Cartesianischen Meditationen* (und der ihnen beigefügten Konkordanz) mit neu einsetzender Seitenzählung. Die ‚Einleitung des Herausgebers', die ‚Ergänzenden Texte' (Abhandlungen und Beilagen) und der ‚Textkritische Anhang' in *Husserliana* VI sind dieser Ausgabe nicht beigegeben. Die in spitze Klammern gesetzten Verweise des Herausgebers auf Beilagen wurden beibehalten. Das Namenregister wurde ergänzt und in das Gesamtregister der Namen in dem Ergänzungsband dieser ‚Gesammelten Schriften' eingearbeitet.

HUSSERLIANA

Edmund Husserls Gesammelte Werke

Bd. I	Cartesianische Meditationen und Pariser Vorträge, herausgegeben von Stefan Strasser, Den Haag 1950, [2]1963, Photomechanischer Nachdruck 1973
Bd. II	Die Idee der Phänomenologie. Fünf Vorlesungen, herausgegeben von Walter Biemel, Den Haag 1950, [2]1958, Neudruck 1973
Bd. III	Ideen zu einer reinen Phänomenologie und phänomenologischen Philosophie. Erstes Buch. Allgemeine Einführung in die reine Phänomenologie. Neue, aufgrund der handschriftlichen Zusätze des Verfassers erweiterte Auflage herausgegeben von Walter Biemel, Den Haag 1950
Bd. III/1	Ideen zu einer reinen Phänomenologie und phänomenologischen Philosophie. Erstes Buch. Allgemeine Einführung in die reine Phänomenologie, neu herausgegeben von Karl Schuhmann, Den Haag 1976
Bd. III/2	Ideen zu einer reinen Phänomenologie und phänomenologischen Philosophie. Erstes Buch. Allgemeine Einführung in die reine Phänomenologie. Ergänzende Texte (1912–1929), neu herausgegeben von Karl Schuhmann, Den Haag 1976
Bd. IV	Ideen zu einer reinen Phänomenologie und phänomenologischen Philosophie. Zweites Buch. Phänomenolo-

gische Untersuchungen zur Konstitution, herausgegeben von Marly Biemel, Den Haag 1952, ²1984

Bd. V Ideen zu einer reinen Phänomenologie und phänomenologischen Philosophie. Drittes Buch. Die Phänomenologie und die Fundamente der Wissenschaften, herausgegeben von Marly Biemel, Den Haag 1952, Photomechanischer Nachdruck 1971

Bd. VI Die Krisis der europäischen Wissenschaften und die transzendentale Phänomenologie. Eine Einleitung in die phänomenologische Philosophie, herausgegeben von Walter Biemel, Den Haag 1954, ²1962, Photomechanischer Nachdruck 1976

Bd. VII Erste Philosophie (1923/24). Erster Teil. Kritische Ideengeschichte, herausgegeben von Rudolf Boehm, Den Haag 1956

Bd. VIII Erste Philosophie (1923/1924). Zweiter Teil, Theorie der phänomenologischen Reduktion, herausgegeben von Rudolf Boehm, Den Haag 1959

Bd. IX Phänomenologische Psychologie. Vorlesungen Sommersemester 1925, herausgegeben von Walter Biemel, Den Haag 1962, ²1968

Bd. X Zur Phänomenologie des inneren Zeitbewußtseins (1893–1917), herausgegeben von Rudolf Boehm, Den Haag 1966

Bd. XI Analysen zur passiven Synthesis. Aus Vorlesungs- und Forschungsmanuskripten 1918–1926, herausgegeben von Margot Fleischer, Den Haag 1966

Bd. XII Philosopie der Arithmetik. Mit ergänzenden Texten (1890–1901), herausgegeben von Lothar Eley, Den Haag 1970

Bd. XIII Zur Phänomenologie der Intersubjektivität. Texte aus dem Nachlaß. Erster Teil (1905–1920), herausgegeben von Iso Kern, Den Haag 1973

Bd. XIV Zur Phänomenologie der Intersubjektivität. Texte aus dem Nachlaß. Zweiter Teil (1921–1928), herausgegeben von Iso Kern, Den Haag 1973

Bd. XV Zur Phänomenologie der Intersubjektivität. Texte aus dem Nachlaß. Dritter Teil (1929–1935), herausgegeben von Iso Kern, Den Haag 1973

Bd. XVI Ding und Raum. Vorlesungen 1907, herausgegeben von Ulrich Claesges, Den Haag 1973

Bd. XVII Formale und transzendentale Logik. Versuch einer Kritik der logischen Vernunft, herausgegeben von Paul Janssen, Den Haag 1974

Bd. XVIII Logische Untersuchungen. Erster Band. Prolegomena zur reinen Logik, herausgegeben von Elmar Holenstein, Den Haag 1975

Bd. XIX/1 Logische Untersuchungen. Zweiter Band, 1. Teil. Untersuchungen zur Phänomenologie und Theorie der Erkenntnis, herausgegeben von Ursula Panzer, Den Haag 1984

Bd. XIX/2 Logische Untersuchungen. Zweiter Band, 2. Teil. Untersuchungen zur Phänomenologie und Theorie der Erkenntnis, herausgegeben von Ursula Panzer, Den Haag 1984

Bd. XX Logische Untersuchungen, Ergänzungsband. Entwürfe zur Umarbeitung der Sechsten Untersuchung. Texte aus dem Nachlaß 1911–1917 (in Vorbereitung)

Bd. XXI Studien zur Arithmetik und Geometrie. Texte aus dem Nachlaß. 1886–1901, herausgegeben von Ingeborg Strohmeyer, Den Haag 1983

Bd. XXII Aufsätze und Rezensionen (1890–1910), herausgegeben von Bernhard Rang, Den Haag 1979

Bd. XXIII Phantasie, Bildbewußtsein, Erinnerung. Zur Phänomenologie der anschaulichen Vergegenwärtigungen. Texte aus dem Nachlaß (1898–1925), herausgegeben von Eduard Marbach, Den Haag 1980

Bd. XXIV Einleitung in die Logik und Erkenntnistheorie. Vorlesungen 1906/07, herausgegeben von Ullrich Melle, Dordrecht/Boston/Lancaster 1984

Bd. XXV Aufsätze und Vorträge (1911–1921), herausgegeben von Thomas Nenon und Hans Rainer Sepp, Dordrecht/Boston/Lancaster 1987

Bd. XXVI Vorlesungen über Bedeutungslehre. Sommersemester 1908, herausgegeben von Ursula Panzer, Dordrecht/Boston/Lancaster 1987

Bd. XXVII Aufsätze und Vorträge (1922–1937), herausgegeben von Thomas Nenon und Hans Rainer Sepp, Dordrecht/Boston/Lancaster 1989

Bd. XXVIII Vorlesungen über Ethik und Wertlehre. 1908–1914, herausgegeben von Ullrich Melle, Dordrecht/Boston/Lancaster 1988

Bd. XXIX Die Krisis der europäischen Wissenschaften und die transzendentale Phänomenologie. Ergänzungsband, Texte aus dem Nachlaß 1934–37, herausgegeben von Reinhold Smid, Dordrecht/Boston/Lancaster 1992

Weitere Bände in Vorbereitung.

PHILOSOPHIE DER ARITHMETIK

INHALT

PHILOSOPHIE DER ARITHMETIK

Logische und psychologische Untersuchungen

Erster Band

PHILOSOPHIE DER ARITHMETIK

LOGISCHE UND PSYCHOLOGISCHE

UNTERSUCHUNGEN

ERSTER BAND

MEINEM LEHRER

FRANZ BRENTANO

IN INNIGER DANKBARKEIT

VORREDE

Die „Philosophie der Arithmetik", die ich hiermit der Öffentlichkeit übergebe, beansprucht nicht, ein regelrechtes System dieser für den Mathematiker und Philosophen gleich wichtigen Grenzdisziplin aufzubauen, wohl aber in einer Reihe „psychologischer und logischer Untersuchungen" die wissenschaftlichen Fundamente für einen künftigen Aufbau derselben vorzubereiten. Mehr als solche Vorbereitung konnte bei dem jetzigen Stande der Wissenschaft nicht angestrebt werden. Nicht e i n e Frage von Bedeutung wüßte ich zu nennen, in deren Beantwortung unter den beteiligten Forschern auch nur erträgliche Harmonie bestände; Beweis genug, daß in unserem Gebiete von einer bloß architektonischen Gliederung bereits gesicherter Erkenntnisse noch keine Rede sein kann. Die gegebene Aufgabe ist hier vielmehr die: in geduldiger Einzelforschung nach den haltbaren Fundamenten zu suchen, in sorgfältiger Kritik die beachtenswerten Theorien zu prüfen, Richtiges und Verfehltes zu sondern, um, so belehrt, Neues und, wenn möglich, besser Gesichertes an deren Stelle zu setzen. Damit ist die Tendenz dieses Werkes gekennzeichnet.

Kritische Vollständigkeit habe ich nicht angestrebt. Ich hielt es im Interesse der Sache nicht für geboten, die zahllosen Versuche, welche die Grundfragen des behandelten Gebietes angehen und mir bekannt geworden sind, in Betracht zu ziehen; es genügte die Auswahl solcher, die, sei es durch ihren besonderen Charakter, sei es durch ihre weitreichende Verbreitung, sei es durch ihre innere Bedeutung, einen Vorzug zu verdienen schienen.

Ich hoffe, daß eine kritische Methode, die ich öfter befolgte, mir nicht zum Tadel gereichen werde. Wo es irgend anging, bemühte ich mich, leitende Gedanken, die ich bei verschiedenen Autoren immer wiederkehren sah und die, nicht immer klar und konsequent verfolgt, deren theoretische Überzeugungen bestimmten, auszulösen, begrifflich scharf zu fixieren und aufgrund derselben eine möglichst konsequente Theorie aufzubauen. Die nachfolgende Kritik konnte dann zeigen, wie weit derartige zunächst plausibel erscheinende Motive überhaupt zu reichen vermöchten.

In den positiven Entwicklungen ließ ich mich nicht ausschließlich vom Interesse einer erkenntnistheoretischen Erforschung der Arithmetik leiten. Wo die Analyse einerseits der arithmetischen Elementarbegriffe, andererseits der die Arithmetik auszeichnenden symbolischen Methoden für die Psychologie oder Logik einigen Ertrag versprach, habe ich mich auf detailliertere Untersuchungen eingelassen, als es eine „Metaphysik des Kalküls" gerade erfordert hätte. Dies gilt z. B. von den Partien dieses Bandes, in welchen die Psychologie der Begriffe Vielheit, Einheit und Anzahl eine möglichst sorgsame und hoffentlich nicht ganz fruchtlose Bearbeitung erfährt. Ganz aus den Rahmen einer Philosophie der Arithmetik treten aber nur die im Anhange des II. Bandes mitzuteilenden Untersuchungen zur allgemeinen Logik der symbolischen Methoden (zur „Semiotik"), in welchen ich den Versuch wagen will, eine wesentliche Lücke der bisherigen Logik auszufüllen.

Dem philosophischen Leser werden, wie ich hoffe, derartige Spezialuntersuchungen gerade in dem Zusammenhange, in dem sie wie entstanden so auch dargelegt sind, nicht unwillkommen sein; der mathematische Leser hingegen wird, was ihn weniger interessiert, leicht überschlagen können. Im übrigen bemerke ich mit Rücksicht auf letzteren, daß philosophische Fachkenntnisse zum Verständnis dieses Werkes nicht erfordert sind. Von der ohnehin ziemlich vagen philosophischen Terminologie habe ich sparsamen Gebrauch gemacht, zumal keinen Terminus verwendet, der nicht durch Definition oder durch Beispiel hinreichend verdeutlicht wäre. Auf der andern Seite verlangt das Verständnis, wenn nicht dieses, so des nachfolgenden Bandes, einige mathematische Vorkenntnisse, so viel etwa ein erster Kursus der Algebra und Analysis zu bringen pflegt. Dergleichen war naturgemäß nicht zu vermeiden; wer nicht einige mathematische Studien betrieben hat, wird wohl auch nicht ernstlich darangehen können, sich über die Philosophie dieser Disziplin zu orientieren.

Der hier vorliegende I. Band behandelt in dem ersten seiner beiden Teile die der Hauptsache nach psychologischen Fragen, welche mit der Analyse der Begriffe von Vielheit, Einheit und

Anzahl, soweit sie uns eigentlich und nicht durch indirekte Symbolisierung gegeben sind, zusammenhängen. Der zweite Teil betrachtet dann die symbolischen Vorstellungen von Vielheit und Anzahl und versucht zu zeigen, wie die Tatsache, daß wir fast durchgehends auf symbolische Zahlbegriffe eingeschränkt sind, den Sinn und Zweck der Anzahlenarithmetik bestimmt.

Die logische Untersuchung des arithmetischen Algorithmus — immer noch in seiner Auffassung als Arithmetik der Anzahl — und die Rechtfertigung der rechnerischen Verwertung der aus den inversen Operationen entstehenden Quasizahlen: der negativen, imaginären, der gebrochenen und irrationalen Zahlen soll der erste Teil des II. Bandes enthalten. Die kritischen Betrachtungen desselben geben mehrfachen Anlaß, der Frage näher zu treten, ob es das Anzahlengebiet oder welches Begriffsgebiet es sonst sei, das die allgemeine Arithmetik im ersten und ursprünglichen Sinne beherrscht. Dieser Fundamentalfrage soll dann der zweite Teil des II. Bandes gewidmet sein. Es ergibt sich das Resultat, daß identisch derselbe Algorithmus, dieselbe arithmetica universalis eine Reihe wohl zu sondernder Begriffsgebiete beherrscht, und daß keineswegs eine *einzige* Begriffsart, sei es die Anzahl oder die Ordinalzahl oder irgendeine andere, *überall* die Anwendung vermittle. Auf die volle logische Aufklärung des wahren Sinnes der allgemeinen Arithmetik sowie auf die Analyse der durch sie logisch zu beherrschenden Begriffe (wie Reihe, Größe etc.) soll im Verlaufe dieser Untersuchungen alle Sorgfalt verwendet werden.

Schon aus diesen dürftigen Andeutungen ersieht der Leser, daß ich mich von den gegenwärtig prävalierenden Ansichten nicht unerheblich entferne. Gleichwohl fürchte ich nicht den Vorwurf, daß ich das Neue um der Neuerung willen bevorzugt habe. Von den geltenden Ansichten bin auch ich ausgegangen, und erst die volle Überzeugung ihrer Unhaltbarkeit, die sich mir bei dem Bestreben, sie präzise zu formulieren, aufdrängte, zwang mich zu neuen Theorien, deren, wie ich hoffe, befriedigendere Ausgestaltung die Frucht mehrjährigen Nachdenkens ist. Vielleicht waren meine Bemühungen nicht ganz nutzlos; vielleicht wird es mir gelingen, wenigstens in einigen Grundpunkten der wahren Philosophie des Kalküls, diesem Desiderat von Jahrhunderten, den Weg zu bahnen.

Wenn Zeit und Umstände günstig sind, gedenke ich im II. Bande auch eine neue philosophische Theorie der Euklidischen Geometrie, deren Grundgedanken mit den dort abzuhandelnden Fragen in nahem Zusammenhange stehen, zu entwickeln. Vielleicht erweckt es von vornherein kein ungünstiges Vorurteil für meine Bestrebungen, wenn ich sage, daß ich die Grundgedanken meiner neuen Theorie dem Studium der vielgelesenen und doch immer nur einseitig ausgenützten Gaußschen Anzeige über die biquadratischen Reste (II)[1] verdanke.

Ich muß noch bemerken, daß ein Teil der psychologischen Untersuchungen des vorliegenden Bandes nahezu wörtlich bereits in meiner Habilitationsschrift enthalten war, von welcher im Herbste 1887 ein Heftchen von vier Bogen unter dem Titel *Über den Begriff der Zahl. Psychologische Analysen* gedruckt worden, aber nicht in den Buchhandel gekommen ist.

Der II. Band, im Konzept großenteils fertig, dürfte nach Verlauf eines Jahres dem Drucke übergeben werden.

Ich gebe mich der Hoffnung hin, daß dieses Werk schon mit Rücksicht auf die Schwierigkeit der behandelten Probleme jene nachsichtige Beurteilung finden werde, auf welche der erste größere Versuch eines Autors rechnen zu dürfen glaubt.

Halle a. S., im April 1891. E. G. HUSSERL.

[1] C. F. Gauß, „Anzeige der Theoria residuorum biquadraticorum, Commentatio secunda." *Göttingsche gelehrte Anzeigen*, 1831, *Werke*, Bd. II, Göttingen 1863, S. 174–178. — Anm. d. Hrsg.

ERSTER TEIL

DIE EIGENTLICHEN BEGRIFFE VON VIELHEIT, EINHEIT UND ANZAHL

EINLEITUNG

Der Begriff der Zahl ist ein vielfacher. Darauf weist uns schon die Mehrheit verschiedener Zahlwörter hin, die in der Sprache des gewöhnlichen Lebens auftreten und von den Grammatikern unter folgenden Titeln aufgeführt zu werden pflegen: die Anzahlen oder Grundzahlen (numeralia cardinalia), die Ordnungszahlen (n. ordinalia), die Gattungszahlen (n. specialia), die Wiederholungszahlen (n. iterativa), die Vervielfältigungszahlen (n. multiplicativa) und die Bruchzahlen (n. partitiva). Daß die Anzahlen als die ersten in dieser Reihe genannt werden, beruht ebenso wie die charakteristischen Namen, die sie sonst tragen — Grund- oder Kardinalzahlen —, nicht auf bloßer Konvention. Sie nehmen sprachlich eine bevorzugte Stellung dadurch ein, daß die sämtlichen übrigen Zahlwörter nur durch geringe Modifikationen aus den Anzahlwörtern hervorgehen (z. B. zwei, zweiter, zweierlei, zweifach, zweimal, zweitel). Die letzteren sind also wahrhafte Grundzahlwörter. Die Sprache leitet uns hiermit auf den Gedanken hin, es möchten auch die korrespondierenden Begriffe sämtlich in einem analogen Abhängigkeitsverhältnisse stehen zu denen der Anzahlen und gewisse inhaltsreichere Gedanken vorstellen, in welchen die Anzahlen bloße Bestandteile bilden. Die einfachste Überlegung scheint dies zu bestätigen. So handelt es sich bei den Gattungszahlen (einerlei, zweierlei usw.) um eine Anzahl von Verschiedenheiten innerhalb einer Gattung; bei den Wiederholungszahlen (einmal, zweimal usw.) um die Anzahl einer Wiederholung. Bei den Vervielfältigungs- und Bruchzahlen dient die Anzahl dazu, das Verhältnis eines in gleiche Teile geteilten Ganzen zu einem Teile bzw. eines Teiles zum Ganzen genauer zu determinieren. Ist das Ganze in n Teile geteilt, dann heißt es das n-fache jedes Teiles und jeder Teil ein n^{tel} (n-Teil) des Ganzen. In ähnlicher Weise drücken die Wörter zweiteilig, dreiteilig usw. die Anzahl der Teile eines Ganzen, als äußeres Merkmal desselben aufgefaßt, aus. Alle diese und ähnliche Begriffe haben einen offenbar sekundären Charakter; wenn auch nicht logische Spezialisierungen des Anzahlbegriffes, sind sie doch beschränktere Bildungen, welche ihn voraussetzen, indem sie ihn in gewisser Weise mit anderen elementaren Begriffen verknüpfen. Nur bei den Ordinalzahlen ist diese Auffassung bestritten. Die sprachliche Abhängigkeit ihrer Namen von denen der Anzahlen ist zwar nicht minder offenkundig, und auch die Vergleichung der Begriffe scheint wie in den anderen Fällen auf ein entsprechendes Abhängigkeitsverhältnis hinzuweisen. Wie nämlich die Anzahlen sich auf Mengen beziehen, so die Ordinalzahlen auf Reihen. Reihen sind aber geordnete Mengen. So möchte man von vornherein geneigt sein, auch den Ordinalzahlen eine selbständigere Stellung abzuleugnen. Indessen sind hervorragende Forscher — und keine geringeren wie W. Rowan Hamilton, v. Helmholtz und Kronecker — entgegengesetzter Ansicht; sie gehen so weit, den Ordnungszahlen die Superiorität gegenüber den Anzahlen zu vindizieren, derart, daß die letzteren bloß aus speziellen Verwendungen der ersteren hervorgehen sollen. Die Paradoxie dieser Ansicht löst sich aber durch die erweisliche Tatsache, daß ‹das›, was diese Forscher Anzahl und Ordinalzahl nennen, nicht dem Begriffe entspricht, den man sonst mit diesen Namen verbindet.[1] Achtet man auf die gemeinüblichen Bedeutungen derselben, dann bleibt es zu Recht bestehen, daß der Begriff der Ordinalzahl den der Anzahl einschließt, also voraussetzt, wie die Bildungsweise der Namen dies richtig ausdrückt.

Außer den Zahlenarten des praktischen Lebens gibt es noch eine große Reihe anderer, welche der arithmetischen Wissenschaft eigentümlich sind. Sie spricht von positiven and negativen, rationalen und irrationalen, reellen und imaginären Zahlen, von Quaternionen, alternierenden, idealen Zahlen usw. Wie verschieden aber die arithmetischen Ausdrücke all dieser Zahlen auch sein mögen, immer schließen sie die Anzahlzeichen 1,2,3, . . . als Bestandteile ein, und so scheinen auch in der Arithmetik die Anzahlen in gewisser Art die Rolle von Grundzahlen zu spielen, wofern der Schluß von der Abhängigkeit der Signaturen auf diejenige der Begriffe nicht gänzlich trügt. Tatsächlich sind viele

[1] Vgl. in Beziehung auf die beiden letztgenannten Forscher den Anhang zum I. Teile.

— und darunter sehr bedeutende Mathematiker wie Weierstraß[1] — sogar der Überzeugung, daß die Anzahlen die eigentlichen und einzigen Fundamentalbegriffe der Arithmetik bilden. Andere Forscher sind freilich anderer Ansicht. Für diejenigen, welche die Anzahlen als Spezialisierungen der Ordinalzahlen betrachten, sind in der Regel diese letzteren die arithmetischen Fundamentalbegriffe. Andere wiederum lehnen die eine wie die andere Ansicht ab und fassen den Begriff der linearen Größe als den Grundbegriff der Arithmetik auf usw. Um nun vorläufig überhaupt einen Standpunkt einzunehmen, wollen wir uns der zuerst betrachteten als der zunächst liegenden Ansicht anschließen und demgemäß mit einer möglichst sorgfältigen Analyse des Anzahlbegriffes beginnen. Einer endgültigen Entscheidung soll dadurch in keiner Weise vorgegriffen werden. Vielleicht weist sogar der Fortschritt unserer Entwicklungen im II. Bande die Undurchführbarkeit der vorausgesetzten Meinung nach. Keinesfalls würde hierdurch den folgenden Analysen etwas von ihrem Werte geraubt; denn sie sind von allen arithmetischen Theorien unabhängig und für alle von Nutzen. Wie auch immer die verschiedenen Parteien das der Arithmetik eigentümliche und ursprüngliche Begriffsgebiet bestimmen mögen, darin sind sie doch, genau besehen, einig, daß der Anzahlbegriff in allen arithmetischen Dingen eine überaus wichtige Rolle spiele. Wer z. B. nicht diesen Begriff, sondern den der linearen Größe als den wahrhaften Fundamentalbegriff der Arithmetik ansieht, wird darum doch nicht leugnen, daß die vorausgesetzten Messungen der Größen überall auf Zählungen, d. h. auf Anzahlbestimmungen beruhen; ferner, daß die Anzahlen in Gestalt von Multiplikatoren und Divisoren, von Potenz- und Wurzelexponenten usw. unentbehrliche Hilfsmittel arithmetischer Begriffsbildung sind. Eine höchst bedeutsame Stellung bleibt also den Anzahlen in der Arithmetik auch dann zugesichert, wenn diese nicht als Wissenschaft von den Anzahlen, sondern als Wissenschaft von den linearen Größen oder auf irgendwelche andere Weise definiert würde. In jedem

[1] Weierstraß pflegte seine epochemachenden Vorlesungen über die Theorie der analytischen Funktionen mit den Sätzen zu eröffnen: Die reine Arithmetik (oder reine Analysis) ist eine Wissenschaft, die einzig und allein auf den Begriff der Zahl basiert ist. Sie bedarf sonst keinerlei Voraussetzung, keiner Postulate und Vordersätze (so fast gleichlautend im Sommersemester 1878 und Wintersemester 1880/81). Daran schloß sich dann die Analyse des Zahlbegriffes im Sinne der Anzahl.

Falle ist somit eine Analyse des Anzahlbegriffes ein wichtiges Vorerfordernis für eine Philosophie der Arithmetik; und sie ist deren erstes Erfordernis, falls nicht etwa dem Ordinalzahlbegriffe, wie von anderer Seite behauptet wurde, die logische Priorität zukommt. Die Möglichkeit einer von diesem Begriffe völlig absehenden Analyse des Anzahlbegriffes wird den besten Beweis für die Unzulässigkeit dieser Ansicht liefern. Im übrigen dient eine solche Analyse keineswegs bloß arithmetischen Zwecken. Die zusammengehörigen Begriffe von Einheit, Vielheit und Anzahl sind Fundamentalbegriffe der menschlichen Erkenntnis überhaupt und beanspruchen als solche ein besonderes philosophisches Interesse, zumal die erheblichen Schwierigkeiten, die ihrem Verständnisse anhaften, jederzeit zu gefährlichen Irrtümern und subtilen Streitigkeiten Anlaß gegeben haben. Diese Schwierigkeiten hängen innig zusammen mit gewissen Eigentümlichkeiten der psychologischen Konstitution der genannten Begriffe, an deren Aufhellung auch die Psychologie ein spezielles Interesse nimmt. Nicht bloß jene arithmetischen, sondern vor allem diese logischen und psychologischen Interessen zu befriedigen, bezeichne ich als die Aufgabe der nachfolgenden Analysen.

I. KAPITEL

Die Entstehung des Begriffes Vielheit vermittels desjenigen der kollektiven Verbindung

Die Analyse des Anzahlbegriffes setzt die des Vielheitsbegriffes voraus.

Die allbekannte Definition des Begriffes der Zahl — so dürfen wir konform mit der gemeinüblichen Sprechweise kurzweg für Anzahl sagen — lautet: Die Zahl ist eine Vielheit von Einheiten. Seitdem Euklid[1] sie gebraucht hat, kehrt sie immer wieder. Statt Vielheit sagt man auch Mehrheit, Inbegriff, Aggregat, Sammlung, Menge usw., lauter Namen, die gleichbedeutend oder nahezu gleichbedeutend sind, obschon nicht ohne merkliche Nuancen.[2]

Freilich ist mit dieser Definition nicht viel getan. Was ist Vielheit und was Einheit? Wir brauchen nur diese Fragen aufzuwerfen und stehen mitten in den Kontroversen. Manche Autoren wandten gegen die Definition ein, daß Vielheit doch nahezu dasselbe bedeute wie Anzahl. Daran ist aber nur so viel richtig, daß der Name Anzahl in einem weiteren Sinne genommen werden kann, in welchem er wirklich gleichbedeutend ist mit dem der Vielheit. Im engeren und eigentlichen Sinne supponiert er aber nur für irgendeine bestimmte Zahl Zwei, Drei, Vier und drückt dann einen reicheren Gedanken aus als der Name Vielheit. Immerhin bleibt auch dann eine innige Beziehung der beiderseitigen Begriffe bestehen. Wo von einer bestimmten Zahl die Rede ist, kann stets von einer Vielheit gesprochen werden, und wo von einer Vielheit, da auch immer von einer bestimmten

---

[1] Zu Anfang des VII. Buches der *Elemente*.

[2] Um diese auszuschließen, unterlassen wir es bis auf weiteres einen dieser Namen allein zu gebrauchen. Die Gründe, warum wir in verschiedenen Darlegungen verschiedene derselben bevorzugen (bald „Inbegriff", bald „Vielheit" oder „Menge") werden späterhin ihre Erklärung finden.

Zahl; nur sind die bestimmten Zahlen, die hierbei vermitteln, von Fall zu Fall verschiedene. Der Anzahlbegriff umfaßt also, obschon erst auf dem Wege über die Umfänge seiner Speziesbegriffe, der Zahlen Zwei, Drei, Vier, ..., dieselben konkreten Phänomene wie der Begriff der Vielheit. Auch die nahe Verwandtschaft der zugehörigen Begriffsinhalte ist von vornherein klar, wenn nur beachtet wird, daß die bestimmten Zahlen als Determinationen des in gewisser Art unbestimmten Vielheitsbegriffes anzusehen sind. Wo immer eine Vielheit gegeben ist, da ist die Frage nach dem Wieviel am Platze, und darauf antwortet eben die zugehörige Anzahl. Es wird daher naturgemäß sein, in erster Linie die Analyse des allgemeineren und in der angegebenen Beziehung unbestimmteren Vielheitsbegriffes anzustreben und erst in weiterer Folge diejenigen Determinationen zu charakterisieren, durch welche die Reihe der bestimmten Zahlen und der sie voraussetzende Gattungsbegriff der Anzahl entspringt. Die obige Zahldefinition aber lassen wir nun beiseite, da sie für unsere gegenwärtigen Zwecke doch nichts nützen kann.

Die konkreten Grundlagen der Abstraktion.

In betreff der konkreten Phänomene, welche für die Abstraktion der in Frage stehenden Begriffe die Grundlage bilden, besteht keinerlei Zweifel. Es sind Inbegriffe, Vielheiten bestimmter Objekte. Was mit diesem Ausdrucke gemeint ist, weiß jeder. Niemand wird schwanken, ob gegebenenfalls von einer Vielheit die Rede sein könne oder nicht, ein Beweis dafür, daß der zugehörige Begriff trotz der Schwierigkeit seiner Analyse ein vollkommen scharfer, der Umfang seiner Geltung ein genau begrenzter ist. Diesen Umfang dürfen wir daher als ein Gegebenes ansehen, auch wenn wir über das Wesen und die Entstehung des Begriffes selbst noch im unklaren sind. Dasselbe gilt aus gleichen Gründen von den Anzahlbegriffen.

Wir beschränken uns zuvörderst auf eigentlich vorgestellte Vielheiten, wir schließen — der korrelative Ausdruck erscheint manchem Leser vielleicht als der klarere — symbolisch vorgestellte Vielheiten aus. Unser Gebiet sei also das der Inbegriffe einzeln für sich gegebener und kollektiv zusammengefaßter Objekte. Demgemäß werden unsere Analysen zunächst nur die Entstehung und den Inhalt der eigentlichen Begriffe von Vielheit und Zahl betreffen, während die Analyse der sie voraussetzenden symbolischen Bildungen uns erst im II. Teile eingehend beschäftigen wird.

Unabhängigkeit der Abstraktion von der Natur der kolligierten Inhalte.

Wir beginnen nun mit der psychologischen Charakteristik der Abstraktion, welche zum (eigentlichen) Begriffe der Vielheit und in weiterer Folge zu den Zahlbegriffen führt. Die Konkreta, auf welche sich die abstrahierende Tätigkeit bezieht, haben wir bereits bezeichnet, es sind Inbegriffe bestimmter Gegenstände; wir fügen jetzt auch hinzu: vollkommen willkürlicher. In der Tat, für die Bildung konkreter Inbegriffe gibt es in Beziehung auf die zu befassenden Einzelinhalte keinerlei Schranken. Jedes Vorstellungsobjekt, ob physisch oder psychisch, abstrakt oder konkret, ob durch Empfindung oder Phantasie gegeben, kann zusammen mit einem jeden und beliebig vielen anderen zu einem Inbegriffe vereinigt und demgemäß auch gezählt werden, z.B. einige bestimmte Bäume, Sonne, Mond, Erde und Mars; ein Gefühl, ein Engel, der Mond und Italien usw. Immer können wir in diesen Beispielen von einem Inbegriffe, von einer Vielheit und von einer bestimmten Zahl sprechen. Auf die Natur der einzelnen Inhalte kommt es also in keiner Weise an.

Diese ebenso einfache als unbestreitbare Tatsache schließt bereits eine Klasse von Ansichten über die Entstehung der Zahlbegriffe aus, diejenigen nämlich, welche die Begriffe auf besondere Gebiete von Inhalten, z.B. auf das der physischen Inhalte, einschränken. Schon Leibniz fand es nötig, gegen solche Irrtümer anzukämpfen. „Die Scholastiker", sagt er, „glaubten fälschlich, die Zahl entstehe aus der blossen Teilung eines Kontinuums und könne nicht auf Unkörperliches angewendet werden." Aber die Zahl sei gewissermaßen „eine unkörperliche Figur, entstanden aus der Vereinigung irgendwelcher Dinge (entium), z. B. Gottes, eines Engels, eines Menschen, der Bewegung, welche zusammen vier sind". Daher sei die Zahl ein „universalissimum."[1] In demselben Sinne nennt auch Locke die Zahl die allgemeinste unserer Ideen „anwendbar auf Menschen, Engel, Handlungen, Gedanken, auf jedes Ding, das sein oder gedacht werden kann".[2] Der alte Irrtum hat neue Geltung erlangt in der um die Psychologie sonst so verdienten empiristischen Schule J. St. Mills. „Die in der Definition einer Zahl ausgesagte Thatsache ist", meint dieser Philosoph, „eine physische Thatsache. Jede von den Zahlen zwei, drei, vier u.s.w. bezeichnet physische Phänomene und bezeichnet mit eine physische Eigenschaft dieser Phänomene. Zwei zum Beispiel bezeichnet alle Paare von Dingen und zwölf alle Dutzende und bezeichnet das mit, was sie zu Paaren oder Dutzenden macht, und dies ist etwas Physisches; denn man kann nicht leugnen, daß zwei Äpfel physisch unterscheidbar von drei Äpfeln sind; zwei Pferde von einem und so fort: daß sie ein verschiedenes sicht- und greifbares Phänomen sind."[3] Diese Ansicht ist so handgreiflich falsch, daß man sich nur wundern muß, wie ein Denker von Mills Range sich bei ihr beruhigen konnte. Zwei Äpfel mögen ohne Zweifel physisch unterscheidbar sein von drei Äpfeln; aber doch nicht zwei Urteile von dreien, zwei Unmöglichkeiten von dreien usw. Also kann auch der Zahlenunterschied als solcher nicht ein physicher, sicht- und greifbarer sein. Der bloße Hinweis auf die psychischen Akte oder Zustände, welche man doch ebenso gut zählen kann wie die physischen Inhalte, schlägt die Theorie Mills nieder.

Die Entstehung des Vielheitsbegriffes durch Reflexion auf die kollektive Verbindung.

Wenn nun die Allgemeinbegriffe Vielheit und bestimmte Zahl zu den bezüglichen Konkretis, von denen sie abstrahiert sind —

---

[1] *De arte combinatoria* (1666), *Opera philosophica*, Hrsg. J. E. Erdmann, Berlin 1840, S. 8.

[2] *An essay concerning human understanding*, book II, chap. XVI, sect. 1.

[3] J. St. Mill, *System der deductiven und inductiven Logik*, Buch III, Cap. XXIV, § 5 (*Gesammelte Werke*, autorisirte Ue. unter Redaction von Th. Gomperz, Leipzig 1872, Bd. III, S. 342); vgl. auch Buch II, Cap. IV, § 7 (*Ges. Werke*, Bd. II, S. 237), wo die Zahleneigenschaft mit den physischen Eigenschaften der Farbe, des Gewichts und der Ausdehnung parallelisiert wird.

Auch bei den Mathematikern finden wir häufig analoge Ansichten. Beispiele führt Frege in seinen *Grundlagen der Arithmetik*, Breslau 1884, S. 27 ff. an.

den Inbegriffen bestimmter, aber beliebiger Inhalte — nicht in dem Verhältnisse der physischen Eigenschaften zu physischen Dingen stehen, wie ist ihr Verhältnis dann zu fassen? Auf die Besonderheiten der kolligierten und zu zählenden Inhalte kommt es, wie wir erkannten, durchaus nicht an. Wenn aber dies, wie sollen wir zu den gewünschten Allgemeinbegriffen gelangen? Wie uns den Abstraktionsprozeß denken, der sie liefert? Was behält man bei der Abstraktion übrig als den Inhalt des Begriffes, und was ist dasjenige, wovon abstrahiert wird?

Da wir einer vorausgeschickten Bemerkung zufolge über die Umfänge unserer Begriffe wie über ein Gegebenes verfügen dürfen, so muß es doch möglich sein, uns auf dem Wege der Vergleichung und Unterscheidung an der Hand passend gewählter Beispiele aus den bez. Umfängen den Inhalten der intendierten Begriffe zu nähern. Von den differenten Merkmalen absehend, halten wir die überall gemeinsamen fest, als diejenigen, welche dem Inhalte des jeweiligen Begriffes angehören dürften.

Versuchen wir nun dieser Anweisung hier Folge zu leisten.

Daß uns zunächst die Vergleichung der einzelnen Inhalte, welche wir in den gegebenen Inbegriffen vorfinden, nicht den Begriff der Vielheit oder bestimmten Zahl ergeben würde, ist selbstverständlich, und es war (denn auch dieses kam vor) widersinnig, dergleichen zu erwarten. Nicht jene Einzelinhalte sind ja die Unterlagen der Abstraktion, sondern die konkreten Inbegriffe *als Ganze*, in welchen sie zusammengefaßt sich finden. Indessen, auch durch deren Vergleichung scheint das gewünschte Resultat nicht hervorgehen zu wollen. Die Inbegriffe bestehen doch bloß aus den Einzelinhalten. Wie sollten sich also irgendwelche gemeinsame Merkmale der *Ganzen* herausheben lassen, wenn die sie konstituierenden *Teile* völlig heterogen sein dürfen?

Auch diese Schwierigkeit ist nur eine scheinbare. Es ist mißverständlich zu sagen, die Inbegriffe beständen bloß aus den Einzelinhalten. Wie leicht man es auch übersieht, so ist doch über die Einzelinhalte hinaus etwas da, was bemerkt werden kann und was in allen Fällen, wo wir von einem Inbegriff oder einer Vielheit sprechen, notwendig vorhanden ist: die *Verbindung* der einzelnen Elemente zu dem Ganzen. Und es verhält sich hier wie bei manchen anderen Klassen von Relationen; es kann bei der größten Verschiedenartigkeit der bezogenen Inhalte doch in Hinsicht auf die verbindenden Relationen Gleichartigkeit bestehen. So gibt es Gleichheiten, Steigerungen, kontinuierliche Verbindungen auf ganz heterogenen Gebieten, sie können sowohl zwischen sinnlichen Inhalten als auch zwischen psychischen Akten statthaben. Es ist also recht wohl möglich, daß zwei Ganze als solche gleichartig sind, obschon die sie konstituierenden Teile beiderseits völlig heterogen sind.

Jene in allen Fällen, wo von Vielheiten die Rede ist, gleichartigen Verbindungen sind nun die Grundlagen für die Bildung des Allgemeinbegriffes der Vielheit.

Was die Art des Abstraktionsvorganges, der unseren Begriff liefert, anbetrifft, so werden wir sie am besten charakterisieren können, indem wir auf die Entstehungsweise anderer Zusammensetzungsbegriffe (Ganze) hinweisen. Achten wir z.B. auf die Zusammenhänge der Punkte einer Linie, der Momente einer Zeitdauer, der Farbennuancen einer kontinuierlichen Farbenreihe, der Tonqualitäten einer „Tonbewegung" usw., dann erlangen wir den Begriff der kontinuierlichen Verbindung und vermittels desselben den Begriff des Kontinuums. Dieser Begriff ist nicht etwa als ein besonderer und für sich bemerkbarer Teilinhalt in der Vorstellung eines jeden konkret gegebenen Kontinuums enthalten. Was wir im konkreten Falle bemerken, das sind einerseits die Punkte bzw. die ausgedehnten Teile, andererseits die eigentümlichen Verbindungen derselben. Diese letzteren nun sind das überall, wo wir von Kontinua sprechen, gleichartig Vorhandene, wie verschieden auch immer die absoluten Inhalte, welche sie verknüpfen, (die Orte, Zeiten, Farben, Töne etc.) sein mögen. Mit Reflexion auf diese charakteristische Verbindung von Inhalten entsteht nun der Begriff Kontinuum als der eines Ganzen, dessen Teile eben in der Weise kontinuierlicher Verbindung geeinigt sind. Oder betrachten wir, um ein anderes Beispiel zu nehmen, die ganz eigentümliche Art, in welcher bei beliebigen Gesichtsobjekten die räumliche Ausdehnung mit der Farbe und diese wieder mit der Intensität in gegenseitiger Durchdringung verknüpft ist. Mit Hinblick auf diese Verbindungsart[1] können wir nun wieder den Be-

---

[1] Fr. Brentano spricht hier von „metaphysischer" Verbindung; C. Stumpf (*Über den psychologischen Ursprung der Raumvorstellung*, Leipzig 1873, S. 9) von dem Verhältnis „psychologischer Theile".

griff eines Ganzen bilden, dessen Teile eben auf solche Weise geeinigt sind.

Wir können überhaupt ganz allgemein sagen: Wo uns eine besondere Klasse von Ganzen entgegentritt, da kann der Begriff derselben nur entstanden sein durch die Reflexion auf eine wohlcharakterisierte, bei jedem Ganzen dieser Klasse gleichartige Verbindungsweise von Teilen.

Ebenso verhält es sich nun in dem Falle, der uns hier beschäftigt. Auch von einem Inbegriffe können wir sagen, er bilde ein Ganzes. Die Vorstellung des Inbegriffes gegebener Objekte ist eine *Einheit*, in welcher die Vorstellungen der einzelnen Gegenstände als Teilvorstellungen enthalten sind. Freilich ist diese Verbindung von Teilen, wie wir sie bei jedem beliebigen Inbegriffe vorfinden, eine im Vergleiche mit anderen Fällen der Verbindung lose und äußerliche zu nennen, ja so sehr, daß man fast Anstand nehmen möchte, hier überhaupt noch von einer Verbindung zu sprechen. Aber wie auch immer, es ist eine besondere Einigung da, und sie mußte auch als solche bemerkt worden sein, da sonst nimmermehr der Begriff des Inbegriffs (der Vielheit) hätte entstehen können. Ist also unsere Auffassung richtig, dann ist der Begriff der Vielheit durch die Reflexion auf die besondere und in ihrer Besonderheit wohlbemerkbare Einigungsweise von Inhalten, wie sie jeder konkrete Inbegriff aufweist, in analoger Weise entstanden wie der Begriff irgendeiner anderen Art von Ganzen durch Reflexion auf die ihnen eigentümliche Verbindungsweise.

Wir wollen von nun an zur Bezeichnung der Verbindung, welche den Inbegriff charakterisiert, den Namen *kollektive Verbindung* verwenden.

Ehe wir unsere Entwicklungen fortsetzen, wird es gut sein, einen naheliegenden Einwand abzuwehren. Wird die Vielheit als ein Ganzes definiert, dessen Teile durch kollektive Verbindungen geeinigt sind, dann ist diese Definition, so könnte man uns entgegenhalten, eine bloße Diallele. Denn sprechen wir von „Teilen", so stellen wir doch eine Vielheit vor, und da die Teile nicht individuell bestimmt sind, so stellen wir diese Vielheit allgemein vor. Wir erklären somit Vielheit durch sich selbst.

Indessen so viel Scheinbarkeit dieser Einwand auch haben möge, wir können seine Triftigkeit nicht zugeben. Zunächst sei bemerkt, daß wir es nicht auf eine *Definition* des Begriffes

Vielheit, sondern auf eine psychologische Charakteristik der Phänomene abgesehen haben, auf welchen die Abstraktion dieses Begriffes beruht. Alles was diesem Zwecke dienen kann, müssen wir daher willkommen heißen. Der Plural „Teile" impliziert nun allerdings (abgesehen von seiner Korrelation zum Begriffe des Ganzen) die allgemeine Vorstellung einer Vielheit; aber er drückt nicht aus, was diese Vielheit als Vielheit besonders charakterisiert. Indem wir hinzusetzten, die Teile seien kollektivisch verbunden, wiesen wir auf den Punkt hin, auf welchem unser besonderes Interesse ruht und vermöge dessen die Vielheit eben als Vielheit anderen Ganzen gegenüber charakterisiert wird.

II. KAPITEL

Kritische Entwicklungen

Auf die Frage nach der Art der Einigung, welche im Inbegriffe vorliegt, ist die kürzeste Antwort der direkte Hinweis auf die Phänomene. Und wirklich handelt es sich hier um letzte Tatsachen. Hiermit sind wir aber nicht der Aufgabe enthoben, diese Verbindungsart genauer zu betrachten, ihre charakteristischen Verschiedenheiten von anderen hervorzuheben, zumal falsche Charakteristik und Verwechslungen mit anderen Relationsgattungen häufig genug vorgekommen sind. Wir wollen zu diesem Zwecke eine Reihe möglicher und zum Teil wirklich aufgestellter Theorien prüfen, deren jede die kollektive Einigung in einer anderen Weise charakterisiert und mit Beziehung darauf auch in einer anderen Weise den Ursprung der Begriffe Vielheit und Zahl zu erklären versucht.

Die kollektive Einigung und die Einigung der Teilphänomene im jeweiligen Gesamtbewußtsein.

Die Verbindung der Vorstellungen zu einem Inbegriff, könnte man sagen, verdient doch kaum den Namen einer Verbindung. Was liegt denn vor, wenn wir von einem Inbegriff beliebiger Gegenstände sprechen? Nichts weiter, als daß diese Gegenstände zusammen in unserem Bewußtsein da sind. Die Einheit der Vorstellungen des Inbegriffs besteht also nur in der Angehörigkeit zu dem sie umfassenden Bewußtsein. Immerhin ist dies aber eine Tatsache, auf die man achten kann; und so entstehen denn mit Reflexion auf sie jene Begriffe, um deren Analyse es sich hier handelt.

Diese Ansicht ist offenbar irrtümlich. Gar mannigfache Phänomene bilden in jedem Momente den Bestand unseres Gesamtbewußtseins; aber es gehören besondere Interessen dazu, gewisse Vorstellungen aus dieser Fülle herauszuheben und kollektivisch zu einigen. Und dies geschieht, ohne daß etwa alle übrigen Vorstellungen aus dem Bewußtsein entschwinden. Wäre jene Ansicht richtig, dann gäbe es in jedem Momente nur einen einzigen Inbegriff, bestehend in der Gesamtheit der vorhandenen Teilinhalte unseres Gesamtbewußtseins; während wir doch jederzeit und nach Willkür mannigfache Inbegriffe bilden, einen bereits gebildeten durch Hinzufügen neuer Inhalte erweitern, durch Hinweglassung anderer verengen können, ohne daß etwa die ausgeschiedenen aus dem Bewußtsein treten müßten; kurz, wir sind uns einer Spontaneität bewußt, die sonst undenkbar wäre.

Jene Ansicht enthält aber in ihrer allgemeinen und unbestimmten Fassung überdies eine Absurdität. In der Tat, gehören nicht Kontinua zu dem Bestande unseres Bewußtseins mit ihrer unendlichen Menge von Punkten? Wer hätte sie jemals in der Weise eines Inbegriffs wirklich vorgestellt?

Es ist wichtig hervorzuheben, daß einem Inbegriffe (einer eigentlichen Vielheitsvorstellung) nur solche Inhalte als Elemente angehören können, deren wir uns als für sich bemerkte bewußt sind; alle anderen Inhalte aber, die nur als nebenbei bemerkte da sind und die entweder überhaupt nicht für sich bemerkt werden können (wie die Punkte der Kontinua) oder die bloß momentan nicht für sich bemerkt werden, alle diese können nicht die Elemente abgeben, aus denen ein Inbegriff sich konstituiert.

Dies alles wird wohl leichte Zustimmung finden, und der Vertreter der eben kritisierten Ansicht dürfte seine Behauptungen alsbald dahin restringieren, daß unter dem „umfassenden Bewußtsein", welches die Vorstellungen zu einer Vielheit einige, ein besonderer Bewußtseinsakt zu verstehen sei und nicht das Bewußtsein im weitesten Sinne als Gesamtheit unserer psychischen Phänomene, so daß es sich danach um Einheit in einem heraushebenden und zusammenfassenden Akte des Vorstellens oder um eine Einheit des Interesses oder ähnliches handeln würde. Auf eine genauere Erwägung der solcherart korrigierten Lehre wollen wir späterhin noch zurückkommen.

Das kollektive Zusammen und das zeitliche Zugleich.

Wir gehen nun zu der Betrachtung einer neuen Theorie über, welche folgendermaßen argumentiert:

Ist uns ein Inbegriff von Inhalten gegenwärtig, was sollten wir anderes bemerken als dies, daß jeder Inhalt da ist, zugleich mit jedem anderen. Die zeitliche Koexistenz der Inhalte ist unerläßlich für die Vorstellung ihrer Vielheit. Nun erfordert zwar ein jeder zusammengesetzte Denkakt die Koexistenz seiner Teile; aber während in anderen Fällen neben der Gleichzeitigkeit noch besondere Beziehungen oder Verbindungen vorhanden sind, welche die Teile einigen, so ist es eben die auszeichnende Eigentümlichkeit bei der Vorstellung des Inbegriffs, daß sie nichts weiter enthält als die gleichzeitigen Inhalte. Daher bedeute auch Vielheit in abstracto nichts anderes als gleichzeitiges Gegebensein irgendwelcher Inhalte.

Diese Ansicht verfällt, wie man leicht einsieht, eben denselben Einwänden wie die vorhergehende, überdies aber manchen anderen. Es wäre überflüssig, die ersteren zu wiederholen; von den letzteren genügt es hervorzuheben, daß Inhalte gleichzeitig vorstellen noch nicht heißt: Inhalte als gleichzeitige vorstellen. Damit z. B. die Vorstellung einer Melodie zustande komme, müssen die einzelnen Töne, welche sie zusammensetzen, aufeinander bezogen werden. Jede Beziehung erfordert aber das gleichzeitige Vorhandensein der bezogenen Inhalte in einem Bewußtseinsakte. Es müssen also auch die Töne der Melodie gleichzeitig vorgestellt werden. Keineswegs aber als gleichzeitige; ganz im Gegenteil erscheinen sie uns als in einer gewissen zeitlichen Aufeinanderfolge befindlich.

Nicht anders ist es in dem Falle, wo wir eine Vielheit von Gegenständen vorstellen. Daß wir die Gegenstände gleichzeitig vorstellen müssen, ist gewiß; daß wir sie aber nicht als gleichzeitige vorstellen, vielmehr besondere Reflexionen erforderlich sind, um jene Gleichzeitigkeit des Vorstellens der Objekte zu bemerken, dies beweist unmittelbar der Hinweis auf die innere Erfahrung.

Wir sehen auf diese Weise, daß das kollektive Zusammen nicht als ein zeitliches Zugleich beschrieben werden darf.

Kollektion und Sukzession.

Eine dritte Ansicht gründet sich ebenfalls auf die Zeit als einen unaufhebbaren psychologischen Faktor. In direktem Gegensatze zu der vorhergehenden argumentiert sie wie folgt: Vermöge der diskursiven Beschaffenheit unseres Denkens können überhaupt nicht mehrere voneinander verschiedene Inhalte zugleich gedacht werden. Unser Bewußtsein kann in jedem Momente nur mit e i n e m Gegenstande beschäftigt sein. Jede beziehende und höhere Geistestätigkeit wird nur dadurch möglich, daß die Gegenstände, auf die sie geht, z e i t l i c h n a c h e i n a n d e r gegeben sind. So ist denn jedes komplizierte Denkgebilde, jedes aus irgendwelchen Teilen zusammengesetzte Ganze ein aus einfachen Faktoren sukzessiv gewordenes; wir haben es stets mit schrittweisen Prozessen und Operationen zu tun, welche, in der Zeit verlaufend, sich immer mehr verschlingen und erweitern. Im besonderen setzt also auch jede Kollektion ein Kolligieren, jede Zahl ein Zählen voraus, und hiermit ist notwendigerweise eine zeitliche Anordnung der zusammengefaßten Gegenstände bzw. der gezählten Einheiten gegeben. Aber noch mehr als dies. Die zeitliche Aufeinanderfolge und nichts sonst ist es, was die Vielheit als Vielheit charakterisiert. Allerdings ist eine Sukzession überall vorhanden, wo überhaupt Inhalte in irgendwelche, einfache oder komplizierte, Beziehung treten und sich so zu einem Vorstellungsganzen zusammenfügen; aber immer können wir dann zugleich auch von einer Vielheit sprechen; und dies kann doch nicht geschehen mit Bezug auf irgendwelche von Fall zu Fall wechselnde Relationen, sondern auf jene einzige, die überall auftritt, nämlich die zeitliche Folge. In dem Falle der denkbar losesten Verbindung, wo beliebige, sonst beziehungslose (resp. in Abstraktion von etwaigen Beziehungen aufgefaßte) Inhalte bloß zusammen, d. h. als Vielheit gedacht werden, da ist die Sukzession, mit der die Inhalte in das Bewußtsein traten, die einzige Beziehung, welche die Inhalte noch verknüpft. Was also die Vielheit gegenüber anderen und innigeren Zusammensetzungsformen kennzeichnet, ist der Umstand, daß bei ihr b l o ß e S u k z e s s i o n die Inhalte in Beziehung setzt, bei jenen aber nebstbei noch andere Relationen. Demgemäß folgt auch: V i e l h e i t i n a b s t r a c t o ist nichts weiter als S u k z e s s i o n, Sukzession i r g e n d-

welcher für sich bemerkter Inhalte. Die Zahlbegriffe aber repräsentieren die bestimmten Vielheits- oder Sukzessionsformen in abstracto.

Um die Aufmerksamkeit nicht durch wenig fruchtbare Einzelkritiken zu zersplittern, habe ich es vorgezogen, statt die einzelnen Autoren, welche solche oder ähnliche Theorien vertreten haben, der Reihe nach zu kritisieren, vielmehr die Ansicht selbst, welche ihnen mehr oder minder deutlich vorschwebt, so klar und konsequent als irgend möglich darzustellen und an ihr die Kritik zu üben.

Die Ansicht, die hier bekämpft werden soll, fußt auf wesentlichen psychologischen und logischen Irrtümern.

Zunächst beruft sie sich auf die psychologische Tatsache der Enge des Bewußtseins, dieselbe jedoch übertreibend und falsch interpretierend. Es ist wahr, die Zahl der besonderen Inhalte, welchen wir in jedem Augenblicke mit Aufmerksamkeit zugewendet sein können, ist eine höchst beschränkte, ja, sie schrumpft bei höchster Konzentration des Interesses auf einen einzigen zusammen. Aber unwahr ist es, daß wir in einem und demselben Momente *nie* mehr als mit *einem* Inhalte *beschäftigt* sein können. Ja, gerade die Tatsache des beziehenden und verknüpfenden Denkens sowie überhaupt aller komplizierteren Geistes- und Gemütstätigkeiten, auf welche jene Theorie sich beruft, lehrt evident die völlige Absurdität ihrer Auffassung. Ist jederzeit nur *ein* Inhalt unserem Bewußtsein gegenwärtig, wie sollten wir auch nur die einfachste Beziehung bemerken können? Stellen wir den einen Beziehungspunkt vor, so ist der andere entweder noch nicht oder nicht mehr in unserem Bewußtsein. Einen Inhalt, dessen wir uns nicht bewußt sind, der also für uns überhaupt nicht ist, können wir nun doch nicht verknüpfen mit dem einzigen, der uns gegenwärtig und wirklich gegeben ist. Bei dieser Interpretation der Enge des Bewußtseins würde also der Hinweis auf das zeitliche Nacheinander der zu beziehenden Vorstellungen, statt die Möglichkeit des beziehenden Denkens zu begründen, ganz im Gegenteil dessen Unmöglichkeit zur Evidenz bringen.

Aber lehrt denn nicht die Erfahrung (so antwortet vielleicht der Gegner), daß wir tatsächlich immer nur *eine* gegenwärtige Vorstellung haben können, und daß es sehr wohl möglich ist, sie mit vergangenen in Beziehung zu bringen? Damit, daß eine

Vorstellung vergangen ist, hört sie also keineswegs auf zu sein.

Man sieht leicht ein, daß eine solche Antwort auf Mißdeutungen der Erfahrung beruhen würde. Man darf nicht verwechseln gegenwärtige Vorstellungen mit Vorstellungen von Gegenwärtigem und vergangene Vorstellungen mit Vorstellungen von Vergangenem. Nicht jede gegenwärtige Vorstellung ist, wie wir hier von neuem betonen müssen, eine Vorstellung von Gegenwärtigem. Gerade alle Vorstellungen, die auf Vergangenes gehen, bilden eine Ausnahme; denn sie alle sind in Wahrheit gegenwärtige Vorstellungen. Erinnern wir uns z. B. eines Liedes, das wir gestern gehört haben, so ist diese Erinnerungsvorstellung doch eine gegenwärtige Vorstellung; nur wird sie von uns auf Vergangenes bezogen. Behält man dies im Auge, dann wird man natürlich keinerlei Schwierigkeit mehr darin finden, daß wir Vorstellungen gegenwärtiger Inhalte und solche vergangener Inhalte in Beziehung zu bringen vermögen. Indem wir dies tun, sind sie ja alle gleichzeitig in unserem Bewußtsein vorhanden, sie sind insgesamt gegenwärtige Vorstellungen. Dagegen können wir vergangene Vorstellungen weder untereinander noch mit gegenwärtigen beziehend verbinden; denn als vergangene sind sie unwiederbringlich und für immer dahin.

Die vermeintliche Erfahrungstatsache, welche der Gegner im Auge hat, käme also darauf zurück, daß, wenn immer wir eine Mehrheit von Inhalten vorstellen, stets nur einer ein gegenwärtiger wäre, während alle anderen größere oder geringere zeitliche Unterschiedenheiten aufwiesen. Natürlich würde dann jedes aus gesonderten (für sich bemerkten) Teilen zusammengesetzte Vorstellungsganze e n t s t a n d e n sein müssen durch s u k z e s s i v e Akte des Bemerkens und Beziehens der einzelnen Teilinhalte, während das Ganze selbst, als ein fertiges und gewordenes, alle Teile zu gleicher Zeit enthielte, nur versehen mit ungleichen zeitlichen Bestimmtheiten.

Es ist nun allerdings sicher, daß schon bei einer sehr mäßigen Anzahl von Inhalten ein zusammenfassendes Bemerken derselben nur dadurch möglich ist, daß sie sukzessive oder in ganz kleinen Gruppen aufgefaßt und festgehalten werden. Sollten wir aber bei zwei oder drei sehr distinkten Inhalten nicht die Fähigkeit besitzen, sie in einem Akte aufzufassen und verbunden festzuhalten, ohne daß ein sukzessives Fortschreiten von einem zum anderen erforderlich wäre? Ich würde es nicht wagen, diese Frage so zuversichtlich zu verneinen.[1]

Wie auch immer, wir können es als eine Tatsache anerkennen, daß für die Entstehung der Mengenvorstellungen (einige wenige vielleicht ausgenommen) und aller Zahlvorstellungen die zeitliche Sukzession ein unerläßliches psychologisches Erfordernis bildet. Man ist daher ganz berechtigt, wenn nicht alle, so doch fast alle Mengen und Zahlen als Resultate von Prozessen, und sofern unser Wille hierbei beteiligt ist, als Resultate von Tätigkeiten, von Operationen des Kolligierens bzw. Zählens zu bezeichnen.

Aber das ist auch alles, was wir zugestehen können. Nur dies eine und nicht mehr ist bewiesen, daß die Sukzession in der Zeit eine unaufhebbare psychologische Vorbedingung für die Bildung weitaus der meisten Zahlbegriffe und konkreten Vielheiten — so gut wie aller komplizierteren Begriffe überhaupt — bildet. Sie haben ein zeitliches Werden, und durch dieses erhält jeder Bestandteil des gewordenen Ganzen eine andere zeitliche Bestimmtheit in unserer Vorstellung. Ist aber damit auch erwiesen, daß die zeitliche Ordnung in den Inhalt jener Begriffe eingehe oder gar die besondere Relation sei, welche die Mehrheiten als solche anderen Zusammensetzungsbegriffen gegenüber charakterisiere? Häufig genug begnügte man sich mit solch dürftigen Argumentationen, ohne zu bedenken, daß die Zeit genau in gleicher Weise für jedes höhere Denken die Grundlage bilde und man z. B. mit eben demselben Rechte folgern könnte, die Beziehung zwischen Prämissen und Schlußsatz sei identisch mit ihrer zeitlichen Aufeinanderfolge. Indessen, von dieser offenbaren Unzuträglichkeit ist die Fassung, welche wir der Zeit-Theorie für unsere Zwecke gaben, bereits befreit. Ihre Behauptung

[1] Vielleicht wundert sich mancher Leser, daß ich mich hier zweifelnd ausdrücke, wo doch bestätigende Beispiele selbst für erheblich größere Anzahlen so leicht beizubringen seien. Tatsächlich erfassen wir z. B. im Dominospiel Gruppen von zehn bis zwölf Punkten in einem Blick, ja wir agnoszieren sogar ganz unmittelbar deren Zahl. Es ist indessen wohl zu beachten, daß in solchen Fällen weder von einem wirklichen Kolligieren noch von einem wirklichen Zählen die Rede sein kann. Mit der charakteristischen sinnlichen Erscheinung ist hier der Zahlname direkt assoziiert, und er wird nun durch sie ohne jede begriffliche Vermittlung jederzeit zurückgerufen. Bei so großen Mengen ist, wie jeder erproben kann, eine direkte und eigentliche Kollektion und Zählung eine Unmöglichkeit. Bei ganz kleinen Gruppen von zwei oder drei Objekten ist die Sache zweifelhaft, weil die sukzessiven Auffassungen der Elemente so schnell erfolgt sein konnten, daß sie selbst der geschärften Aufmerksamkeit entgehen mußten. Daher die vorsichtige Ausdrucksweise im Text.

geht nur dahin, daß der Fall des Inbegriffes (der konkreten Vielheit) vor demjenigen irgendeines anderen zusammengesetzten Ganzen dadurch ausgezeichnet sei, daß bei ihm *bloße* Sukzession der Teilinhalte vorliege, bei anderen Ganzen jedoch *überdies* noch irgendwelche *andere* Verbindungen. Sie argumentiert also nicht schlechtweg: Weil das Zählen zeitliche Sukzession der Vorstellungen erfordert, ist die Zahl die zusammenfassende Form des Sukzessiven in abstracto, sondern sie meint auch zeigen zu können, daß die zeitliche Aufeinanderfolge das einzig Gemeinsame in allen Fällen der Vielheit bilde und darum die Grundlage für die Abstraktion dieses Begriffes bilden müsse.

Aber auch so gefaßt, können wir der Theorie nicht beistimmen. Wäre sie im Rechte, dann fehlte doch jeder verständliche Unterschied zwischen den Begriffen Vielheit und Sukzession, die wohl niemand ernstlich identifizieren wird. Welchen Sinn hätte es denn sonst, von einer Vielheit *gleichzeitiger* Inhalte zu sprechen? Die Entstehung des Begriffes der zeitlichen Koexistenz wäre von diesem Standpunkte aus ein unfaßbares Rätsel.

Und in gleicher Weise können wir überhaupt jeden irgend erdenklichen Versuch, die Begriffe der Vielheit und Anzahl durch den Hinweis auf die zeitliche Folge aufzuhellen, als von vornherein aussichtslos bezeichnen. Folgende einfache Betrachtung bringt dies zur Evidenz. Soll die zeitliche Folge in welcher Form auch immer zum Inhalte der genannten Begriffe einen Beitrag leisten, dann würde es nicht genügen, daß sie in den zugehörigen konkreten Fällen überall zu konstatieren sei, sondern sie müßte auch wirklich in allen Fällen den Gegenstand besonderer Beachtung bilden. Dies aber trifft sicher nicht zu. Wir achten nicht immer auf die zeitlichen Beziehungen, und eben darum sind wir befähigt, zu unterscheiden zwischen einer Vielheit schlechthin und einer Vielheit aufeinanderfolgender (oder gleichzeitiger) Inhalte. Immer wieder ist dieser Fehler auf der einen Seite begangen, auf der anderen gerügt worden; zeitlich sukzedierende Inhalte wahrnehmen heißt noch nicht: Inhalte als zeitlich sukzedierende wahrnehmen, ein Satz, den wir auch in betreff gleichzeitiger Inhalte gelegentlich (S. 24) betonen mußten. Von besonderer Wichtigkeit aber ist es, zu beachten — und dies ist ein Punkt, der in der Regel übersehen wird —, daß, selbst wo wir auf ein zeitliches Folgen von Inhalten merken, keineswegs schon bestimmte Vielheiten herausgehoben sind. Dies leisten erst gewisse zusammenfassende psychische Akte. Sie übersehen heißt eben das außer acht lassen, was die wahre und alleinige Quelle des Begriffes der Vielheit sowie der Zahlbegriffe bildet. Beispiele mögen dies alles verdeutlichen.

Die Uhr schlägt ihr einförmiges Tick-tack; ich höre die einzelnen Schläge, aber es braucht mir nicht beizufallen, auf ihre zeitliche Folge zu achten. Und selbst wenn ich darauf achte, so ist damit noch nicht irgendeine Anzahl von Schlägen herausgehoben, durch ein zusammenfassendes Bemerken zu einem Inbegriff geeinigt. Oder ein anderes Beispiel: Die Augen schweifen nach verschiedenen Richtungen umher, bald diesen, bald jenen Gegenstand fixierend und solcherart nacheinander mannigfaltige Vorstellungen anregend. Aber ein besonderes Interesse ist notwendig, wenn die zeitliche Folge für sich bemerkt werden soll. Und um alle oder einige der bemerkten Gegenstände für sich festzuhalten, aufeinanderzubeziehen und in einen Inbegriff zusammenzufassen, dazu gehören abermals besondere Interessen und besondere auf diese herausgehobenen Inhalte und keine anderen gerichtete Akte des Bemerkens. Selbst wenn also die zeitliche Folge, in welcher die Gegenstände kolligiert werden, stets beachtet würde, bliebe sie immer noch unfähig, für sich allein die Einheit des kollektiven Ganzen zu begründen.[1] Da wir aber nicht einmal zugestehen können, daß das zeitliche Nacheinander auch nur als konstanter und allezeit beachteter Bestandteil in die Vor-

[1] Durch Übersehen dieses Umstandes ist auch der neueste Zergliederer des Zahlbegriffes, W. Brix, in Irrtümer verfallen, in seinem psychologisch unhaltbaren Versuch, „die Zahl der Zeitanschauung oder Anzahl" als die zweite genetische Stufe in der Entwicklung des Zahlbegriffes zu fassen, dessen erste durch „die Zahl der Raumanschauung" repräsentiert sein soll. (W. Wundt, *Philos. Studien*, V, Leipzig 1887, S. 671 u. ff.) Aus der Möglichkeit, die sukzessive Setzung von Einheiten beliebig weit fortzusetzen, zieht Brix nämlich den sehr gewagten Schluß (a. a. O., S. 675), daß auf solchem Wege beliebig große Zahlen gebildet werden könnten. Aber das bloße Nacheinander der wiederholten Setzungen gewährleistet doch noch keine Synthesis, ohne welche die kollektive Einheit der Zahl undenkbar ist. Eben an der Unfähigkeit des wirklichen Vollzuges solcher Synthesis scheitert tatsächlich, wie wir noch erörtern werden, jeder Versuch, die höheren Mengen und Zahlen in eigentlicher Vorstellung zu bilden. Durch einfachsten Versuch hätte sich Brix davon überzeugen können, daß schon neunzehn Einheitssetzungen von zwanzig nicht scharf zu unterscheiden sind, es sei denn durch indirekte Mittel der Symbolisierung, welche für die wirklichen Synthesen surrogieren. Ohne die Möglichkeit solcher Unterscheidung kann aber natürlich von einer wirklichen Bildung der betreffenden Zahlen in Form von Folgen gesetzter Einheiten nicht gesprochen werden.

stellung eines jeden Inbegriffs eingehe, so ist klar, daß es um so weniger in den entsprechenden Allgemeinbegriff (Vielheit, Zahl) irgendwie eintreten kann.

Mit vollem Recht sagt Herbart: „Die Zahl hat ... mit der Zeit nicht mehr gemein, als hundert andre Vorstellungsarten, die auch nur allmählich konnten erzeugt werden" [1]; und ebenso drastisch als zutreffend drückt denselben Gedanken Beneke aus: „Dass über dem Zählen Zeit verfliesst, kann keinen Beweis abgeben: denn worüber verflösse wohl nicht Zeit." [2]

Würde es sich bloß darum handeln, das Phänomen zu beschreiben, welches vorliegt, wenn wir eine Vielheit vorstellen, dann müßten wir gewiß der zeitlichen Modifikationen, welche die einzelnen Inhalte erleiden, Erwähnung tun, obgleich sie in der Regel nicht besonders beachtet werden. Aber abgesehen davon, daß ebendasselbe für jedes zusammengesetzte Ganze gilt, so muß doch überhaupt unterschieden werden zwischen dem Phänomen als solchem und dem, wozu es uns dient oder was es uns bedeutet, und demgemäß auch zwischen der psychologischen Beschreibung eines Phänomens und der Angabe seiner Bedeutung. Das Phänomen ist die Grundlage für die Bedeutung, nicht aber sie selbst. Ist ein Inbegriff von Gegenständen A, B, C, D in unserer Vorstellung, dann wird mit Rücksicht auf den sukzessiven Prozeß, durch welchen das Ganze entsteht, schließlich vielleicht nur D als Empfindungsvorstellung gegeben sein, die übrigen Inhalte aber bloß als Phantasievorstellungen in zeitlich und auch sonst inhaltlich modifizierter Weise. Gehen wir umgekehrt von D aus gegen A hin, dann ist das Phänomen ein anderes. Alle diese Unterschiede hebt die logische Bedeutung auf. Die modifizierten Inhalte dienen als Zeichen, als Vertreter für die unmodifiziert gewesenen. Indem wir die Inbegriffsvorstellung bilden, achten wir nicht darauf, daß mit den Inhalten im Fortgange des Kolligierens Veränderungen vorgehen; wir meinen sie wirklich festzuhalten und zu einigen, und so ist denn der logische Inhalt jener Vorstellung nicht etwa D, jüngst vergangenes C, früher vergangenes B, bis zu dem am stärksten veränderten A, sondern nichts anderes als (A, B, C, D); die Vorstellung befaßt jeden einzelnen der In-

---

[1] *Psychologie als Wissenschaft*, Königsberg 1825, Theil II, S. 162.

[2] *System der Logik als Kunstlehre des Denkens*, Berlin 1842, Teil I, S. 279 Anm.

halte ohne Rücksicht auf die zeitlichen Unterschiede und die darauf gegründete zeitliche Anordnung.

Wir sehen also, die Zeit spielt für unsere Begriffe nur die Rolle einer psychologischen Vorbedingung und dies in doppelter Weise:

1) Es ist unerläßlich, daß die in der Vorstellung der Vielheit bzw. Anzahl geeinigten Teilvorstellungen zugleich in unserem Bewußtsein vorhanden sind.

2) Fast alle Vielheitsvorstellungen und jedenfalls alle Zahlvorstellungen sind Resultate von Prozessen, sind aus den Elementen sukzessive entstandene Ganze. Insofern trägt jedes Element eine andere zeitliche Bestimmtheit an sich.

Wir erkannten aber, daß weder die Gleichzeitigkeit noch die Aufeinanderfolge in der Zeit in den Inhalt der Vielheits- und somit auch der Zahlvorstellungen irgendwie eintreten.

Bekanntlich schien bereits Aristoteles Zeit und Zahl in nahen Zusammenhang zu bringen, indem er definierte: Die Zeit ist die Zahl der Bewegung nach früher und später. Indessen erst seit Kant ist es allgemeiner üblich geworden, die „Anschauungsform" der Zeit als das Fundament des Zahlbegriffes zu betonen. Gewiß geschah dies weit mehr zufolge der Autorität seines Namens als der Kraft seiner Argumentationen. Einen ernstlichen Versuch einer logischen oder psychologischen Analyse des Zahlbegriffes finden wir bei Kant nicht. Einheit, Vielheit und Allheit bilden nach seiner Metaphysik die Kategorien der Quantität. Die Zahl ist das transzendentale Schema der Quantität. Ausführlich spricht sich Kant in der *Kritik der reinen Vernunft* folgendermaßen aus: „Das reine Schema der Grösse aber (quantitatis), als eines Begriffs des Verstandes, ist die Zahl, welche eine Vorstellung ist, die die successive Addition von Einem zu Einem (Gleichartigen) zusammenbefasst. Also ist die Zahl nichts Anderes, als die Einheit der Synthesis des Mannigfaltigen einer gleichartigen Anschauung überhaupt, dadurch, dass ich die Zeit selbst in der Apprehension der Anschauung erzeuge." [1]

Die Stelle ist dunkel und will sich auch nicht recht mit den Er-

---

[1] I. Kant, *Kritik der reinen Vernunft* (*Sämmtliche Werke*, Hrsg. G. Hartenstein, Bd. III, Leipzig 1867, S. 144).

klärungen, welche Kant von der Funktion des Schemas gibt, zusammenreimen. Diese selbst sind freilich nicht gerade uniform. So sagt er: „Wir wollen diese formale und reine Bedingung der Sinnlichkeit, auf welche der Verstandesbegriff in seinem Gebrauch restringiert ist, das Schema dieses Verstandesbegriffes ... nennen." Hingegen heißt es einige Zeilen weiter: „Die Vorstellung ... von einem allgemeinen Verfahren der Einbildungskraft, einem Begriff sein Bild zu verschaffen, nenne ich das Schema zu diesem Begriffe." [1]

Übertrügen wir diese letztere Bestimmung auf das Schema der Quantität, dann müßten wir sagen: Die Zahl ist die Vorstellung von einem allgemeinen Verfahren der Einbildungskraft, dem Begriff der Quantität sein Bild zu verschaffen. Indessen mit diesem Verfahren kann doch nur das Zählen gemeint sein. Ist es aber nicht klar, daß „Zahl" und „Vorstellung des Zählens" nicht dasselbe ist? Es ist ferner nicht eben leicht einzusehen, wie wir a priori, von der Kategorie der Quantität aus, vermittels der Zeitvorstellung (als des gemeinsamen Schemas aller Kategorien) zu den einzelnen bestimmten Zahlbegriffen gelangen sollten; und noch weniger leuchtet die Notwendigkeit ein, die uns bestimmt, einer konkreten Vielheit eine gewisse und stets dieselbe Zahl zuzuschreiben, die eben, von welcher wir sagen, sie komme ihr zu. Die Lehre vom Schematismus der reinen Verstandesbegriffe scheint hier wie auch sonst den Zweck zu verfehlen, für den sie besonders geschaffen wurde.

Wir können davon absehen, die Philosophen, welche nach Kant den Zahlbegriff auf die Vorstellung der Zeit gründeten, aufzuzählen. Anhänger des extremen Empirismus, wie z. B. Alexander Bain[2], berühren sich hier mit denjenigen des Kantschen Apriorismus. Von mathematischer Seite seien hier zwei berühmte Namen erwähnt. Sir W. Rowan Hamilton nennt die Algebra geradezu „the science of pure time", auch „the science of order in progression". [3] In Deutschland ist es H. von Helmholtz, welcher in seiner Abhandlung *Ueber Zählen und*

---

[1] ebd., S. 142.

[2] A. Bain, *Logic*, second edition, part II, London 1873, p. 201/202. Man vgl. die treffende Kritik der Bainschen Lehren in: Chr. Sigwart, *Logik*, Bd. II, Freiburg i. Br. 1878, S. 39 ff.

[3] Vgl. H. Hankel, *Vorlesungen über die complexen Zahlen und ihre Functionen*, Theil I, Leipzig 1867, S. 17.

Messen[1] denselben Standpunkt vertritt. Wir werden noch später Anlaß finden, uns mit dieser Abhandlung gründlich zu beschäftigen.[2]

Schließlich sei noch bemerkt, daß die meisten unter den Forschern, welche für die Entwicklung der Zahlbegriffe sowie der Grundsätze der Arithmetik die Vorstellung der Reihe statt der der Menge zugrunde legten, durch die Zeit-Theorie wesentlich beeinflußt waren.

Die kollektive und die räumliche Synthesis.

A. F. A. Langes Theorie. Während Kant die Zahl in eine Beziehung zur Zeitvorstellung setzte, meint F. A. Lange, daß alles, was bei jenem die Zeit leiste, weit einfacher und sicherer aus der Raumvorstellung abgeleitet werden könne. „Schon Baumann", sagt er „„hat gezeigt, dass die Zahl weit besser mit der Raumvorstellung als mit derjenigen der Zeit in Einklang stehe. ... Die ältesten Ausdrücke für die Zahlwörter bezeichnen, soweit wir ihren Sinn kennen, überall Gegenstände im Raum mit bestimmten Eigenschaften, welche der Zahl entsprechen, so z. B. Viereckiges der Zahl vier. Wir sehen daraus auch, dass die Zahl ursprünglich nicht etwa durch systematisches Hinzufügen von Einem zu Einem u.s.w. entsteht, sondern dass jede der kleineren, dem später entstehenden System zu Grunde liegenden Zahlen durch einen besonderen Act der Synthesis der Anschauungen gebildet wird, worauf dann erst späterhin die Beziehungen der Zahlen zueinander, die Möglichkeit des Addirens u.s.w. erkannt werden."[3]

„Es ist der Raumvorstellung eigen, dass sich innerhalb der grossen, allumfassenden Synthesis des Mannigfaltigen mit Leichtigkeit und Sicherheit kleinere Einheiten der verschiedensten Arten aussondern lassen. Der Raum ist daher das Urbild nicht nur der continuirlichen, sondern auch der discreten Grössen, und zu diesen gehört die Zahl, während wir die Zeit kaum anders als

---

[1] *Philosophische Aufsätze. Eduard Zeller zu seinem fünfzig-jährigen Doctor-Jubiläum gewidmet,* Leipzig 1887.

[2] Vgl. den Anhang zum I. Teile d. W.

[3] *Logische Studien,* Iserlohn 1877, S. 140/141.

Continuum denken können. Zu den Eigenschaften des Raumes gehören ferner nicht nur die Verhältnisse, welche zwischen den Linien und Flächen geometrischer Figuren stattfinden, sondern nicht minder die Verhältnisse der Ordnung und Stellung discreter Grössen. Werden solche discrete Grössen als unter sich gleichartig betrachtet und durch einen neuen Act der Synthesis zusammengefasst, so entsteht die Zahl als Summe." [1]

„... jeden Zahlbegriff erhalten wir", sagt Lange an einem anderen Orte,[2] „ursprünglich als das sinnlich bestimmte Bild einer Gruppe von Gegenständen, seien es auch nur unsre Finger oder die Knöpfe und Kugeln einer Zählmaschine."

Unsere Kritik wird nicht erst weit nach Anhaltspunkten suchen müssen. Besonderen Anstoß erregt das letzte Zitat; denn der uns wohlbekannte Allgemeinbegriff der Zahl erscheint hier als ein individuelles Phänomen, als das sinnlich bestimmte Bild einer Gruppe von Raumdingen. Indessen mag hier wohl nur eine ungenaue Ausdrucksweise vorliegen; die Meinung geht wahrscheinlich dahin, daß die Zahl etwas in der Weise einer sinnlichen Eigenschaft an derartigen Gruppen Bemerkbares und durch Abstraktion Herauszuhebendes ist. Es tritt hier deutlich der Einfluß J. St. Mills hervor, welcher, wie wir oben [3] hörten, die Zahl als eine sinnliche Eigenschaft betrachtet, die er in eine Parallele setzt mit der Farbigkeit, Wägbarkeit usw. Während aber Mill auf eine weitere Erklärung des Zahlunterschiedes ausdrücklich Verzicht leistet, indem er ihn, wie es scheint, als etwas Letztes, nicht weiter Definierbares betrachtet — genau so wie eben den Unterschied der Farbe oder des Gewichtes — glaubt Lange dessen Quelle in der Natur und den Eigenschaften der Raumvorstellung nachweisen zu können. Die Synthesis, auf welche der Begriff der Zahl sich gründet (in unserer Ausdrucksweise die „kollektive Verbindung"), ist ihm eine Synthesis räumlicher Anschauungen. Ganz in derselben Art wie die Geometrie soll demgemäß die Arithmetik auf räumlicher Anschauung beruhen. Eigentümlichkeiten dieser letzteren sollen es sein, welche die einleuchtende Wahrheit der arithmetischen Axiome und den

---

[1] ebd., S. 141.
[2] *Geschichte des Materialismus*, zweites Buch, dritte Auflage, Iserlohn 1877, S. 26.
[3] Vgl. die Zitate S. 17.

ihnen innewohnenden Charakter absoluter Notwendigkeit begründen.[1]

Diese Theorie überrascht durch die Kühnheit, mit der sie dem klaren Zeugnis der inneren Erfahrung Trotz bietet. Sind denn bloß räumlich verteilte Inhalte zählbar, wird man sofort fragen? Sprechen wir nicht z. B. von vier Kardinaltugenden, von zwei Prämissen eines Schlusses? Welche räumliche Stellung oder Ordnung ist bei irgendwelchen psychischen Akten oder Zuständen, indem wir sie zählen, die Grundlage der Zahlbezeichnung?

Vor diesem Einwande würde Lange freilich nicht zurückschrecken; führt er doch nicht bloß das mathematische, sondern alles logische Denken auf Raumanschauung zurück, alles Psychische ist ihm lokalisiert. Es ist hier nicht der Ort, diese eigentümliche Ansicht, welche mir gänzlich haltlos erscheint, einer umfassenden Kritik zu unterwerfen. Nur diejenigen Punkte sollen hervorgehoben werden, die speziell die arithmetischen Probleme betreffen.

Selbst wenn wir die Langesche Grundansicht zugäben, wäre in Beziehung auf die Raumvorstellung nicht mehr bewiesen als früher in Beziehung auf die Zeitvorstellung zugestanden ward; sie würde eine unaufhebbare psychologische Vorbedingung für die Entstehung des Zahlbegriffes bilden, aber dies nicht mehr und nicht anders als für die Entstehung aller anderen Begriffe. Käme aber auch allen Inhalten, die wir denkend verbinden, räumliche Bestimmtheit zu, so bliebe es immer noch zweierlei: räumlich bestimmte Inhalte vorstellen und Inhalte nach ihren räumlichen Bestimmtheiten vorstellen. Allerdings ist hiermit noch nicht ausgemacht, ob nicht trotzdem die Raumvorstellung für den Inhalt des Zahlbegriffes einen besonderen Beitrag leiste. Man sieht leicht, daß dies nicht der Fall ist. Vergegenwärtigen wir uns an irgendwelchem Beispiele, wie wir räumliche Objekte kollektivisch zusammenfassen oder zählen. Achten wir da stets und notwendig auf die Verhältnisse der Stellung und Ordnung? Gewiß nicht. Unendlich viele Stellungen und Ordnungen gibt es, die Zahl aber bleibt unverändert. Zwei Äpfel bleiben zwei Äpfel, ob wir sie nähern oder entfernen, ob wir sie nach rechts verschieben oder nach links, nach oben oder nach unten. Die Zahl hat eben mit

[1] *Logische Studien*, S. 140.

der räumlichen Lage nichts zu tun. Mögen immerhin die Relationen der Stellung und Ordnung bei der Vorstellung einer Vielheit von Raumgegenständen im Phänomen implizite mitvorgestellt sein; sicher ist es, daß sie bei der Zusammenfassung und Zählung nicht die Objekte des aussondernden und den Inhalt des Zahlbegriffes bestimmenden Interesses bilden.

Lange betont aber nicht bloß die räumliche Natur der gezählten Inhalte und deren räumliche Beziehungen; es müssen nach ihm, damit die Zahlvorstellung entstehe, die einzelnen Inhalte auch als unter sich gleichartig betrachtet und durch einen besonderen Akt der Synthesis einheitlich zusammengefaßt werden. Den ersten Teil der Behauptung lassen wir dahingestellt; die Frage, ob mit dem Zählen notwendig ein Vergleichen Hand in Hand gehe, soll späterhin genauer erwogen werden. Wichtiger ist für uns der zweite Punkt, nämlich der Hinweis auf besondere *Akte der Synthesis*, durch welche die Zahlvorstellungen zustande kommen. *Lange* scheint es also selbst gefühlt zu haben, daß die „allumfassende Synthesis" des Raumes, mit anderen Worten, daß die räumlichen Beziehungen oder Verbindungen nicht hinreichen, um die Einigung der gezählten Inhalte in der Zahl zu charakterisieren. Gleichwohl ist er von einer klaren Einsicht so weit entfernt, daß er wiederholt die Raumvorstellung als das „Urbild aller Synthesis" und im besonderen als das „Urbild der discreten Grössen" (und zu diesen gehöre die Zahl) bezeichnet. Die Unklarheit des Gedankens verrät sich schon an der Verschwommenheit der Ausdrücke. Was soll dieser eigentümliche Ausdruck „Urbild" besagen? Es muß wohl eine Art bildlicher Ähnlichkeit gemeint sein. Wie soll aber eine bildliche Ähnlichkeit vorhanden sein zwischen der Synthesis der „discreten Grössen" (also Vielheit und Zahl), welche in einem einigenden psychischen *Akte* besteht, und der Synthesis der Raumvorstellung, welche die Verbindung von Teilen einer Anschauung, also eine Verbindung im Vorstellungs*inhalte* ist?

Langes Ansicht wird uns etwas verständlicher, wenn wir den Zusammenhang beachten, in welchem die zitierten Stellen sich befinden. Er streift die Fragen nach der Entstehung und dem Inhalt der Zahlvorstellungen bei Gelegenheit ausgedehnter metaphysischer Betrachtungen über den von *Kant* eingeführten „äusserst folgenreichen Begriff der Synthesis". Einige Bemerkungen über die Kantsche Lehre von der Synthesis, an welche Lange anknüpft, dürften hier am Platze sein, zumal sie auch für die von uns angestrebte Charakteristik der kollektiven Synthesis von Interesse ist.

Den Terminus Synthesis (Verbindung) gebraucht Kant in einem doppelten Sinne: erstens in dem Sinne der Einheit der Teile eines Ganzen, sei es der Teile einer Ausdehnung, sei es der Eigenschaften eines Dinges, sei es der Einheiten einer Zahl usw.; zweitens in dem Sinne der geistigen Tätigkeit („Verstandeshandlung") des Verbindens. Es handelt sich hier um eine Äquivokation durch Übertragung; denn beide Bedeutungen stehen bei Kant dadurch in enger Beziehung, daß nach seiner Ansicht ein jedes Ganze, welcher Art es auch immer sei, ein durch die Selbsttätigkeit des Geistes aus seinen Teilen Gewordenes ist. Synthesis bedeutet ihm also zugleich das Verbinden (den Beziehungsakt) und das Resultat des Verbindens (den Beziehungsinhalt). Indem er nun beide Bedeutungen vermengt, gelangt er dazu, die Verbindung überhaupt, auch dort, wo nur eine Verbindung in dem Sinne eines primären Vorstellungsinhaltes gemeint sein konnte, geradezu als „Actus der Selbstthätigkeit", als „Verrichtung des Verstandes" zu bezeichnen.[1] Dadurch wird auch Kants eigentümliche Ansicht über die Entstehung der Vorstellung der Verbindung verständlich. Besteht alle Verbindung nur durch verbindende Akte und liegt nur in ihnen deren Einheit, dann kann selbstredend die Vorstellung der Verbindung nur erlangt sein durch Reflexion auf solche Akte. Dies ist denn auch Kants Meinung. Freilich drücken wir uns gewöhnlich so aus, als kämen die Beziehungen und Verbindungen den Objekten selbst zu, als würde es sich bei den Relationen nicht anders als bei den absoluten Inhalten nur um ein passives Aufnehmen und Bemerken handeln. Nach Kant wäre dies nur Schein. Er sagt ausdrücklich: „Verbindung liegt aber nicht in den Gegenständen und kann von ihnen nicht etwa durch Wahrnehmung entlehnt und in den Verstand dadurch allererst aufgenommen werden, sondern ist allein eine Verrichtung des Verstandes, der selbst nichts weiter ist, als das Vermögen a priori zu verbinden. . . ."[2] Und ebenso heißt es an einer anderen Stelle, „dass wir uns nichts, als im Object

[1] Man vgl. das weiter unten folgende Zitat.
[2] *Kritik der reinen Vernunft*, B, § 16 (Ausg. Hartenstein, Bd. III, S. 117).

verbunden, vorstellen können, ohne es vorher selbst verbunden zu haben, und unter allen Vorstellungen die Verbindung die einzige ist, die nicht durch Objecte gegeben, sondern nur vom Subjecte selbst verrichtet werden kann, weil sie ein Actus seiner Selbstthätigkeit ist." [1]

Von dieser Kantschen Lehre geht Lange aus. Die oben erwähnte Äquivokation im Begriffe Synthesis hat er nicht beseitigt, und sie trug ohne Zweifel zu den vielfachen Unklarheiten seiner eigenen Aufstellungen wesentlich bei. So spricht er einerseits von synthetischen Begriffen, von der Synthesis der Raumvorstellung u. dgl., andererseits von der Synthesis als einem „schaffenden Acte unseres Geistes", von besonderen Akten der Synthesis der Anschauungen, welche die Zahlvorstellungen liefern usw.[2] In anderer Hinsicht weicht er aber nicht unerheblich von Kants Auffassung ab, wonach der Begriff der Synthesis nicht durch Analyse und Abstraktion aus den primären Inhalten, sondern nur im Hinblick auf die Verstandeshandlung des Verbindens gewonnen werde. Lange ging vielleicht von der Beobachtung aus, daß diese Ansicht mit der Erfahrung in gewissem Widerspruch stehe. Bei den meisten zusammengesetzten Vorstellungen bemerken wir, wenn sie uns analysiert gegeben sind, sehr wohl die Verbindung ihrer Teilinhalte, aber nicht das mindeste von einer zusammensetzenden, jene inhaltliche Verbundenheit erst schaffenden Tätigkeit. Z.B. die Verbindung der Farbe und der Ausdehnung eines Dinges ist nicht und impliziert auch nicht die Vorstellung einer psychischen Aktivität, sondern ist etwas der Anschauung selbst Angehöriges und in ihr Bemerkbares. Dasselbe gilt bei den Relationen des Abstandes, der Richtung usw. Wollte Lange nun gleichwohl den Kantschen Gedanken, daß jede Verbindung auf einer verbindenden Tätigkeit beruhe, festhalten, dann blieb nur die Annahme übrig, daß in solchen Fällen die verbindende Tätigkeit, obwohl wir von ihr nichts wahrnehmen, doch vorhanden sei, daß sie also eine unbewußte sei,

---

[1] ebd., B, § 15 (Ausg. Hartenstein, S. 114).

[2] Vgl. neben den obigen Zitaten die *Geschichte des Materialismus*, zweites Buch, dritte Auflage, S. 119—121. In den *Logischen Studien*, S. 135/36 erklärt er, wir hätten „in diesem Ausdruck <Synthesis> zunächst nicht viel mehr als eine Fixirung der Thatsache, dass sich in allen unsern Vorstellungen Einheit eines Mannigfaltigen findet..." Wenige Zeilen später ist aber von der Tatsache der Synthesis als von einem „Vorgange" die Rede, „durch welchen wir, als Subject, erst entstehen".

während das, was sie schöpferisch bewirke, die Vorstellung der Verbindung, in unser Bewußtsein falle. Jedenfalls ist dies der Weg, den Lange einschlägt; und er verfolgt ihn bis ins Extrem. Die Vorstellung der Verbindung gewinnen wir nach ihm so wie jede andere Vorstellung durch Analyse und Abstraktion aus den primären Inhalten. Was aber die von Kant ausschließlich und einseitig betonten synthetischen Akte anbetrifft, durch welche die inhaltlichen Verbindungen erst geschaffen sein sollen, so werden sie in den transzendentalen Hintergrund des Lebens verlegt, der dem Bewußtsein vorhergeht, weshalb sie natürlich zur Entstehung des Begriffes der Verbindung nichts beitragen können.

Wie Kant verfolgt hier auch Lange hauptsächlich metaphysische Tendenzen. Das Bewußtsein selbst und damit Subjektivität soll aus den unbewußten Eindrücken erst durch einen Vorgang höchster Synthesis entstehen. So ist die Einheit des Bewußtseins erklärt. Ihr korrespondiert nun als höchste Synthesis des Bewußtseinsinhaltes die „allumfassende Synthesis" der Raumvorstellung; denn „der Raum ist die Form aller Objecte" (S. 148). Wie fernerhin jene oberste Synthesis in dem Ganzen der Raumvorstellung, so objektiviert sich jeder einzelne synthetische Akt in anschaulichen Synthesen von Raumbildern. Alle Verbindung ist also im Grunde genommen räumliche Verbindung und Beziehung. In der Raumvorstellung, sagt Lange ausdrücklich, „finden wir die Anschauung zu den Begriffen des Zusammenhanges und der Trennung, der Äquivalenz und der Verhältnisse eines Ganzen zu seinen Teilen, eines Dinges zu seinen Eigenschaften." [1] Daher ist alles logische und mathematische Denken ein Denken in Raumbildern; daher ist insbesondere der Raum überall der „Ursprung alles Apriorischen".[2] In der Tat handelt es sich in den apriorischen Wissenschaften (der formalen Logik und Mathematik) jederzeit um ein Fortschreiten innerhalb einer Kette in sich zusammenhängender Relationen. Jedes Axiom beurteilt Verhältnisse zwischen Verhältnissen. Wenn nun der Raum auch in dem Sinne Form allen Inhaltes ist, daß nicht bloß kein absoluter Inhalt, sondern auch kein Relationsinhalt denkbar ist, der nicht in den Eigenschaften der Raumvorstellung, in ihren Beziehungen und Verbindungen seine Anschauungsgrundlage

[1] *Logische Studien*, S. 148.
[2] s. ebd., S. 147. – Anm. d. Hrsg.

hätte, dann interveniert freilich bei einer jeden apriorischen Erkenntnis die Raumvorstellung als unentbehrliche Vermittlerin.

Nach alledem versteht man die eigentümlichen Ausdrücke Langes, der Raum sei das Urbild aller Synthesis und im besonderen das Urbild der Zahlen; man versteht, welch bedeutsame Rolle der Raumvorstellung nicht bloß für die Entstehung der Zahlvorstellungen, sondern auch für die ganze philosophische Theorie der arithmetischen Wissenschaft als einer apriorischen und somit auf Raumanschauung begründeten zugedacht ist.

Absichtlich bin ich viel tiefer, als es für unsere allernächsten Zwecke erforderlich war, auf die Darlegung der Ansichten Langes eingegangen. Die nun folgende Kritik widerlegt, obschon sie ausschließlich auf die uns hier allein interessierenden Punkte reflektiert, auch die Langesche Theorie der arithmetischen Erkenntnis, eine Theorie, die bekanntlich Schule gemacht hat und mit Rücksicht auf die weiteren Ziele unserer Untersuchungen nicht übergegangen werden konnte.

Die Lehre von der Synthesis, die wir eben kennengelernt haben, ist unhaltbar und beruht auf wesentlichen Mißverständnissen. Kant übersah, daß viele inhaltliche Verbindungen uns gegeben sind, bei denen von einer synthetischen, die inhaltliche Verbundenheit schaffenden Tätigkeit nichts zu merken ist. Lange wieder nimmt gar keine Rücksicht auf diejenigen Fälle, wo zusammengesetzte Vorstellungen ihre Einheit einzig und allein synthetischen Akten verdanken, während im primären Inhalte eine Verbindung nicht vorhanden ist oder nicht in Betracht kommt. Nach ihm soll alle Verbindung im Inhalte, und zwar vermöge der allen Inhalt umspannenden Raumform statthaben. Dies ist falsch. Gerade die Begriffe Vielheit und Zahl widerstreben dieser Auffassung. Die Verbindung der kolligierten Inhalte in der Vielheit, der gezählten in der Zahl ist nicht eine räumliche Verbindung, so wenig sie als eine zeitliche (und, wie wir sogleich hinzufügen können, so wenig sie als eine andere Verbindung im primären Inhalte) aufgefaßt werden kann. Ist der Raum allumfassende Form, dann einigt er nicht bloß die eben gezählten, sondern diese mit allen überhaupt vorhandenen Inhalten. Was macht aber z. B. die besondere Einheit der gerade gebildeten Kollektion von fünf Dingen aus, um derentwillen ihrer eben fünf sind? Und mögen die Verknüpfungen dieser fünf

Dinge sein welche auch immer — können wir nicht im nächsten Moment von denselben bloß zwei, drei oder vier durch einen einigenden Akt des Interesses herausheben, ohne die faktisch vorhandenen inhaltlichen Verbindungen (z. B. Abstände, physische Verbindungen oder dgl.) im geringsten zu tangieren?

Man sieht, daß die Synthesis unserer Begriffe nicht im Inhalte, sondern nur in gewissen synthetischen Akten liegen und daher auch nur in Reflexion auf sie bemerkt werden kann. *Lange* selbst muß dies wohl gefühlt haben, da er auf besondere *Akte* der Synthesis der Anschauungen Gewicht legt. Aber wie reimt sich dies mit seinen sonstigen Lehren? Diese Akte sind doch nicht als etwas Räumliches zu fassen. Es wäre jedenfalls eine pure Absurdität, solches anzunehmen.

So ist es klar, daß weder die Zahlbegriffe noch die Zahlverhältnisse geschweige denn die ganze Arithmetik mit der Raumvorstellung etwas zu schaffen haben. Der Satz, der Raum sei das Urbild der Zahlen, hat, wie wir ihn auch drehen und wenden mögen, keine Bedeutung. Weder hat es Sinn, von einer bildlichen Gleichheit zu sprechen, da auf der einen Seite eine Synthesis im Inhalte, auf der andern eine aktive Synthesis besteht, noch hat es einen Sinn, im Raume die Anschauungsgrundlage für die Zahlvorstellungen und Zahlrelationen zu suchen.

Schließlich müssen wir auch noch fragen, woher wir den *Begriff* synthetischer Akte nehmen sollen, mit dem auch *Lange* so viel operiert, wenn alle synthetische Tätigkeit in das unbewußte Jenseits, deren Resultat aber, die Vorstellung der Verbindung, in den primären Bewußtseinsinhalt verlegt wird, aus dem wir ihn einfach durch Analyse und Abstraktion entnehmen. Es ist dabei auch hervorzuheben, daß die ganze bei *Lange* wie bei *Kant* zugrunde liegende Anschauung, wonach ein Relationsinhalt *Resultat* eines Relationsaktes sei, psychologisch unhaltbar ist. Die innere Erfahrung — und diese allein ist hier entscheidend — lehrt nichts von solchen schöpferischen Prozessen. Unsere Geistestätigkeit *macht* nicht die Relationen; sie sind einfach da und werden bei gehöriger Richtung des Interesses bemerkt so gut als irgendwelche andere Inhalte.[1] Im eigentlichen Sinne schöpferische Akte, welche als ein von ihnen verschiedenes

[1] Vgl. C. *Stumpf*, *Tonpsychologie*, Bd. I, Leipzig 1883, S. 105 u. f.

Resultat irgendeinen neuen Inhalt schaffen, sind psychologische Undinge. Freilich unterscheidet man ganz allgemein die beziehende Geistestätigkeit von der Beziehung selbst (das Vergleichen von der Gleichheit usw.). Aber wo man <von> solcher Art von beziehender Tätigkeit spricht, versteht man darunter entweder das Auffassen des Relationsinhaltes oder das die Beziehungspunkte heraushebende und umfassende Interesse, die unerläßliche Vorbedingung dafür, daß die jene Inhalte verbindenden Relationen bemerkbar würden. Aber wie auch immer, man wird nie behaupten können, daß der betreffende Akt seinen Inhalt schöpferisch erzeuge.

Vielleicht antwortet man uns gerade durch den Hinweis auf die synthetischen Akte, die wir oben bei den Zahlvorstellungen konstatiert haben, und welche, wie wir noch sehen werden, identisch sind mit unseren „kollektiven" Verbindungen. Bei ihnen sei es doch der Akt allein, der die Verbindung schaffe. — In gewissem Sinne ist dies wohl richtig. Die Verbindung besteht nämlich einzig und allein in dem einigenden Akte selbst und somit auch die Vorstellung der Verbindung in der Vorstellung des Aktes. Nicht aber besteht neben dem Akte ein von ihm selbst verschiedener Beziehungsinhalt als dessen schöpferisches Resultat, wie es die von uns bekämpfte Ansicht überall voraussetzt.[1]

Nur ein Argument haben wir noch nicht berücksichtigt, nämlich daß die ältesten Ausdrücke für die Zahlwörter auf Gegenstände im Raume hinweisen, mit Eigenschaften, welche der Zahl entsprechen. Es wäre sehr gewagt, daraus zu schließen, daß der menschliche Intellekt bei aller Zählung notwendig auf Räumlichkeit eingeschränkt war, nachdem andere Erklärungen so naheliegen. Die Menschen fanden eben auf den primitiveren Kulturstufen nur Anlässe, Gruppen von Raumobjekten zu zählen, und so mochte ihr Zahlbegriff mit dem übereinstimmen, den wir jetzt nur durch den zusammengesetzten Namen „Anzahl von Raumobjekten" bezeichnen können. Die fortgeschrittenere Kultur

[1] Die hier gerügten Irrtümer führten Lange zu sonderbaren Konsequenzen. In der Raumvorstellung soll der Ursprung der Kategorien liegen; seine Eigenschaften bilden die „Norm unsrer Verstandes-functionen" usw. „So zeigt sich", faßt Lange schließlich zusammen (a. a. O., S. 149), „die Raumvorstellung mit ihren für unseren Verstand constitutiven Eigenschaften als die bleibende und bestimmende Urform unseres geistigen Wesens, als das wahre objective Gegenbild unseres transzendentalen Ich". Sowie man sich bemüht, mit diesen Sätzen einen klaren Sinn zu verbinden, zerfließen sie in nichts.

übernahm die alten Worte, deren Bedeutung sich aber inzwischen auf dem Wege metaphorischer Übertragung weit über das räumliche Gebiet hinaus erweitert hatte. Wie die meisten Begriffe haben eben auch die Zahlbegriffe eine historische Entwicklung durchgemacht.

B. Baumanns Theorie. Analoge Irrtümer in Beziehung auf das Wesen der Zahlbegriffe finden sich auch bei Baumann, von welchem Lange in seiner Theorie der arithmetischen Begriffe und Erkenntnisse nicht unbeträchtlich beeinflußt war. Baumann macht den Anteil unserer psychischen Aktivität an der Bildung der Zahlbegriffe wiederholt und lebhaft geltend. Er sagt z.B.: „Die Zusammenfassung von 1, 1, 1 in 3 ist ein neuer Act des Geistes, keinem verständlich, der ihn nicht machen kann, d. h. das blosse Sehen von einem und einem und einem Ding giebt noch nicht die 3zahl, sondern diese neue Zusammenfassung will erst gemacht sein." [1] So entspringen die arithmetischen Begriffe überhaupt, die der Zahlen wie die der Rechnungsoperationen, durch ein „geistiges Thun, welches sich nur in innerer Anschauung erregen und ergreifen lässt".[2] Während wir so in uns „rein geistige Vorstellungen der Mathematik" erzeugen, soll auf der anderen Seite die äußere Erfahrung „das Mathematische unabhängig von unserem Geiste in sich tragen und dieses unverkennbar darbieten",[3] ein Umstand, durch welchen Baumann die Anwendbarkeit der Mathematik auf die Außenwelt erklärt. Im besonderen heißt es bezüglich der Zahl, sie sei „im Raume so gut und noch mehr enthalten als in der Zeit".[4] „Wir finden die Zahl wieder in der äusseren Welt, wenden sie nach ihren Andeutungen an, und sie bewährt sich praktisch, d. h. durch den Erfolg der Berechnung. Sie ist so mit dem Raume zusammen und überall in ihm; daher die Geometrie auch auf arithmetische Ausdrücke gebracht wird." [5] Auf die letzteren Zitate hat Lange ausdrücklich Bezug genommen.[6]

[1] J. J. Baumann, *Die Lehre von Raum, Zeit und Mathematik in der neueren Philosophie*, Berlin 1869, Bd. II, S. 571.
[2] ebd., S. 669.
[3] ebd., S. 675. <*Im Original*: „... trägt ... darbietet"; *Anm. d. Hrsg.*>
[4] ebd., S. 671. – Anm. d. Hrsg.
[5] ebd., S. 670. – Anm. d. Hrsg.
[6] *Logische Studien*, S. 140.

Dem „Mathematischen in uns" entspricht also nach Baumann ein Mathematisches außer uns, dieses wird durch jenes erkannt ganz im Einklange mit dem uralten Spruche des Empedokles: „Gleiches wird durch Gleiches erkannt." Soweit diese Theorie die Zahlen betrifft, und dies allein geht uns hier an, fußt sie auf einer irrtümlichen Auffassung des Abstraktionsprozesses, welcher diese Begriffe liefert. Gewiß hat Baumann Wahres im Auge, indem er das innere Tun bei der Zahlenkonzeption so kräftig hervorhebt. Es ist unzweifelhaft, daß es sich bei der Bildung von Zahlen wie auch von Vielheiten in concreto nicht um ein passives Aufnehmen oder ein bloß heraushebendes Bemerken eines Inhaltes handelt; wenn irgendwo, so liegen hier spontane Tätigkeiten vor, die wir an die Inhalte knüpfen. Je nach Willkür und Interesse können wir gesonderte Inhalte zusammenfassen, von den eben zusammengefaßten wiederum Inhalte fortlassen oder neue hinzufügen. Ein einheitliches, die sämtlichen Inhalte umspannendes und sie verknüpfendes Interesse und zugleich mit und in ihm (in jener gegenseitigen Durchdringung, die psychischen Akten eigen ist) ein Akt einheitlicher Auffassung hebt die Inhalte heraus, und das intentionale Objekt dieses Aktes ist eben die Vorstellung der Vielheit oder des Inbegriffs jener Inhalte. In dieser Weise sind die Inhalte zugleich und zusammen gegenwärtig, sind sie eins, und mit Reflexion auf diese Einigung gesonderter Inhalte durch jenen komplexen psychischen Akt entstehen die Allgemeinbegriffe Vielheit und bestimmte Zahl.

Entspricht nun dies alles der Wahrheit, dann ist es klar, daß Baumann von richtigen Bemerkungen ausgeht, aber mit unhaltbaren endet. Einerseits sollen die Zahlen in gewisser Art rein geistige Schöpfungen sein; und dies trifft wirklich zu, indem die Zahlen auf psychischen Tätigkeiten beruhen, die wir an den Inhalten üben. Nach dieser Hinsicht finden wir bei Baumann mancherlei treffende Beobachtungen, und so steht dem Anscheine nach seine Auffassung mit der unsrigen in bestem Einklange. Wäre dies aber wirklich der Fall, wollte Baumann nicht mehr und nicht anderes behaupten, als daß in die Zahlbegriffe die Begriffe von geistigen Tätigkeiten eingehen, wie wäre es möglich, daß er auf der anderen Seite ein Wiederfinden der Zahl in der Außenwelt, ein Zusammensein in und mit dem Raume lehrt?

Bei äußeren Tätigkeiten scheidet man allerdings die Tätigkeit von dem Werke, welches sie schafft und welches draußen fortdauern kann, während sie selbst längst dahin ist. Aber die psychischen Tätigkeiten, welche die Zahlbegriffe begründen, schaffen in ihnen doch nicht neue primäre Inhalte, die, losgelöst von den erzeugenden Tätigkeiten, nun im Raume oder in der Außenwelt wiedergefunden werden könnten.

In welcher Weise sollten auch all die denkbaren Zahlen, die wir durch willkürlich kombinierende Zusammenfassung räumlicher Inhalte zählen können, in dem Raume enthalten sein? Was anschaulich vorhanden ist, was wir im Raume vorfinden und bemerken können, das sind doch nicht Zahlen an und für sich, sondern nur Raumgegenstände und deren räumliche Beziehungen. Hiermit ist aber noch keine Zahl gegeben; und wo uns eine Zahl gegeben ist, da sind es nicht die räumlichen Synthesen und können es nicht sein, welche die Einigung des Gezählten als solchen bewirken. Das Zusammensein von Gegenständen im Raume ist noch nicht die kollektive Einigung in unserer Vorstellung, welche der Zahl wesentlich ist. Welche äußeren Gegenstände und wieviele derselben wir kolligieren und zählen, das hängt allein von unserem Interesse ab, und so wird die Einigung des Kolligierten nur bestimmt und vollzogen durch einen psychischen Akt oben beschriebener Art. Im Raume Zahlen zu suchen scheint nach alledem nicht minder absurd als in ihm nach Urteilen, Willensakten, Wünschen u.dgl. zu fahnden. Raumobjekte sind allenfalls die Inhalte solcher Akte, nicht aber diese selbst; Raumobjekte sind allenfalls die gezählten Gegenstände, nicht aber die Zahlen. Es ist ebenderselbe Irrtum, in welchen Lange verfiel, als er die Raumanschauung als das Urbild wie aller Synthesis so auch der Synthesis der Zahlen erklärte und welcher überhaupt seiner Lehre von der Synthesis zugrunde liegt.

Anmerkung. In ganz neuer und eigener Art finden wir Zahl und Raumanschauung in Beziehung gesetzt in der Abhandlung von W. Brix *Der mathematische Zahlbegriff und seine Entwicklungsformen.*[1] „Die Zahl der Raumanschauung" soll eine erste, primitive Form des Zahlbegriffes und neben der „Zahl der

---

[1] in: W. Wundt, *Philos. Studien*, Bd. V. – Anm. d. Hrsg.

Zeitanschauung" ein „durchaus heterogenes und selbständiges Stadium in der genetischen Entwicklung" desselben darstellen. „Allerdings ist die Zahl auf dieser Stufe noch kein Begriff. ... Sie ist vielmehr nichts weiter als ein gewisses Schema der Wahrnehmung, eine Art Anschauungsform in kantischem Sinne. Denn sie haftet noch völlig an den Gegenständen der Wahrnehmung, d. h. man zählt auf dieser Stufe der Ausbildung nicht drei, vier, fünf, sondern etwa drei Häuser, vier Pferde, u.s.w. Deshalb erfordert sie auch noch keinerlei Abstraction sondern besteht lediglich wie du Bois-Reymond es ausdrückt: ‚in der Vorstellung vom Getrenntsein der Wahrnehmungsgegenstände'. Sie deckt sich also nahezu mit der Raumanschauung, da der Raum gerade durch die einzelnen Gegenstände bestimmt erscheint, die in der Zahlvorstellung zusammengefasst werden."[1]

Brix hat die Psychologie des Zahlbegriffes etwas zu leicht genommen. Was bedeutet denn in den Ausdrücken: drei Häuser, drei Pferde, drei Äpfel usw. das Wörtchen drei? Die Vorstellung vom Getrenntsein der Gegenstände? Gut, dann muß dies überall gleichartige Getrenntsein als solches für sich bemerkt worden sein, und die Abstraktion ist da. Ein allgemeines Wort ohne begriffliche Unterlage wäre auch eine merkwürdige psychologische und logische Entdeckung. Man sieht übrigens leicht ein, daß die Erklärung der kollektiven Verbindung von Raumobjekten als eines räumlichen Getrenntseins derselben unhaltbar ist, indem sie einem Einwande unterliegt, den wir gegen die bisher betrachteten Theorien wiederholt urgieren mußten. Wenn wir aus n gegebenen Raumdingen nach Belieben und in willkürlicher Auswahl 2, 3, ..., n—1 geistig herausheben — ich sage geistig, denn physisch rücken wir sie ja nicht von der Stelle — und sie zählen, ändert sich da etwas an der räumlichen Anschauung, etwa (das von Brix als ein positives Moment derselben angesehene) „Getrenntsein der Wahrnehmungsgegenstände"? Das Aufwerfen dieser Frage genügt, um die Unhaltbarkeit der Ansicht klarzumachen. Und wie unterscheiden sich zwei, drei, vier Rauminhalte als zwei, drei, vier voneinander? Räumliches Getrenntsein läßt doch keine der Zahl parallel laufende spezifische Unterscheidung

---

[1] ebd., S. 671/72.

zu. Die schönen philosophischen Termini „Schema der Wahrnehmung", „Anschauungsform" helfen nur, die Unklarheit der Gedanken zu verhüllen, und gar nichts anzufangen wissen wir mit der sonderbaren Bemerkung, daß diese Anschauungsform der räumlichen Zahl sich nahezu mit der Raumanschauung decke. Wie die Behauptung im übrigen in Einklang zu bringen ist mit der auf derselben Seite der Brixschen Abhandlung folgenden, daß „die Zahl hier nur als Bestimmung gilt für den Raum der jeweiligen Wahrnehmung", wollen wir auf sich beruhen lassen. Ein Zitat jedoch möge hier noch seine Stelle finden: „Die Fähigkeit solche <Zahl-> Vorstellungen zu vollziehen, muss man daher wohl den meisten höheren Organismen zugestehen — vielleicht wäre die Vermuthung nicht ganz grundlos, dass sie an das Sehvermögen <!> gebunden ist — denn auch Thiere setzen sich, wie du Bois-Reymond hervorhebt, gegen mehrere Feinde anders zur Wehr als gegen einen Hund <Feind?>, ‚auch die Ente zählt', wie Hankel betont, ‚ihre Jungen.'"[1] Man sieht, diese verdienten Mathematiker begehen hier die starke Verwechslung zwischen der Vorstellung einer bestimmten Menge physischer Individuen und der Vorstellung ihrer Zahl; verwunderlich ist nur, daß Brix ihnen darin Folgschaft leistet.

Kolligieren, Zählen und Unterscheiden.

Bei weitem wissenschaftlicher und plausibler als alle die Theorien, welche bezüglich der Entstehung der Begriffe Vielheit und Anzahl bisher kritisiert wurden, ist diejenige, zu deren Entwicklung wir jetzt übergehen wollen. Damit aber in aller Klarheit hervortrete, ob sie das leistet, was sie verspricht, will ich mich bemühen, ihr eine so konsequente Ausbildung zu geben als irgend möglich, und verzichte lieber darauf, meine Darstellung und Kritik unmittelbar an irgendeine der Formen, in welchen sie von diesem oder jenem hervorragenden Autor de facto vertreten worden ist, anzuknüpfen. Folgende Argumentation dürfte viel Schein für sich haben.

Von einer Vielheit kann nur da die Rede sein, wo voneinander

---

[1] a. a. O., S. 672. – Anm. d. Hrsg.

verschiedene Gegenstände vorliegen. Wären sie alle identisch, dann hätten wir ja keine Vielheit von Gegenständen, sondern eben nur *einen* Gegenstand. Diese Verschiedenheiten müssen aber auch bemerkt worden sein, sonst bildeten die verschiedenen Gegenstände für unsere Auffassung nur ein unanalysiertes Ganzes, und wir fänden abermals keinerlei Möglichkeit, um zu der Vorstellung einer Vielheit zu kommen. Also Verschiedenheitsvorstellungen gehören wesentlich mit zur Vorstellung eines jeden Inbegriffs. Indem wir ferner jeden einzelnen Gegenstand desselben von den anderen unterscheiden, ist mit der Vorstellung des Unterschiedes auch die Vorstellung der Identität jedes Gegenstandes mit sich selbst notwendigerweise mitgegeben. In der Vorstellung einer konkreten Vielheit wird also jeder einzelne Gegenstand sowohl als ein von allen anderen verschiedener wie auch als ein mit sich identischer gedacht.

Dies festgestellt, liegt nun, wie es scheint, auch die Entstehung des Allgemeinbegriffes der Vielheit klar zutage. Was könnte auch in allen Fällen, wo wir von Vielheit sprechen, sonst noch Gemeinsames vorhanden sein als jene Vorstellungen der Verschiedenheit und Identität, nachdem es bekanntlich bei der Abstraktion des Vielheitsbegriffes auf die Besonderheiten der einzelnen Inhalte durchaus nicht ankommt? Wir erhalten also, ausgehend von irgendeiner konkreten Vielheit, den allgemeinen Vielheitsbegriff, indem wir jeden Inhalt auf jeden anderen unterscheidend beziehen, hierbei aber, völlig abstrahierend von der besonderen Beschaffenheit der konkret gegebenen Inhalte, einen jeden bloß als irgend etwas mit sich selbst Identisches betrachten. Auf diese Weise entsteht der Begriff der Vielheit gewissermaßen als die leere Form der Verschiedenheit.

Mit dem Begriffe der Vielheit ist nun aber sofort auch derjenige der Einheit gegeben, und sein Inhalt ist aus den vorstehenden Betrachtungen mit Leichtigkeit zu entwickeln. Indem wir im strengen Sinne des Wortes zählen, d. h. also die Zahlenabstraktion vollziehen, bringen wir jedes zu zählende Ding unter den Begriff der Einheit, wir betrachten es bloß als Eins. Damit will nichts weiter gesagt sein als eben dies: wir betrachten jedes bloß als etwas mit sich Identisches und von allen anderen Verschiedenes. Wie das Unterscheiden und Identischsetzen voneinander unabtrennbare, sich gegenseitig bedingende Funktionen sind, so sind auch die in Reflexion auf diese Funktionen gebildeten Allgemeinbegriffe der Vielheit und Einheit voneinander abhängige, korrelative Begriffe.

Aus dem Begriff der leeren Verschiedenheitsform entspringen durch die mannigfachen Determinationen, die er zuläßt, die Zahlbegriffe. Sie sind also nichts anderes als die klassifikatorisch gesonderten, allgemeinen Verschiedenheitsformen.

Gedanken solcher oder ähnlicher Art finden wir besonders in den logischen Werken von Jevons, Sigwart und Schuppe wirksam.[1] So erklärt Schuppe, „dass das Wesen der Zahl undefinirbar ist, weil es direkt aus dem Identitätsprincipe fliesst. Mit diesem unmittelbar ist das Eine und das Andere gesetzt, indem das eine vom andern unterschieden wird. Hierin ist also die Mehrheit oder Vielheit gegeben..." „Rot ist nicht grün und nicht blau, a ist weder b noch c, und b ist weder a noch c, und c ist weder a noch b. Diese Urteile einfachster Art bilden bei der Prädicirung der Zahl die Voraussetzung und man kann, um eben denselben Sinn auszudrücken, statt der blossen Unterscheidung die Zahl aussagen, rot und grün und blau sind — nicht etwa eins, sondern — drei; man kann auch vollständiger sagen drei Verschiedene oder drei verschiedene Farben, aber es ist überflüssige Deutlichkeit ...; ‚sind drei Farben' sagt dasselbe, wie ‚drei verschiedene Farben'. Was ich nicht unterscheiden kann, kann ich nicht zählen, das ist eines." [2] — Die Zahl, resp. die Aussage der Mehrheit durch ein bestimmtes oder unbestimmtes Zahlwort, „behauptet nur Verschiedenheit, ohne die Unterschiede zu nennen".[3]

Zum Teil noch näher steht Jevons der oben entwickelten Theorie: „Number is but another name for diversity. Exact identity is unity, and with difference arises plurality." „Plurality arises when and only when we detect difference." [4] Hier ist, wie

[1] Von mathematischer Seite möge hier P. du Bois-Reymond genannt werden. „Die Anzahl", sagt er in seiner *Allgemeinen Functionentheorie*, erster Theil, Tübingen 1882, S. 16, „ist gleichsam der Rest, der in unserer Seele zurückbleibt, wenn alles, was die Dinge unterschied, sich verflüchtigt, und nur die Vorstellung sich erhält, dass die Dinge getrennt waren". Hier wird freilich Unterschiedensein in dem Sinne von Getrenntsein gebraucht, was kein notwendiger Bestandteil einer Unterschiedstheorie der Zahl ist. Im übrigen hält du Bois-Reymond diesen Gedanken nicht rein; auch scheint er sich auf räumliche Objekte zu beschränken.

[2] *Erkenntnistheoretische Logik*, Bonn 1878, S. 405.

[3] ebd., S. 410. – Anm. d. Hrsg.

[4] *The principles of science*, second edition, London 1883, S. 156.

man sieht, „number" in dem weiteren Sinne genommen, als gleichbedeutend mit „plurality".

Bezüglich der Art der Abstraktion, die hier vorliegt, sagt derselbe Autor: „There will now be little difficulty in forming a clear notion of the nature of numerical abstraction. It consists in abstracting the character of the difference from which plurality arises, retaining merely the fact.... Abstract number, then, is the empty form of difference; the abstract number three asserts the existence of marks without specifying their kind." „Three sounds differ from three colours, or three riders from three horses; but they agree in respect of the variety of marks by which they can be discriminated. The symbols 1 + 1 + 1 are thus the empty marks asserting the existence of discrimination."[1]

Indessen fehlt es bei Jevons an einer tieferen psychologischen Fundierung, die wir, hauptsächlich mit freier Benutzung Sigwartscher Andeutungen, oben zu geben versuchten.

Für den ersten Augenblick hat es den Anschein, als sei die Theorie solcher Art auf unzweifelhaft sicheren Grundlagen aufgebaut, und so möchte die Kritik zunächst bloß an der Unbestimmtheit der Resultate Anstoß nehmen. Daß Vielheit bzw. Anzahl in dem weiteren und unbestimmteren Sinne nichts weiter sei als „leere Form der Verschiedenheit", damit könnte man sich noch zufrieden geben. Aber diese Allgemeinheit genügt noch nicht, um den Inhalt der scharf geschiedenen Zahlbegriffe: Zwei, Drei, Vier usw. in Beziehung aufeinander scharf zu charakterisieren. „Leere Formen der Verschiedenheit" sind sie doch alle. Was unterscheidet Drei von Zwei, Vier von Drei usf.? Sollen wir etwa die bedenkliche Antwort geben: Bei der Zwei bemerken wir eine Unterschiedsrelation, bei der Drei zwei, bei der Vier drei usf.?

Die Auskunft, die uns die letzte der zitierten Stellen gibt, ist offenbar sehr dürftig. Jene „variety of marks" bedeutet entweder soviel als wiederum die Zahl, oder sie bedeutet soviel als „Form der Verschiedenheit". Aber wodurch charakterisieren sich psychologisch diese Formen gegeneinander, so daß sie in ihren besonderen Bestimmtheiten erfaßt, voneinander klar unterschieden und demgemäß auch mit verschiedenen Namen benannt werden

[1] ebd., S. 158, 159.

können? Hier liegt eine wesentliche Unvollkommenheit der Theorie; sehen wir zu, ob sich dieselbe beheben läßt.

Der Einfachheit halber betrachten wir nur einen Inbegriff von drei Gegenständen A, B, C. In die Vorstellung desselben müssen nach jener Theorie die Unterschiedsrelationen:

$$\overset{\frown}{AB},\ \overset{\frown}{BC},\ \overset{\frown}{CA}$$

eingehen (die Bogen mögen diese Relationen andeuten); sie sind zusammen in unserem Bewußtsein gegeben und bewirken die Einigung der Gegenstände zu dem kollektiven Ganzen. Möge man nun für A, B und C Inhalte welcher Art auch immer setzen, stets bleiben diese Unterschiede als irgendwie bestimmte vorhanden; sie bilden also die „Form" der Verschiedenheit, welche für die Zahl Drei charakteristisch ist.

Hier erheben sich jedoch gewisse Einwände. Sind jene Unterschiedsrelationen zusammen in unserer Vorstellung, dann mußte, falls die Grundansicht der Theorie richtig ist, doch auch jede von jenen Unterschiedsvorstellungen als mit sich identisch und verschieden von jeder anderen perzipiert worden sein; denn würden z. B. $\overset{\frown}{AB}$ und $\overset{\frown}{BC}$ nicht als verschieden erkannt werden, dann flössen sie eben unterschiedslos zusammen, und es könnten dann, wie man sofort sieht, auch deren Fundamente nicht als voneinander unterschiedene in der Vorstellung des Inbegriffs auftreten. Es müssen also auch die sämtlichen Unterschiede von den Unterschieden in unserer Vorstellung sein, d. h.:

$$\overset{\frown}{\overset{\frown}{AB}\ \overset{\frown}{BC}};\ \overset{\frown}{\overset{\frown}{BC}\ \overset{\frown}{CA}};\ \overset{\frown}{\overset{\frown}{CA}\ \overset{\frown}{AB}};$$

aber auch bezüglich ihrer gälte das gleiche, usf.

Um also der „Form der Verschiedenheit" habhaft zu werden, kämen wir in einen artigen regressus in infinitum.

Es gibt aber noch einen Ausweg, durch den man dieser Konsequenz entgehen kann. Wenn wir, könnte man erwidern, unterscheidend von A zu B und von diesem zu C übergehen, dann ist eine neue Unterscheidung des C von A nicht mehr erfordert; indem wir nämlich die beiden Unterschiede $\overset{\frown}{AB}$ und $\overset{\frown}{BC}$, welche durch das eine Fundament B zusammenhängen, vermittels eines höheren Aktes der Unterscheidung aufeinander beziehen, ist die Möglichkeit, daß C und A zusammenfließe, eo ipso ausgeschlossen. So ergäbe sich als das wahre Schema:

$$\widehat{\widehat{A\,B}\widehat{\,C}}$$

Was nun auch immer A, B und C bedeuten möge, dieses schematische Bild weist auf einen überall gleichartigen Prozeß hin. Abstrahieren wir daher von den Besonderheiten der einzelnen Inhalte, einen jeden nur als *irgendwie* bestimmten festhaltend, dann haben wir hier die gesuchte Form, welche allen Vielheiten von drei Inhalten gemeinsam ist, und um derentwillen wir denselben auch die Zahl Drei zuschreiben.

In dieser Weise könnte man alle Verschiedenheitsformen, welche die Grundlage der Zahlbenennungen bilden sollen, aufstellen. So wäre z. B. $\widehat{AB}$ das Schema der einfachsten Zahl, Zwei; dasselbe drückte aus, daß in allen Fällen, wo eine Zweiheit vorliegt, ein Gegenstand und noch ein von ihm *verschiedener* Gegenstand da sei. Legen wir einem konkreten Inbegriff die Zahl Zwei bei, so hieße dies: Wir lenken unsere Aufmerksamkeit *bloß* darauf, daß ein Inhalt und noch ein anderer Inhalt vorhanden ist; sie ruhte nicht auf der Besonderheit des Unterschiedes, sondern auf dem bloßen Faktum eines solchen.

Die schematische Form für die Zahl Vier wäre:

$$\widehat{\widehat{\widehat{A\,B}\widehat{\,C}}\widehat{\,D}}$$

und man übersieht nun leicht, wie sich die Formen weiter komplizieren. Immer liegen Unterschiede vor, welche aneinandergrenzen (d.h. ein Fundament gemeinsam haben) und es so ermöglichen, insgesamt vermittels unterscheidender Akte höherer Ordnung schließlich in einem einzigen Akte befaßt zu werden. Diese Schemata würden als die Abbilder jener geistigen Vorgänge gelten müssen, wie sie bei der Vorstellung irgendeines Inbegriffes bzw. von zwei, drei, vier usw. Inhalten statthaben, und in Reflexion auf diese geistigen Vorgänge, deren wohlcharakterisierte Verschiedenheit innerlich bemerkt sein müßte, entständen die Zahlbegriffe.

So zeigt es sich, daß die Unvollkommenheiten, an welche unsere Kritik oben Anstoß nahm, sich völlig beheben lassen. Ja noch mehr. Die feinere Ausbildung, welche die Theorie nun erhalten hat, scheint als Miterfolg die Lösung vieler in betreff der Zahlbegriffe sich aufdrängender Fragen unmittelbar herbeizuführen.

So würde z. B. die außerordentlich rasch steigende Komplikation jener Formen uns verständlich machen, warum wir nur von den kleineren Zahlen eigentliche Vorstellungen erlangen, während wir die größeren bloß symbolisch, gewissermaßen auf Umwegen, zu denken vermögen.

Die Unabhängigkeit der Anzahl von der Ordnung der gezählten Gegenstände wäre durch Anblick der schematischen Form sofort zur Evidenz gebracht. Die Form bleibt ja offenbar ungeändert, wie auch die A, B, C, ... miteinander vertauscht werden mögen. So könnte noch mancherlei zugunsten der Theorie angeführt werden. Eine besonders wichtige Bestätigung derselben scheint aber der Sprachgebrauch darzubieten. In demselben Sinne sagen wir: A und B sind verschiedene Dinge — sind zwei Dinge. Rot, Grün und Blau sind drei, das besagt, sie sind nicht etwa eine, sondern drei verschiedene Farben. Aber das „ist überflüssige Deutlichkeit und Nachdrücklichkeit: sind drei Farben, sagt dasselbe, wie drei verschiedene Farben". So faßt auch Schuppe — denn dies ist sein Beispiel — den Sprachgebrauch als völlig harmonierend mit der Unterschiedsdeutung des Zahlbegriffes.

Nach alledem scheint hier eine wohlbegründete und folgerichtig durchgeführte Theorie auf Zustimmung Anspruch zu erheben. Gleichwohl lehrt eine tiefeindringende Untersuchung, daß dieselbe nicht haltbar ist. Läßt sich auch gegen die Konsequenz des Aufbaues ein triftiger Einwand nicht mehr vorbringen, so hält doch ihr psychologisches Fundament einer scharfen Kritik nicht stand.

Es ist richtig, von einem Inbegriffe kann nur da die Rede sein, wo Inhalte vorliegen, die voneinander verschieden sind. Unrichtig ist aber die Behauptung, die hieran angeschlossen wird: Diese Verschiedenheiten müßten als solche vorgestellt worden sein, sonst wäre in unserer Vorstellung nur eine unterschiedslose Einheit und keine Vielheit. Es ist wichtig, daß man auseinanderhalte: „zwei verschiedene Inhalte bemerken" und „zwei Inhalte als voneinander verschiedene bemerken". Im ersten Falle haben wir, vorausgesetzt, daß die Inhalte zugleich einheitlich zusammengefaßt werden, eine Inbegriffsvorstellung, im zweiten eine Unterschiedsvorstellung. Unsere Auffassung geht da, wo ein Inbegriff gegeben ist, zunächst bloß auf *absolute* Inhalte (nämlich die, die ihn zusammensetzen); hingegen da, wo eine Unterschiedsvorstellung (oder ein Komplex solcher) gegeben ist, auf *Verhältnisse* zwischen Inhalten. Nur dies ist richtig: Wo eine Mehrheit von Gegenständen wahrgenommen wird, da sind wir *stets berechtigt*, aufgrund der einzelnen Inhalte evidente Urteile zu fällen, welche besagen, daß ein jeder der Inhalte von jedem anderen verschieden sei; aber unrichtig ist es, daß wir diese Urteile fällen *müssen*.

In betreff der Begriffe „Unterscheiden" und „Unterschied" herrschen überhaupt vielfache Unklarheiten, welche aus gewissen Äquivokationen entsprungen sind und zu den Irrtümern, die ich hier berühre, wesentlich beigetragen haben.

1) „Unterschied" oder „Verschiedenheit" bedeutet das Resultat einer Vergleichung. Eine Vergleichung kann entweder das Ergebnis liefern, daß die betrachteten Inhalte gleich sind oder daß sie verschieden, d. h. *nicht* gleich sind. Hier bedeutet also Verschiedenheit etwas Negatives, die bloße Abwesenheit einer Gleichheit. In diesem Sinne spricht man von dem Vergleichen und Unterscheiden als zusammengehörigen, eng verbundenen Tätigkeiten. In der Tat kommen überall, wo es sich um ein willkürliches Vergleichen handelt, Ergebnisse beiderlei Art vor; es werden affirmative Urteile gefällt, welche Gleichheiten anerkennen, und nach anderen Seiten hin negative, welche solche verwerfen. Auf dieses Affirmieren von Gleichheiten bezieht sich nun der Ausdruck „Vergleichen", auf das Negieren von Gleichheiten der Ausdruck „Unterscheiden" beim Gebrauche der Kombination „Vergleichen und Unterscheiden".

In dem Falle, wo die Vergleichung von Inhalten in einer gewissen Hinsicht zum Ergebnis der *Ungleichheit* führt, kann es aber eintreten, daß wenigstens eine Ähnlichkeit oder „Steigerung" usw. bemerkt wird; dies sind wohlcharakterisierte Relationsklassen, bei welchen, ganz so wie im Falle der Gleichheit, die Relationsvorstellung einen reellen positiven Vorstellungsinhalt repräsentiert. Man nannte nun auch diese Relationen Verschiedenheitsrelationen, und insbesondere ist der Name Unterschied oder Verschiedenheit für *Abstände* in Kontinuis gebräuchlich. Wir sprechen in diesem Sinne von Unterschieden des Ortes, der Zeit, der Intensität und Qualität (Unterschied zweierlei Farben, Töne, Gerüche etc.) [1] Diese engere Bedeutung jener Termini führte nun aber umgekehrt wieder dahin, auch die bloßen Ungleichheitsfälle, da sie Unterschiede hießen, so aufzufassen, als wären sie primäre Relationen (vgl., S. 68), d. h. als läge bei ihnen die Relation im Vorstellungsinhalt, während in der Tat nichts weiter gegeben ist als ein evidentes negatives Urteil, welches das Vorhandensein einer solchen (nämlich einer Gleichheitsrelation) negiert.

Es mag vom praktischen Gesichtspunkte der Vergleichung aus immerhin nützlich sein, die sämtlichen Ergebnisse, zu denen sie führen kann, unter die beiden Titel Gleichheit und Verschiedenheit zu ordnen; es darf jedoch nicht übersehen werden, daß dann unter dem letzteren Titel Relationsklassen zusammenstehen, welche einander ihrer phänomenalen Beschaffenheit nach fremd sind, während überdies ein Teil derselben mit den unter dem anderen Haupttitel geführten Gleichheitsrelationen in naher Verwandtschaft steht. Vom psychologischen Gesichtspunkte aus gehören die Relationen der Ähnlichkeit, Gleichheit, metaphysischen Verbindung usw., kurz alle Relationen, welche den Charakter von Vorstellungsphänomenen im engeren Sinne (also primären Inhalten, nicht aber vorgestellten psychischen Akten) tragen, in eine Klasse.[2] Zu ihnen gehört aber nicht die Verschiedenheit im weitesten Sinne; denn sie ist nicht ein zugleich mit den Fundamenten unmittelbar bemerkbarer Vorstellungsinhalt, sondern ein aufgrund derselben gefälltes, resp. als gefällt vorgestelltes negatives Urteil.

2) Der Name Unterscheiden wird aber noch in einer anderen Bedeutung gebraucht, welche mit der A n a l y s e in Zusammenhang steht. Dieser gemäß heißt „unterschieden" dasjenige, was durch Analyse herausgehoben und besonders bemerkt worden ist, und „unterscheiden" soviel als „a u s s c h e i d e n", „analysieren".

Indem man nun den die Analyse begünstigenden Bedingungen nachforschte, zeigte es sich, daß eine Mehrheit von Teilinhalten

---

[1] Damit hängt es wohl auch zusammen, daß man zeitweise, insbesondere bei physischen Inhalten, „Unterschiedensein" in gleichem Sinne gebraucht wie „Getrenntsein" (in der Anschauung), Ausdrücke, die sich nicht immer decken, wie aus dem Verhältnis von Ganzem und Teil zu ersehen. Wir fassen dies daher nicht als eine wesentlich neue Art der Äquivokation.

[2] Wir werden sie primäre Relationen nennen. Das Nähere über die hier angedeutete Einteilung, die sich als wichtig erweisen wird zum Zwecke einer Charakteristik der kollektiven Verbindung, im Kap. III.

um so leichter und sicherer ausgeschieden wird, je größer der Zahl und dem Grade (oder Abstande) nach ihre Unterschiede untereinander und der Umgebung gegenüber sind. Diese Reflexionen, welche in Vergleichungen und Unterscheidungen an den bereits analysierten Inhalten bestanden, verleiteten nun häufig zu der irrtümlichen Ansicht, als ob auch der Vorgang des Unterscheidens in dem Sinne des Analysierens eine solche Urteilstätigkeit des Unterscheidens (im Sinne des Unterscheidens verglichener Inhalte) sei. Man schloß dann: Damit mehrere Inhalte als *ausgeschiedene*, d. h. analysierte, für sich bemerkte, im Bewußtsein sich erhalten können, müssen sie als voneinander *unterschiedene*, d. h. verglichene und ihren Unterschieden nach besonders charakterisierte, gedacht werden. Dies ist falsch, ja offenbar absurd. Die Urteilstätigkeit des Unterscheidens setzt evidentermaßen bereits ausgeschiedene, für sich bemerkte Inhalte voraus; es können also diese Inhalte nicht erst dadurch bemerkbar geworden sein, daß sie voneinander unterschieden wurden.

Dieser Irrtum ist es nun, welchen die von uns bekämpfte Theorie begeht, indem sie argumentiert: Die Verschiedenheiten zwischen den Gegenständen einer Vielheit müssen *als solche* bemerkt worden sein, sonst kämen wir in unserer Vorstellung nie über eine unanalysierte Einheit hinaus, und von Vielheit wäre keine Rede; es müssen also die Verschiedenheitsvorstellungen explizite in der Vorstellung der Vielheit enthalten sein.

Richtig ist: Wären die Inhalte nicht voneinander verschieden, so gäbe es keine Vielheit. Richtig ist ferner: Die Unterschiede, wenn sie Abstände waren, mußten ein gewisses Maß überschritten haben; sonst wäre eben keine Analyse eingetreten. Unrichtig aber ist die Supposition, als würde jeder Inhalt zu einem besonderen, d. h. für sich bemerkten, erst durch die Auffassung seiner Unterschiede von anderen Inhalten; während doch evident ist, daß jede Unterschiedsvorstellung bereits für sich bemerkte und in diesem Sinne unterschiedene Inhalte als ihre Fundamente voraussetzt.

Damit eine konkrete Inbegriffsvorstellung entstehe, ist es nur erfordert, daß ein jeder der darin befaßten Inhalte ein für sich bemerkter, ein ausgeschiedener sei; es liegt jedoch keine unbedingte Nötigung vor, auf die Unterschiede der Inhalte zu achten, obschon dies häufig genug vorkommen wird.

Ganz Analoges, wie in betreff der Vorstellung des Unterschiedes ausgeführt worden ist, gilt auch von derjenigen der Identität. Beides sind Begriffe, welche aus der Reflexion auf gewisse Urteilstätigkeiten entspringen; Urteilstätigkeiten, welche im praktischen Leben eine weitreichende Bedeutung besitzen und auch mit dem Vorstellen einer Mehrheit parallel einhergehen mögen. Daß sie dies aber immer und notwendig tun, daß sie überhaupt „constante, in jedem Denkacte sich wiederholende Thätigkeiten" repräsentieren, in denen „das in allen Acten gleiche und identische Selbstbewusstsein sich ... verwirklicht ..."; [1] und vor allem, daß die Begriffe von Einheit, Vielheit, bestimmte Zahl mit Beziehung auf sie gewonnen werden — all das können wir nicht begründet erachten durch die uns dargebotenen Argumentationen. Hier wie sonst bei Analysen elementarer Begriffe unterlag man allzusehr der Versuchung, Resultate nachträglicher Reflexionen über ihren Inhalt als etwas ursprünglich in ihm Enthaltenes oder als notwendiges Moment seiner Entwicklung anzusehen.

Hat sich nun auch die für den ersten Anblick so einleuchtende Argumentation, welche mit unausweichlicher Notwendigkeit auf die Unterschiedstheorie hinzudrängen schien, als hinfällig erwiesen, so ist hiermit die Frage noch nicht entschieden, ob nicht trotz alledem Unterschiedsvorstellungen wesentliche Bestandteile der Zahlbegriffe bilden. Bloß die Ansicht ist bisher widerlegt worden, als könnte die Vorstellung einer Mehrheit in concreto nicht zustande kommen, ohne daß die einzelnen Objekte durch unterscheidende Urteilstätigkeiten erst auseinandergehalten würden. Daraus folgt nur so viel, daß keinesfalls eine sozusagen apriorische Nötigung bestehe, bei der Entwicklung der Zahlbegriffe auf Unterschiedsvorstellungen zu rekurrieren und in Konsequenz davon, eben diese Begriffe mit jenen pyramidenartig aufeinandergebauten Unterschieden höherer Ordnung zu identifizieren. Immerhin wäre es noch denkbar, daß die Richtung des Interesses bei der Zahlbildung gerade den Unterschieden der zu zählenden Objekte zugewendet sei.

Entscheidend ist aber der Hinweis auf die innere Erfahrung. Sie zeigt mit aller Deutlichkeit, daß weder die Vorstellung einer

[1] Chr. Sigwart, *Logik*, Bd. II, S. 37.

konkreten Vielheit noch diejenige der korrespondierenden Zahl die expliziten Vorstellungen der Unterschiede zwischen den gezählten Einzelinhalten notwendig einschließen. An Unterschiede im Sinne von Abständen wäre hier ohnehin nicht zu denken, da ganz disparate Inhalte zusammengefaßt und gezählt werden können, während doch zwischen disparaten Inhalten Abstandsverhältnisse nicht bestehen. Es blieben demnach nur jene Unterschiedsvorstellungen, wie sie aus der Vergleichung entstehen und die Reflexion auf negative Urteile voraussetzen. Aber von solchen Urteilstätigkeiten, durch welche die Einzelinhalte als voneinander unterschieden aufgefaßt werden sollen, wenn wir sie zählen, zeigt uns die innere Erfahrung nichts; geschweige denn, daß sie eine Spur aufwiese von jenen stufenartig aufeinander gegründeten Unterscheidungen höherer Ordnung, zu deren Annahme die konsequente Ausbildung der Unterschiedstheorie nötigen würde. Gewiß ist, daß wir die Einzelinhalte jederzeit zu Fundamenten von Unterscheidungen machen können; nicht minder gewiß ist es aber, daß diese nicht das beim Zählen Gemeinte sind. Unterscheiden auf der einen Seite und Zusammenfassen und Zählen auf der anderen sind ganz verschiedene Geistestätigkeiten. Nur das *eine* und nicht mehr ist erfordert, daß die zu zählenden Inhalte ausgeschiedene (d. h. für sich bemerkte) seien, nicht aber in irgendeinem Sinne voneinander unterschiedene. Freunde unbewußter psychischer Tätigkeiten mögen die unterscheidenden Akte, die wir hier leugnen, immerhin in die nebulöse Region des Unbewußten versetzen; dort hätten dann auch die beschriebenen „Formen der Verschiedenheit" ihren Platz. Aber so viel ist, denke ich, klar, daß jene unbewußten psychischen Mechanismen weder zum Inhalt unserer bewußten Zahlvorstellung irgend etwas beigetragen haben könnten noch fähig wären, bezüglich der Entstehung dieser Vorstellungen das geringste zu erklären.

Es bleibt nur noch übrig, das letzte Argument zu lösen, welches für eine Unterschiedstheorie besonders günstig zu disponieren schien, nämlich den bestätigenden Hinweis auf gewisse Äquivalenzen des Sprachgebrauches. Rot, grün und blau sind drei Farben sagt dasselbe wie: sind drei verschiedene Farben; ja eine überflüssige Deutlichkeit und Nachdrücklichkeit impliziere, meint Schuppe,[1] die letztere Aussageform. Wohl nicht ganz

[1] Vgl. die obigen Zitate.

mit Recht. Man achte nur auf die besondere Betonung des Zahlwortes, die unerläßlich ist, damit der Sinn der beiden Aussagen wirklich gleich werde. Rot, grün und blau sind drei Farben drückt bereits einen ganz anderen Sinn aus. Zur Abwehr einer drohenden Verwechslung mehrerer Inhalte kann eben auch die Betonung ihrer Anzahl dienen; denn ohne Verschiedenheit keine Zahl. Das ist eine übertragene, einem ganz speziellen Zwecke angepaßte Funktion dieses Begriffes. Sagen wir: Rot und Grün sind zwei kontrastierende Farben, so hat die Zahl nicht mehr diese besondere Funktion. Die Verschiedenheit liegt in gewisser Weise darin, aber sie auszudrücken ist nicht die besondere Absicht. Und dasselbe lehren andere und beliebig zu vermehrende Beispiele. Der Saturn hat acht Monde und drei Ringe. Dieser Stab hat eine Länge von zehn Meter usw. Es ist eben nicht richtig, „dass die Zahl nur Verschiedenheit behauptet, ohne sie zu nennen". Die Sprache besitzt übrigens besondere Formen von Zahlwörtern, bei welchen dieser Zweck einen wesentlichen Teil der Bedeutung bildet, die sogenannten Gattungszahlwörter: einerlei, zweierlei, usw.; es ist offenbar, daß man sie durchaus nicht überall für die Grundzahlwörter eins, zwei usw. substituieren kann.

Kritischer Zusatz. Wir haben oben unter den Hauptrepräsentanten der Unterschiedstheorie neben Jevons und Schuppe auch Sigwart genannt. Und wirklich sind von ihm die Grundgedanken dieser Theorie wiederholt geltend gemacht worden. Damit soll aber nicht behauptet werden, daß seine Ansicht über den Inhalt der Zahlbegriffe mit den obigen Entwicklungen völlig übereinstimme. Wenn er sagt: „Sämmtliche Zahlbegriffe sind somit nur in immer höheren Synthesen sich vollziehende Entwicklungen der formellen Functionen, die wir in jedem Denkacte überhaupt durch Einheit-setzen und Unterscheiden üben", [1] so möchte man allenfalls noch an die vorhin deduzierten Verschiedenheitsformen gemahnt werden. Dasselbe gilt von einer anderen Stelle: „Denn was identisch gesetzt und von einem andern unterschieden wird, wird ebendarin ebenso wie dieses andere als Eins gesetzt; und indem wir diese zusammengehörigen Functionen in Beziehung aufeinander ins Bewusstsein erheben,

[1] *Logik*, Bd. II, S. 38/39.

entsteht mit dem Begriffe der *Eins* auch der von Zwei, und damit die Grundlage aller Zahlbegriffe." [1] An anderen Stellen jedoch wird von einer „Unterscheidung und Zusammenfassung der einzelnen Acte des Fortgehens von Einem zu einem Anderen",[2] von einem Bewußtsein der „Uebergänge des Bewusstseins" [3] gesprochen und das Zählen selbst als „die allgemeine Form des bewussten Fortschreitens von einer Einheit zur andern" [4] bezeichnet. Es spielen also bei Sigwart neben den Akten des Identischsetzens und Unterscheidens noch andere von uns oben nicht berücksichtigte Elemente in die Zahlbegriffe hinein; es scheinen bei ihm jene Synthesen oder Zusammensetzungen nicht bloß in unterscheidenden Akten höherer Stufe zu bestehen, wie wir sie bei dem konsequenten Aufbau der Verschiedenheitsformen vorausgesetzt haben. Immerhin vertritt er an vielen Stellen seiner Logik gerade die wesentlichen Gedanken der Unterschiedstheorie. Das Unterscheiden und Identischsetzen sollen nach ihm Tätigkeiten sein, die wir bei jeder Vorstellung von Objekten vollziehen; es seien „einfache, unter sich zusammenhängende Acte", „durch die überhaupt erst Vieles und Unterschiedenes zu unserem Bewusstsein gelangt".[5] Nicht minder deutlich drückt dieselbe Meinung eine andere Stelle aus: „Damit, dass mehrere unterschiedene Objecte im Bewusstsein sind, ist wohl Unterscheiden vorausgesetzt; aber zunächst kommt nur das Resultat dieser Function zum Bewusstsein, das in dem Nebeneinander mehrerer Objecte, deren jedes für sich festgehalten wird, besteht." [6] Hier finden wir ganz und gar die Ansicht, die wir eben widerlegt haben. Unterscheiden und Identischsetzen können unmöglich die Funktion haben, die Sigwart ihnen zuschreibt. Wo die Beziehungspunkte nicht schon getrennt sind, wo nicht Vieles und Verschiedenes bereits vorliegt, da hat keinerlei beziehende Tätigkeit und somit auch nicht diejenige des Unterscheidens und Vergleichens irgendwelche Möglichkeit, in Kraft zu treten. Das Unterscheiden und Identischsetzen sind Urteilstätigkeiten, deren praktische Bestimmung im Zusammen-

[1] *Logik*, Bd. II, S. 37.
[2] ebd., S. 38.
[3] ebd., S. 41.
[4] ebd., S. 43.
[5] ebd., S. 36.
[6] *Logik*, Bd. I, S. 36.

hange unseres Denkens mir in einer ganz anderen Richtung zu liegen scheint. A ist mit sich selbst identisch, das heißt, A ist nicht B, C, D, ..., sondern eben A. Eine solche Reflexion zielt dahin, Verwechslungen des A mit anderen Inhalten vorzubeugen, ein Ziel, welches erreicht wird, indem man die „Unterschiede" des A von den B, C, D, ... (d. h. die charakteristischen Merkmale, die ihm zukommen und den anderen nicht) aufsucht und hervorhebt. Aber während dieser Prozeß sich anspinnt, sind A, B, C, D, ... bereits als voneinander gesonderte Inhalte dem Bewußtsein gegenwärtig, und es ist durchaus nicht seine Aufgabe, erst zu trennen, was ursprünglich ein identisches Eins ist, und so durch die Scheidung der Einheiten die Vielheit allererst zu ermöglichen. Daß gerade die in den Ausdrücken Unterscheiden und Unterschied liegende Äquivokation, welche zwei wohl zu sondernde Begriffe (das Analysieren und das urteilende Unterscheiden) verknüpft, Sigwart zu seiner Auffassung verleitet habe, dürfte aus den zitierten Stellen hinreichend klar hervorgehen.

Es ist allerdings merkwürdig genug, daß Sigwart selbst gelegentlich das richtige Verhältnis bemerkt, indem er nahezu denselben Irrtum bei Ulrici rügt.[1] Mit Rücksicht darauf wird man geneigt sein, anzunehmen, daß Sigwart, wo er vom Unterscheiden spricht, am Ende doch nicht eine urteilende Tätigkeit im Auge hatte, sondern die von uns als das analysierende Ausscheiden dem urteilenden Unterscheiden gegenübergestellte. Ich finde es aber nicht möglich, diese Deutung aufrecht zu halten. Das Unterscheiden wird von Sigwart wiederholt mit dem Vergleichen zusammengestellt, als psychische Tätigkeiten, mit Reflexion auf welche die Begriffe von Gleichheit und Unterschied gewonnen würden. So heißt es z. B. gerade in Fortsetzung der letzten der S. 61 zitierten Stellen: „Die Vorstellung des Unterschieds ... entwickelt sich erst dann, wenn das Unterscheiden mit Bewusstsein vollzogen und auf diese Thätigkeit reflectirt wird." Es ist nicht denkbar, daß hier andere psychische Tätigkeiten gemeint sind als die Urteilsakte, in welchen wir Unterschiede bzw. Gleichheiten auffassen. Sicher käme nicht in Be-

[1] ebd., S. 279 Anm. „Die Meinung, als ob erst durch die Unterscheidung eine Vorstellung eine bestimmte werde, vergisst, dass das Unterscheiden selbst nur möglich ist zwischen schon vorhandenen verschiedenen Vorstellungen, und dass die Unterscheidung also den verschiedenen Gehalt nicht erzeugt." Sigwart bezieht sich hierbei auf H. Ulrici, *Compendium der Logik*, zweite Auflage, Leipzig 1872, S. 60.

tracht das Analysieren; denn dieses ist überhaupt keine psychische Tätigkeit in dem eigentlichen Sinne des Wortes, d. h. eine solche, die in den Bereich der Reflexion fiele. Man unterscheide zwischen einem psychischen Geschehen und einem psychischen Akte. Psychische Akte sind das Vorstellen, Bejahen, Verneinen, Lieben, Hassen, Wollen usw., von welchen uns die innere Wahrnehmung (Lockes reflection) Kunde gibt. Ganz anders verhält es sich mit dem Analysieren. Niemand kann eine analysierende Tätigkeit innerlich wahrnehmen. Wir können die Erfahrung machen, daß ein zuerst unanalysierter Inhalt dann zu einem analysierten wird; wo früher *ein* Inhalt war, wird jetzt eine Vielheit bemerkt. Mehr aber als dieses post hoc ist innerlich nicht zu konstatieren. Von einer psychischen Tätigkeit, durch welche aus der unanalysierten Einheit die Vielheit erst wird, lehrt die innere Wahrnehmung nichts.[1] Das Faktum aber der eingetretene Analysen kommt zu unserer Kenntnis, indem wir die Erinnerungsvorstellung des unanalysierten Ganzen mit dem gegenwärtigen des analysierten vergleichen. Es treten solcher Art Akte des Vergleichens und Unterscheidens auf, welche jedoch die vollzogene Analyse voraussetzen. Ist dies alles richtig, dann entbehrt eine Auffassung, welche die Begriffe Unterschied, Mehrheit und Zahl durch Reflexion auf die Tätigkeiten des Unterscheidens in dem Sinne des Analysierens hervorgehen lassen wollte, jedes Bodens. Somit ist dies auch kein Weg, die Sigwartschen Aufstellungen umdeutend zu festigen und an Stelle der oben entwickelten eine neue und haltbarere Unterschiedstheorie der Zahl zu konstruieren.[2]

---

[1] Sehr treffend definiert daher Stumpf in seiner *Tonpsychologie*, Bd. I, S. 96 die Analyse als das Bemerken einer Mehrheit.

[2] Irrtümer in betreff der Funktion des Unterscheidens für die Vorstellung mehrerer Objekte liegen so nahe, daß wir uns nicht wundern werden, sie bereits bei älteren Autoren zu finden. Man vergleiche: J. Locke, *An essay*, book II, chap. XI, sect. 1 und book IV, chap. I, sect. 4; chap. VII, sect. 4 u.ö. Ferner James Mill *Analysis of the phenomena of the human mind*, ed. by J. St. Mill, vol. II, London 1879, p. 15: „As having a sensation, and a sensation, and knowing them, that is, distinguishing them, are the same thing; ..." Auch sonst wiederholt er vielfach diese Behauptung.

III. KAPITEL

DIE PSYCHOLOGISCHE NATUR DER KOLLEKTIVEN VERBINDUNG

Rückblick.

Blicken wir nun auf unsere bisherigen Betrachtungen und deren Ergebnisse zurück.

Wir nahmen uns vor, den Ursprung der Begriffe Vielheit und Zahl aufzuzeigen. Zu diesem Behufe war es notwendig, die konkreten Phänomene, von denen sie abstrahiert werden, genau ins Auge zu fassen. Diese lagen klar zutage als die konkreten Vielheiten oder Inbegriffe. Indessen schienen besondere Schwierigkeiten dem Übergange von ihnen zu den Allgemeinbegriffen in den Weg zu treten. Daß die besondere Beschaffenheit der in der Form einer Vielheit zusammengefaßten Einzelobjekte zu dem Inhalt des zugehörigen Allgemeinbegriffes nichts beitragen könne, wurde zunächst klar. Das einzige, was bei dieser Begriffsbildung in Betracht kommen konnte, war die Verbindung der Objekte in der einheitlichen Vorstellung ihres Inbegriffes. Es handelte sich nun um eine genauere Charakteristik dieser Verbindungsart. Aber eben dies schien keine so leichte Sache zu sein. In der Tat lernten wir eine Reihe von Theorien über den Ursprung und Inhalt der Begriffe Vielheit und Anzahl kennen, welche insgesamt an Mißverständnissen in betreff der hier vorliegenden Synthesen scheiterten. Die erste charakterisierte die kollektive Verbindung als die bloße Angehörigkeit zu *einem* Bewußtsein. Sie war offenbar unzureichend, machte uns aber aufmerksam auf eine wichtige psychologische Vorbedingung: Jeder kolligierte Inhalt muß ein für sich bemerkter sein. Auch wurde uns bereits nahegelegt, die Einigung der Inhalte als eine durch besondere Bewußtseinsakte vermittelte anzusehen. Immer wieder bestärkt wurden wir hierin durch die Kritik der drei folgenden Theorien, welche vermeinten, durch die „Anschauungsformen" der Zeit und des Raumes unseren Begriffen auf den Grund kommen zu können. Wir lernten hierbei die Zeit als psychologische Vorbedingung der Zahl kennen. Die letzte Theorie, die wir betrachteten, die einzige, welcher echte Wissenschaftlichkeit zukommt, war die Unterschiedstheorie. Sie ging von vornherein von gewissen psychischen Akten aus, aber es waren Akte des Unterscheidens, welche eine tiefer eindringende Kritik nicht anerkennen durfte als die für Kollektivum und Anzahl in Wirksamkeit tretenden synthetischen Akte.

Die Kollektion eine besondere Verbindungsart.

Welche Möglichkeiten bleiben nun noch übrig? Wir haben von den Relationsarten noch nicht alle untersucht — sollte unter den noch verbleibenden die kollektive Verbindung ihre Stelle finden? Einer detaillierten Erwägung der einzelnen Relationsarten sind wir jedoch aus leicht ersichtlichen Gründen enthoben. Da wir wissen, daß die heterogensten Inhalte in kollektivischer Weise vereinigt werden können, so entfallen unbesehen alle Relationen, deren Anwendungsgebiet ein durch die Natur besonderer Inhalte beschränktes ist; also Relationen von der Art der Ähnlichkeit, Steigerung, kontinuierlichen Verbindung usw. Ja es scheint, daß überhaupt keine der bekannten Relationsarten den gestellten Anforderungen Genüge leisten könne, nachdem die zeitlichen und die Unterschiedsrelationen ausgeschlossen sind. Höchstens an die Gleichheitsrelationen könnte man noch denken; denn wie sehr auch zwei Inhalte voneinander abweichen mögen, immer wird es möglich sein, eine Rücksicht anzugeben, in der sie einander gleich sind. Tatsächlich glaubte man auch vielfach (ja die Mehrheit der Forscher ist dieser Ansicht) bezüglich der Entstehung der Zahlbegriffe auf Gleichheitsrelationen rekurrieren zu müssen. Dies soll uns späterhin noch beschäftigen. (Vgl. VIII. Kap.) Hier aber genügt die kurze Bemerkung, daß die Gleichheiten, die wir allenfalls zwischen den kolligierten Inhalten entdecken mögen, sicher nicht den Kitt bilden können, welcher die Synthesis der in der Vorstellung des Inbegriffes zusammengehaltenen Objekte bewerkstelligt; denn die Kollektion setzt keinerlei Vergleichung voraus. Indem wir z. B. den Inbegriff von Uhr, Tinte und Feder denken, brauchen wir diese Inhalte nicht erst zu vergleichen; im Gegenteil, um dies tun zu können, müssen wir sie bereits kolligiert haben.

Es scheint also nichts übrigzubleiben, als für die kollektive Verbindung eine neue und von allen anderen wohlgeschiedene Relationsklasse in Anspruch zu nehmen. Hierfür spricht auch positiv die innere Erfahrung. Wenn wir einzelne Inhalte in der Art eines Inbegriffs „zusammen"-denken, dann läßt sich dieses Zusammen nicht in irgendwelche andere Relationen auflösen und durch sie definieren.

Dasselbe dürfte seine Bestätigung in den folgenden Betrachtungen finden, welche dahin zielen, die kollektive Verbindung in ihrer Eigenart anderen Beziehungen gegenüber noch näher zu charakterisieren.

Zur Relationstheorie.

Da ich nicht in der Lage bin, mich auf eine festbegründete und anerkannte Relationstheorie zu stützen, so sehe ich mich genötigt, an dieser Stelle einige allgemeine Bemerkungen, welche dieses sehr dunkle Kapitel der beschreibenden Psychologie betreffen, einzufügen.

Zunächst wird es nützlich sein, uns über den Terminus „Relation" zu einigen. Was ist in allen Fällen, wo wir von einer „Relation" sprechen, das Gemeinsame, um dessentwillen eben dieser Name verwendet wird? Darauf gibt uns J. St. Mill in einer Note zu dem psychologischen Werke seines Vaters folgende verständliche und der Hauptsache nach ausreichende Antwort: „Any objects, whether physical or mental ,are related, or are in a relation, to one another, in virtue of any complex state of consciousness into which they both enter; even if it be a no more complex state of consciousness than that of merely thinking of them together. And they are related to each other in as many different ways, or in other words, they stand in as many distinct relations to one another, as there are specifically distinct states of consciousness of which they both form parts." [1]

[1] James Mill, *Analysis*, vol. II, p. 10 note.

Hierzu seien einige Bemerkungen ergänzend hinzugefügt. Der Ausdruck Bewußtseinszustand (state of mind) ist hier nicht etwa als psychischer Akt zu verstehen, sondern muß in dem weitesten Sinne genommen werden, derart, daß er in dem Umfange seiner Bedeutung geradezu mit „Phänomen" übereinstimmt. — In den obigen Sätzen hat Mill, genau besehen, eigentlich nur den Begriff „In-Relation-stehen" definiert. Was soll nun aber unter „Relation" verstanden werden? Daß dies keine müßige Frage ist, geht schon daraus hervor, daß Mill selbst in seiner Terminologie schwankt. Er bezeichnet wiederholt jenen komplexen Bewußtseinszustand, von dem oben die Rede ist, als das „Fundament der Relation", während er unter „Relation" schlechtweg die in Reflexion auf das Fundament zu bildenden relativen Attribute versteht.[1] Es kommt aber auch vor, daß er von dem Fundament selbst erklärt, es mache die Relation aus; wodurch freilich dieser Name äquivok wird.[2] Um nun unseren Sprachgebrauch zu fixieren setzen wir fest, daß unter „Relation" jenes komplexe Phänomen, welches die Grundlage für die Bildung der relativen Attribute bildet, und daß unter „Fundament der Relation" (in Übereinstimmung mit den gegenwärtig allgemein üblichen Sprachgebrauche) jeder der bezogenen Inhalte zu verstehen sei.

Ich merke noch an, daß die Definition nur in einer Hinsicht etwas zu enge ist, sofern sie von Relationen zwischen nur zwei Fundamenten spricht. Es gibt aber auch Relationen zwischen mehreren Fundamenten, und zwar auch einfache, wie wir nachher sogleich zeigen werden.

Zum Zwecke einer Einteilung der Relationen könnte man zunächst die Beschaffenheit der Inhalte, welche sie aufeinanderbeziehen (also der „Fundamente"), als Richtschnur nehmen. Eine solche Einteilung bliebe jedoch an der Oberfläche haften. Auf den verschiedenartigsten Gebieten finden wir Relationen, welche einen und denselben Charakter haben. So kommen Gleichheiten, Ähnlichkeiten usw. sowohl auf dem Gebiete der primären Inhalte (der „physischen Phänomene") als auch auf dem der psychischen Akte (der „psychischen Phänomene") vor.[3]

---

[1] a. a. O., p. 9 note. Vgl. ferner seine *Logik*, Buch I, Cap. 3, § 10 (*Ges. Werke*, Bd. II, S. 56).

[2] *Logik*, Buch I, Cap. 2, § 7 (*Ges. Werke*, Bd. II, S. 29).

[3] Bezüglich der Bedeutung der Termini „physisches" und „psychisches" Phänomen und der fundamentalen, für unsere nächstfolgenden Betrachtungen unerläß-

Man kann aber, und dies ist das tiefergreifende Einteilungsprinzip, die Relationen auch klassifizieren nach ihrem eigenen phänomenalen Charakter. Von diesem Gesichtspunkte aus ergeben sich mehrfache Einteilungen der Relationen, unter anderen eine solche in die beiden folgenden Hauptklassen:

1) Relationen, welche den Charakter von primären Inhalten (von „physischen Phänomenen" in dem von Fr. Brentano definierten Sinne) besitzen.

Jede Relation ruht auf „Fundamenten", sie ist ein komplexes Phänomen, welches in einer gewissen (nicht näher zu beschreibenden) Weise Teilphänomene umfaßt; aber keineswegs umfaßt jede Relation ihre Fundamente intentional,[1] d. h. in jener spezifisch bestimmten Weise, in der ein „psychisches Phänomen" (ein Akt des Bemerkens, Wollens etc.) seinen Inhalt (das Bemerkte, Gewollte etc.) umfaßt. Man vergleiche z. B. die Art, in welcher die Vorstellung, die wir Ähnlichkeit zweier Inhalte nennen, diese selbst einschließt, mit irgendeinem Fall der intentionalen Inexistenz, und man wird anerkennen müssen, daß es sich um ganz verschiedene Arten des Einschlusses handelt. Darum ist eben auch die Ähnlichkeit nicht unter den Begriff der „psychischen Phänomene" zu subsumieren; mit Rücksicht darauf gehört sie vielmehr zu den primären Inhalten. Dasselbe gilt auch für andere Relationen, z. B. für die Gleichheit, die Steigerung, die kontinuierliche Verbindung (die Verbindung der Teile eines Kontinuums), die „metaphysische" Verbindung (die Verbindung von Eigenschaften, wie der Farbe mit der räumlichen Ausdehnung), den logischen Einschluß (wie der Farbe in der Röte) usf. Jede dieser Relationen repräsentiert eine besondere Art primärer Inhalte (in der hier zugrunde gelegten Bedeutung dieses Terminus) und gehört mit Bezug darauf in dieselbe Hauptklasse.

Ich bemerke noch ausdrücklich, daß es hier gar nicht darauf ankommt, ob die Fundamente selbst primäre Inhalte sind oder irgendwelche psychische Phänomene (vorgestellte psychische Zustände). Auch solche Gleichheiten, Ähnlichkeiten etc., die wir zwischen psychischen Akten oder Zuständen (Urteilen, Willensakten usw.) wahrnehmen, haben in der betrachteten Rücksicht

---

lichen Unterscheidung, welche ihnen zugrunde liegt, vergleiche man Fr. Brentanos *Psychologie vom empirischen Standpunkt*, Bd. I, Buch 2, Kap. 1.

[1] ebd., S. 115.

den Charakter primärer Inhalte, nur treten sie aus Anlaß jener psychischen Phänomene auf und sind in ihnen begründet.

Nicht unpassend könnten die Relationen dieser Klasse, als zu den primären Inhalten gehörig, kurzweg durch den Namen primäre Relationen bezeichnet werden; nur müßte man sich vor dem Mißverständnisse hüten, als ob es sich dabei immer um Relationen zwischen primären Inhalten handelte, während es hierauf, wie eben betont wurde, gar nicht ankommt.

2) Auf der anderen Seite steht eine zweite Hauptklasse von Relationen, welche dadurch charakterisiert ist, daß hier das Relationsphänomen ein psychisches ist. Richtet sich auf mehrere Inhalte ein einheitlicher psychischer Akt, dann sind im Hinblick auf ihn die Inhalte verbunden oder aufeinander bezogen.

Vollziehen wir einen solchen Akt, dann würden wir natürlich im Vorstellungsinhalte, den er einschließt, vergeblich nach einer Beziehung oder Verbindung suchen (es sei denn, daß überdies noch eine primäre Relation da wäre). Die Inhalte sind hier eben nur durch den Akt geeinigt, und es kann daher erst durch eine besondere Reflexion auf ihn diese Einigung bemerkt werden.

Als Beispiel kann jeder beliebige Vorstellungs-, Urteils- oder Gefühls- und Willensakt herangezogen werden, welcher auf eine Mehrheit von Inhalten geht. Von jedem dieser psychischen Akte können wir im Einklange mit der Millschen Definition sagen, er setze die Inhalte in Beziehung zueinander. Im besonderen gehört z. B. hierher die früher besprochene Unterschiedsrelation im weitesten Sinne, bei welcher zwei Inhalte durch ein evidentes negatives Urteil in Beziehung gesetzt werden.

Den charakteristischen Unterschied der beiden Klassen von Relationen kann man auch dadurch kennzeichnen, daß die primären Relationen in gewissem Sinne zu dem Vorstellungsinhalte derselben Stufe gehören wie ihre Fundamente, die psychischen jedoch nicht. Indem wir die Fundamente vorstellen, ist in dem ersteren Falle die Relation unmittelbar mitgegeben als Moment desselben Vorstellungsinhaltes. In dem zweiten Falle aber, dem der psychischen Relation, bedarf es zur Vorstellung der Relation erst eines auf den beziehenden Akt reflektierenden Vorstellens. Der unmittelbare Inhalt der letzteren ist der die Beziehung stiftende Akt, und erst vermittels dieses geht es auf die Fundamente. Die bezogenen Inhalte und die Relation bilden so gewissermaßen Inhalte verschiedener Stufe.[1]

Eine andere Einteilung der Relationen, die für uns in Betracht kommt, ist die bekannte in einfache und zusammengesetzte Relationen. Häufig wird hierbei ein falsches Scheidungsprinzip für maßgebend angesehen. Relationen zwischen zwei Fundamenten seien einfache, zwischen mehr als zwei Fundamenten zusammengesetzte.[2] Indessen, die bloße Zahl begründet doch keinen wesentlichen Unterschied, sondern kann höchstens indirekt auf einen solchen hinweisen, und zwar müßte dies hier derjenige der Einfachheit und Zusammengesetztheit der Relationen sein, in dem eigentlichen Sinne dieser Termini. Wirklich lag der tiefere Grund dafür, die Zahl als das scheidende Merkmal aufzuführen, in der für selbstverständlich erachteten Ansicht, daß so, wie jede zusammengesetzte Relation als ein Relationskomplex notwendig mehr als zwei Fundamente einschließe, so auch umgekehrt jede Relation mit mehr als zwei Fundamenten notwendig ein Komplex von Relationen sei, und zwar von solchen, die zwischen je zwei der Fundamente statthaben.

Dies alles kann ich nicht für richtig halten. Einerseits gibt es zwischen zwei Fundamenten Relationen, die zusammengesetzt sind — man denke nur an die Relation der Endglieder einer Reihe —, andererseits gibt es wieder bei mehr als zwei Fundamenten Relationen, die einfach sind, und gerade zu diesen werden wir nachher die kollektive Verbindung zwischen beliebig vielen Gliedern rechnen müssen. Übrigens kann auch das Beispiel der sinnlichen Gleichheit dienen, um mindestens die Möglichkeit von Relationen der letzteren Art evident zu machen. Eine Gleichheit zwischen mehr als zwei sinnlichen Objekten können wir unter günstigen und häufig realisierten Umständen in einem Blicke auffassen, ohne daß wir das Geringste merkten von der großen

---

[1] Ich habe in den vorstehenden Erörterungen den Ausdruck „physisches Phänomen", welcher bei Brentano dem „psychischen Phänomen" korrespondiert, vermieden, weil es etwas Inkonvenientes hat, eine Ähnlichkeit, Steigerung u. dgl. als physisches Phänomen zu bezeichnen. Auch hatte Brentano selbst bei dieser Benennung nur die absoluten primären Inhalte im Auge, und zwar individuelle Phänomene und nicht abstrakte Momente einer Anschauung. Indessen sieht man aus den obigen Darlegungen, daß das Merkmal der intentionalen Inexistenz, welches bei Brentano als das erste und durchgreifendste Trennungsmerkmal der psychischen von den physischen Phänomenen fungiert, auch bei der Klassifikation der Relationen auf eine wesentliche Scheidung führt.

[2] Vgl. z.B. M. W. Drobisch, *Neue Darstellung der Logik*, 4. Aufl., Leipzig 1875, S. 34.

Mannigfaltigkeit einfacher Beziehungen, die zwischen je zwei der Objekte vollzogen werden können.[1] Die Zahl derselben wäre schon bei kleinen (noch eigentlich vorstellbaren) Mengen eine in einheitlichem Akte nicht mehr zu bewältigende; bei sechs Objekten fünfzehn, bei sieben einundzwanzig Beziehungen und so fortwachsend. Damit ist freilich noch nicht ausgeschlossen, daß eine solche Gleichheit trotzdem eine zusammengesetzte Relation sei. Ist sie dies auch nicht in der Weise eines Relationskomplexes, in welchem die Elementarrelationen als für sich bemerkte Bestandteile enthalten sind, so könnte sie dies doch in der Weise einer Relationsverschmelzung [2] sein, in deren unanalysierter Einheit die Elementarrelationen zunächst als unbemerkte Faktoren vorhanden wären. Aber selbstverständlich ist dies nicht. Daß die Relation vorerst als eine einfache erscheint, beweist jedenfalls zur Genüge die Möglichkeit einfacher Relationen mit mehr als zwei Fundamenten. Man sieht zugleich, daß auch die Ansicht, jede Relation könne direkt nur zwei und nicht mehr Fundamente verknüpfen, nicht berechtigt ist.

Die passendsten Definitionen dürften hier die folgenden sein: Relationen, die selbst wieder aus Relationen zusammengesetzt sind, heißen zusammengesetzte; Relationen, bei denen dies nicht zutrifft, einfache.

Psychologische Charakteristik der kollektiven Verbindung.

Nach diesem Exkurs in die Relationstheorie kehren wir nun wieder zu den besonderen Beziehungen zurück, deren Charakteristik unser Ziel ist, und stellen zunächst die Frage: Sind die Relationen, welche die Gegenstände des Inbegriffes einigen, und die wir kollektive Verbindungen nannten, primäre Relationen in dem oben präzisierten Sinne, wie z. B. die metaphysischen und kontinuierlichen Verbindungen, oder müssen wir sie vielleicht der Klasse der psychischen Relationen zuweisen? Genauer ausgedrückt: Sind die kollektiven Verbindungen im Vorstellungsinhalte des Inbegriffes als Teilphänomene anschaulich so enthalten und besonders zu bemerken wie etwa die metaphysischen

[1] Vgl. auch C. Stumpf, *Tonpsychologie*, Bd. II, S. 310.
[2] Über den Begriff der Relationsverschmelzung vgl. das XI. Kap.

Verbindungen im metaphysischen Ganzen oder ist im Vorstellungsinhalte selbst nichts von einer Verbindung zu bemerken, sondern nur in dem psychischen Akte, welcher die Teile einigend umschließt?

Vergleichen wir, um diese Frage zu entscheiden, zunächst den Inbegriff mit irgendeinem primären Vorstellungsganzen.

Um bei einem solchen die verbindenden Relationen zu bemerken, ist Analyse nötig. Handelt es sich z. B. um das Vorstellungsganze, das wir Rose nennen, dann erhalten wir durch Analyse sukzessive die verschiedenen Teile derselben: die Blätter, den Stengel usw. (die physischen Teile); dann die Farbe, deren Intensität, den Geruch usw. (die Eigenschaften). Jeder Teil wird durch ein besonderes Bemerken herausgehoben und mit den bereits ausgeschiedenen zusammen festgehalten. Als nächster Erfolg der Analyse resultiert, wie wir sehen, ein Inbegriff, nämlich der Inbegriff der für sich bemerkten Teile des Ganzen. Dazu treten aber noch, mit Rücksicht auf die Einigung der Teile in dem anschaulichen Ganzen, die Verbindungsrelationen als besondere und spezifisch bestimmte primäre Relationsinhalte; in unserem Beispiel die kontinuierlichen Verbindungen der Blätter oder die wiederum ganz anders charakterisierten Verbindungen der Eigenschaften wie der Röte und der räumlichen Ausdehnung usw. So ergeben sich die Verbindungsrelationen gewissermaßen als das Mehr gegenüber dem bloßen Inbegriff, welcher die Teile nur festzuhalten, nicht aber zu verbinden scheint. Was zeichnet also den Fall dieser primären Verbindungen vor demjenigen der kollektiven aus? Offenbar dies, daß im ersten Falle anschaulich im Vorstellungsinhalte eine Einigung bemerkbar ist, im letzteren jedoch nicht.

Dasselbe lehrt auch der Vergleich der kollektiven Verbindung mit den Relationen der Gleichheit, Ähnlichkeit, Steigerung usw. (welche innerhalb der Klasse der primären Relationen ähnlich wie die Verbindungsrelationen eine psychologisch wohlcharakterisierte Gruppe bilden). Obgleich sie die Inhalte, welche ihnen als Fundament zugrunde liegen, nicht „verbinden", so bilden sie doch primäre Inhalte, und wieder erscheint ihnen gegenüber die kollektive Verbindung gewissermaßen als der Fall der Relationslosigkeit. Und so spricht man denn auch von „unverbundenen" oder „beziehungslosen" Inhalten dann, wenn es sich darum handelt, die Abwesenheit von primären Inhaltsrelationen überhaupt oder von solchen, auf die gerade das leitende Interesse gerichtet ist, zu betonen. In diesem Falle sind die Inhalte eben bloß „zusammen"-gedacht, d.i. als Inbegriff gedacht. Keineswegs sind sie aber wirklich unverbunden, beziehungslos. Im Gegenteil, sie sind verbunden durch den sie zusammenhaltenden psychischen Akt. Nur im Inhalte desselben fehlt jede bemerkbare Einigung.[1]

Auch der folgende Umstand zeigt, daß zwischen der kollektiven Verbindung und allen primären Inhaltsrelationen ein wesentlicher Unterschied besteht, welcher nur darin seine Erklärung finden kann, daß die erstere überhaupt nicht zu den primären Relationen zu rechnen ist. Jede Relation ruht auf Fundamenten und hängt in gewisser Weise von ihnen ab. Während aber bei allen Inhaltsrelationen die Veränderlichkeit der Fundamente, welche zulässig ist, um die Relation der Art nach zu erhalten, eine beschränkte ist, kann bei der kollektiven Verbindung jedes Fundament völlig unbeschränkt und willkürlich variiert werden, und die Relation bleibt doch bestehen. Dasselbe gilt auch von der Unterschiedsrelation im weitesten Sinne. Nicht jeder Inhalt kann mit jedem anderen als ähnlich, kontinuierlich verbunden usf. gedacht werden; immer aber als verschieden und als kollektivisch geeinigt. Es liegt eben in beiden Fällen die Relation nicht unmittelbar in den Phänomenen selbst, sondern ist ihnen gewissermaßen äußerlich.

So sprechen denn vielerlei Zeugnisse und vor allem die innere Erfahrung selbst dafür, daß wir uns für die zweite Auffassung entscheiden müssen, der zufolge die kollektivische Einigung nicht im Vorstellungsinhalte anschaulich gegeben ist, sondern nur in gewissen psychischen Akten, welche die Inhalte einigend umschließen, ihren Bestand hat, ein Resultat, welches sich uns auch

---

[1] Darum hat J. St. Mill ganz recht, wenn er ausdrücklich betont, Objekte ständen schon dann in Relation zueinander, wenn wir auch nur zusammen an sie dächten. Sie bilden eben mit Rücksicht auf den sie zusammendenkenden psychischen Akt Teile eines psychischen Ganzen und können durch Reflexion darauf jederzeit auch als verbundene erkannt werden; dies macht ihre „Relation" aus, und nur wenn man diesen Terminus auf das, was wir primäre Relationen nannten, beschränken würde, dann könnte natürlich im Falle psychischer Verbindung nicht mehr von Relation die Rede sein. Einesteils ist dies freilich Sache der Terminologie; anderenteils aber besteht de facto zwischen primärer Relation und psychischer Relation dem Hauptmomente nach so viel Gemeinsamkeit, daß ich nicht einsehe, warum hier ein gemeinsamer Terminus nicht gerechtfertigt sein sollte.

in den kritischen Diskussionen des vorigen Kapitels wiederholt aufdrängte.

Offenbar kann es sich hier nur um die elementaren Akte handeln, welche fähig sind, alle und jede Inhalte, seien sie noch so disparat, zu umfassen. Eine aufmerksame Betrachtung der Phänomene lehrt nun folgendes:

Ein Inbegriff entsteht, indem ein einheitliches Interesse und in und mit ihm zugleich ein einheitliches Bemerken verschiedene Inhalte für sich heraushebt und umfaßt. Es kann also die kollektive Verbindung auch nur erfaßt werden durch Reflexion auf den psychischen Akt, durch welchen der Inbegriff zustandekommt.

Die vollste Bestätigung für unsere Auffassung bietet wieder die innere Erfahrung. Fragen wir, worin die Verbindung bestehe, wenn wir z. B. eine Mehrheit so disparater Dinge wie die Röte, der Mond und Napoleon denken, so erhalten wir die Antwort, sie bestehe bloß darin, daß wir diese Inhalte zusammendenken, in einem Akte denken.

Zur weiteren Charakteristik der kollektiven Verbindung diene noch folgendes. Für die Auffassung eines jeden der kolligierten Inhalte bedarf es eines besonderen psychischen Aktes; ihre Zusammenfassung erfordert dann einen neuen, der jene gliedernden Akte offenbar in sich schließt, also einen psychischen Akt zweiter Ordnung bildet. Wird eine Vielheit unter Vermittlung von Untergruppen vorgestellt, wie wenn wir eine Vielheit von sechs Objekten in der Form von $3 + 3$ oder $2 + 2 + 2$ vorstellen, da verlangt die Bildung einer jeden Untergruppe einen psychischen Akt zweiter Ordnung, somit muß die sie alle umfassende Kollektiveinheit durch einen psychischen Akt dritter Ordnung hergestellt werden. Wie es kommt, daß wir trotz dieser Komplikation aufeinander gerichteter Akte eine solche Vorstellungsart häufig vorziehen, soll uns im Verlaufe des XI. Kapitels beschäftigen.

Da die kollektive Verbindung eine besondere Relationsart darstellt, so ist es selbstverständlich, daß mindestens zweigliedrige Kollektionen den Charakter einfacher Relationen besitzen. Wie verhält es sich aber mit mehrgliedrigen Kollektionen? Sind sie etwa Komplexe oder Gewebe aus kollektiven Verbindungen zwischen je zwei ihrer Glieder? Ich glaube nicht. Der kolligierende Akt umfaßt alle Glieder ohne kollektive Sonderverknüpfungen, und wo wir solche zu bemerken meinen, zeigt die genauere Betrachtung stets, daß es heterogene Verknüpfungen sind, welche mit der Kollektion konkurrieren. So ist es z. B., wenn wir die gliedweisen Auffassungen sukzessive vornehmen, wodurch Glied mit Glied reihenartig verknüpft ist. Von dieser zeitlichen Verknüpfung müssen wir abstrahieren, wofern wir die kollektive Verbindung rein erhalten wollen. — Man wird hier auch nicht die Ansicht vertreten können, daß die Einheit der Gesamtkollektion eine Verschmelzung darstelle, in welcher die Elementarkollektionen zunächst ungeschiedene Momente bilden; denn auch durch die nachträgliche Analyse finden wir diese nicht vor, es sei denn, daß wir sie von neuem vollziehen. Wir betrachten daher die kollektive Verbindung beliebig vieler Fundamente gleichfalls als eine einfache Relation.

Die kollektive Verbindung spielt für unser ganzes geistiges Leben eine höchst bedeutsame Rolle. Jedes komplizierte Phänomen, welches für sich bemerkte Teile voraussetzt, jede höhere Geistes- und Gemütstätigkeit erfordert, um überhaupt entstehen zu können, kollektive Verbindungen von Teilphänomenen. Niemals könnte es auch nur zur Vorstellung einer einfacheren Beziehung kommen (z. B. einer Gleichheit, Ähnlichkeit usw.), wenn nicht ein einheitliches Interesse und damit zugleich ein Akt des Bemerkens die Fundamente zusammen heraushöbe und geeinigt festhielte. Diese psychische Relation ist also eine unerläßliche psychologische Vorbedingung für jede Beziehung und Verbindung überhaupt.

Vermöge der elementaren Natur der kollektiven Verbindung ist es natürlich, daß sie auch in der gewöhnlichen Sprache ihre Ausprägung gefunden haben muß. In dieser Hinsicht genügte das synkategorematische Wörtchen Und allen praktischen Bedürfnissen. An und für sich ist es ohne Bedeutung; aber wo es zwei oder mehrere Namen verbindet, deutet es die kollektive Verbindung der benannten Inhalte an. Daß die Sprache des Volkes keinen selbständigen Namen für den Begriff der kollektiven Verbindung besitzt, darf uns nicht Wunder nehmen; auf ihn geht nur ein ausnahmsweises, wissenschaftliches Interesse. Die ständigen Zwecke des Denkens und Sprechens verlangen eben nur die sprachliche Fixierung des Umstandes, daß gegebene Inhalte in kollektivischer Weise verbunden seien, und dies leistet für unsere Sprache in vollkommen angemessener Weise die Konjunktion Und.[1]

---

[1] Die Tätigkeit des Kolligierens beschreibt Locke im *Essay*, book II, chap. XI, sect. 6 unter dem Titel „Compounding". Er bemerkt auch, daß sie die Einheiten einer Zahl verknüpfe. Gleichwohl hat er die Rolle, die sie bei der Abstraktion dieses Begriffes spielt, nicht erkannt.

IV. KAPITEL

Analyse des Anzahlbegriffes nach Ursprung und Inhalt

Vollendung der Analyse des Vielheitsbegriffes.

Nachdem wir die psychologische Natur der kollektiven Verbindung festgestellt haben, können wir unsere Aufgabe, den Ursprung und Inhalt der Begriffe Vielheit, Anzahl, sowie der einzelnen Anzahlbegriffe aufzuzeigen, zur Vollendung bringen.

Für das Verständnis der Entstehung des Vielheitsbegriffes haben wir bereits am Eingange unserer Untersuchungen (Kap. I, S. 17—20) wesentlich vorgearbeitet. Durch Reflexion auf den psychischen Akt, welcher die Einheit der zum Inbegriffe verbundenen Inhalte bewirkt, erlangen wir die abstrakte Vorstellung der kollektiven Verbindung, und vermittels dieser bilden wir den Begriff der Vielheit als den eines Ganzen, welches Teile in bloß kollektivischer Weise verbindet.

Da die Ausdrücke „Ganzes" und „Teil" häufig in einem engeren Umfange gebraucht werden, als es hier geschieht, und leicht den Gedanken einer innigeren, im primären Inhalte selbst liegenden Verbindung mit sich führen könnten, welche hier keineswegs gemeint ist, so wollen wir unser Resultat noch in anderer Weise ausdrücken. Eine Vorstellung, können wir sagen, fällt unter den Begriff der Vielheit, sofern sie irgendwelche für sich bemerkte Inhalte in kollektivischer Weise verbindet. Nachdem wir nun die Quelle, aus welcher die kollektive Verbindung entspringt, aufgefunden und sie mit gewissen psychischen Akten identifiziert haben, kann in betreff unseres Begriffes kaum noch eine Unklarheit bestehen.

Nur ein Punkt, der jedoch mehr die Terminologie betrifft, könnte Bedenken erregen. Wozu, möchte man fragen, werden überhaupt noch die Termini, also auch die Begriffe Vielheit und kollektive Verbindung geschieden? Da in allen Fällen, wo man von Vielheit spricht, nichts anderes gemeinsam ist, als die kollektive Verbindung, so sind doch beide Begriffe identisch. Wir werden uns rasch einigen, wenn wir nur auf die im Terminus Begriff enthaltene Äquivokation achten. Verstehen wir unter „Begriff" das den Namen zugrunde liegende Abstraktum, dann besteht wirklich eine Identität der beiderseitigen Begriffe. Aber dies beweist nicht, daß nun auch die beiderseitigen Namen eines Sinnes sind. Verstehen wir nämlich unter den „Begriffen" die gedanklichen Korrelate der Namen, dann sind dieselben hier tatsächlich verschieden und die trennende Terminologie gerechtfertigt. Denn: Wo immer wir den Namen Vielheit verwenden, ist, von seltenen Ausnahmen abgesehen, nicht die kollektive Verbindung als solche Gegenstand des Interesses, sondern das kollektive Ganze. Jene repräsentiert das Abstraktum, welches dem allgemeinen Begriff Vielheit oder kollektives Ganzes zugrunde liegt, somit wohl die „Bedeutung" des Namens Vielheit im Sinne der Logik; aber diese „Bedeutung" macht noch nicht den ganzen logischen Gehalt des Namens aus. Der ganze Begriff, der ihm entspricht, ist der eines „Etwas, das dieses abstrakte Moment der kollektiven Verbindung besitzt". So aufgefaßt, bildet der Begriff der kollektiven Verbindung den wesentlichsten Bestandteil des Vielheitsbegriffes, ohne daß beide identisch wären. Ähnlich verhält es sich auch sonst mit allgemeinen Namen. Reden wir von einem Menschen schlechthin, dann haben wir den Begriff eines Etwas, das die und die abstrakten Merkmale besitzt. Wollen wir das besondere Interesse auf den Verein dieser Merkmale für sich hinlenken, dann müssen wir sagen: das Abstraktum Mensch. Äquivok ist der Ausdruck „der Begriff Mensch", er kann beides bedeuten: den allgemeinen und den abstrakten Begriff. — Ausnahmsweise wird übrigens der Name Vielheit auch für sich allein in dem abstrakten Sinne verstanden. So sprechen hervorragende Psychologen, wie Lotze[1] und Stumpf[2], von der Vielheit als von einem Verhältnisse, wobei offenbar nichts anderes gemeint sein kann als die kollektive Verbindung. Durch die Einführung des Terminus „kollektive Verbindung" haben wir diese Äquivokation beseitigt.

---

[1] *Metaphysik*, Leipzig 1879, S. 530/31.

[2] *Tonpsychologie*, Bd. I, S. 96.

Wir können den Inhalt des Vielheitsbegriffes noch in einer anderen Weise ausdrücken, welche für unsere weiteren Analysen wichtig ist. Zu diesem Zwecke müssen wir den eigentümlichen Abstraktionsvorgang, welcher diesen Begriff ergibt, etwas genauer zergliedern.

Kein Begriff kann gedacht werden ohne Fundierung in einer konkreten Anschauung. So haben wir auch, wenn wir den allgemeinen Begriff der Vielheit vorstellen, immer die Anschauung irgendeiner konkreten Vielheit im Bewußtsein, an welcher wir den Allgemeinbegriff abstrahieren. In welcher Weise geht nun diese Abstraktion vonstatten? Von den Besonderheiten der kolligierten Einzelinhalte ist, wie wir feststellten, gänzlich zu abstrahieren, gleichwohl aber deren Verbindung festzuhalten. Darin scheint eine Schwierigkeit, wo nicht eine psychologische Unmöglichkeit zu liegen. Machen wir mit jener Abstraktion Ernst, dann verschwindet mit den einzelnen Inhalten natürlich auch die kollektive Verbindung, statt als begrifflicher Extrakt übrigzubleiben.

Die Lösung liegt nahe. Von etwas absehen oder abstrahieren heißt bloß: darauf nicht besonders merken. Die Erfüllung der Forderung, von den inhaltlichen Besonderheiten gänzlich zu abstrahieren, hat also durchaus nicht den Effekt, daß die Inhalte und damit ihre Verbindung unserem Bewußtsein entschwinden. Die Auffassung der Inhalte und ihre Kollektion ist natürlich die Vorbedingung der Abstraktion. Bei dieser geht aber das heraushebende Interesse nicht auf die Inhalte, sondern ausschließlich auf deren gedankliche Verknüpfung — das ist alles, was gemeint ist.

Die Abstraktion, die zu vollziehen ist, kann nun folgendermaßen beschrieben werden: Irgendwie bestimmte Einzelinhalte sind in kollektiver Verbindung gegeben; indem wir nun abstrahierend zum Allgemeinbegriff übergehen, beachten wir sie nicht als so und so bestimmte Inhalte; das Hauptinteresse konzentriert sich vielmehr auf ihre kollektive Verbindung, während sie selbst nur als irgendwelche Inhalte, ein jeder als ein *irgend etwas*, *irgend eins* betrachtet und beachtet werden.

Dieses Resultat wollen wir uns zunutze machen, indem wir es mit einer früheren Bemerkung verbinden, nach welcher die kollektive Verbindung im sprachlichen Ausdrucke durch die Konjunktion Und in vollkommen klarer und verständlicher

Weise angedeutet werden kann. Vielheit im allgemeinen, so können wir uns jetzt ganz einfach und ohne jede Umschreibung ausdrücken, ist nichts weiter als: irgend etwas und irgend etwas und irgend etwas usw.; oder irgend eines und irgend eines und irgend eines usw.; oder kürzer: eins und eins und eins usw.

Der Begriff Etwas.

Wir sehen auf diese Weise, daß der Begriff der Vielheit mit und in dem Begriffe der kollektiven Verbindung auch denjenigen des Etwas enthält. Es ist daher unsere Aufgabe, diesen Begriff nach Inhalt und Entstehung genauer zu charakterisieren.

Etwas ist ein Name, welcher auf jeden denkbaren Inhalt paßt. Jedes wirkliche oder Gedankending ist ein Etwas. Aber auch ein Urteil, einen Willensakt, einen Begriff, eine Unmöglichkeit, einen Widerspruch usw. können wir so benennen. Der Begriff Etwas ist natürlich durch keine denkbare Inhaltsvergleichung aller Gegenstände physischer und psychischer Art zu gewinnen. Eine solche Vergleichung bliebe schlechthin ohne Ergebnis. Das Etwas ist eben kein abstrakter Teilinhalt. Worin alle Gegenstände — wirkliche und mögliche, reale und nicht reale, physische und psychische usw. — übereinkommen ist nur dies, daß sie Vorstellungsinhalte sind oder durch Vorstellungsinhalte in unserem Bewußtsein vertreten werden. Offenbar verdankt der Begriff des Etwas seine Entstehung der Reflexion auf den psychischen Akt des Vorstellens, als dessen Inhalt eben jedes bestimmte Objekt gegeben ist. Das Etwas gehört also nur in jener äußerlichen und uneigentlichen Weise zum Inhalt eines jeden konkreten Gegenstandes, wie irgendwelche relativen und negativen Attribute; ja es ist selbst als eine relative Bestimmung zu bezeichnen. Natürlich kann der Begriff Etwas nie gedacht werden, ohne daß irgendein Inhalt gegenwärtig ist, an dem jene Reflexion vollzogen wird; doch hierzu ist jeder gleich gut geeignet, selbst der bloße Name Etwas.

Die wichtige Funktion des Begriffes Etwas oder Eins für die Entstehung des Allgemeinbegriffes der Vielheit besteht darin, daß jeder einzelne unter den bestimmten Inhalten, welche die konkrete Vielheitsvorstellung in sich begreift, unter Vermittlung des Etwasbegriffes gedacht und nur, insofern er unter diesen Begriff fällt, beachtet wird; hierdurch entsteht jene vollkommenste Inhaltsentschränkung, welche dem Begriffe der Vielheit seine Allgemeinheit verleiht.

Die Anzahlen und der Gattungsbegriff der Anzahl.

Der Ausdruck „eins und eins und eins usw.", welcher nach den gegebenen Erläuterungen den Inhalt des Vielheitsbegriffes deutlich ausprägt, weist durch das „usw." auf eine gewisse Unbestimmtheit hin, die dem Begriffe in seiner weiten Fassung wesentlich ist. Nicht als ob die Kollektion der Einsen, welche uns den Begriff der Vielheit repräsentiert, kein Ende nähme; geschweige denn, daß die Vielheitsform, die wir, ausgehend von einem bestimmt gegebenen Inbegriff, nach dem oben beschriebenen Abstraktionsverfahren erlangen, ohne Abschluß wäre; vielmehr ist nichts anderes gemeint, als daß in betreff der Abgrenzung keine Bestimmung getroffen bzw. daß die faktisch vorhandene Begrenzung als etwas anzusehen sei, worauf es nicht ankomme.

Wollen wir aber diese Unbestimmtheit beheben, dann ergeben sich vielerlei Möglichkeiten, und es ist einleuchtend, daß diesen entsprechend der Vielheitsbegriff alsbald in eine Mannigfaltigkeit von bestimmten, auf das schärfste gegeneinander abgegrenzten Begriffen, den Zahlen, zerfällt. Es entstehen Begriffe wie: eins und eins; eins, eins und eins; eins, eins, eins und eins; usf., welche vermöge ihres höchst primitiven Charakters und ihrer praktischen Wichtigkeit wenigstens in beschränktem Umfange — soweit nämlich ihre leichte Unterscheidbarkeit reicht — schon auf den untersten Stufen der menschlichen Geistesentwicklung gebildet wurden, so daß deren Namen zwei, drei, vier usw. zu den frühesten Schöpfungen aller Sprachen gehören.

Es ist natürlich nicht nötig, für die Herleitung der Zahlbegriffe den allgemeinen und unbestimmten Vielheitsbegriff zum Vermittler zu nehmen. Wir kommen direkt zu denselben, ausgehend von beliebigen konkreten Vielheiten, denn eine jede fällt unter einen, und zwar einen bestimmten dieser Begriffe. Der Abstraktionsprozeß, welcher die einer gegebenen konkreten Vielheit zukommende bestimmte Zahl ergibt, ist nach den obigen Analysen völlig klar. Absehend von der besonderen Beschaffenheit der zusammengefaßten Einzelinhalte, betrachtet und behält man einen jeden nur, insofern er ein Etwas oder Eins ist, und gewinnt so mit Rücksicht auf die kollektive Verbindung derselben, die zu der vorliegenden Vielheit gehörige allgemeine Vielheitsform: eins und eins, usw., und eins, mit welcher ein bestimmter Zahlname assoziiert ist.

Alle Begriffe, die so entstehen, sind sichtlich miteinander verwandt. Ihre Ähnlichkeit beruht auf der Gleichheit der sie zusammensetzenden Teilvorstellungen (der Einsen oder Einheiten) wie auf der elementaren Ähnlichkeit der die letzteren verbindenden psychischen Akte; sie reicht hin, um die Zahlbegriffe als eine wohlcharakterisierte Klasse von Begriffen abzugrenzen und um als Grundlage für eine allgemeine Benennung zu dienen. Diesen Zweck erfüllt der Name Anzahl. Anzahl ist ein gemeinsamer Name für die Begriffe zwei, drei, vier usf.[1] Nun spricht man freilich auch von einem Allgemeinbegriff und nicht bloß von einem allgemeinen Namen Anzahl. Diesen Begriff können wir aber nicht anders erklären, als dadurch, daß wir auf die Ähnlichkeit der sämtlichen Zahlbegriffe untereinander hinweisen. Eine Anzahl im allgemeinen, die als eine für sich bemerkbare Teilvorstellung in der Weise eines physischen oder auch nur metaphysischen Teiles (z. B. der Farbe oder Gestalt eines Außendinges) aus der Vorstellung eines jeden Anzahlbegriffes heraushebbar wäre, gibt es nicht. Eher scheint das Verhältnis zwischen logischem Teil und logischem Ganzen (z. B. von Farbe und Differenz der Röte) demjenigen zwischen Anzahl im allgemeinen und bestimmter Zahl (Zwei, Drei usf.) zu entsprechen.

Verhältnis der Begriffe Anzahl und Vielheit.

Wie verhalten sich nun die Begriffe Anzahl und Vielheit zueinander? Daß sie ihrem wesentlicheren Gehalte nach über-

---

[1] James Mill rechnet den Namen Anzahl zu jener Gattung von Namen, die er „names of names" nennt, vgl. *Analysis*, vol. II, p. 4. Dies ist eine sehr unzutreffende Ausdrucksweise. Anzahl ist nicht als ein allgemeiner Name für die Namen Zwei, Drei usw., sondern für die durch dieselben bezeichneten Begriffe entstanden, deren innere Verwandtschaft zu einer gemeinsamen Benennung Grund und Anlaß bot.

einstimmen, ist von vornherein ersichtlich. Der Unterschied besteht nur darin, daß der Begriff der Anzahl bereits eine Unterscheidung der abstrakten Vielheitsformen voneinander voraussetzt, derjenige der Vielheit aber nicht. Der erstere ist zu fassen als der Gattungsbegriff, welcher aus der Vergleichung der voneinander bereits unterschiedenen, bestimmten Vielheitsformen oder Zahlen, als der Speziesbegriffe, entspringt; der Vielheitsbegriff hingegen erwächst unmittelbar aus der Vergleichung konkreter Inbegriffe. Freilich führt das beschriebene Abstraktionsverfahren bei verschiedenen Inbegriffen nicht immer zu derselben Vielheitsform; aber auf der Stufe der Abstraktion, welcher der Vielheitsbegriff angehört, hat eine Unterscheidung und Klassifikation der mannigfaltigen Vielheitsformen entweder noch nicht stattgefunden oder liegt außerhalb des herrschenden Interesses. Beachtung findet nur die offenbare Gleichartigkeit jener psychischen Reflexionen, die überall wirksam sind, wo wir von konkreten Vielheiten zu dem bezüglichen Begriffe aufsteigen; während die Unterschiede, welche zu der scharfen Sonderung jener unbegrenzten Reihe von Speziesbegriffen führen, noch unbemerkt oder absichtlich unbeachtet bleiben. Infolgedessen trägt eben der Begriff der Vielheit jene vage Unbestimmtheit in sich, die wir oben gekennzeichnet haben. Was ihm fehlt ist dasjenige, was den Zahlencharakter erst vollendet und ihn auszeichnet: das scharf bestimmte Wieviel.

Daß wirklich der unbestimmte Vielheitsbegriff eine erheblich tiefere Stufe der Begriffsbildung repräsentiert, findet seine Bestätigung in Erfahrungen an Kindern und an den in der Kindheitsperiode stehenden Völkern. Es ist bekannt, welche Schwierigkeit es kostet, Kinder, die längst schon den Namen und Begriff des Vielen besitzen, zu der klaren Unterscheidung der Zahlbegriffe anzuleiten. Was die wilden Völker anlangt, so besitzen selbst die in der Kultur am tiefsten stehenden, welche in der Benennung der bestimmten Zahlbegriffe nicht über drei oder fünf gekommen sind, doch sämtlich den Namen und Begriff des unbestimmt Vielen.[1]

[1] Vgl. E. B. Tylor, dt. Ausg., *Anfänge der Cultur*, Bd. I., 7. Cap. Die Zählkunst, 1873, insbes. S. 240, 261 usf. <Original: *Primitive Culture*, vol. I., chap. 7: The Art of Counting, London 1871, p. 240. Anm. d. Hrsg.> J. Lubbock, dt. Ausg., *Die Entstehung der Civilisation*, Jena 1875, S. 364 u. ff. <Original: *The Origin of Civilization and the primitive Condition of Man*, London 1870. Anm. d. Hrsg.>

Eins und Etwas.

Das Verhältnis der Begriffe Eins und Etwas bedarf noch einer Erläuterung. Nach unserer Auffassung kommt die Eins ihrem Begriffe nach wesentlich überein mit irgendeines, irgendein Ding oder ein Ding schlechtweg, wo „ein" den unbestimmten Artikel bedeutet; und alle diese Namen haben wieder wesentlich dieselbe Bedeutung wie das Etwas. Indem wir zählen, bringen wir jedes der konkret vorliegenden Dinge unter diesen Begriff. Nun besteht aber zwischen der Vielheit als einem Ganzen und den einzelnen Gegenständen als seinen Teilen ein Korrelationsverhältnis, also auch zwischen der Vielheit in abstracto und der Einheit als dem unter der Vermittlung des Begriffes Etwas gedachten Elemente der Vielheit. Indem nun der Name Eins beim Zählen ausschließlich in Gebrauch kam, trat ein gewisser Unterschied der Bedeutung zwischen Eins und „ein Ding" und Etwas dadurch hervor, daß Eins die Korrelation zur Vielheit als Mitbezeichnung erhielt. Dies ergab sich durch die Art der Verwendung ganz von selbst. So wurde denn Eins gleichbedeutend mit „gezähltes Ding" oder „ein Ding" im Gegensatz zu vielen Dingen, während „ein Ding" schlechtweg bei unbetontem „ein" und das gleichbedeutende Etwas von dieser Beziehung auf den Begriff der Vielheit frei blieb. Bei der Charakteristik der Zahlenabstraktion sagte ich mit Absicht: Wir bringen jeden Inhalt unter den Begriff des Etwas, und nicht: wir bringen einen jeden unter den Begriff der Eins; denn die Korrelation zum Begriffe der Vielheit, welche allein den Begriff der Eins vor dem des Etwas auszeichnet, ist nicht ein Punkt, der für die Zahlenabstraktion irgendwie in Betracht kommt. Indem jeder Gegenstand der Vielheit bloß als ein Etwas gedacht ist, so ist das Etwas bereits Eins. Es steht als ein Etwas in der Vielheit und besitzt hierdurch eo ipso jene Korrelation zu ihr.

Man kann mit vollem Rechte die Begriffe Etwas und Eins, Vielheit und Anzahl, diese allgemeinsten und inhaltleersten aller Begriffe, als Formbegriffe oder Kategorien bezeichnen. Was sie als solche charakterisiert, ist der Umstand, daß sie nicht Begriffe von Inhalten bestimmter Gattung sind, sondern in gewisser Art alle und jede Inhalte in sich befassen. Ähnliche Relationsbegriffe gibt es auch sonst noch, z. B. die Begriffe des Unterschiedes und der Identität. Ihr allumfassender Charakter findet seine einfache Erklärung darin, daß sie Begriffe von Attributen sind, welche in Reflexion auf psychische Akte entstehen, die an allen Inhalten ohne Ausnahme geübt werden können.

Kritischer Zusatz. Unsere Analysen führten zu einem wichtigen sowohl auf kritischem als positivem Wege festbegründeten Resultat. Es ist unmöglich, die Entstehung der Zahlbegriffe auf gleiche Weise zu erklären wie etwa diejenige der Begriffe Farbe, Gestalt usw., welche als positive Momente im primären Inhalt durch bloße Analyse desselben herausgehoben werden. Darum war nicht bloß Aristoteles im Irrtum, wenn er die Zahlen und die Eins zu den *αἰσθητὰ κοινά*, zu den gemeinsamen Objekten aller Sinne,[1] sondern auch Locke, wenn er die Eins zu den Begriffen rechnete, die zugleich auf dem Gebiete der Sensation und dem der Reflexion ihre Quelle haben.[2] Die gezählten Inhalte können freilich physische so gut wie psychische sein, aber die Zahlbegriffe und die Eins gehören ausschließlich dem Gebiete der Reflexion an. Und demgemäß ist es auch von vornherein absurd, wenn Locke (wie so viele nach ihm) die vorgestellten Zahlen als „primäre Qualitäten" betrachtet, als vollkommene Abbilder originaler Qualitäten, die in den Dingen selbst und unabhängig von unserem Geiste Bestand haben.[3]

In dieser allgemeinsten Form ist unser Ergebnis nicht neu. Bereits Sigwart hat dasselbe in seiner Logik — als der erste, soweit mir bekannt ist — ausgesprochen und hierdurch der Analyse des Zahlbegriffes den richtigen Weg gewiesen. Indessen fehlt es bei Sigwart an einer sicher durchgeführten und haltbaren Theorie. Glücklich und treffend sind seine Darlegungen nur überall da, wo er die Haltlosigkeit der physischen Abstraktionstheorie an den Lehren J. St. Mills und Bains kritisch dartut.[4]

Es sei hier ausgesprochen, daß mich zunächst das kritische Stu-

---

[1] *De Anima*, II, 6, p. 418, a 16; III, 1, p. 425, a 13; usw. (Ausg. Becker, Berlin 1831). Vgl. Fr. Brentano, *Die Psychologie des Aristoteles*, Mainz 1867, S. 83. Dem Aristoteles folgte u.a. auch Leibniz (*Meditationes de cogitatione, veritate et ideis* (1684), *Opera philosophica.*, Hrsg. Erdmann, S. 79).

[2] *Essay*, book II, chap. VII, sect. 7.

[3] *Essay*, book II, chap. VIII, sect. 11, 17 u.ö. Vgl. die Kritik der Baumannschen Ansichten im zweiten Kapitel, S. 44 ff., d. W.

[4] Chr. Sigwart, *Logik*, Erste Auflage, Bd. II, Freiburg i. Br. 1878, S. 39 ff.

dium der Sigwartschen Untersuchung zu der oben entwickelten Theorie geführt hat.

Unter dem Einflusse Sigwarts stehen, wenn ich nicht irre, die Ausführungen Wundts über den Zahlbegriff in seinem großen logischen Werke. Auch er läßt denselben durch Reflexion auf psychische Akte hervorgehen, wobei er sich jedoch von der Unterschiedstheorie fernzuhalten weiß. Ich muß bekennen, daß es mir nicht gelungen ist, ein ganz deutliches Bild seiner Auffassung zu erlangen. Was ich verstehe, kann ich nicht in dem Sinne einer klaren und folgerichtigen Ansicht nehmen. „Der Ausgangspunkt für die Entwicklung des Zahlbegriffes", sagt Wundt, „ist die Einheit. Sie erscheint in der ursprünglichen Bethätigung der Function des Zählens als eine Abstraction von dem einzelnen Gegenstand; eine verbreitete Anschauung sieht darum in der Zahl eine Nachbildung der einzelnen zählbaren Dinge, bei welcher die unterscheidenden Eigenschaften der letzteren vernachlässigt werden. Nun ist es klar, dass die Dinge zählbar erst werden können, indem das Denken sie als Einheiten auffasst. Zu dieser logischen Handlung liegen sicherlich Motive in den Vorstellungen der Dinge, ihrer Abgeschlossenheit und Selbständigkeit gegenüber anderen Vorstellungen. Aber es wäre völlig unbegreiflich, wie diese Motive wirksam werden sollten, wenn nicht unser Denken die Eigenschaft besässe, den einzelnen Gegenstand als eine Einheit aufzufassen. Der eigentliche Träger des Begriffs der Einheit ist also der einzelne Denkact. Darum ist zählbar, was nur immer in einzelne mit einander verbundene Denkacte gegliedert werden kann".[1]

Ich suche vergeblich den nervus probandi dieser Argumentation. Könnte man nicht genau ebenso den einzelnen Denkakt als „Träger" eines jeden Begriffes erweisen und z. B. argumentieren: Die Farbe ist eine Abstraktion vom farbigen Gegenstande. Das Auffassen der farbigen Dinge als solcher ist eine logische Handlung, zu der Motive in den Dingen selbst vorhanden sein mögen; aber es wäre unbegreiflich, wie diese Motive wirksam sein sollten, wenn nicht unser Denken die Eigenschaft besäße, den farbigen Gegenstand als farbigen aufzufassen. Der eigentliche Träger des Begriffes Farbe ist also der einzelne (den farbigen

[1] *Logik*, Bd. I, Stuttgart 1880, S. 468.

Gegenstand auffassende) Denkakt. — Allerdings in gewissem Sinne ist der Satz hier und überall gültig, nicht aber in dem ganz besonderen, auf den es bei der Einheit ankommt. Zwei sehr verschiedene Behauptungen werden hier, wenn nicht alles täuscht, verwechselt:

1) Der Einheitsbegriff kann nicht entstehen ohne einen ihn tragenden — nämlich ihn abstrahierenden — Denkakt. Diese Behauptung ist gültig für jeden und nicht bloß für den Begriff der Einheit. Daß die obige Argumentation nur diese Behauptung trifft, ist klar, daher eben die Möglichkeit ihrer Übertragung auf jeden anderen Begriff. Im übrigen müht sie sich wohl ohne Not, eine pure Selbstverständlichkeit zu erweisen.

2) Der abstrakte Einheitsbegriff kann nicht entstehen, ohne einen ihn tragenden — nämlich einen gewissen zu seinem Inhalte gehörigen — Denkakt. Diese Behauptung ist allerdings gar nicht selbstverständlich; sie wird aber mit der obigen verwechselt; es wird der Beweis der ersten auch für die zweite Behauptung als gültig angesehen.

Wir können daher auch die weiteren Sätze, die Wundt folgen läßt, nicht als was sie sich geben, nämlich als logische Konsequenzen der vorgängigen Argumentation gelten lassen: „Darum ist zählbar was nur immer in einzelne mit einander verbundene Denkacte gegliedert werden kann. Zählbar sind also nicht bloss Gegenstände, sondern ebensowohl Eigenschaften und Ereignisse. ... Die Function des Zählens besteht, worauf sie sich auch beziehen möge, immer in einer Verbindung einzelner Denkacte zu zusammengesetzten Einheiten. ... Sie entsteht aus der Verbindung auf einander folgender Denkacte, wenn von dem Inhalt der letzteren völlig abstrahiert wird. Wie die Eins alles mögliche bezeichnet, was als einzelner Denkact gegeben sein kann, so stellt jede aus Einheiten zusammengesetzte Zahl eine Reihe von Denkacten beliebigen Inhalts dar ..." [1]

Obgleich mir manche Ausdrücke nicht ganz klar sind, würde ich doch geneigt sein, diese und ähnliche, an anderen Orten wiederkehrende Sätze in dem Sinne der in den obigen Untersuchungen als richtig erwiesenen Theorie zu deuten, wenn bei Wundt nicht so vieles folgte, was sich mit ihr durchaus nicht

[1] a. a. O., S. 468.

vereinigen ließe. Ich verstehe nicht, wie nach dem zuletzt zitierten Satze, demzufolge „jede aus Einheiten zusammengesetzte Zahl eine Reihe von Denkakten beliebigen Inhaltes" darstellen soll, die Rede sein kann von der „Ausbildung der aus Einheiten zusammengesetzten Gebilde zur *stetigen* Reihe der Zahlbegriffe" und von einer „begrifflichen Entwicklung", welche „die Quelle all der reichen *Umgestaltungen*" bilden soll, die der Zahlbegriff erfahren hat. Es ist hier gemeint die Entstehung der negativen, gebrochenen, irrationalen und imaginären Zahlen.[1] Es soll z. B. die gebrochene Zahl aus der Aufgabe hervorgehen, die Zahl a zu bestimmen, welche entsteht, wenn eine Zahl c durch eine andere b geteilt wird. Es kann sich nun ereignen, „dass eine solche Zahl a nicht existiert in der Reihe der positiven ganzen Zahlen, sondern dass a dem Begriff einer Zahl entspricht, welche zwischen zwei benachbarten ganzen Zahlen gelegen ist." [2] Schon jene Aufgabe als solche würde sich formulieren lassen, wenn wir für „Zahl" die obige Erklärung *Wundts* nähmen. Beachtet man nun erst den Umstand, daß „ganze positive Zahl" hier weiter nichts bedeutet als „Zahl",[3] dann wird es ganz unverständlich, wie jenes a, das nicht in der Zahlenreihe existiert, dem Begriffe einer Zahl entsprechen kann, welche *zwischen* zwei Zahlen bestehen, also etwas repräsentieren soll, das nicht aus n und nicht aus $n + 1$ Denkakten ausammengesetzt, aber „zwischen ihnen gelegen ist". „Da der Quotient $\frac{c}{b} = a$", so fährt *Wundt* fort, „alle möglichen Zwischenwerthe zwischen zwei ganzen Zahlen annehmen kann, so erwächst hieraus die Forderung, den Zahlbegriff dergestalt zu erweitern, dass er alles, was nach zwei einander entgegengesetzten Richtungen zu- und abnimmt, umfasst. Diejenigen Zahlen, welche man, um diese Forderungen zu erfüllen, zwischen den positiven und negativen ganzen ‹und gebrochenen› Zahlen als Zwischenwerthe einschalten muss, sind die irrationalen Zahlen." [4] Wie der Begriff einer Reihe von Denkakten die Möglichkeit ergeben kann zu „Erweiterungen" oder „Umgestaltungen", welche diese oder jene Forderung zu

[1] a. a. O., S. 469. – Anm. d. Hrsg.
[2] a. a. O., S. 470. – Anm. d. Hrsg.
[3] „Die Zahl als eine Verbindung von Einheiten ist zunächst positive Zahl und ... ganze Zahl." (a. a. O., S. 469).
[4] a. a. O., S. 470/71. – Anm. d. Hrsg.

erfüllen vermöchten, bleibt ebenso rätselhaft wie die Denkbarkeit und der Begriff von „Zwischenwerten".

Noch eines sei hier besprochen: Wundt nennt die Zahl „die abstracteste Form, in welcher das Gesetz des discursiven Denkens, wonach jeder zusammengesetzte Gedanke aus einzelnen Denkacten besteht, zum Ausdruck kommt ..." [1] Ich finde nicht, daß die Zahl hierdurch eine besondere Charakteristik erlangt. Wie steht es denn überhaupt mit jenem Gesetz des diskursiven Denkens? Ich darf wohl behaupten, wenn es wahr ist, so ist es eine Tautologie, und wenn es keine Tautologie ist, so ist es nicht wahr. Verstehen wir unter einem zusammengesetzten Gedanken einen solchen, der aus einzelnen Denkakten besteht, dann ist die Tautologie klar. Verstehen wir aber unter einem zusammengesetzten Gedanken jeden zusammengesetzten Inhalt überhaupt, dann ist der Satz nicht richtig, sofern eben keineswegs eine jede inhaltliche Zusammengesetztheit aus (vorgestellten) Denkakten besteht. Nur dies ist gültig, daß die ursprünglich ungeschiedene Einheit eines zusammengesetzten Phänomens in eine Mehrheit übergeht, zu deren Heraushebung eine Mehrheit von Denkakten erforderlich ist. Aber auch für diese elementare Tatsache unseres psychischen Lebens ist es nicht abzusehen, wie sie im Zahlbegriffe zum Ausdrucke kommen sollte, da dieser auch ohne sie bestehen kann. Mit der kollektiven Verbindung ist der Zahlbegriff möglich, gleichgültig, woher sie stammen möge.

[1] a. a. O., S. 468.

V. KAPITEL

Die Relationen Mehr und Weniger

Nach den Analysen des letzten Kapitels ergaben sich die Anzahlbegriffe als eine unbestimmt, scheinbar sogar ins Endlose fortzusetzende Folge von Begriffen, deren Deutlichkeit und leichte gegenseitige Unterscheidbarkeit außer Frage zu stehen und weitere Untersuchungen zum Zwecke präziser gegenseitiger Abgrenzung überflüssig zu machen schien. Eins und Eins ist scharf unterschieden von Eins, Eins und Eins, dieses wieder von Eins, Eins, Eins und Eins, usf. Man sieht indessen, daß diese Leichtigkeit der Unterscheidung doch merklich abnimmt je weiter wir in der Reihe der Zahlen fortschreiten. Neunzehn ist von Zwanzig viel weniger leicht zu unterscheiden als Neun von Zehn, und dieses weniger leicht als Drei von Vier. Daß dieser Umstand keinen Schaden bringt, daß wir trotzdem Zahlbestimmungen und Zahlunterschiede als die schärfsten im Bereiche unserer Erkenntnis betrachten, hat in gewissen Hilfsmitteln seinen Grund, durch welche wir imstande sind, in Fällen, wo die unmittelbare Anschauung entweder gänzlich versagen oder leicht irren könnte, auf Umwegen das Ziel scharfer Unterscheidung zu erreichen und den Irrtum in sehr enge Grenzen zu schließen. Diese Hilfsmittel bestehen im Zählen und Rechnen, d.i. in gewissen sozusagen mechanischen Operationen, deren eigentliches Fundament in den elementaren Zahlenrelationen ruht. Die psychologische Analyse dieser Relationen von Mehr und Weniger ist das Ziel, das wir uns jetzt stellen.

Der psychologische Ursprung dieser Relationen.

Gehen wir wieder in den Kreis der konkreten Phänomene zurück. Denken wir uns zu einer gegebenen Menge, etwa von Kugeln, eine oder mehrere Kugeln hinzugesetzt, dann sagen wir, die neue Menge habe um die hinzugefügten Kugeln mehr; werden aber Kugeln weggenommen, dann sagen wir, um diese seien <sie> nun weniger. In diesem Falle handelt es sich um physische Objekte und um ein physisches Tun mit denselben. Aber auch da, wo wir nicht gerade äußere Inhalte kollektivisch zusammendenken, gibt es ein solches Hinzu- und Hinwegnehmen. Was damit gemeint ist, läßt sich freilich nur aufweisen, nicht definieren. Es ist eine elementare und in keiner anderen Art als durch den Hinweis auf die Phänomene zu beschreibende Tatsache, daß, während gewisse Inhalte von uns „zusammen"gedacht werden, nun noch neue Inhalte hinzutreten und mit den bereits vorhandenen zusammengefaßt werden können. Der ursprüngliche Akt erweitert sich durch Aufnahme neuer Inhalte. Aber auch das Umgekehrte kann eintreten: Von den bereits zusammengefaßten Inhalten fallen welche fort, indem jener einigende Akt nur die übrigen festhält und umschließt.

Diese Tatsachen der Erweiterung und Verengung von Inbegriffen reichen aber allein noch nicht hin, um die Relationsbegriffe des Mehr und Weniger zu begründen. Zwar kann man an diese Tatsachen die richtige Erklärung knüpfen, daß der erweiterte Inbegriff um die neu aufgenommenen Elemente mehr und ebenso daß der verengerte Inbegriff um die fortgefallenen Elemente weniger enthält als der ursprünglich vorgestellte. Man kann ferner den richtigen Schluß ziehen, daß Mehr und Weniger korrelative Begriffe sind, indem der Rückgang von dem vermehrten Inbegriff zu dem ursprünglichen ein Vermindern, der Rückgang von dem verminderten Inbegriff zu dem ursprünglichen ein Vermehren erfordert. Dies alles ist richtig, aber es setzt doch, um möglich zu sein, ein *neues* Faktum der inneren Erfahrung voraus. Wie jede Relation das Zusammensein der Fundamente in einem Bewußtseinsakte erfordert, so auch unsere Relation des Mehr und Weniger. Sie setzt also, um vollzogen werden zu können, voraus, daß uns der ursprüngliche und der erweiterte Inbegriff zugleich und in *Einem* Akte gegenwärtig sei.

Daran noch nicht genug, muß sogar der letztere als „Summe" zweier Inbegriffe erscheinen, von denen der eine als identisch erkannt wird mit dem ursprünglichen Inbegriff, der andere aber den der neu hinzugekommenen Inhalte repräsentiert. Erweitere ich z. B. den Inbegriff (A, B, C) zu (A, B, C, D, E), dann erfordert das Urteil, daß der zweite um D und E mehr ist, die gleichzeitige Vorstellung von

(A, B, C), (A, B, C, D, E) und (A, B, C; D, E),

und zwar in Einem Akte.

Es ist also eine Tatsache, daß wir die Fähigkeit haben, mehrere Inbegriffe zusammen, zu Einem Inbegriffe geeinigt vorzustellen, ohne daß ihnen hierdurch ihre besonderen Einigungen abhanden kommen. Wir stellen Inbegriffe vor, deren Elemente wieder Inbegriffe sind. Ja, auch Inbegriffe von Inbegriffen von Inbegriffen sind denkbar usf. Daß für das eigentliche Vorstellen die Schranken früh genug gesteckt sind und alles übrige nur uneigentliches (symbolisches) Vorstellen ist, braucht nicht weitläufig auseinandergesetzt zu werden. Sicher ist jedoch, daß das eigentliche Vorstellen mindestens für die ersten Schritte vorhanden ist; denn sonst wäre selbst der Gedanke einer solchen Zusammensetzung absurd und von einer Vergleichung der Vielheiten nach Mehr und Weniger wäre keine Rede.

Was die psychologische Grundlage dieser komplizierteren Bildungen anlangt, so erkennt man, daß hier psychische Akte höherer Ordnung vorliegen, d. h. psychische Akte, welche wieder auf psychische Akte gerichtet sind und erst durch Vermittlung dieser auf die primären Inhalte gehen. Stellen wir in einem Akte mehrere Inbegriffe vor, dann ist für die Bildung jedes einzelnen ein einigender Akt der oben beschriebenen Art erfordert; und soll jeder von ihnen in seiner Einheit mit Bewußtsein festgehalten und mit den anderen vereinigt gedacht werden, dann muß ein psychischer Akt zweiter Ordnung auf jene Akte erster Ordnung — in welchen die besonderen Einigungen der Teilinbegriffe ruhen — und erst durch sie auf die primären Inhalte gerichtet sein. Bei Inbegriffen von Inbegriffen von Inbegriffen kämen wir auf psychische Akte dritter Ordnung usw. Ja, genauer besehen sind diese Stufenzahlen noch um eine Einheit zu erhöhen, denn schon bei den einfachen Inbegriffen, d.h.

solchen, deren Elemente nicht weiter analysierte einheitliche Inhalte sind, liegen Akte zweiter Ordnung vor, nämlich derart, daß die einzelnen Inhalte durch besondere Akte herausgehoben und dann erst durch einen gemeinsamen sie alle einigenden Akt umfaßt werden. (Vgl. S. 74.)

Vergleichung von beliebigen Vielheiten sowie von Zahlen nach Mehr und Weniger.

Wir haben bisher bloß Inbegriffe, welche auseinander durch Vermehrung oder Verminderung hervorgehen, betrachtet. Man begreift jedoch leicht, daß die Vergleichung ganz beliebiger Inbegriffe nach Mehr und Weniger in psychologischer Beziehung keine neuen Schwierigkeiten mit sich bringt. Eine solche Vergleichung kann in concreto allerdings nur unter einer gewissen Bedingung stattfinden. Es müssen die zu vergleichenden Inbegriffe ganz oder zum Teil aus wechselseitig gleichen Inhalten bestehen, und zwar so, daß die sämtlichen Inhalte des einen in dem andern durch gleiche vertreten sind. Wird etwa der erstere M, der letztere N genannt, dann können wir diesen in zwei Teilinbegriffe zerlegt denken: M′ und N′,

$$N = M' + N',$$

von denen M′ die gleichen Elemente umfaßt wie M und daher dem M gleich ist. Indem nun der Inbegriff N um die Elemente N′ mehr enthält als sein Teilinbegriff M′, dieser aber gleich ist dem Inbegriff M, so sagen wir auch, daß der Inbegriff N um die Elemente N′ (oder um den Inbegriff N′) mehr enthält als der Inbegriff M.

Die vorausgesetzte Bedingung für eine Vergleichbarkeit ist natürlich immer erfüllt, wenn beide Inbegriffe aus Inhalten einer und derselben Gattung bestehen. Zwei derartige Mengen befinden sich also unter allen Umständen in dem Verhältnisse von Mehr und Weniger. Bestehen aber Inbegriffe aus heterogenen Inhalten oder ist jene Bedingung nicht erfüllt, dann kann man nur ihre Zahlen nach Mehr und Weniger vergleichen. Dies geschieht nun genau in der eben beschriebenen Weise. Denn infolge der völligen Inhaltsentschränkung, welche mit der Zahlenabstraktion einhergeht, repräsentieren diese allgemeinsten Inbegriffsformen, äußerlich betrachtet, selbst wieder Inbegriffe untereinander gleicher Inhalte, nämlich der Einheiten. Indem jeder konkret vorliegende Inhalt nur, sofern er ein Etwas ist, betrachtet und mit den anderen zusammengedacht wird, ist ein jeder jedem — eben als ein Etwas — gleich geworden. Darum können Zahlen miteinander in Beziehung auf Mehr und Weniger ebenso verglichen werden, wie Inbegriffe aus gleichartigen konkreten Elementen. In dieser Höhe und Leerheit der Abstraktion verschwinden eben eo ipso alle Unterschiede.

Aus unserer letzten Untersuchung geht hervor, daß wir mit einem besonderen Rechte die Ausdrucksweise „Vergleichung von Inbegriffen bzw. Zahlen nach Mehr und Weniger" gebraucht haben. Jede Erkenntnis eines solchen Verhältnisses schließt die Erkenntnis einer Gleichheit ein. Handelt es sich um konkrete Inbegriffe, dann besteht der vergleichende Akt darin, daß die Gleichheit des einen mit einem Teil-Inbegriffe des anderen erkannt und der Überschuß für sich aufgefaßt wird. Und ebenso ist es bei den Zahlen. Urteilen wir, daß Fünf um Zwei mehr sei als Drei, dann stellen wir Fünf in die beiden Teilzahlen Zwei und Drei zerlegt vor, und indem die Gleichheit der als Teilzahl vorgestellten mit der für sich vorgestellten Drei konstatiert wird, kommt der Überschuß als die Teilzahl Zwei zum Bewußtsein. Weil nun dieses Mehr (bzw. vom Standpunkte der zweiten Vielheit das Weniger) als Grund der Unterschiedenheit beider Vielheiten erkannt wird, nennt man es geradezu den Unterschied oder die Differenz derselben. Und ebenso spricht man von einem Unterschied (Differenz) zweier Zahlen, wo man eine Zahl versteht, welche als der Überschuß der einen Zahl in Beziehung auf die andere gedacht ist.

Dies ist also die charakteristische Art, wie bei den Zahlen die vergleichende und unterscheidende Geistestätigkeit zur Geltung kommt. Die Anzahlengleichheit, an und für sich eine einfache Sache, werden wir, da sie in der neueren Zeit Anlaß zu merkwürdigen Diskussionen geboten und sogar als Ausgangspunkt für eigentümliche Analysen und Definitionen des Zahlbegriffes gedient hat, noch in dem nächsten Kapitel behandeln.

Die Sonderung der Zahlenspezies bedingt durch die Erkenntnis von Mehr und Weniger.

Die Vielheitsrelationen Gleich, Mehr und Weniger bedingen wesentlich die Entstehung der Anzahlbegriffe. Herbart geht allerdings zu weit, wenn er sagt: „Der eigentlich wissenschaftliche Begriff der Zahl" ist „kein andrer als derjenige des Mehr und Minder" [1]; richtig aber ist, daß die bestimmten Zahlen Zwei, Drei usw. eine Vergleichung und Unterscheidung begrenzter, in abstracto gedachter Vielheiten nach Mehr und Minder voraussetzen. Damit wir uns über den Begriff der „Vielheit von Einheiten" erheben und die Reihe der Anzahlen Zwei, Drei usw. bilden können, müssen wir Vielheiten von Einheiten klassifizieren, und dies erfordert Urteile über Gleichheit und Ungleichheit; ein exaktes Urteil über Ungleichheit ist aber in diesem Falle ohne Erkenntnis von Mehr oder Minder nicht möglich. Zwei Zahlen sind ungleich, wenn die eine gleich ist einem Teile der anderen.

Anmerkung. Da in diesem Kap. vor allem die psychischen Tätigkeiten in Frage kamen, welche dem Vielheitsbegriffe wesentlich sind, bevorzugte ich, wie sonst in gleichen Fällen, gegenüber den Terminis Vielheit, Mehrheit usw. den Terminus Inbegriff, der besonders deutlich das In-eins-zusammenbegreifen der kolligierten Inhalte ausprägt.

---

[1] *Psychologie als Wissenschaft*, Teil 3, S. 163.

VI. KAPITEL

Die Definition der Gleichzahligkeit durch den Begriff der gegenseitig-eindeutigen Zuordnung

Seitdem Euklids Elemente als das Muster wissenschaftlicher Darstellung Geltung erlangt haben, folgen die Mathematiker dem Grundsatze, mathematische Begriffe nicht früher als vollberechtigt anzusehen, als bis sie durch strenge Definitionen wohlausgeschieden sind. Dieser ohne Zweifel sehr nützliche Grundsatz hat aber nicht selten zu ungerechtfertigten Übertreibungen geführt; in dem Übereifer einer vermeintlichen Strenge mühte man sich auch, solche Begriffe zu definieren, die wegen ihres elementaren Charakters einer Definition weder fähig noch bedürftig sind. Von dieser Art sind die sogenannten Definitionen der Zahlen-Gleichheit und -Verschiedenheit, deren Widerlegung uns jetzt beschäftigen soll, und die schon darum ein besonderes Interesse beanspruchen, weil sie zu einer Klasse von Definitionen der Zahlbegriffe selbst geführt haben, die, unberechtigt und wissenschaftlich nutzlos, gleichwohl um eines gewissen formalen Charakters willen unter den Mathematikern und den von ihnen beeinflußten Philosophen Beifall gefunden haben.

Leibniz Definition des allgemeinen Gleichheitsbegriffes.

Am extremsten sind in dieser Hinsicht diejenigen Forscher, welche, der Anregung des genialen Hermann Graßmann folgend, meinen, sogar den allgemeinen Gleichheitsbegriff definieren zu müssen, um ihn auf Mengen und Zahlen anwenden zu können. Hier die Definition des genannten philosophischen Mathematikers: „Gleich heissen zwei Dinge, wenn man in jeder Aussage statt des einen das andere setzen kann.“ [1] Im wesent-

[1] H. Graßmann, *Lehrbuch d. Arithmetik*, Berlin 1861, S. 1.

lichen dieselbe Definition hat schon Leibniz aufgestellt: „Eadem sunt quorum unum potest substitui alteri salva veritate",[1] welche Frege seinem Aufbau des Zahlbegriffes zugrunde gelegt hat.[2]

Von dem Werte dieser Definition können wir uns nicht überzeugen. Zunächst ist es ersichtlich, daß sie statt der Gleichheit die Identität definiert. Solange noch ein Rest von Verschiedenheit vorhanden ist, wird es Urteile geben, in welchen man die betreffenden Dinge nicht vertauschen darf „salva veritate".

Fürs zweite ist es klar, daß die Definition den wahren Sachverhalt gerade auf den Kopf stellt. Angenommen, wir hätten uns bezüglich zweier Inhalte die Überzeugung verschafft, daß sie der Definition Genüge leisten (und das hätte seine Schwierigkeiten!), dann erhebt sich noch die wohlberechtigte Frage: Welches ist denn der Grund dafür, daß man den einen Inhalt für den anderen in einigen oder allen wahren Urteilen ersetzen darf? Die einzig zutreffende Antwort lautet: die Gleichheit bzw. Identität beider Inhalte. Jedes gleiche Merkmal begründet gleiche Urteile, nicht aber begründen gleiche Urteile gleiche Merkmale. Würde man daher die umgekehrte Frage stellen: warum sind die beiden Inhalte einander gleich, dann wäre die Antwort: weil sie sich in wahren Urteilen vertauschen lassen, offenbar verfehlt.

Zu welchen absurden Konsequenzen die entgegengesetzte Auffassung führt, zeigt folgende einfache Betrachtung. Läge in der oben geforderten Vertauschbarkeit der Grund für die Erkenntnis der Gleichheit zweier Inhalte, dann müßte in jedem Falle unserer Anerkennung der Gleichheit diejenige der Vertauschbarkeit vorhergehen. Der letztere Akt besteht aber doch selbst aus nichts anderem als aus einer (sogar unendlichen!) Anzahl von Akten, deren jeder die Anerkennung einer Gleichheit impliziert, nämlich der Gleichheit je eines wahren Urteils, welches auf den ersten Inhalt geht, und „desselben" Urteils, welches auf den zweiten Inhalt geht. Um alle diese Gleichheiten anzuerkennen, bedürfte es aber wieder der Erkenntnis, daß in betreff jedes dieser Urteils-

---

[1] *Non inelegans specimen demonstrandi in abstractis. Opera philosophica,* Hrsg. J. E. Erdmann, S. 94. Die Substituierbarkeit in allen Urteilen wird in der beigegebenen Erläuterung ausdrücklich verlangt.

[2] G. Frege, *Die Grundlagen der Arithmetik,* Breslau 1884, S. 76.

paare „dieselben" wahren Urteile gelten; usw. Wir kommen also in ein wahres Labyrinth von unendlichen Regressen.[1]

Die Definition der Gleichzahligkeit.

In anderen Fällen begnügte man sich damit, die Gleichheit neben dem Mehr und Weniger speziell für Vielheiten in Beziehung auf ihre Anzahl zu definieren. Insbesondere haben die Mathematiker gegenwärtig eine Vorliebe für folgende Definition, die ich in der Fassung, wie ich sie gerade bei Stolz finde, zitiere: „Zwei Vielheiten heissen einander gleich <oder korrekter: heißen gleichviel, gleichzahlig>, wenn sich jedem Dinge der ersteren je eines der letzteren zuordnen lässt und keines von dieser unverbunden bleibt."[2] Hieran schließt sich ergänzend die Definition: „Grösser von zwei Vielheiten heisst diejenige, von welcher, nachdem jedes Ding der anderen (kleineren) je einem von ihr zugeordnet ist, noch einige Dinge (ein Rest) unverbunden bleibt."[3]

Man darf sich keiner Täuschung hingeben über das, was diese Definitionen in psychologischer und logischer Hinsicht leisten. Sieht man genauer zu, so zeigt es sich, daß in der Definition der Gleichheit die Vorstellung des Mehr und Weniger bereits eingeschlossen ist, während diese doch selbst, wie wir uns oben über-

---

[1] Auch v. Helmholtz hat in seiner Abhandlung *Ueber Zählen und Messen*, obgleich sonst von Graßmann beeinflußt, dessen Gleichheitsdefinition abgelehnt. (*Philosophische Aufsätze z. Zellers Jubil.*, S. 38).

[2] O. Stolz, *Vorlesungen über allgemeine Arithmetik*, erster Theil, Leipzig 1885, S. 9. Die Stolzsche Definition wäre ohne die oben angebrachte Korrektur sehr mißverständlich, zumal er unmittelbar vorher definiert: „Unter Vielheit versteht man eine Menge von unter sich gleichen Gegenständen d.h. den Inbegriff von disjuncten Dingen, deren Verschiedenheiten jedoch nicht beachtet werden, ohne Rücksicht auf ihre Anordnung." Dann aber würde für die Gleichheit zweier Vielheiten jene gegenseitig eindeutige, restlose Zuordnung nichts nützen. Gleichheit in Beziehung auf die Gattung der inbegriffenen Dinge wäre doch vor allem erfordert. Stolz müßte eben in der obigen Definition anstatt gleich sagen: gleichviel, oder wie andere Mathematiker es vorziehen: gleichzahlig.

[3] In Übereinstimmung mit dem in der Mathematik üblicheren Sprachgebrauch sagt Stolz größer und kleiner, wo wir, um nicht unnötig den Größenbegriff hereinzuziehen, von mehr und weniger sprechen würden. — Stolz knüpft an diese Definitionen noch einen dem wesentlichen Gedanken nach von E. Schröder (*Lehrbuch der Arithmetik und Algebra*, Leipzig 1873, S. 14) herrührenden Beweis dafür, daß das Resultat jener Zuordnungsoperationen von deren Verknüpfungsmodus unabhängig ist; woraus folgt, daß eine Gleichheit oder Differenz, welche für einen Verknüpfungsmodus gefunden worden ist, für jeden anderen bestehen bleibt.

zeugten, ohne Gleichheitsvorstellungen nicht konzipiert werden kann. Wenn wir sagen, die gegenseitige Zuordnung dürfe kein Element unverbunden lassen, so ist dieses nur ein anderer Ausdruck dafür, daß auf keiner Seite ein Element mehr bzw. weniger sein dürfe. Der Zirkel liegt also zutage.

Man könnte entgegnen, daß mit dieser Argumentation die Nutzlosigkeit der Definitionen noch nicht erwiesen sei. Man müsse sie vielleicht nur als Namenerklärungen ansehen, wie solche zum Zwecke der Verständigung überall da wertvoll sind, wo ein Name einer scharfen oder einsinnigen Bedeutung ermangelt. — Indessen auch von diesem Gesichtspunkte aus können wir uns von dem Werte der Definitionen nicht überzeugen. Einerseits ist der Ausdruck „Gleichheit zweier Vielheiten" einer weiteren Erklärung nicht bedürftig, und andererseits wird durch die obige Definition das Naheliegende und an sich Wohlbekannte durch ein Entferntes und Fremdes verdunkelt. In der Tat, als ein Entferntes und Fremdes müssen wir jene gegenseitige Zuordnung [1] bezeichnen, welche zur Erklärung der Gleichheit herangezogen wird. Es ist nicht richtig, daß jene Definition eine bloße Namenerklärung ist, obgleich sie sich dafür ausgibt. Wenn Stolz sagt: „Zwei Vielheiten heissen einander gleich ‹sc. in bezug auf ihre Anzahl›, wenn sich jedem Dinge der ersteren je eines der letzteren zuordnen lässt ...", so ist doch nichts sicherer, als daß Vorder- und Nachsatz gedanklich nicht gleichwertig sind. Sich zwei gleichzahlige Vielheiten vorstellen, und sich zwei Vielheiten gliedweise gegenseitig zugeordnet vorstellen, ist nicht ein- und dasselbe; die Definition spricht einen wahren, nicht aber einen identischen Satz aus. Es mag wohl vorkommen, daß wir, um in concreto die Gleichheit zweier Mengen ihrer Vielheit nach zu konstatieren, die Elemente paarweise nebeneinanderlegen oder sonstwie miteinander verknüpfen; aber weder können wir diese Operation überall für notwendig erachten, noch liegt, wo sie stattfindet, in ihr allein das Wesen des Vergleichungsaktes.

Um den eigentlichen Sinn der uns hier dargebotenen Gleichheitsdefinition klarzustellen, wollen wir zunächst einige allge-

[1] Statt Zuordnung werden auch andere Ausdrücke wie „Verbindung", „Verknüpfung", „Paarung", „Zugesellung" u.a. verwendet. Vgl. E. Schröder, a. a. O., S. 7—9.

meine Bemerkungen über Sinn und Zweck spezieller Gleichheitsdefinitionen überhaupt vorausschicken.

Über spezielle Gleichheitsdefinitionen.

Was es heißt, zwei relativ einfache, d. i. nicht weiter analysierte Inhalte seien einander gleich, ist einer Erklärung weder fähig noch bedürftig. Fassen wir daher sofort zusammengesetzte Inhalte ins Auge. In Beziehung auf diese schwankt dem ersten Anscheine nach der Sprachgebrauch. Wenn derartige Inhalte gleich sind, dann müssen wechselseitig irgendwelche Merkmale derselben (also ev. auch physische Teile, denn auch der Besitz solcher kann als Merkmal dienen) gleich sein; das ist selbstverständlich. Aber das Umgekehrte scheint nicht zu gelten. Mitunter sind Merkmale beiderseitig gleich, und trotzdem sprechen wir nicht von der Gleichheit der Gegenstände. Ja, es kann sogar vorkommen, daß dieselben Objekte einmal von uns gleich genannt werden, das andere Mal ungleich. So heißen z. B. in der Geometrie zwei gerade Strecken gleich, wenn sie gleiche Länge haben; ebensolche heißen aber mitunter ungleich, indem als gleiche diejenigen verstanden werden, welche gleich lang und überdies parallel und gleichen „Sinnes" sind. Und ähnlich verhält es sich mit dem Begriffe der Gleichheit von Figuren und Körpern, der bald den gemessenen Inhalt, bald auch noch die Lage berücksichtigt.

Dieses scheinbare Schwanken in der Ausdrucksweise klärt sich sehr einfach auf. Schlechthin sagen wir von irgendwelchen Inhalten, sie seien einander gleich, wenn Gleichheit in den (inneren oder äußeren) Merkmalen besteht, die gerade den Mittelpunkt des Interesses bilden. In der Maßgeometrie (wie bei Euklid) geht das Interesse eben nur auf die Quantität der Gebilde (Länge, Flächen- und Rauminhalt); in der Lagengeometrie auch auf die Lage, und danach richtet sich die Vergleichung. Zwei Gebilde sind gleich — dies ist dem Geometer nur ein praktisch abgekürzter Ausdruck dafür, daß sie gleich seien in einer bestimmten, in dem betreffenden Untersuchungsgebiete vorherrschend interessierenden Hinsicht.

Derartig abgekürzte Redeweisen werden natürlich nur da angewendet, wo Mißverständnisse ausgeschlossen sind; anderenfalls werden die Momente, in Hinsicht auf welche Gleichheit statthat, entweder ausdrücklich angegeben — die Objekte sind, sagen wir, gleich in Beziehung auf Größe, relative Lage, Farbe usw. — oder es werden besondere Gleichheitsbegriffe durch besondere Namen ausgezeichnet und hierdurch scharf unterschieden. Dies die Quelle und der Zweck spezieller „Gleichheitsdefinitionen". Sie werden in der Wissenschaft sich überall da <als> nützlich und notwendig erweisen, wo verschiedene typische Vergleichungsfälle in naher Beziehung stehen, und man wird naturgemäß, wo die letzteren häufig nebeneinander auftreten, deren Unterscheidung durch besondere Namen zu erleichtern trachten. So unterscheidet z. B. die Geometrie des Maßes in betreff der Figuren eine Gleichheit schlechthin als Gleichheit in Beziehung auf den Flächeninhalt von der Kongruenz als Gleichheit in Beziehung auf die inneren Maßverhältnisse der Figur; und beides wieder von der Ähnlichkeit als Gleichheit in Beziehung auf die Form quantitativ bestimmt durch gewisse Längen oder Winkelgrößen usw.[1]

Anwendung auf die Gleichheit beliebiger Vielheiten.

Betrachten wir nun im besonderen Vielheiten. Sind uns zunächst zwei Mengen bestimmt gegebener Objekte zur Vergleichung vorgelegt, dann kann Gleichheit in mehrfacher Hinsicht bemerkbar sein. Dies oder jenes Element auf der einen Seite ist vielleicht diesem und jenem auf der anderen Seite gleich. Vielleicht findet sich sogar für jedes Element in der einen Menge ein korrespondierend gleiches in der anderen, wobei das Umgekehrte zutreffen oder nicht zutreffen mag. Welcher unter den vielen möglichen Gleichheitsfällen derjenige ist, der uns zu dem Ausspruche veranlaßt, die beiden Mengen seien einander gleich, ergibt sich sofort nach dem eben aufgestellten Prinzip. Indem wir die Mengenvorstellung bilden, verteilt sich ein einheitliches Interesse gleichmäßig über die inbegriffenen Einzel-

[1] Es ist charakteristisch für den Ursprung der Geometrie aus der Praxis, daß Gleichheit schlechthin von alters her gerade in dem erwähnten Sinne gebraucht wird, während die heutige geometrische Wissenschaft weit entfernt davon wäre, in der quantitativen Gleichheit (d.i. derjenigen der messenden Zahlen) die Gleichheit κατ' ἐξοχήν zu sehen.

inhalte. Von Gleichheit zweier Mengen werden wir also nur da sprechen, wo Gleichheit allen Teilen nach statthat, d. h. wo jedem Element der einen Menge je ein gleiches in der anderen korrespondiert und umgekehrt. Diese Forderung wollen wir noch kurz explizieren: Denken wir uns den Vergleichungsakt wie in der Regel als sukzessiven Prozeß, dann muß

1) jedem Elemente der Menge, bei der wir anheben, ein gleiches, und zwar Schritt für Schritt ein neues, in der anderen Menge korrespondieren.

2) In der zweiten Menge dürfen keine Elemente übrigbleiben. Denn dies hieße nichts anderes, als daß sie Teile besäße, welche die erste Menge nicht besitzt. Es bestände also nicht Gleichheit beider kollektiver Ganzen allen Teilen nach.

Nur bei Erfüllung dieser Bedingungen sind also zwei Vielheiten als solche gleich zu nennen.

Hiermit soll übrigens nicht behauptet werden, daß jederzeit der Vergleichungsakt eine solche Folge von Einzelvergleichungen der beiderseitigen Elemente faktisch impliziere. Bei Mengen aus wenigen (etwa zwei bis vier) Elementen mag unter besonders günstigen Verhältnissen die Erkenntnis der Gleichheit der Kollektionen als Ganzer gewissermaßen in einem Blicke aufleuchten, ohne daß sukzessive Einzelvergleichungen vonnöten wären. Ist jedoch die Anzahl der Elemente eine größere oder die Art der sonstigen Umstände minder günstig, dann sind bei unserer beschränkten Geistesfähigkeit schrittweise Operationen unerläßlich. Man darf daher die Auflösung der Vergleichung in eine Reihe von Elementarvergleichungen geradezu als den typischen Fall ansehen.

Wir können unser Resultat mit Anwendung eines nicht unpassenden Bildes auch folgendermaßen ausdrücken: Zwei kollektive Ganze werden verglichen, indem man Element für Element wechselseitig zur Deckung zu bringen sucht. Tatsächlich ist das beschriebene Verfahren analog mit demjenigen der Geometer, die Kongruenz oder Inkongruenz von Raumgebilden zu erweisen. Ja es ist, wie man erkennt, überall dasselbe, wo immer ein analysiertes Ganzes mit einem anderen derselben Art verglichen wird. Denn jedes Ganze erscheint hierbei vorgestellt in Form einer Kollektion, nämlich der seiner analysierten Teile; und der Vergleichungsprozeß geht derart vonstatten, daß man Teil für Teil auf der einen und anderen Seite gegenüberstellt und zur Deckung zu bringen versucht.[1]

Vergleichung von Vielheiten einer Gattung.

Gehen wir nun zu dem speziellen, aber praktisch besonders wichtigen Fall über, wo die beiden Vergleichs-Mengen aus Dingen einer einzigen Gattung bestehen. Wissen wir dies im voraus, dann erfährt der Vergleichungsprozeß eine wesentliche Vereinfachung. Die Notwendigkeit entfällt, zuerst zu untersuchen, ob jedem Element in der einen Menge ein gleiches in der anderen entspricht. Es genügt, daß überhaupt je einem Elemente einerseits eines andererseits entspricht und umgekehrt. Zwei Elemente in der Vorstellung haben und zwei gleiche Elemente in der Vorstellung haben ist in diesem Falle eins. Fassen wir also je ein Element der ersten mit je einem der zweiten Menge einheitlich zusammen, dann kann die so entstehende Vorstellung einer Folge von Elementenpaaren (an deren Gleichheit weiter nicht gedacht zu werden braucht) als vollgültiger Repräsentant jenes sonst notwendigen ebenso viele Gleichheitsrelationen umfassenden Aktes gelten. Statt paarweise zu vergleichen, stellen wir also die Elemente bloß in unserer Vorstellung zusammen. Wir bilden eine Kollektion von Kollektionen je zweier Korrespondenten.

Vergleichung von Vielheiten in Beziehung auf ihre Zahlen.

Wir haben bisher die Vergleichung konkreter Mengen als solcher betrachtet; wie verhält es sich nun bei der Vergleichung gegebener Mengen in Beziehung auf ihre Anzahl?

[1] Das räumliche Aufeinanderlegen in der Geometrie, das Zur-Deckung-bringen im engsten Sinne, ist ein Phantasievorgang, der allerdings etwas mehr enthält als ein gewöhnlicher Vergleichungsfall. Durch allmähliche Minderung der bei der Vergleichung nicht in Betracht kommenden Momente, welche die räumliche Differenzierung der Gebilde (ihren Lagenunterschied) bewirken, werden dieselben kontinuierlich ineinander übergeführt, sie werden identisch eins. So kommt die Gleichheit in Beziehung auf die Momente, welche während des Prozesses unverändert bleiben, zur Evidenz. Ein analoges Verfahren schlagen wir nicht überall ein, weil der Nutzen nicht überall so augenfällig ist. In der Regel konzentrieren wir die Aufmerksamkeit auf die zu vergleichenden Bestandteile, von den differenten Merkmalen möglichst abstrahierend.

Wir erhalten die zu einer Menge gehörige abstrakte Vielheitsform, indem wir jedes Element derselben zum bloßen Eins entschränken und die so entstehenden Einheiten kollektivisch zusammenfassen; und wir erhalten die entsprechende Anzahl, indem wir die gebildete Vielheitsform als eine Zwei, Drei usw. klassifizieren. Handelt es sich nun um bloße Konstatierung der Anzahlengleichheit (bzw. eines Mehr oder Weniger) und nicht um die Anzahl selbst (um das Wieviel bzw. Um wieviel mehr oder weniger), dann bedürfen wir nicht erst der Klassifikation, und der Vergleichungsakt scheint sich zu vereinfachen, indem er sich auf die Vergleichung der den gegebenen Mengen korrespondierenden Vielheitsformen reduziert. Diese aber können wie Mengen gleicher Inhalte angesehen werden. Zwei Mengen sind also zahlengleich, wenn deren Einheiten sich gedanklich in gegenseitig-eindeutige Korrespondenz setzen lassen.

Man erkennt indessen leicht, daß noch eine andere und viel einfachere Vergleichungsweise möglich ist. Statt erst zu den allgemeinen Vielheitsformen aufzusteigen und diese dann miteinander zu vergleichen, können wir auch, unmittelbar an den konkreten Mengen operierend, die Gleichheit feststellen. Da wir von vornherein wissen, daß jedes einzelne Ding nur als Eins in Betracht kommen würde, so dürfen wir beide Mengen so auffassen, als beständen sie aus lauter gleichen Dingen (gleich als Einheiten). Die Mengen werden also von gleicher Anzahl sein, wenn die beiderseitigen Elemente selbst sich gegenseitig in der wiederholt bezeichneten Weise zuordnen lassen.

Zur Konstatierung der Gleichzahligkeit steht uns aber noch eine dritte und die bei weitem vorzüglichste Methode offen. Bei der ersten Methode, auf die auch die zweite sich gründete, rekurrierten wir bloß auf die Konstatierung des Gleichviel, vermieden aber die Bestimmung der Anzahlen selbst — in der Meinung eines Ersparnisses an geistiger Arbeit. Diese Meinung ist aber eine irrige. Ist doch die Zahlbestimmung vermöge der Leichtigkeit des bekannten symbolischen Zählungsverfahrens das uns zu allernächst liegende Hilfsmittel. Und es ist ein ganz mechanisches Verfahren; wir folgen ihm, ohne an die Begriffe selbst zu denken, und sind doch sicher, daß das resultierende Zahlwort, wenn wir uns seine Bedeutung zum Bewußtsein bringen, wirklich den richtigen Zahlbegriff darstellt. Was ist also einfacher, als die beiden Vielheiten ihrer Zahl nach dadurch zu vergleichen, daß man sie beide in symbolischen Sinne durchzählt? Und wir erhalten so nicht bloß die Überzeugung von der Gleichheit (bzw. Ungleichheit) der Zahlen, sondern auch diese Zahlen selbst. Daß der mechanische Prozeß der Zählung schon bei Mengen relativ geringer Anzahl unvergleichlich schneller und sicherer vonstatten gehen wird als jener scheinbar so einfache Prozeß der gegenseitigen Zuordnung, bedarf wohl keines Nachweises.

Der wahre Sinn der behandelten Gleichheitsdefinition.

Unsere letzten Analysen setzen den Sinn und die Tragweite der behandelten Gleichheitsdefinition ins klarste Licht. Die Möglichkeit der gegenseitig-eindeutigen Zuordnung zweier Vielheiten ist nicht deren Gleichzahligkeit, sondern verbürgt sie nur. Die Erkenntnis, daß die Anzahlen gleich seien, erfordert durchaus nicht die Erkenntnis ihrer Zuordnungsmöglichkeit, geschweige denn, daß beides identisch wäre. Die bestrittene Definition ist also weit entfernt davon, eine Nominaldefinition darzustellen, welche die Bedeutung des Ausdruckes „Gleichheit zweier Vielheiten in Beziehung auf die Anzahl" fixiert. Alles was wir zugeben können ist, daß sie ein für alle Fälle gültiges, in logischem Sinne notwendiges und hinreichendes Kriterium für den Bestand der Gleichheit aufstellt. Obschon wir die Vergleichung nicht vermittels der eindeutigen Zuordnung vornehmen müssen, können wir sie doch in allen Fällen so vornehmen, und dann muß die in der Definition ausgesprochene Bedingung stets erfüllt sein. Hierin besteht daher der einzig brauchbare Sinn und die Leistung der „Definition".

Was nun den Nutzen dieses Kriteriums anlangt, so werden wir ihn kaum hoch anschlagen können. Nur für jene Geistesstufe, auf welcher die Klassifikation der Vielheiten (die Unterscheidung und Benennung der Anzahlen) und das darauf begründete mechanische Zählungsverfahren noch zurückgeblieben ist, werden wir demselben einen beträchtlichen Wert zuerkennen müssen. Für jene Wilden, denen es, wie man berichtet, eine unüberwindliche Schwierigkeit bereitet, über Fünf hinaus zu zählen, wird die Vergleichung der Anzahl zweier Mengen außerordentlich erleichtert, wenn nicht erst ermöglicht, durch Herstellung der gegenseitigen Zuordnung, die dann selbst wieder durch physische Verknüpfungen erleichtert und ersetzt werden mag. Wo hingegen ein so rasches und sicheres Verfahren zu Gebote steht wie unser symbolisches Zählen, da ist, wie bereits bemerkt, das einfachste Kriterium für die Gleichheit der Zahl eben das Ergebnis derselben Zahl bei der Abzählung der Vergleichsmengen.

Gegenseitige Zuordnung und kollektive Verbindung.

Wir haben die gegenseitig-eindeutige Zuordnung oben als kollektive Verbindung von Paaren aufgefaßt, verbunden mit der Erkenntnis, daß in jedem Paare je ein Element der einen und das andere der anderen Vielheit zugehöre; dadurch eben erlangen beide eine Auszeichnung voreinander, die einen gewissen Gegensatz zwischen ihnen begründet, mit Beziehung auf welchen wir von einem „Gegenüberstellen" in unserer Vorstellung sprechen durften. — Diese Auffassung steht durchaus im Widerspruch mit der unserer Gegner, die sich hier mit einem gewissen Rechte auf das Zeugnis der Erfahrung berufen könnten. Wenn wir, so werden sie einwenden, die Gleichheit zweier Mengen von physischen Objekten durch gegenseitige Zuordnung konstatieren, so tun wir denn doch etwas mehr, als nur gedanklich je ein Ding der einen mit je einem der anderen zusammen<zu>stellen. Wir legen sie paarweise an- und aufeinander, wir knüpfen sie vielleicht auch zusammen und dgl. Was in solchen Fällen die gegenseitig-eindeutige Zuordnung oder Verknüpfung bewirkt, ist also nicht bloße Kollektion, sondern eine räumliche, physische oder sonstige Verbindung. Im übrigen scheint, näher besehen, jede beliebige Relation gleich gut geeignet zu sein, um die Zuordnung zu bewirken. Vergleichen wir z. B. die Tonvielheiten (c, d, e) und (C, D, E), dann können wir auch das Oktavenverhältnis verwenden und zuordnen: c — C, d — D, e — E; dies ist eine Art, eindeutig zuzuordnen, und aus ihrer Möglichkeit ergibt sich die Gleichzahligkeit beider Vielheiten. Solche Auffassungen finden wir bei E. Schröder[1] und Frege, welche beide die Gleichzahligkeit

[1] E. Schröder, *Lehrbuch der Arithmetik*, S. 7, 8.

in der von uns bestrittenen Weise definieren. So fordert z.B. der letztere für seine Definition, daß es eine beliebige Beziehung φ gebe, welche die eindeutige Zuordnung leiste. a steht in der Beziehung φ zu b und a ist b zugeordnet gilt ihm als dasselbe.[1]

Es wird uns nicht schwer fallen, die Triftigkeit unserer Ansicht diesen Einwänden gegenüber zu behaupten. Wir haben gesehen, daß die Vergleichung von Mengen ihrer Anzahl nach, wenn wir das technische Hilfsmittel des Zählens nicht verwenden, gewissermaßen der abgeblaßte Schatten des Vergleichungsvorganges ist, wie wir ihn bei der Vergleichung beliebiger konkreter Mengen zu beobachten haben. Es entfällt hier nämlich die Notwendigkeit, die paarweise gegenüber gestellten Elemente noch besonders zu vergleichen. Die Gleichheit in Beziehung auf das Einssein ist eo ipso da. Das bloße Gegenüberstellen in unserer Vorstellung vertritt das sonst noch nötige Vergleichen. Daß dieses Gegenüberstellen, abgesehen von der erwähnten gegensätzlichen Charakteristik, identisch ist mit dem, was wir kollektives Verbinden nannten, sieht man sofort. Es ist nun richtig, daß wir bei dem Vergleichen von äußeren Dingen jedenfalls noch andere, z. B. physische Relationen verwenden, um eine Zuordnung herzustellen; aber man darf sie darum nicht mit der Zuordnung selbst verwechseln. Die Zuordnung als solche ist unter allen Umständen eine kollektive Verbindung. Jenes Nebeneinander- oder Aufeinanderlegen oder sonstige andere Manipulationen verfolgen gewisse n e b e n h e r l a u f e n d e Zwecke; sie sollen die Bildung der aus Paaren bestehenden Kollektion erleichtern, sie vor allem sicherer gestalten. Wenn wir einen Haufen Äpfel und einen Haufen Nüsse vergleichen, um zu konstatieren, ob beiderseits gleich viele vorhanden sind bzw. welcher Seite das Mehr zukommt, dann würde es häufig schwer fallen, bei dem gegenseitigen Zuordnen Irrtümer zu vermeiden, einzelne

---

[1] *Die Grundlagen der Arithmetik*, S. 83. Wonach also zu folgen scheint, daß es ebensoviele Arten von Gleichzahligkeit und demgemäß auch von Anzahlbegriffen geben müsse, als begrifflich verschiedene Arten von eindeutig-zuordnenden Relationen denkbar sind. Ich sagte: auch von Anzahlbegriffen; denn durch die Gleichzahligkeit soll bei F r e g e allererst der Begriff der Zahl definiert werden. Die Einheit des Anzahlbegriffes beruht bei ihm nur auf der Unbestimmtheit der Beziehung φ, welche die Zuordnung vermittelt. Sowie wir bestimmte Zuordnungsrelationen feststellten, gewännen wir bestimmte Spezies von Anzahlen, also verschiedene Zweien, Dreien etc. — ein Resultat, welches F r e g e allerdings nicht beabsichtigt hat. Näheres über dessen rein logischen Aufbau des Zahlbegriffes vgl. VII. Kap., S. 111 ff.

Elemente nicht zu übersehen, andere nicht doppelt zu zählen. Legen wir aber immer einen Apfel und eine Nuß zusammen, die so entstehenden Paare wieder in eine Reihe oder in eine übersichtliche Figur, dann ist die Gefahr des Irrtums außerordentlich verringert. Der Unterschied zwischen einem einzelnen Elemente und einem Paare ist ein sinnenfälliger; wir erkennen also in einem Überblicke, ob lauter Paare da liegen oder nicht. Jedes Paar hebt sich als einheitliche Vorstellung aus der Umgebung heraus — wir ersparen also die geistige Arbeit, die Kollektion der Paare beständig als solche festzuhalten. Die anschauliche, relativ einheitliche Vorstellung, die wir auf dem angegebenen Wege erzeugt haben, ist eben von einer Art, daß sie durch eine sehr leichte Analyse die intendierte Kollektion ergibt, die sonst auf dem viel mühsameren Wege sukzessiver Synthese erzeugt werden müßte. Nicht zu übersehen ist aber, daß wir, um die Vorstellung des Gleichviel zu erlangen, nach jenem Prozeß die erwähnte Analyse auch wirklich vornehmen (oder im Falle symbolischer Vorstellung mindestens anstreben) müssen. Eine Vorstellung muß resultieren, welche jedes Paar für sich und in jedem Paare jedes Ding für sich gesondert enthält. Nicht jene äußere Anschauung, sondern die aufgrund derselben zu bildende Kollektivvorstellung verbürgt die Gleichheit der Anzahlen. — Der zur Bildung dieser Kollektivvorstellung erforderliche psychische Prozeß kann allerdings sehr vereinfacht werden; denn die besondere Beschaffenheit der Anschauung, die durch jene äußere Manipulationen des paarweisen Verknüpfens erzeugt wurde, ebnet dem symbolischen Vorstellen den Weg, welches den Prozeß abkürzt, ohne den Erkenntniswert des Resultates wesentlich zu beeinträchtigen. Die anschauliche Einheit der etwa in Form einer Reihe von Paaren mit einem Blick zu umfassenden Doppelmenge löst sich, wenn wir wollen, sofort in eine Vielheit auf, deren jedes Element (d. i. jedes Paar) zunächst als unanalysierte anschauliche Einheit gegeben sein wird. Richtet sich nun das Interesse auf irgendeines derselben, dann entsteht alsbald die Vorstellung einer Kollektion von zwei Elementen, von denen wir erkennen, daß das eine der einen, das andere der anderen Menge angehört hatte. Die anschauliche Gleichheit der Paare macht es überflüssig, bei einem jeden die gleichen Überlegungen vorzunehmen. Es genügt also die Vorstellung der Reihe und der Gedanke, diese Analysen vornehmen zu können, als symbolischer Vertreter für die wirkliche Vorstellung der Kollektion von Kollektionen.

In dieser Weise mag nun je nach Umständen das eine Mal diese, das andere Mal jene Verknüpfungsart als Hilfsmittel der Zuordnung und Zahlvergleichung dienen können. Sicher ist aber der auxiliäre Charakter solcher Verknüpfungsarten. Beachtet man dies, so wird es auch klar, daß nicht jede Relation, wie behauptet wird, als zuordnende zu gebrauchen ist, sondern nur die kollektive, während irgendwelche andere eben nur sofern in Betracht kommen können, als sie diese symbolisch zu vertreten geeignet sind. Angenommen, es sei φ eine beliebige, aber bestimmte Relation, welche die Elemente beider Mengen in gegenseitig-eindeutige Relation setzt; dann frage ich: was soll diese Relation uns denn leisten? Sie bewirkt, sagt man, die gewünschte Zuordnung. Aber was sie <leistet>, das leistet jede andere Relation, die zwischen den beiderseitigen Elementen möglich ist. Kommt es aber auf das Was der Zuordnungsrelation nicht an, nun dann kann es auch nicht wesentlich sein, daß eine Relation überhaupt da ist. Der allgemeine Gedanke, es sei eine x-beliebige Relation annehmbar, ist doch hier zu nichts nütze. Das Wesentliche ist eben, daß die korrespondierenden Elemente in unserem Denken verknüpft, daß sie kolligiert seien; denn dies ist uns wertvoll als absolut sicheres Zeichen dafür, daß je eine Einheit der einen je einer der zweiten Menge entspricht. Finden wir zufällig eine inhaltliche Verknüpfung vor, welche die Elemente beider Mengen paarweise vereinigt, so ist sie uns willkommen, weil sie unser verknüpfendes Denken bequem anleitet oder gar symbolisch vertritt. Von ihr muß aber wieder abstrahiert werden, soll der Zweck des Prozesses überhaupt erfüllt werden. Eine Relation erst künstlich herbeiziehen in Absicht auf eindeutige Zuordnung, das heißt ihren Zweck vergessen und verfehlen; denn dies hätte den Erfolg, die Aufmerksamkeit abzulenken von dem, worauf es bei der Sache ankommt, nämlich von der Zahlvergleichung.

Unabhängigkeit der Gleichzahligkeit vom Verknüpfungsmodus.

Nach diesen Aufklärungen unterliegt es auch keinem Zweifel, wie wir uns verhalten müssen zu einem hierher gehörigen Satze, auf den die Mathematiker Gewicht legen und der besagt, daß die Gleichzahligkeit zweier Vielheiten von dem Verknüpfungsmodus unabhängig ist; oder genauer, daß zwei Vielheiten, welche als gleichzahlig sich erweisen, indem wir je ein bestimmtes Element der einen mit je einem bestimmten der anderen paaren, auch gleichzahlig bleiben, wenn wir diese Paarungen auflösen und von neuem je ein Element der ersten mit je einem — und zwar nun einem anderen — Element der zweiten Vielheit verbinden. „Völlig zu erklären, weshalb wir durch unseren Verstand gezwungen sind" diesen Satz zu bejahen, darin sieht E. Schröder[1] „eine Aufgabe der Psychologie"; und v. Helmholtz stimmt ihm hierin so sehr zu, daß er ihm die Erkenntnis dieser Sachlage als besonderes Verdienst anrechnet.[2] Ich denke, alles Psychologische, das hier überhaupt in Betracht kommen kann, ist durch unsere Analysen zutage gefördert, und es wäre ermüdend, das ausführlich Erörterte in neuer Wendung zu wiederholen. Was den häufig reproduzierten Beweis des Satzes anlangt, so wollen wir ihn nicht anfechten. Notwendig ist er offenbar nur für den Fall, als die Gleichheit in Beziehung auf die Anzahl durch die gegenseitige Zuordnung wirklich definiert, d. h. beides als gleichbedeutend angesehen wird. Geht man aber von dem wahren und eigentlichen Gleichheitsbegriff aus, dann impliziert das Verlangen nach dem Beweise eine Absurdität. Wir haben erkannt, daß die Möglichkeit einer — irgendeiner beliebigen — gegenseitig-eindeutigen Zuordnung als ein logisch notwendiges und hinreichendes Kriterium der Gleichzahligkeit (in dem wahren Sinne des Wortes) dienen könne. Der Gedanke, daß die Änderung der Verknüpfungsweise zu einem unverbundenen Reste führt, ist gleichwertig dem, daß die beiden Vielheiten, die wir vergleichen, unter denselben und zugleich unter einen verschiedenen Zahlbegriff fallen — was absurd ist.

---

[1] a. a. O., S. 14.

[2] Scheinbar bezieht sich v. Helmholtz an der hier betrachteten Stelle (a. a. O., S. 19) auf etwas anderes, nämlich auf „die Thatsache, dass die Anzahl einer Gruppe von Objecten unabhängig von der Reihenfolge, in der man sie zählt, zu finden ist." Indessen wird hier (wie gelegentlich auch bei Schröder) Anzahl als das Anzahl-Zeichen verstanden und die Zählung der Gruppe als die sukzessive Zuordnung der Zahlzeichen in ihrer natürlichen Folge zu den Elementen der Gruppe angesehen.

VII. KAPITEL

Die Zahlendefinitionen durch Äquivalenz

Aufbau der Äquivalenztheorie.

Nicht ohne Grund haben wir im letzten Kapitel der Aufhellung der Mißverständnisse, welche mit der Definition der Gleichzahligkeit durch gegenseitig-eindeutige Zuordnung überall verknüpft sind, so viel Aufmerksamkeit zugewendet. Dieselben haben in der Tat schlimme Folgen nach sich gezogen, indem sie zu einer gänzlichen Verkennung des Anzahlbegriffes selbst geführt haben. Es wird vielleicht nicht unpassend sein, wenn wir, zunächst ohne auf tatsächlich aufgestellte Lehren Rücksicht zu nehmen, uns folgenden Gedankengang überlegen, welcher die hier und dort verstreuten Gedanken zu einer möglichst konsequenten Theorie konzentriert.

Die Definitionen des Gleichviel, Mehr und Weniger, wie sie hier zugrunde gelegt werden, sind von dem Anzahlbegriffe unabhängig; sie verlangen nur, daß man die zu vergleichenden Mengen nehme, Element für Element einander zuordne und dann nachsehe, ob Elemente dabei übrigbleiben oder nicht. Also ohne die Mengen zählen, ja selbst ohne wissen zu müssen, was Zählen heißt, ist man trotzdem imstande ein sicheres Urteil zu fällen, ob sie gleichzahlig sind oder nicht; wobei nur zu achten ist, daß das Wort gleichzahlig nicht anders verstanden werden darf, als die Definition es bestimmt. Sagen wir daher lieber äquivalent anstatt gleichzahlig, da letztere Wortbildung in ihrer Mitbezeichnung den Begriff der Anzahl enthält, während die Definition von ihm unabhängig ist. Gehen wir nun von einer beliebigen konkreten Menge M aus, dann können wir alle anderen gegebenen oder denkbaren Mengen mit ihr in Korrespondenz setzen und so die Gesamtheit der Mengen aussondern, welche der gegebenen Menge M äquivalent sind. In diesem Sinne wollen wir von der zu M gehörigen Mengenklasse K sprechen. Nun fügen wir ein willkürliches neues Element zu M hinzu und bilden die zugehörige Klasse äquivalenter Mengen; dann fügen wir wiederum ein neues Element zu und bilden die zugehörige Klasse und so fort. Der Prozeß geht, wie man sieht, in infinitum, da keine Menge denkbar ist, zu der wir nicht ein neues Element hinzufügen könnten. Ebenso verfahren wir in umgekehrter Richtung: Wir unterdrücken irgendein Element in M und bilden die entsprechende Klasse, dann wiederum ein Element usw., bis alle in M verfügbaren Elemente unterdrückt sind. Die so vollzogene Klassifikation aller erdenklichen Mengen ist die schärfste, die man sich vorstellen kann. Nie kann eine Menge gleichzeitig zwei verschiedenen Klassen angehören. Jede gegebene Menge wird durch Anwendung der vorausgeschickten Äquivalenzdefinition unter eine bestimmte Klasse, und nur unter diese eine, subsumiert. Und umgekehrt ist jede Klasse durch eine beliebige der ihr angehörigen Mengen völlig bestimmt; eine jede ihrer Mengen kann also mit demselben Rechte als Fundament der Klassenbildung verwendet und als Repräsentant der Klasse angesehen werden. Man sieht auch, daß aus einer Menge die ganze Klasse entsteht, indem mit den einzelnen Elementen alle erdenklichen qualitativen Veränderungen (also keine Teilungen) vorgenommen werden.

Die Gesamtheit der Klassen ist uns bisher als ein ungeordneter Inbegriff gegeben. Wir entdecken leicht ein Prinzip der Anordnung; es ist dasselbe, welches uns bereits bei der sukzessiven Klassenbildung leitete. Wir gehen von irgendeiner Klasse K aus; die Menge M diene als ihr Repräsentant. Denken wir uns nun in M irgendein Element unterdrückt, dann wollen wir die Klasse K′, deren Repräsentant die so entstehende Menge M′ ist, die zu K nächstniedrigere Klasse nennen. Es ist leicht zu erweisen, daß die Klasse K′ unverändert dieselbe bleibt, welches von den Elementen der Menge M wir auch unterdrücken mögen, so daß K′ eindeutig bestimmt ist. Bilden wir ferner aus M durch Hinzunahme eines beliebigen Dinges eine neue Menge M″, dann heiße die zu dieser gehörige Klasse K″ die in Beziehung auf K nächsthöhere. Auch sie ist eine völlig bestimmte.

Diese Festsetzungen genügen offenbar, um sämtliche Klassen

auf eindeutige Weise in eine Reihe zu ordnen, in welcher eine jede eine ganz bestimmte Stelle erhält.

Der folgende einfache Gedankengang führt nun von hier zu den Anzahlbegriffen. Je eine Klasse umfaßt die Gesamtheit der denkbaren Mengen von je einer Anzahl; verschiedenen Klassen entsprechen verschiedene Anzahlen. Daß wir sämtlichen Mengen einer Klasse ein und dieselbe Anzahl zuschreiben, kann nur aufgrund einer Beschaffenheit erfolgen, die allen Mengen der Klasse gemeinsam ist. Was sie aber insgesamt gemein haben und was sie von den übrigen denkbaren Mengen unterscheidet, ist doch nichts anderes als der Umstand, daß sie eben zu derselben Klasse gehören, d.h. daß sie im Verhältnisse wechselseitiger Äquivalenz stehen. Um diese Eigenschaft für irgendeine gegebene Menge M auszudrücken, bedarf es einer einheitlichen, die Klassen in ihrem natürlichen Zusammenhange, in ihrer Reihenfolge widerspiegelnden Bezeichnung. Eine Klasse kann durch irgendeine ihrer Mengen eindeutig repräsentiert werden. Obschon es ganz gleichgültig ist, welche wir hierzu auswählen, so müssen wir doch, um für den wissenschaftlichen Sprachgebrauch einheitliche Bezeichnungen zu erhalten, eine bestimmte Auswahl treffen. Wir nehmen die durch Wiederholung eines Striches 1 bzw. durch Wiederholung des Lautkomplexes Eins entstehenden konkreten Mengen 11, 111, 1111, ... oder (um der Verwechslung mit gewissen zusammengesetzten Zeichen des dekadischen Zahlsystems vorzubeugen) $1 + 1$, $1 + 1 + 1$, $1 + 1 + 1 + 1$, ... als Repräsentanten der Klassen und benennen sie der Reihe nach durch 2, 3, 4, ... Diese aus Strichen formierten Mengen sind die natürlichen Zahlen, indem sie als Repräsentanten der Klassen auch Repräsentanten der Anzahlbegriffe sind.

Eine konkret vorgelegte Menge wird gezählt, indem die natürliche Zahl gesucht wird, die ihr äquivalent ist, und damit ist sie auch der ihr zugehörigen Klasse eingereiht. Die der Menge korrespondierende Zahl finden wir vielfach dadurch, daß wir jedes Element durch einen Strich „abbilden"; so ergibt sich eine der Menge äquivalente Menge von Strichen, und dies ist die natürliche Zahl. Die Zahlen bilden eine geordnete Reihe, entsprechend der Reihe der Klassen.

Dies ist wohl hinreichend zur Charakteristik eines eigentümlichen Versuches, den Zahlbegriff aus dem der Gleichzahligkeit allererst herzuleiten und mit Umgehung aller immerhin etwas mißlichen psychologischen Analysen die Einsicht in die grundlegenden arithmetischen Begriffe zu gewinnen.

Belege.

Damit man sehe, daß diese Theorie nicht bloß das Ergebnis spielender Phantasie sei, wollen wir nun auch eine Belegstelle aus einem neueren mathematischen Werke, nämlich der oben bereits zitierten *Allgemeinen Arithmetik* von Stolz anführen. Nach der Aufstellung der uns bekannten Definitionen der Vielheit und der Verhältnisse des Gleich, Größer und Kleiner zwischen Vielheiten gibt Stolz folgende Erklärung des Begriffes der Anzahl oder, wie er sich ausdrückt, der „natürlichen Zahl" [1]:

„Das gemeinsame Merkmal aller Vielheiten, welche einer bestimmten gleich sind, wird durch ein Grundzahlwort ausgedrückt. Man vergleicht die Vielheiten mit den durch beständige Wiederholung eines Striches: 1 (eine Eins, ein Einer) entstandenen: 11, 111 ... (diese Zeichen sind für die Zahlen eilf, einhunderteilf ... erst später einzuführen). Jedes der wiederholten Setzung fähige Ding heisst eine *benannte Einheit*, nur 1 die Einheit schlechtweg. Die natürliche Zahl ist eine Vielheit von Einheiten d. i. Einern. Jede andere Vielheit heisst eine benannte *Zahl*. Jeder solchen Vielheit entspricht nämlich eine ihr gleiche natürliche Zahl, welche gefunden wird, indem man von den der Vielheit angehörigen Einheiten eine nach der anderen herausgreift, sie mit dem Striche 1 abbildet und hierauf bei Seite legt. Unter sich gleichen Vielheiten entsprechen gleiche Zahlen, der grösseren Vielheit die grössere Zahl." — „Von gleichen natürlichen Zahlen kann man nur insofern sprechen, als man sich

[1] Diesen Namen hat E. Schröder eingeführt, vgl. a. a. O., S. 2 und S. 5 u. ff. Er soll wohl dazu dienen, um den Unterschied der Anzahlen gegenüber den anderen Zahlformen, welche in der Arithmetik zur Verwendung kommen, den rationalen und irrationalen, den positiven, negativen und imaginären Zahlen, zu markieren; zudem ist der Name Anzahl nicht ganz eindeutig, da er mitunter zur Bezeichnung von Reihenzahlbegriffen verwendet wurde. Vgl. G. Cantor, *Grundlagen einer allgemeinen Mannichfaltigkeitslehre*, Leipzig 1883, S. 5 und F. Meyer, *Elemente der Arithmetik und Algebra*, Halle 1885, S. 3. Gleichwohl hielten wir es für das passendste, uns in dieser Schrift an den älteren und fast allgemein üblichen Sprachgebrauch anzuschließen.

irgend eine solche Zahl, wie jeden Begriff, beliebig oft gesetzt denken kann." [1]

Zunächst möchte es allerdings scheinen, als ob Stolz die Zahl bloß als Menge von Einerstrichen definierte. Indes der erste Satz besagt doch, daß durch ein Grundzahlwort das gemeinsame Merkmal aller Vielheiten, welche einer bestimmten gleich (d. i. in unserer Sprechweise: äquivalent) sind, ausgedrückt werde. Da nun weder vorher noch nachher das Geringste von solch einem Merkmal verlautet, so müssen wir annehmen, daß der Zusatz „welche einer bestimmten gleich <äquivalent> sind" dieses Merkmal selbst ausdrücke; wodurch die Übereinstimmung der Ansicht mit der oben entwickelten Theorie bewiesen ist.[2]

Kritik.

Wenden wir uns nun zur Kritik. Die Irrtümer, welche diese extrem-relativistische Theorie begeht, hängen auf das engste zusammen mit der Verkennung des Wesens der eindeutigen Zuordnung und der Funktion, die ihr für die Erkenntnis des Gleichviel zweier Mengen zukommt. Die Definition der Äquivalenz ist, wie wir festgestellt haben, nicht mehr als ein bloßes Kriterium für den Bestand der Gleichheit der Anzahl zweier Mengen, während sie hier als Nominaldefinition angesehen wird. Aber es ist nicht richtig, daß „Äquivalenz" und „gleiche Anzahl" Begriffe von demselben Inhalte sind; nur das ist richtig, daß ihr Umfang derselbe ist. Identifiziert man Äquivalenz mit Gleichheit der An-

---

[1] *Vorlesungen über allgemeine Arithmetik*, S. 10. – Anm. d. Hrsg.

[2] Selbst G. Cantor stellte in seinen *Grundlagen einer allgemeinen Mannichfaltigkeitslehre* (1883) Definitionen auf, welche ganz in diesem Sinne klingen, z. B. S. 3: „Jeder wohldefinirten Menge kommt . . . eine bestimmte Mächtigkeit zu, wobei zweien Mengen dieselbe Mächtigkeit zugeschrieben wird, wenn sie sich gegenseitig eindeutig, Element für Element, einander zuordnen lassen." Man vgl. auch die entsprechende Fassung der „Anzahl"-Definition ebenda. S. 5. („Mächtigkeit" bedeutet in der Terminologie Cantors so viel wie Kardinalzahl, „Anzahl" soviel wie Ordinalzahl.) Gleichwohl gehört dieser geniale Mathematiker keineswegs in die oben zu kritisierende Richtung, wie aus allen seinen späteren Publikationen hervorgeht. Schon in seinem Schreiben an Lasswitz (datiert vom 15. Febr. 1884 und abgedruckt in den „Mitteilungen zur Lehre vom Transfiniten", *Zeitschr. f. Philos. u. philos. Kritik*, Bd. 91, 1887, S. 13) erscheint die erstere Definition in einer vertiefenden Modifikation, die ihr ein ganz anderes Gepräge gibt, und an einer anderen Stelle der „Mitteilungen" (S. 55 Anm.) sagt er sehr treffend: „Zur Bildung des Allgemeinbegriffs ‚fünf' bedarf es nur einer Menge, . . . welcher diese Kardinalzahl zukommt."

zahl, dann liegt es freilich nahe, die Äquivalenz nun auch als Quelle des Anzahlbegriffes selbst anzusehen und zu schließen: die Gesamtheit der einander gleichzahligen (d.i. äquivalenten, zu einer „Klasse" gehörigen) Mengen könne doch nichts anderes gemeinsam haben als die in der angegebenen Weise definierte Gleichzahligkeit; die Angehörigkeit zur Klasse sei also das für den betreffenden Anzahlbegriff Wesentliche. Einer konkreten Menge eine Zahl zuschreiben, heiße also nichts anderes als sie in diesem Sinne klassifizieren.

Diese Schlußweise können wir natürlich nicht annehmen. Was die äquivalenten Mengen gemeinsam haben, ist nicht bloß die „Gleichzahligkeit" oder, deutlicher gesprochen, die Äquivalenz, sondern die gleiche Anzahl im wahren und eigentlichen Sinne des Wortes.

Wir sagen: Anzahl im wahren und eigentlichen Sinne des Wortes; denn zwischen dem, was wir in Übereinstimmung mit dem allgemeinen Sprachgebrauche in Leben und Wissenschaft Anzahlen nennen, und dem, was nach dieser Theorie so benannt sein soll, besteht, wie wir leicht zeigen können, keinerlei Gemeinsamkeit. Werden die Anzahlen als jene auf Äquivalenz gegründeten Relationsbegriffe definiert, dann ginge doch jede Zahlenaussage anstatt auf die konkret vorliegende Menge als solche immer nur auf Verhältnisse derselben zu anderen Mengen. Dieser Menge eine bestimmte Zahl zuschreiben hieße, sie zu einer bestimmten Gruppe untereinander äquivalenter Mengen klassifizieren; dies ist aber ganz und gar nicht der Sinn einer Zahlenaussage. Man betrachte doch irgendein spezielles Beispiel. Nennen wir eine Menge vor uns liegender Nüsse darum vier, weil sie einer gewissen Klasse von unendlich vielen Mengen angehört, die sich wechselseitig in eindeutige Korrespondenz setzen lassen? Wohl niemand hatte hierbei jemals solche Gedanken, und kaum fänden wir überhaupt praktische Anlässe, uns für dergleichen zu interessieren. Was uns in Wahrheit interessiert, das ist der Umstand, daß eine Nuß und eine Nuß und eine Nuß und eine Nuß da ist. Diese ungeschickte und umständliche Vorstellung (und um wieviel mehr verdiente sie diese Bezeichnung erst bei erheblicheren Mengen!) gestalten wir sofort für Denken und Sprechen bequemer, indem wir sie unter Vermittlung der allgemeinen Mengenform Eins und Eins und Eins und Eins, welche den Namen Vier hat, denken.

Hierbei erhält die unbestimmte Eins seine Determination durch den zum Zahlnamen gefügten Gattungsnamen — eine Determination, genau so weit reichend als unser logisches Interesse: Als „eine Nuß" interessiert uns hier eben das konkret Einzelne und nicht als diese so und so beschaffene Nuß. In diesem schon für den gewöhnlichsten Denkgebrauch greifbaren Nutzen gründet das Interesse für die Heraushebung der allgemeinen Mengenform oder Anzahl. Völlig nutzlos und gleichgültig erscheinen uns aber jene Äquivalenzbeziehungen einer gegebenen Menge zu anderen Mengen, in welchen die in Rede stehende Theorie den Ursprung und Sinn des Anzahlbegriffes sucht.

Die Sachlage wird für diese Theorie natürlich auch nicht günstiger durch Rekurs auf jene Mengen von Strichen 11, 111, ..., welche als normale Repräsentanten (gewissermaßen als Etalons) der Klassen dienen und vermittels welcher die Subsumtion der zu zählenden Menge unter die bezügliche Klasse vollzogen wird. Gänzlich verkehrt müssen wir es finden, wenn man diese Strichmengen als „natürliche Zahlen" bezeichnet und die Namen Zwei, Drei usw. als *deren* Benennungen auffaßt, und nicht minder, wenn man den Begriff der Einheit mit dem eines solchen Einerstriches identifiziert. Wir schreiben doch nicht einer Menge von Nüssen die Zahl Vier und jeder einzelnen dieser Nüsse die Zahl Eins zu, weil diese Menge durch 1111, jede einzelne Nuß aber durch 1 „abgebildet" werden kann!

Worin gründet es denn, möchte man fragen, daß wir alle einzelnen Inhalte, die wir zählen — und nichts ist denkbar, das nicht auch gezählt werden könnte — durch einen solchen Strich bezeichnen dürfen? Soll diese Bezeichnung ein wahres Fundament haben, dann muß sie auf einer allen und jeden Inhalten gemeinsamen Beschaffenheit beruhen. Es gibt aber nur einen allumfassenden Begriff: den des *Etwas*. Der Strich 1 kann also an jedem Inhalt nur bezeichnen, daß er ein Etwas ist, und Anzahl ist sonach Etwas und Etwas usw. So möchte es scheinen, daß die geringste Überlegung vom Irrtum zur Wahrheit führen müsse; es möchte scheinen, daß es bereits hinreiche, die obige Frage auch nur aufzuwerfen, um den richtigen Weg zu gewinnen. Indessen, die Antwort liegt zu nahe und klingt im ersten Augenblicke zu trivial; so geriet wohl mancher, ‹um› ihr auszuweichen, auf jene entlegenen und gekünstelten Konstruktionen, welche in der

Absicht, die elementaren arithmetischen Begriffe aus ihren letzten definitorischen Merkmalen aufzubauen, sie derart um- und wegdeuten, daß schließlich ganz fremde, für Praxis und Wissenschaft gleich nutzlose Begriffsbildungen resultieren.

Freges Versuch. Die Triftigkeit der letzten Bemerkungen wird auch vortrefflich illustriert durch das wiederholt zitierte geistreiche Buch von Frege, welches ausschließlich der Analyse und Definition des Anzahlbegriffes gewidmet ist. In der Tat wirft er die Frage, warum wir denn alle Dinge mit dem Namen Eins bezeichnen können, auf und widmet ihr lange Erörterungen.[1] Er streift auch gelegentlich an die richtige Antwort, um sich nachher aber desto weiter von der Wahrheit zu entfernen. Es ist hier der Ort, Freges merkwürdigen Versuch zu besprechen, denn die Auffassung, zu der er schließlich gelangt, steht, wenn wir auf das Wesentliche achten, zu der oben kritisierten Äquivalenztheorie in naher Beziehung.

Worauf Frege es abgesehen hat, ist ganz und gar nicht eine psychologische Analyse des Anzahlbegriffes; nicht von einer solchen erhofft er Aufklärung über die Grundlagen der Arithmetik; „... die Psychologie bilde sich nicht ein, zur Begründung der Arithmetik irgendetwas beitragen zu können".[2] Und auch sonst spart er nicht an entschiedenen Protesten gegen die vermeintlichen Eingriffe der Psychologie in unser Gebiet.[3] Man sieht bereits, wohin Frege zielt. „So sehr sich ... die Mathematik jede Beihilfe von der Psychologie verbitten muss, so wenig kann sie ihren Zusammenhang mit der Logik verleugnen."[4] Eine Fundierung der Arithmetik auf eine Folge formaler Definitionen, aus welchen die sämtlichen Lehrsätze dieser Wissenschaft rein syllogistisch gefolgert werden könnten, ist das Ideal Freges.

Es ist wohl nicht nötig weitläufig auseinanderzusetzen, warum ich diese Auffassung nicht teilen kann, zumal die sämtlichen

[1] cf. a. a. O., S. 40 ff.

[2] a. a. O., S. VI. – Anm. d. Hrsg.

[3] „Man nehme nicht die Beschreibung, wie eine Vorstellung entsteht, für eine Definition ..." (ebd.). Denn die „Zahl ist so wenig ein Gegenstand der Psychologie oder ein Ergebniss psychischer Vorgänge, wie es etwa die Nordsee ist". (a. a. O., S. 34). An einer Stelle klagt Frege, daß selbst in mathematischen Lehrbüchern psychologische Wendungen vorkommen. „Wenn man eine Verpflichtung fühlt, eine Definition zu geben, ohne es zu können, so will man wenigstens die Weise beschreiben, wie man zu dem betreffenden Gegenstande oder Begriffe kommt." (a. a. O., S. VIII).

[4] a.o.O., S. IV, — Anm. d. Hrsg.

Untersuchungen, die ich bisher geführt habe, lauter Argumente der Widerlegung darstellen. Definieren kann man doch nur das logisch Zusammengesetzte. Sobald wir auf die letzten, elementaren Begriffe stoßen, hat alles Definieren ein Ende. Begriffe wie Qualität, Intensität, Ort, Zeit u. dgl. kann niemand definieren. Und dasselbe gilt von den elementaren Relationen und den auf sie gegründeten Begriffen. Gleichheit, Ähnlichkeit, Steigerung, Ganzes und Teil, Vielheit und Einheit usw. sind Begriffe, die einer formal-logischen Definition gänzlich unfähig sind. Was man in solchen Fällen tun kann, besteht nur darin, daß man die konkreten Phänomene aufweist, aus oder an denen sie abstrahiert sind, und die Art dieses Abstraktionsvorganges klarlegt; man kann, wo es sich notwendig erweist, durch verschiedene Umschreibungen die bezüglichen Begriffe scharf umgrenzen und so Verwechslungen derselben mit verwandten Begriffen vorbeugen. Was man von der sprachlichen Darlegung eines solchen Begriffes (z. B. bei der Exposition einer Wissenschaft, die sich auf ihn stützt), vernünftigerweise verlangen kann, wäre demgemäß so zu fixieren: sie muß wohlgeeignet sein, uns in die richtige Disposition zu versetzen, daß wir diejenigen abstrakten Momente in der inneren oder äußeren Anschauung, welche gemeint sind, selbst herausheben bzw. jene psychischen Prozesse, welche zur Bildung des Begriffes erforderlich sind, in uns nacherzeugen können. Nützlich und notwendig wird dergleichen freilich nur dann sein, wenn der den Begriff bezeichnende Name allein zum Verständnisse nicht hinreicht, sei es vermöge vorhandener Äquivokationen, sei es vermöge irgendwelcher Mißdeutungen, zu denen der Begriff Anlaß gab. Ein solcher Fall liegt gerade bei den Zahlbegriffen vor, und so können wir es an sich gar nicht tadelnswert finden, wenn Mathematiker an der Spitze ihres Systems anstatt eine logische Definition der Zahlbegriffe zu geben, „die Weise beschreiben, wie man zu diesen Begriffen kommt"; nur müßten diese Beschreibungen richtige sein, die ihren Zweck auch erfüllen.

Im übrigen ist aus unseren Analysen mit unwidersprechlicher Klarheit hervorgegangen, daß die Begriffe Vielheit und Einheit unmittelbar auf letzten, elementaren psychischen Daten beruhen und somit zu den in dem angegebenen Sinne undefinierbaren Begriffen gehören. Mit diesen aber hängt der Anzahlbegriff so nahe zusammen, daß auch bei ihm von einem Definieren kaum zu reden ist.[1] Das Ziel, das sich Frege setzt, ist also ein chimärisches zu nennen. Es ist daher auch kein Wunder, wenn sein Werk trotz allen Scharfsinns in unfruchtbare Hypersubtilitäten verläuft und ohne positive Resultate endet. Es würde uns zu weit von unserer Aufgabe ablenken, wollten wir seinen Darlegungen Schritt für Schritt folgen. Hier wird es genügen, einige wichtigere seiner Definitionen herauszugreifen und zu prüfen. Zu ihrem Verständnisse muß vorausgeschickt werden, daß nach Frege die Zahlenangabe eine Aussage von einem Begriffe enthält.[2] Die Zahl kommt weder einem einzelnen Gegenstande noch einer Menge von Gegenständen zu, sondern dem Begriffe, unter den die gezählten Objekte fallen. Wenn wir urteilen: Der Jupiter hat vier Monde, so wird dem Begriffe Jupitermond die Zahl Vier zugeschrieben.

Der Grundgedanke in der Fregeschen Darstellung stimmt insofern mit dem der obigen Äquivalenztheorie überein, als auch er von der Definition der „Gleichzahligkeit" ausgehend, den Zahlbegriff gewinnen will. Die Methode, die er einschlägt, betrachtet er als Spezialfall einer allgemeinen logischen Methode, welche es ermöglichen soll, aus einem bekannten Gleichheitsbegriff die Definition dessen, was als gleich zu betrachten ist, zu gewinnen. „Das scheint freilich eine sehr ungewöhnliche Art der Definition zu sein, welche wohl von den Logikern noch nicht genügend beachtet ist; dass sie aber nicht unerhört ist, mögen einige Beispiele zeigen. Das Urtheil: ‚die Gerade a ist parallel der Gerade b', in Zeichen:

$$a \,//\, b,$$

kann als eine Gleichung aufgefasst werden. Wenn wir dies thun, erhalten wir den Begriff der Richtung und sagen: ‚die Richtung der Gerade a ist gleich der Richtung der Gerade b.' Wir ersetzen also das Zeichen // durch das allgemeinere =, indem wir den besonderen Inhalt des ersteren an a und b vertheilen. Wir zerspalten den Inhalt in anderer als der ursprünglichen Weise und gewinnen dadurch einen neuen Begriff." [3]

Und noch ein zweites Beispiel gibt Frege: „Aus der geo-

[1] Über die gewöhnlichen Zahldefinitionen vgl. d. VIII. Kap. dieses Teiles.
[2] a. a. O., S. 59. Vgl. darüber die Darlegungen im IX. Kap. dieses Teiles.
[3] a. a. O., S. 74–75.

metrischen Aehnlichkeit geht der Begriff der Gestalt hervor, so dass man z. B. statt ‚die beiden Dreiecke sind ähnlich' sagt: ‚die beiden Dreiecke haben gleiche Gestalt' oder ‚die Gestalt des einen Dreiecks ist gleich der Gestalt des andern'." [1]

Der Parallelismus bzw. die geometrische Ähnlichkeit liefern für diese Beispiele „die bekannten Gleichheitsbegriffe". Sehen wir nun zu, wie Frege vermittels ihrer die Definition dessen, was als gleich zu betrachten ist, d. h. die Definitionen der Richtung einer Geraden bzw. der Gestalt eines Dreiecks, gewinnen will. Folgendes ist das Resultat einer längeren Erörterung:

„Wenn die Gerade a der Gerade b parallel ist, so ist der Umfang des Begriffes ‚Gerade parallel der Gerade a' gleich dem Umfange des Begriffes ‚Gerade parallel der Gerade b'; und umgekehrt: wenn die Umfänge der genannten Begriffe gleich sind, so ist a parallel b. Versuchen wir also zu erklären:

die Richtung der Gerade a ist der Umfang des Begriffes ‚parallel der Gerade a';

die Gestalt des Dreiecks d ist der Umfang des Begriffes ‚ähnlich dem Dreiecke d'." [2]

Man sieht nun sofort, wie diese Gedanken und Definitionen sich für den Begriff der Anzahl verwerten lassen. Wie die Richtung Geraden, die Gestalt Dreiecken zukommt, so kommt die Anzahl Begriffen zu. Wir haben also an die Stelle der Geraden und Dreiecke Begriffe zu setzen. Ferner tritt an die Stelle des Parallelismus und der Ähnlichkeit der hier bestehende Gleichheitsbegriff: die „Gleichzahligkeit" von Begriffen. Der Begriff F wird dem Begriffe G gleichzahlig genannt, wenn die Möglichkeit vorliegt, die unter den einen und unter den anderen Begriff fallenden Gegenstände beiderseits eindeutig zuzuordnen. Auf solche Weise ergibt sich die Definition:

„Die Anzahl, welche dem Begriffe F zukommt, ist der Umfang des Begriffes ‚gleichzahlig dem Begriffe F'",

welche zusammen mit der vorhergehenden den Ausgangspunkt für eine lange Reihe weiterer Definitionen und an sie anknüpfender subtiler Erwägungen bildet.[3]

---

[1] a. a. O., S. 75. – Anm. d. Hrsg.

[2] a. a. O., S. 79.

[3] <ebd. — Anm. d. Hrsg.> Es mag genügen, hier nur einige wenige zu zitieren: „Der Ausdruck ‚n ist eine Anzahl' sei gleichbedeutend mit dem Ausdrucke ‚es giebt

Ich kann nicht einsehen, daß diese Methode eine Bereicherung der Logik bedeute. Ihre Resultate sind von einer Art, daß wir uns nur wundern können, wie jemand sie auch nur vorübergehend für wahr halten konnte. In der Tat, was diese Methode zu definieren gestattet, sind nicht die Inhalte der Begriffe Richtung, Gestalt, Anzahl, sondern deren Umfänge. So ergab sie: „Die Richtung der Gerade a ist der Umfang des Begriffes ‚parallel der Gerade a'." Unter Umfang eines Begriffes versteht man doch den Inbegriff der unter ihn fallenden Gegenstände. Die Richtung der Geraden a wäre also der Inbegrifff der zu a parallelen Geraden. Desgleichen ergab sie: „Die Gestalt des Dreieckes d ist der Umfang des Begriffes ‚ähnlich dem Dreiecke d'", d. i. der Inbegriff der sämtlichen zu d ähnlichen Dreiecke. Und so wird denn auch „die Anzahl, welche dem Begriffe F zukommt" definiert als der Umfang des Begriffes „gleichzahlig dem Begriffe F"; mit anderen Worten: der Begriff dieser Anzahl ist die Gesamtheit der zu F gleichzahligen Begriffe, also eine Gesamtheit von unendlich vielen „äquivalenten" Mengen. Ein weiterer Kommentar ist wohl überflüssig. Man bemerkt übrigens, daß alle Definitionen zu richtigen Sätzen werden, wenn man statt der zu definierenden Begriffe ihre Umfänge substituiert; aber freilich auch zu ganz selbstverständlichen und wertlosen Sätzen.[1]

---

einen Begriff der Art, dass n die Anzahl ist, welche ihm zukommt'." (a. a. O., S. 85). „0 ist die Anzahl, welche dem Begriffe ‚sich selbst ungleich' zukommt." (a. a. O., S. 87).

Diese letztere Definition wird freilich nur dadurch möglich, daß derjenigen der Gleichzahligkeit eine gezwungene Auslegung gegeben wird, vermöge deren sie auch den Fall umfaßt, wo unter die Begriffe F und G kein Gegenstand fällt. — Die Zahl 1 wird definiert als „die Anzahl, welche dem Begriffe ‚gleich Null' zukommt". <a.a. O., S. 90. — Anm. d. Hrsg.> Endlich legt Frege noch besonderes Gewicht auf die Definition des Ausdrucks „n folgt in der natürlichen Zahlenreihe unmittelbar auf m", was durch den Satz geschieht: „Es giebt einen Begriff F und einen unter ihn fallenden Gegenstand x derart, dass die Anzahl, welche dem Begriffe F zukommt, n ist, und dass die Anzahl, welche dem Begriffe ‚unter F fallend aber nicht gleich x' zukommt, m ist." <a. a. O., S. 89. — Anm. d. Hrsg.> Dazu kommen Beweise, daß auf jede Anzahl n in der natürlichen Zahlenreihe eine und nur eine Anzahl unmittelbar folge usw. Diese Proben genügen wohl, um eine Vorstellung von dem Geiste dieser Theorie zu geben.

[1] <s. a. a. O., S. 79/80. – Anm. d. Hrsg.> Frege selbst scheint das Bedenkliche dieser Definition empfunden zu haben, da er in einer Anmerkung zu derselben sagt: „Ich glaube, dass für ‚Umfang des Begriffes' einfach ‚Begriff' gesagt werden könnte." <a. a. O., S. 80. Anm. — Anm. d. Hrsg> Überlegen wir uns, was das heißen soll. Die „Anzahl der Jupi termonde" hieße danach soviel wie „gleichzahlig mit dem Begriff Jupitermond" oder, deutlicher ausgedrückt, „gleichzahlig mit dem Inbegriffe der Jupitermonde". Man sieht, wir erhalten wiederum Begriffe gleichen Umfanges, nicht aber gleichen Inhaltes. Der letztere Begriff ist identisch mit dem Begriffe „irgendeine. Menge aus der durch den Inbegriff der Jupitermonde bestimmten Aequivalenzkla sse" Alle diese Mengen fallen auch unter die Anzahl vier. Daß hier aber verschiedene

Kerrys Versuch. Wir wollen schließlich noch einen, von den bisher behandelten wesentlicher unterschiedenen Versuch besprechen, den Begriff der Anzahl vermittels des der eindeutigen Zuordnung aufzuhellen. In einer Abhandlung von Kerry finde ich folgenden Passus: „Die Angabe der Hinsicht, in welcher zwei Inhalte einander gleich genannt werden sollen, wird im Allgemeinen keine mühelose Angelegenheit sein: sie ist vielmehr vielfach nur durch Neuschöpfung eines Begriffes erreichbar. Man denke sich z. B. Vielheiten von zweierlei Gegenständen, etwa von Aepfeln und Glockenschlägen, mit einander verglichen; bevor man hier zu einem Gleichheitsurtheile, z. B. demjenigen, wonach die Anzahl der Aepfel gleich sei der Anzahl der Glockenschläge, gelangt, muss man den Begriff der Hinsicht, in welcher Gleichheit besteht, den Begriff des Anzahlenmässigen concipirt haben: — ein Begriff, der sich freilich nur durch die nachfolgende Bestimmung wird definiren lassen. Es seien die Gegenstände einer (endlichen) Vielheit V, deren Anzahlmässiges man erfassen will, gegenseitig-eindeutig zuordnenbar den Gegenständen einer anderen, unveränderlichen Vielheit V_1 und ferner die Gegenstände von V beliebigen Veränderungen unterzogen gedacht: so ist das Anzahlenmässige an V dasjenige, was durch alle diese Veränderungen hindurch erhalten bleiben muss, falls jene Zuordnenbarkeit der Gegenstände von V und V_1 nach den vor sich gegangenen Veränderungen ebenso stattfinden soll, wie vor denselben."[1]

Ich versprach einen neuen Definitionsversuch für den Anzahlbegriff darzulegen und zitiere hier die Definition von einem „Anzahlmäßigen", welches im Zusammenhange der Rede von der „Anzahl" unterschieden und als Neuschöpfung eines Begriffes bezeichnet wird. Genauer besehen, handelt es sich indessen bloß um Neuschöpfung eines Namens, während das, was gemeint ist und nur gemeint sein kann, identisch ist mit dem, was wir und was man sonst allgemein unter „Anzahl" im abstrakten Sinne des Wortes verstanden hat.[2]

Begriffe vorliegen, bedarf keines Beweises. Man erkennt auch, daß Frege durch die erwähnte Modifikation in das Fahrwasser der oben widerlegten und im ganzen noch natürlicheren Äquivalenztheorie gerät.

[1] „Ueber Anschauung und ihre psychische Verarbeitung. Dritter Artikel", *Vierteljahrsschrift für wissenschaftl. Philosophie*, 11, 1887, S. 78/79 Anm.

[2] Bei Kerry rührt die Unterscheidung zwischen Anzahl und Anzahlmäßigem daher, daß er die Anzahlen durch die bekannte Reihe von Sätzen $1 + 1 = 2, 2 + 1 = 3, \ldots$

Wir gestehen sogleich zu: was diese Definition aussagt, ist richtig. Das einzige, was an einer Menge V unverändert bleibt, wenn wir sie solchen im übrigen völlig unbeschränkten Veränderungen unterziehen, die ihre Äquivalenz mit der fixen Menge V_1 nicht stören, ist wirklich deren Anzahl. Leider können wir aber nicht zugestehen, daß, was diese Definition aussagt, auch nützlich sei, daß sie uns das geringste leiste, daß sie uns in irgendeiner Hinsicht belehre. Was ist, fragen wir nun erst recht, die Anzahl? *Was* ist dasjenige an der gegebenen Menge V, das bei all diesen Variationen ungeändert bleibt? Wir wünschen etwas über den Inhalt des Anzahlbegriffes zu erfahren, und man nennt uns den Umfang. Die *Kerry*sche Definition ist nichts anderes als die Umschreibung des Satzes: Anzahl der Menge V ist dasjenige, was sie mit allen ihr gleichzahligen Mengen gemein hat. Ja, wir halten sogar diese letztere schlichte und gerade Erklärung für die bei weitem vorzüglichere, da diejenige *Kerrys* den irrigen Gedanken sehr nahelegt, daß die Anzahl ein Teilinhalt, ein inneres Merkmal sei. Das überall Gleichartige ist, wie unsere Untersuchung gelehrt hat, nichts dem Inhalte Angehöriges, sondern die Form psychischer Synthese.

Man könnte das Verdienst der obigen Definition vielleicht darin suchen, daß sie den Umfang des Anzahlbegriffes scharf präzisiere durch ein Merkmal (nämlich das der Äquivalenz), welches diesen Begriff nicht voraussetze; das letztere ist richtig. Indessen wüßte ich nicht, daß sich an den Umfang des Anzahlbegriffes wesentlichere Zweifel geknüpft hätten, so daß durch seine Präzision alles erledigt wäre. Im Gegenteil ist der Inhalt und der Ursprung des Begriffes die Quelle all der großen Schwierigkeiten gewesen, die ihn zu einem Kreuz der Philosophen und Mathematiker gemacht

definiert denkt, welche Begriffe nur in mittelbarer Beziehung zu den Anzahlen in unserem Sinne stehen. Der Gedanke nun, daß die Ausführung der Vergleichung zweier Mengen in Beziehung auf Gleichviel, Mehr und Weniger möglich ist ohne (sukzessive) Abzählung einer jeden und Vergleichung der resultierenden Zahlen und daß somit das hierbei unmittelbar Verglichene die Anzahl (in dem Sinne jener Definitionen) nicht sein kann, hat, wie es scheint, *Kerry* zur Einführung dieses Begriffes des Anzahlmäßigen geführt; dieser soll eben die unmittelbare Hinsicht repräsentieren, nach welcher die Vergleichung statthat. Dieser Gedankengang ist irrig. Die gegenseitige Zuordnung ist nur in ganz uneigentlichem Sinne eine Vergleichung zu nennen; sie *dient* nur der Vergleichung. Die „Äquivalenz" zweier Mengen ist in keinem Sinne eine Gleichheit derselben; sie ist bloß ein Merkzeichen ihrer Gleichheit in Beziehung auf die Anzahl im eigentlichen Sinne des Wortes. Die Frage, welches die unmittelbare Hinsicht sei, nach welcher diese Quasi-Vergleichung erfolge, ist also gegenstandslos.

haben. Über beides erfahren wir durch jene Definition nichts, und darum ist sie wertlos.

Schlußbemerkung. Indem ich diese Betrachtungen abschließe, hoffe ich teils durch eine genauere Zergliederung des Wesens der eindeutigen Zuordnung und ihrer eigentlichen Funktion für die Anzahlvergleichung, teils durch Widerlegung auf sie gegründeter und verfehlter Theorien gezeigt zu haben, daß der Begriff der Äquivalenz für die Definition oder Analyse des Anzahlbegriffes nichts leistet und nichts leisten kann. Eine gründlichere Untersuchung über das Verhältnis beider hielt ich hauptsächlich aus dem Grunde für geboten, weil gerade jetzt die allgemeine Neigung verbreitet ist, dem Äquivalenzbegriffe eine übertriebene Bedeutung in der angeführten Hinsicht zu geben und jeden Augenblick neue Versuche auftauchen, vermittels desselben den Inhalt der Anzahlbegriffe zu verdeutlichen oder gar zu definieren.[1]

[1] Seitdem dieses Kapitel geschrieben wurde, ist wieder eine Reihe neuer Versuche von der oben charakterisierten Tendenz erschienen. Erwähnenswert ist hier vor allem G. Heymans, *Die Gesetze und Elemente des wissenschaftlichen Denkens*, erste Auflage, Leipzig 1890, § 36, S. 146ff., vgl. insbesondere S. 150 oben: „... der Begriff des Gleichzahligen <kommt> historisch und logisch vor dem Begriff der Zahl". Die Heymansche Ansicht fällt, wie eine detaillierte Zergliederung zeigen würde, genau unter unsere „Äquivalenztheorie". — Auch die Schrift *Was sind und was sollen die Zahlen?* (1888) des berühmten Arithmetikers Dedekind darf ich hier zitieren. Sie vertritt, wenn auch nicht in allen, so doch in wesentlichen Punkten analoge Gedanken. „Verfolgt man genau, was wir bei dem Zählen der Menge oder Anzahl von Dingen thun, so wird man auf die Betrachtung der Fähigkeit des Geistes geführt, Dinge auf Dinge zu beziehen, einem Dinge ein Ding entsprechen zu lassen, oder ein Ding durch ein Ding abzubilden ... Auf dieser einzigen ... Grundlage muß ... die gesammte Wissenschaft der Zahlen errichtet werden." (a. a. O., S. VIII) Der ursprüngliche Zahlbegriff ist für Dedekind allerdings die Ordinalzahl oder „natürliche Zahl" (S. 21). Anzahl einer Menge ist ihm diejenige Ordinalzahl, welche die Eigenschaft hat, daß die Gesamtheit der in bezug auf sie rangniedrigeren Zahlen der vorliegenden Menge äquivalent ist. — So sehr ich die innere formelle Konsequenz der Entwicklungen in der Theorie dieses bedeutenden Mathematikers bewundere, so scheint sie mir doch in ihrer absonderlichen Künstlichkeit von der Wahrheit weit abzuirren.

VIII. KAPITEL

Diskussionen über Einheit und Vielheit

In den letzten Kapiteln haben wir alle wesentlichen Fragen erledigt, welche das Verständnis der psychologischen Entstehung und des Inhaltes der Begriffe Vielheit und Einheit, der bestimmten Anzahlbegriffe, sowie der Begriffe Gleichviel, Mehr und Weniger betreffen. Es wird nun unsere nächste Aufgabe sein, die gewonnene Einsicht durch die Lösung der Schwierigkeiten zu bewähren, die man in diesen Begriffen gefunden hat und die auf unentwirrbare Widersprüche und Subtilitäten zu führen schienen.

Die Definition der Zahl als Vielheit von Einheiten. Eins als abstrakter, positiver Teilinhalt. Eins als bloßes Zeichen.

Als unseren Ausgangspunkt nehmen wir die alte Definition: Die Zahl ist eine Vielheit von Einheiten. Hinter ihr versteckt sich bei sehr vielen Autoren das grobe Mißverständnis, als ob es sich bei der Zahl um eine spezielle Art von Mengen untereinander gleicher Gegenstände handelte. So nämlich wie es Mengen von Äpfeln, Steinen usw. gäbe, so auch von Einheiten. Hierbei dachte man sich die Einheiten entweder als konkrete Inhalte, indem man sich an die bloßen Namen oder Schriftzeichen hielt, oder (und dies ist die Regel) als abstrakte, positive Teilinhalte, welche isoliert herausgehoben und zu Mengen kolligiert werden können.

Als vorzüglichen Repräsentanten der letzteren Ansicht führen wir Locke an. Er sagt: „Amongst all the ideas we have, as there is none suggested to the mind by more ways, so there is none more simple than that of unity, or one. It has no shadow of variety or composition in it; every object our senses are employed about, every idea in our understanding, every thought of our minds, brings this idea along with it...." [1] „By repeating this idea in our minds, and adding the repetitions together, we come by the complex ideas of the modes of it" <number>. [2] Einer Kritik dieser offenbar verfehlten Lehre dürfen wir uns hier entheben. Die Auffassung der Einheit als eines absoluten Teilinhaltes ist noch sehr roh, und sie bot schon Lockes nicht unebenbürtigen Kritikern, Leibniz und Berkeley, Anlaß zu entgegnenden Bemerkungen. Berkeley setzt die relative Natur der Zahlbegriffe wiederholt und ausführlich auseinander und sucht dieselbe als Stützpunkt für seine nominalistischen Ansichten zu verwerten. Auch die Lockesche Auffassung der Einheit und Anzahl als primäre Qualitäten, die auch außer unserem Geiste in den Dingen Bestand haben, wird von ihm lebhaft bekämpft. Während er aber in der Kritik meistens scharf und richtig argumentiert, nähert er selbst sich einer Ansicht, deren Irrtum wir sogleich beleuchten werden und welche dahin tendiert, die Zahl nicht als allgemeinen Begriff, sondern als ein bloßes allgemeines Zeichen zu erklären.[3] Ungefähr zu derselben Zeit hat auch Leibniz den relativen Charakter der Zahlbegriffe betont. So sagt z. B. sein Theophil in den *Nouveaux Essais:* „Peut-être que douzaine ou vingtaine ne sont que les relations et ne sont constituées que par le rapport à l'entendement. Les unités sont à part et l'entendement les prend ensemble quelques dispersées qu'elles soyent." [4] Kurz und bestimmt schreibt er 1706 an den Pater Des Bosses: „Numeri unitates, fractiones, naturam habent relationum." [5]

Manche Autoren, sagten wir, betrachten die Einheit oder die Eins als ein bloßes Zeichen, welches jedem der gezählten Gegenstände erteilt wird, und so erscheint ihnen die Zahl als eine ganz spezielle konkrete Menge von lauter Einsen. Zu diesem Irrtum hat die Mißdeutung des primitivsten symbolischen Zählungs-

[1] *Essay*, book II, chap. 16, sect. 1.

[2] ebd., sect. 2. – Anm. d. Hrsg.

[3] G. Berkeley, *A treatise concerning the principles of human knowledge.* The works of George Berkeley, collected by A. C. Fraser, vol. I, Oxford 1871, sect. 12, 13, 118—121 (wo Locke kritisiert wird, ohne genannt zu sein).

[4] Livre II, ch. 12, § 3. *Opera philosophica*, Erdmann, S. 238.

[5] *Opera philosophica*, Erdmann, S. 435. Im Jahre 1684 rechnet er die Zahl noch zu denBegriffen, die mehreren Sinnen gemeinschaftlich sind. Vgl. Erdmann, S. 79.

verfahrens den Anlaß gegeben. Da dem Zwecke der Zählung gemäß die Aufmerksamkeit nicht von den Besonderheiten der einzelnen Gegenstände festgehalten werden darf, so bediente man sich zur Erleichterung des Abstraktionsverfahrens folgenden einfachen Mittels: Man ersetzte jeden Gegenstand durch ein gleichförmiges und möglichst gleichgültiges Zeichen, z. B. durch einen bloßen Strich 1. So entstanden als Vertreter der zu zählenden Vielheiten Mengen von lauter Strichen 1. Diese aber erwiesen sich sofort als vorzüglich geeignet, die Zahlbegriffe selbst als deren Zeichen zu vertreten, vorausgesetzt, daß man, was nahe lag und geschah, stets diese selben Bezeichnungsmittel anwandte. Diese Abbildung eines jeden zu zählenden Dinges durch ein gleichförmiges, an sich bedeutungsloses Zeichen, spiegelt ja nur den Prozeß ab, welcher von der konkreten Vielheit zur Zahl hinführt; und nur soweit hat sie Sinn und Bedeutung, als sie dies tut. Alles Zählen (welches freilich infolge andauernder Gewohnheit zu einem maschinenmäßigen Verfahren geworden ist) wäre völlig sinnlos, wenn das Zeichen 1 bzw. das Wort Eins nicht die dem Begriff Eins entsprechende Bedeutung besäße, d. h. wenn es nicht den Abstraktionsprozeß anzeigte, welcher den einzelnen bestimmten Gegenstand der zu zählenden Menge zum bloßen Etwas oder Eins entschränkt; denn nur auf diese Weise erhalten wir statt einer leeren Anhäufung von Strichen oder Worten den Begriff, unter den die konkret vorliegende Vielheit als Vielheit fällt, und auf den es in Wahrheit allein abgesehen ist. Indem man sich aber bloß an das Zählen als den mechanisch äußerlichen Prozeß hielt, übersah man gänzlich den logischen Gedankeninhalt, der ihm Berechtigung und Wert für unser geistiges Leben verleiht.

Auch abgesehen von den gerügten Irrtümern, welche die besprochene Definition der Zahl nahelegt, finden wir an ihr wenig Nützliches. Vielheit und Einheit sind Korrelativa; folglich ist dies keine irgendwie charakterisierende Beschaffenheit für die Vielheit, die wir Zahl nennen, daß sie aus Einheiten bestehe. Soll aber vielleicht aufmerksam gemacht werden darauf, daß unter Zahl nicht eine konkrete Vielheit, sondern eine unter Vermittlung des abstrakten Vielheitsbegriffes gedachte Vielheit verstanden werden solle, d. h. eine solche, deren einzelne Elemente bloß, sofern sie Einheiten sind, zu beachten seien, dann wäre es doch am besten, dies eben in der Definition ausdrücklich zu sagen. Selbst dann würde ihr aber noch die volle Deutlichkeit fehlen, da sie dem Unterschiede zwischen Vielheit in dem weiteren und Vielheit in dem engeren Sinne (welch letzterer auf einer Klassifikation der Vielheitsformen beruht) nicht Rechnung trüge. Etwas deutlicher ist in dieser Hinsicht die Fassung von Hobbes: „Die Zahl ist 1 und 1 oder 1, 1 und 1 und so weiter"; [1] wenn nur Eins in dem richtigen, von uns präzisierten Sinne verstanden wird — wovon Hobbes bei seinem extrem nominalistischen Standpunkte freilich sehr weit entfernt war. Im übrigen ist mit solchen Definitionen wenig getan; die Schwierigkeit liegt in den Phänomenen, ihrer richtigen Beschreibung, Analyse und Deutung; nur im Hinblick auf sie ist Einsicht in das Wesen der Zahlbegriffe zu gewinnen.

Eins und Null als Zahlen.

Gegen die obige Definition fanden wir im wesentlichen nur deren Mißverständlichkeit einzuwenden, hervorgerufen durch diejenige der Begriffe Einheit und Vielheit. Viel ernster sind die Einwürfe, die andere Autoren gegen sie erhoben. Einige finden sie unzulänglich, andere von Grund aus irrig. Die Kritik dieser Einwürfe diene uns wiederum als äußerer Anlaß, wichtigere Mißverständnisse, die sich in ihnen dokumentieren, aufzuhellen.

Der Einwand der Unzulänglichkeit wird folgendermaßen begründet: Die Definition ist offenbar nur auf die Zahlen der von Zwei beginnenden Zahlenreihe anwendbar. Die Null und Eins erscheinen nach ihr vom Begriffe der Zahl ausgeschlossen.[2] „Man wende nicht ein, dass 0 und 1 nicht Zahlen in demselben Sinne seien wie 2 und 3! Die Zahl antwortet auf die Frage wieviel? und wenn man z. B. fragt: wieviel Monde hat dieser Planet? so kann man sich ebenso gut auf die Antwort 0 oder 1, wie 2 oder 3 gefasst

[1] De corpore, VII, 7, zitiert nach J. J. Baumann, *Die Lehren von Raum, Zeit und Mathematik*, Bd. I, S. 274.

[2] Vgl. G. Frege, *Die Grundlagen d. Arithmetik*, S. 38. Die im Text folgenden Sätze sind demselben Werke S. 57 entnommen, wo sie aber in einem anderen Gedankenzusammenhange stehen. Da es uns gerade um die in denselben ausgesprochenen Ideen zu tun ist, fügen wir sie hier ein.

machen, ohne dass der Sinn der Frage ein andrer wird. Zwar hat die Zahl 0 etwas Besonderes und ebenso die 1, aber das gilt im Grunde von jeder ganzen Zahl; nur fällt es bei den grösseren immer weniger in die Augen. Es ist durchaus willkührlich, hier einen Artunterschied zu machen. Was nicht auf 0 oder 1 passt, kann für den Begriff der Zahl nicht wesentlich sein."

Dieser Einwand betrifft nicht bloß die Euklidsche Definition, sondern auch unsere eigenen Versuche über die Zahlbegriffe. Von Null und Eins als Zahlen war nirgends die Rede, und man sieht auch, daß alle unsere Analysen auf diese Begriffe gar nicht passen. Es bliebe nur der Ausweg, geradezu zu leugnen, daß Null und Eins zu den Zahlbegriffen gehören, und diesen scheint sowohl die obige Argumentation als auch der allgemein übliche Sprachgebrauch zu versperren.

Betrachten wir die Sache etwas näher. Ohne jede weitere Erklärung und fast wie eine Nominaldefinition der Zahl wird der Satz hingestellt: „Die Zahl antwortet auf die Frage wieviel;" oder, um eine Ausdrucksweise zu wählen, die den Sinn desselben schärfer markiert: „Zahl ist jede mögliche Antwort auf die Frage wieviel".[1] Überlegen wir den Sinn dieses Satzes. „Wieviel?" ist die Frage nach der näheren Determination eines Viel. Dieses Viel bedeutet hier offenbar nicht den Gegensatz zu einem Wenig, sondern es drückt einfach die (eigentliche oder symbolische) Vorstellung einer Kollektion (eines Inbegriffs, einer Vielheit) von Gegenständen aus. Die Frage geht nun auf die nähere Bestimmung derselben als einer Zwei oder Drei usw. Nach unseren früheren Untersuchungen sind die Zahlen aufzufassen als die sämtlichen denkbaren Determinationen des unbestimmten Vielheitsbegriffes. Jede mögliche Art, denselben begrenzend zu bestimmen, gibt einen neuen Zahlbegriff. Die Definition „die Zahl antwortet auf die Frage wieviel" scheint also vollkommen mit den Resultaten unserer Untersuchungen zu harmonieren.

Im Wirklichkeit ist dies jedoch nur der Fall, wofern sie richtig verstanden wird. Nicht jede mögliche Antwort auf die Frage „wieviel", sondern jede mögliche positive Antwort führt auf Zahlen. Es verhält sich hier ebenso wie bei vielen anderen analogen Definitionen. Z. B. Ortsbestimmtheit nennt man jede Ant-

[1] Vgl. die Äußerung J. F. Herbarts, *Psychologie als Wissenschaft,* Teil II, S. 162 oben.

wort auf die Frage „wo", Zeitbestimmtheit jede Antwort auf die Frage „wann". Auch in diesen Fällen sind negative Antworten durch den Sinn der Definition ausgeschlossen. Nirgendwo und niemals sind nicht Besonderungen von Orten bzw. von Zeiten. Allerdings grammatisch fungieren diese negativen Antworten ganz so wie die positiven, daher haben auch die Grammatiker keinen Anlaß, Adverbien, welche Ort und Zeit im eigentlichen Sinne determinieren, von denen, die dies im uneigentlichen Sinne tun, zu trennen. Aber begrifflich besteht ein wesentlicher Unterschied. Analoges gilt selbstverständlich für die negativen Antworten auf die Frage „wieviel". Nicht-viel oder keine Vielheit ist nicht eine Besonderung des Viel. E i n Gegenstand ist nicht ein Kollektivum von Gegenständen; daher ist die Aussage, es sei Einer da, keine Zahlenaussage. Und ebenso ist k e i n Gegenstand nicht ein Kollektivum und daher die Aussage, es sei keiner da, keine Zahlenaussage. Eins und Keins — das sind die beiden möglichen n e g a t i v e n Antworten auf das Wieviel. Sprachlich fungieren sie wiederum so wie Zahlen und daher mögen die Grammatiker sie als Zahlenbestimmungen ansehen. Aber logisch sind sie dies nicht.

Man muß demgemäß wohl beachten, daß die Bezeichnung der Null und Eins als Zahlen eine Ü b e r t r a g u n g dieses Namens auf andersartige, wenn auch mit den eigentlichen Anzahlen in engerem Zusammenhange stehende Begriffe darstellt. Im übrigen meinen wir durchaus nicht, daß für diese Übertragung bloß sprachliche und nicht auch wissenschaftliche Motive von größter Tragweite sprechen. Es würde in der Zahlenlehre zu den hemmendsten Umständlichkeiten, ja Unzuträglichkeiten führen, wollte man die eigentlichen Zahlen und die Eins und Null beständig auseinanderhalten und auf eine gemeinsame Bezeichnung beider (wozu sich der Name Zahl bei der so naheliegenden Übertragung von selbst darbot) verzichten. Null und Eins sind mögliche und häufig genug vorkommende Resultate arithmetischer Aufgaben. Ein algebraischer Kalkül, der allen denkbaren Fällen Rechnung tragen will, kann daher zwischen Null und Eins auf der einen und den übrigen Zahlen auf der anderen Seite keinen Unterschied machen. Die a,b,c, ... x,y,z der allgemeinen Arithmetik müssen Zeichen sein, welche ebensogut durch 2, 3, 4, ... als durch 0 und 1 zu spezialisieren sind.

Die Einführung der 1 und ganz besonders die noch ferner liegende der 0 als Zahlen, den 2, 3, 4, ... koordiniert, kann mit Rücksicht auf ihre mathematische Bedeutung nicht hoch genug geschätzt werden. Erst sie ermöglichte einen arithmetischen Algorithmus, d. h. ein System von formellen Regeln, durch welche man in rein mechanischem Operieren Zahlenaufgaben lösen, d. i. aus bekannten Zahlen und Zahlbeziehungen unbekannte auffinden kann. Schon das dekadische Zahlensystem, welches das Fundament der gemeinen Rechenkunst (arithmetica numerosa) ist, die sich an bestimmten, gegebenen Zahlen betätigt, wäre ohne jene folgenreiche Erweiterung des Zahlbegriffes undenkbar.

Was nun den inneren Grund dieser Sachlage anbelangt, so liegt er in der Gleichartigkeit der Relationen, welche die Zahlen des erweiterten Gebietes insgesamt miteinander verknüpfen. Die Beziehungen von Mehr und Weniger bestehen nicht bloß zwischen den eigentlichen Anzahlen, sondern auch zwischen diesen und der Eins und Null. a ist um a — 1 mehr als 1, dieses um a — 1 weniger als a. Deutet man die Setzung einer Zahl a als kollektive Hinzufügung zu Nichts, so kann man sogar sagen: a ist um a mehr als 0, 0 um a weniger als a. Darauf beruht nun die Einordnung der Eins und Null in die Zahlenreihe. Ordnen wir die Zahlen in der „natürlichen" Reihe, d. h. so an, daß jede folgende aus der vorhergehenden durch kollektive Hinzufügung einer Einheit entsteht, dann ist 1 + 1 die erste Zahl, insofern sie keine vorhergehende besitzt. Aber da 1 + 1 aus 1 ebenso entsteht wie 1 + 1 + 1 aus 1 + 1, so fügt sich die 1 als Glied dieser Reihe naturgemäß ein. Ob wir die 1 eine Zahl nennen oder nicht, dieser Begriffsreihe gehört sie an. Und auch die Null läßt sich ihr adjungieren, indem wir die Setzung einer 1 als kollektive Hinzufügung der 1 zu Nichts fassen. Ungezwungener noch leistet dasselbe der umgekehrte Prozeß der Verminderung: Durch denselben Schritt, der von 3 zu 2, von 2 zu 1 führt, gelangen wir von 1 zu 0.

Diese Angehörigkeit der Null und Eins zu der Reihe der Zahlen in Beziehung auf die elementaren Relationen und Operationen macht es verständlich, warum bei der rechnerischen Lösung von Aufgaben (sobald für die eigentlichen Zahlen die Rechnungsregeln gefunden waren) nicht bloß irgendeine Zahl, sondern auch die Null oder Eins als Operationsglied bzw. als Resultat auftreten konnte; dieser Umstand aber mußte zur Erweiterung des Zahlengebietes und der damit verbundenen Änderung des Zahlbegriffes führen, ein arithmetischer Fortschritt, der sich natürlich nicht in Form rein logischer Überlegungen und Definitionen zu vollziehen brauchte, sondern sich kundtat in der Einführung der Zeichen 0 und 1 und deren konsequenter Verwendung in den Rechnungen. Bedenkt man nun, daß ein einförmiges, geregeltes Operieren nur dann möglich ist, wenn jedes denkbare Resultat einer Operation formell in gleicher Weise behandelt werden kann, dann wird es klar, wie diese Erweiterung des Rechengebietes wirklich einen bedeutsamen Schritt in der Richtung auf eine Arithmetik bilden mußte.[1] Im übrigen vermag natürlich auch die Arithmetik den wesentlichen begrifflichen Unterschied der neu adjungierten Zahlen gegenüber den ursprünglichen nicht völlig auszulöschen. Ihr Grenzcharakter zeigt sich deutlich in den Ausnahmen, welche sie bei den meisten Rechnungsarten mit sich führen: Die Addition durch Null erweitert nicht, die Subtraktion vermindert nicht, die Division führt zu einem sinnlosen Ergebnis, desgleichen die Potenzierung usf. Die Multiplikation mit Eins vervielfältigt nicht, die Division teilt nicht usf. Das sind Besonderheiten augenscheinlich ganz anderer Art als diejenigen, welche speziellen Anzahlen zukommen; denn sie durchbrechen die Allgemeinheit von Sätzen, die das gesamte sonstige Zahlgebiet (eben das der wirklichen Zahlen) beherrschen.

So mag man also immerhin und aus guten Gründen von Eins und Null als Zahlen sprechen. Man mag auch eine jede Zahl, Null und Eins ausgenommen, als Summe gleicher Zahlen Eins ansehen, nur muß der tatsächlich vorhandene begriffliche Unterschied nicht außer acht gelassen werden. Die Einheit des Begriffes ist für die wirklichen Zahlen, d. h. jene, die Vielheitsdeterminationen sind, eine innere. Sie bilden eine logische Gattung im engeren Sinne. Die Einheit des Zahlbegriffs nach seiner Erweiterung ist hingegen eine äußere, durch gewisse Relationen gestiftete. Zahl ist danach jedes mögliche Resultat einer Rechnung, jedes denk-

[1] Bekanntlich gehört die rechnerische Verwendung der 1, die sehr nahe lag, bereits der vorwissenschaftlichen Periode der Arithmetik an, während die Einführung der 0, welche eine relativ hoch entwickelte arithmetische Einsicht voraussetzte, indischer Weisheit zu danken ist. Wie M. Cantor, *Vorlesungen über Geschichte der Mathematik*, erster Band, Leipzig 1880, S. 159 bemerkt, galt die Eins noch den Pythagoräern nicht als eine Zahl.

bare Glied der Zahlenreihe, jede mögliche Antwort auf die Frage „wieviel". Man sieht jeder dieser Fassungen an, daß der Zahlbegriff in der engeren Bedeutung vorausgesetzt ist.

So glaube ich, daß der Artunterschied zwischen beiderlei Begriffen ganz und gar nicht willkürlich ist, und es muß daher ein verfehltes Prinzip genannt werden, welches Frege mit den oben zitierten Worten aufstellt: „Was nicht auf 0 oder 1 passt, kann für den Begriff der Zahl nicht wesentlich sein." [1]

Der Begriff der Einheit und der Begriff der Zahl Eins.

An die Analyse des Begriffes der Zahl Eins knüpfen wir eine, wie das Folgende zeigen wird, nicht überflüssige, obgleich an sich nahezu selbstverständliche Bemerkung. Der Begriff der Zahl Eins ist nämlich wohl zu unterschieden von dem Begriffe der Einheit oder der Eins, von welchem in unseren früheren Untersuchungen stets die Rede war. Eins als eine mögliche Antwort auf die Frage „wieviel" deckt sich dem Begriffe nach nicht mit Eins als Korrelativum der Vielheit. Einheit im Gegensatze zur Vielheit ist nicht dasselbe wie Einheit in der Vielheit. Mit dem Begriffe der Vielheit (bzw. Anzahl) ist der Begriff der Einheit unabtrennbar mitgegeben. Keineswegs gilt dies aber von dem Begriffe der Zahl Eins; dieser ist erst ein späteres Kunstprodukt. Praktisch betrachtet sind diese Unterschiede freilich belanglos, da jeder Einheit in der Zahl auch die Zahl Eins zukommt. Der Satz: „Die Zahl ist eine Vielheit von Einheiten" bleibt richtig, ob wir den Namen Einheit in dem einen oder dem anderen Sinne nehmen.

Sind nun auch derartige Unterschiede dem Arithmetiker — und mit Recht — gleichgültig, so dürfen sie es doch nicht für den Logiker sein. Indem der erstere, geleitet von gewissen Reflexionen, die Eins unter den Namen Zahl mitbefaßt, ändert er auch ihren Begriff, weil jene Reflexionen den Inhalt desselben beeinflussen; so wird Eins ein äquivoker Name. Durch Übersehen dieses Umstandes verfällt man leicht in Irrtümer. In der Tat liegt hier die Quelle für eine Art von falschen Argumentationen, denen man mitunter begegnet. Die Zahl, sagt man, kann nicht

---

[1] a. a. O., S. 57. – Anm. d. Hrsg.

durch Hinzufügen von Einem zu Einem entstanden sein; denn nicht nur ist die Eins selbst eine Zahl, sondern wir bedürfen zur Bildung ihres Begriffes sogar der größeren Zahlen. „Es entstehn die grösseren Zahlen nicht aus der Eins, sondern gerade umgekehrt die Eins aus der Mehrheit." [1] Damit hängt es auch zusammen, daß Herbart und manche, die ihm folgen, die gewöhnliche Auffassung, welche die Zahl aus Einheiten bestehend denkt, als eine vermeintlich falsche verwirft. Wir hätten also hier zugleich eine Argumentation gegen die alte Zahlendefinition, in welcher die letztere als ein ὕστερον πρότερον erklärt wird.

Die Argumentation wäre richtig, wenn Eins immer und überall die Zahl Eins bezeichnete; dies ist aber durchaus nicht der Fall. Sagen wir: die Zahl entstehe durch Hinzufügen von Einem zu Einem, oder: sie bestehe aus Einheiten, dann bedeutet Eins und Einheit bloß das Korrelativum zur Vielheit. In dieser Hinsicht geht aber weder die Vielheit der Einheit noch die Einheit der Vielheit voraus; sie entstehen beide zugleich.

Es ist übrigens zu bemerken, daß man der Sprache einigen Zwang antut, wenn man mit Herbart, Volkmann [2] u. a. den Namen Einheit in dem Sinne der Zahl Eins nimmt. Man spricht nicht von der Zahl Einheit; auf die Frage „Wieviel Äpfel" erhält man nicht zur Antwort „Einheit", sondern „Einer", oder „Ihre Zahl ist Eins". Daher bedeutet auch der Ausdruck „Vielheit von Einheiten" gemeiniglich nicht dasselbe wie „Vielheit von Zahlen Eins". Beides identifizieren heißt, dem Namen Einheit zu den vielen Äquivokationen, die er ohnehin besitzt, eine neue zuteilen, von welcher er im gewöhnlichen Sprachgebrauche noch frei ist.

Weitere Unterscheidungen betreffend Eins und Einheit.

Wir hatten bereits wiederholt Gelegenheit zu sehen, wie groß auf unserem Gebiete die Versuchung ist, sich durch Synonyme und Äquivokationen in die Irre führen zu lassen. Neue Beispiele hierfür werden die folgenden Betrachtungen liefern. Wir werden

---

[1] J. F. Herbart, a. a. O., Teil 2, S. 162.

[2] W. Volkmann, *Lehrbuch der Psychologie*, Bd. II, dritte Aufl., Cöthen 1885, S. 114.

uns häufig in scheinbar sprachliche Untersuchungen verlieren müssen über die Bedeutungen von Namen, um Unklarheiten und Mißdeutungen der uns interessierenden Begriffe ein Ende zu machen.

In einer solchen Lage befinden wir uns auch bei der Frage, die uns jetzt beschäftigen soll, nämlich der nach dem Verhältnisse der Begriffe bzw. Namen Eins und Einheit. Manche Philosophen legen auf die Unterscheidung beider Gewicht, ohne daß jedoch über den Sinn derselben Einstimmigkeit herrschte. Leibniz faßt Einheit als Abstraktum von Eins; „abstractum ... ab uno est unitas", sagt er, gleichwohl gebraucht er noch in der Fortsetzung desselben Satzes den Plural unitates, während doch ein Abstraktum des Plurals nicht fähig ist.[1] Diese Pluralbildung ist auch sonst üblich. „Die Zahl ist eine Vielheit von Einheiten", „drei Einheiten mehr fünf Einheiten ergeben sieben Einheiten", usw. Auf der anderen Seite wieder spricht man von dem Begriffe Eins und faßt so Eins als Namen für denselben Begriff wie den durch Einheit bezeichneten. Auch der Plural Einse ist gebräuchlich, was hier aus gleichen Gründen anstößig erscheinen könnte, und er bedeutet dann ebensoviel wie Einheiten.

Trotz dieser Verwirrung im Sprachgebrauch besteht die begriffliche Unterscheidung, welche Leibniz durch Gegenübersetzung von Eins und Einheit markieren will, zu Recht. Eine allgemeinere Betrachtung wird auch für den hier vorliegenden Fall Aufklärung bieten. Diese Äquivokation der Namen Eins und Einheit (welche durch den Gebrauch der Pluralform deutlich wurde) ist nämlich eine Erscheinung, welche sich in ganz analoger Weise bei allen abstrakten Namen findet.

Jeder abstrakte Name wird in einer zweifachen Bedeutung gebraucht; das eine Mal dient er als Name für den abstrakten Begriff als solchen, das andere Mal als Name für irgendeinen unter diesen Begriff fallenden Gegenstand, er bezeichnet das Konkrete unter Vermittlung des in demselben enthaltenenen oder darauf bezogenen Abstrakten. Die Sprache operiert vielfach mit abstrakten Namen und verwendet sie zur Bezeichnung konkreter Dinge und Vorgänge. Dies wird dadurch möglich, daß sie die

---

[1] *De arte combinatoria, Opera philosophica,* Hrsg. J. E. Erdmann, S. 8.

abstrakten Namen als allgemeine verwendet und dann durch die Verbindung mehrerer, sich gegenseitig in ihrer Allgemeinheit einschränkender Namen das Konkrete aussondert.

So kann z. B. Farbe den logischen Teil, welcher der Röte, Bläue etc. gemein ist, für sich bedeuten. Sprechen wir aber von „Farben", von „dieser Farbe" und „jener Farbe" etc., dann ist Farbe ein allgemeiner Name für jede einzelne Farbenspezies als solche. Um diese Verwendungsweise des Namens schärfer zu markieren, sagen wir statt „Farbe" „eine Farbe", „eine gewisse Farbe" usw., während wir, wo das Abstraktum gemeint ist, betonen: der abstrakte Begriff Farbe (oder kurzweg der Begriff Farbe). Im Plural entfällt begreiflicherweise die Notwendigkeit solcher Zusätze, da dann eo ipso nur die Begriffsgegenstände gemeint sein können. „Farben" kann nichts anderes heißen als „gewisse Farben".

Was wir an diesem Beispiele erläutert haben, gilt ganz allgemein. Den praktischen Bedürfnissen entsprechend fungieren die meisten Namen gewöhnlich als allgemeine. Konkreten Dingen und Verhältnissen ist das Interesse vorzugsweise zugewendet. Indessen fehlt es doch nicht in Leben und Wissenschaft an Veranlassungen, das Abstrakte als solches zu betrachten, und demgemäß hat auch die Sprache Vorsorge für deren markierte Bezeichnung getroffen, wobei der allgemeine Name verwendet und bloß durch determinierende Ausdrücke, durch Hinzufügung synkategorematischer Zeichen etc. modifiziert wurde. Besonders dienten auch Endungen wie „schaft" (Vater — Vaterschaft) oder „heit" (Mensch — Menschheit) zur Bezeichnung der den allgemeinen Vorstellungen entsprechenden abstrakten Beschaffenheiten. Natürlich war der betreffende abstrakte Begriff bereits gebildet, als der allgemeine Name entstand; aber er war nur Gegenstand des Interesses, insofern die und die Objekte ihn als Merkmal enthielten. Das Interesse für das Abstraktum für sich kann also sehr wohl erst später entstanden sein und zu einer besonderen Benennung desselben Anlaß gegeben haben.

Unsere Darstellung könnte ein gewisses Bedenken aufregen: Sie ging aus von den abstrakten Namen und zeigte, wie sie als allgemeine verwendet werden, wobei zur Markierung dieser Verwendung häufig der sprachliche Ausdruck des abstrakten Namens sich ändere; sie ging dann über zu den allgemeinen Namen und zeigte, wie aus diesen durch gewisse sprachliche Änderungen abstrakte gebildet werden, wobei überdies betont wurde, daß die allgemeinen Namen, als den gewöhnlichen Zwecken des Denkens und Sprechens am nächsten stehend, wohl einer früheren Entwicklungsstufe angehören dürften. Wenn also aus den allgemeinen Namen die abstrakten allererst entstehen, wie sollen wiederum aus den abstrakten die allgemeinen gebildet werden?

Das wäre freilich ein offenbarer Zirkel, wenn die zuletzt genannte zweite Stufe eine bloße Umkehrung der ersten wäre. So ist natürlich nicht unsere Meinung. Nachdem aus den ursprünglich gegebenen allgemeinen Namen gewisse abstrakte gebildet wurden, sollen aus diesen nicht etwa wiederum dieselben allgemeinen, sondern eben andere gebildet werden. Das Adjektivum rot fungiert als allgemeiner Name aller roten Dinge. Daraus entspringt der abstrakte Name Röte (das Rot), welcher dann wieder als allgemeiner Name für verschiedene Differenzen des Rot: Karmesinrot, Zinnoberrot etc. dient.

Die oben erwähnten sprachlichen Vorsorgen zur deutlichen Unterscheidung der aus den allgemeinen Namen zu bildenden abstrakten (z. B. gefällig — Gefälligkeit, Freund — Freundschaft) erwiesen sich aber nicht als ausreichend. Dem vorherrschenden Zuge unseres Denkens gemäß wurden diese ausdrücklich als Namen für Abstrakta gebildeten Formen doch wieder als allgemeine Namen verwendet, und so entstanden erst recht wieder äquivoke Namen.[1] Man sprach z. B. im Plural von Gefälligkeiten, Freundschaften usw.

Dieser Fall liegt nun auch bei den Namen Eins und Einheit vor. Ursprünglich war jedenfalls Eins ein konkret-allgemeiner Name, begründet auf den Einheit benannten Begriff. Als aber der Name Einheit immer mehr als allgemeiner mißbraucht wurde, da mochte es kommen, daß mancher, das Bedürfnis nach Bezeichnung des Abstraktums empfindend, nun gerade nach dem parallelgehenden Ausdruck Eins griff, so daß auch dieser äquivok wurde.

---

[1] Nach diesen Ausführungen möchte es scheinen, als ob die Einteilung der Namen in abstrakte und allgemeine, auf die z. B. J. St. Mill (*Logik*, Buch I, Cap. II, § 4) so großes Gewicht legt, eine nutzlose, weil undurchführbare sei. Definieren wir jedoch den abstrakten Namen als Namen eines abstrakten Begriffs, den allgemeinen aber als Namen der bezüglichen Begriffsgegenstände, dann ist in jedem Falle aus dem Sinne der Rede sofort zu entscheiden, ob ein Name als abstrakter oder allgemeiner gebraucht werde, trotz seiner Äquivakotion.

Wir wollen von diesem Gesichtspunkte aus auch die Unterschiede der Namen Vielheit, Mehrheit, Menge, Inbegriff, Aggregat, Sammlung usf. erläutern. Ein Teil dieser Namen (wie die drei letzteren) wird fast ausschließlich in distributiver Weise angewendet; man hat, wenn man sie ausspricht, immer konkrete Phänomene im Auge; der abstrakte Begriff, der ihnen zugrunde liegt, ist nicht der Gegenstand des besonderen Interesses; er dient bloß als vermittelnder Gedanke, als allgemeines Zeichen für das unter ihn fallende Besondere. Anders bei den Namen Anzahl, Vielheit und Mehrheit, welche ebenderselbe Begriff fundiert. Zwar werden auch sie häufiger als allgemeine Namen gebraucht, aber daneben auch als Namen für den Begriff selbst, wozu sie zum Teil durch ihre sprachliche Form prädestiniert sind. Bei dem Namen Anzahl kompliziert sich die Sache noch dadurch, daß er nicht bloß als allgemeiner Name für irgendwelche konkrete Mengen, sondern auch als allgemeiner Name für jede der unter den Begriff der Anzahl fallenden besonderen Zahlen: Zwei, Drei, Vier, ... dient.[1]

Alle diese verschiedenen Verwendungsweisen gleicher Namen müssen hier wie sonst gut auseinandergehalten werden; dann verschwinden von selbst manche der Scheinschwierigkeiten, die man in unseren Begriffen gefunden hat.

Gleichheit und Verschiedenheit der Einheiten.

Viel erheblicher sind die Schwierigkeiten, welche sich an die Frage knüpfen, in welcher Weise Vorstellungen der Gleichheit und Verschiedenheit an der Bildung der Begriffe Einheit und Zahl beteiligt sind und inwieweit sie in den Inhalt derselben explizite eintreten.

Die Gleichheit der Einheiten wurde schon in früherer Zeit nachdrücklich betont. So sagt Hobbes: „Die Zahl, absolut gesagt, setzt in der Mathematik unter sich gleiche Einheiten voraus, aus denen sie hergestellt wird.“[2] Wir sehen, hier wird

[1] Dies war mit ein Motiv, welches uns veranlaßte, da, wo wir im Kreise der konkreten Phänomene verweilten, die Namen Inbegriff oder Menge, da, wo wir zum Allgemeinbegriff übergingen, die Namen Vielheit etc. zu bevorzugen (Vgl. auch Anmerkung <im Text>S. 95).

[2] s. J. J. Baumann, *Die Lehren von Raum, Zeit und Mathematik*, Bd. I, S. 242.

die Gleichheit der Einheiten als eine besondere Voraussetzung der Mathematik hingestellt. Und dieselbe Ansicht wird von vielen anderen, z. B. von J. St. Mill, Jevons, Delboeuf, Kroman usw. ausgesprochen. Die Forscher, welche die Gleichheit der Einheiten hervorgehoben haben, bilden überhaupt zwei Gruppen. Die einen (wie die eben genannten) stellen die Gleichheit der Einheiten als eine Forderung oder Voraussetzung auf, die anderen behaupten sie, ohne sie zu fordern. Zu den letzteren gehört Locke. Da nach ihm jeder Inhalt, welcher es auch sei, stets die einfache Idee der Einheit mit sich führt und die Zahl durch Wiederholung dieser einfachen Idee entsteht, so braucht er natürlich die Gleichheit der Einheiten nicht erst zu fordern. Was die Forscher der ersteren Gruppe anlangt, so meinen sie entweder mit Hobbes, Mill u. a., es sei die Gleichheit der Einheiten bloß für die Zwecke des Rechnens und für die Anwendung der Arithmetik eine notwendige Hypothese; oder sie meinen, daß die gezählten Gegenstände als solche in irgendeiner Hinsicht einander gleich sein müßten, um überhaupt zählbar zu sein.

Letzteres ist auch die Meinung Herbarts „Man besinne sich nur zuvörderst, dass beym Zählen allemal Etwas vorhanden ist, welches gezählt wird; und dass die Vorstellung von diesem Etwas immer gleichartig bleiben muss, indem bekanntlich ungleichartige Dinge, z. B. Federn, Papierbogen, Siegellackstangen, sich nicht zusammenzählen lassen, es sey denn, dass man sie als gleichartig (durch den allgemeinen Begriff der Schreibmaterialien) auffasse. Jede Zahl nun bezieht sich auf solche Weise auf einen allgemeinen Begriff des Gezählten; dieser Begriff aber kann ganz unbestimmt bleiben, indem für die Zahlbestimmung es gänzlich gleichgiltig ist, was man zähle.“ [1]

Indessen andere Philosophen fanden dies so wenig bekannt und selbstverständlich, daß sie vielmehr das gerade Gegenteil behaupteten; so Leibniz, wenn er betont, daß die Zahl „gewissermassen eine unkörperliche Figur sei, entstanden durch die Vereinigung irgend welcher Dinge, z. B. Gottes, eines Engels, eines

[1] a. a. O., S. 161. In gleichem Sinne lehrt Fr. Ueberweg, *System der Logik*, 5. Aufl., Bonn 1882, S. 129: „Nur auf Grund der Begriffsbildung können die Numeralia verstanden werden, welche die Subsumtion gleichartiger Objecte unter den nämlichen Begriff voraussetzen.“ (vgl. auch ebd., S. 141).

Menschen, der Bewegung, welche zusammen vier sind"; (vgl. S. 16.) ferner Jevons, welcher sogar die These vertritt, Zahl sei bloß ein anderer Name für Verschiedenheit.[1]

Frege widmet in seinen *Grundlagen* der Frage nach dem Verhältnisse, in dem Gleichheit und Verschiedenheit zum Zahlbegriffe beitragen, ausgedehnte Erörterungen. „Wir stehen demnach", so faßt er sein Ergebnis zusammen, „vor folgender Schwierigkeit: Wenn wir die Zahl durch Zusammenfassung von verschiedenen Gegenständen entstehen lassen wollen, so erhalten wir eine Anhäufung, in der die Gegenstände mit eben den Eigenschaften enthalten sind, durch die sie sich unterscheiden, und das ist nicht die Zahl. Wenn wir die Zahl andrerseits durch Zusammenfassung von Gleichem bilden wollen, so fliesst dies immerfort in eins zusammen, und wir kommen nie zu einer Mehrheit. Wenn wir mit 1 jeden der zu zählenden Gegenstände bezeichnen, so ist das ein Fehler, weil Verschiedenes dasselbe Zeichen erhält. Versehen wir die 1 mit unterscheidenden Strichen, so wird sie für die Arithmetik unbrauchbar." [2]

Wie lösen sich nach unserer Theorie diese Schwierigkeiten? Was die Rolle anbelangt, welche Unterschiedsvorstellungen bei der Abstraktion des Zahlbegriffes spielen, so haben wir dieselbe in unseren früheren Untersuchungen (S. 48—63) ausführlich charakterisiert. Zu einem Inbegriffe kann evidenterweise nur verbunden werden, was verschieden ist; aber in der Vorstellung des Inbegriffs ist nichts von Unterschiedsrelationen vorhanden. Die Elemente des Inbegriffs sind in unserer Vorstellung da als das, was sie sind, und werden hierzu nicht erst durch Unterscheidung. Es bedarf nicht erst einer besonderen unterscheidenden Tätigkeit, damit sie nicht in eins zusammenfließen. Nur wenn es sich um sehr ähnliche Inhalte handelt, üben wir Unterscheidung, um der Gefahr der Verwechslung vorzubeugen, d. h. wir achten auf die Merkmale, in welchen Unterschiedenheit stattfindet. Was den Zahlbegriff anbetrifft, so entsteht er aus Inbegriffen in einer Weise, daß auch er, prinzipiell betrachtet, besondere Unterscheidungen nicht benötigt. Das Zählen, d.i. der sukzessive Prozeß, durch welchen wir die Zahl einer Menge ermitteln, bedarf im allgemeinen nur der Unterschiedenheit der zu

[1] Vgl. das Zitat S. 50.
[2] a. a. O., S. 50.

zählenden Gegenstände, nicht aber ihrer Unterscheidung. Eine Ausnahme tritt nur ein bei der Zählung leicht zu verwechselnder Inhalte: Wir müssen dann achtsam sein auf Auslassungen und Doppelzählungen.

Schwieriger ist es, die Rolle, welche den Gleichheitsrelationen bei der Zahlvorstellung zugeteilt ist, psychologisch korrekt zu charakterisieren.

Welcher Auffassung betreffs der Entstehung des Zahlbegriffs man auch huldigen möge, die Gleichheit der Einheiten ist eine Tatsache, welche nicht zu leugnen ist. Der scheinbare Widerspruch mancher Forscher wird uns nicht irremachen über das, was schließlich ihre eigentliche Meinung sein mußte. Wo man die Gleichheit der Einheiten leugnete, da meinte man die Gleichheit der zu zählenden Gegenstände, und es fragt sich nun, wie die völlige Gleichheit der Einheiten in der Zahl verträglich sein soll mit der Verschiedenheit, ja eventuell unvergleichbaren Verschiedenheit der gezählten Gegenstände, welche jene Forscher im Auge hatten. Freilich behaupten im Gegensatz dazu viele, wie z. B. Herbart (vgl. die obigen Zitate), ungleichartige Dinge ließen sich nicht zusammenzählen; immer müßten verschiedene Dinge, sollen sie zählbar werden, erst unter einen gemeinsamen Gattungsbegriff gebracht sein.

Eine leichte Unterscheidung wird zeigen, daß in gewissem Sinne beide Parteien recht haben. Rechnen wir zum Inhalte einer Vorstellung nur Teilvorstellungen im eigentlichen und strengen Sinne („innere Merkmale" nannten sie manche Logiker) und betrachten demgemäß Vorstellungen nur dann als vergleichbar, wenn sie gemeinsame Teilinhalte dieser Art besitzen, dann gibt es unendlich viele disparate und unvergleichbare Vorstellungen, und es ist klar, daß dann die Zählung Vergleichbarkeit (in dieser Bedeutung) nicht verlangt, da vielmehr ganz disparate Dinge zusammengezählt werden können. Meine Seele und ein Dreieck sind zwei, obgleich sie keinerlei gemeinsame innere Merkmale besitzen. Rechnen wir jedoch zum Inhalte einer Vorstellung auch alle ihr zukommenden negativen und relativen Bestimmungen (die „äußeren Merkmale"), dann gibt es überhaupt keine unvergleichbaren Vorstellungen; denn es gibt keine, die nicht, mindestens als unter den Begriff Etwas fallende, gleichartig sind. Und gerade diese Subsumtion unter den Begriff Etwas müssen wir (nach unserer Theorie) hinsichtlich eines jeden der zu zählenden Gegenstände vollziehen, um die Zahl zu erfassen. Insofern ist es also richtig, daß die zu zählenden Dinge unter einen gemeinsamen Gattungsbegriff (dies Wort freilich im äußerlichsten Sinne genommen) gebracht werden müssen.

Indessen, die Meinung der Philosophen, welche die Zahl auf Gleichheit gründen, geht denn doch viel weiter, als wir es billigen können. Nach unserer Ansicht erwächst die Vorstellung der Zahl einer bestimmten Menge nicht dadurch, daß wir die Gegenstände, die in derselben befaßt sind, miteinander vergleichen und sie unter den durch diese Vergleichung hervortretenden Gattungsbegriff (Pferd, Apfel, Ton, Bleistift) subsumieren, sondern vielmehr dadurch, daß wir sie — was auch immer wir zählen mögen — stets unter denselben Begriff, den des Etwas, bringen, gleichzeitig die unter Vermittlung dieses Begriffs gedachten und im Hinblick auf ihn gleich bezeichneten Gegenstände kollektivisch zusammenfassend. So entsteht die allgemeine Vielheitsform Eins und Eins und ... Eins, unter welche die konkret vorliegende Vielheit fällt, d. h. die ihr zugehörige Zahl. Nach jener weitverbreiteten Ansicht erforderte jede Zählung vorgängige oder gleichzeitige Vergleichungen, und es gingen Gleichheitsrelationen in den Begriff der Zahl wesentlich ein. Nach der unserigen ist keines von beiden der Fall. Diejenige Abstraktion (oder besser Reflexion), welche wir an den Gliedern einer Menge vornehmen müssen, um zur Zahl zu gelangen, bewirkt eo ipso, als Folge, die Gleichheit der Einheiten. Aber weder hat sie selbst irgend etwas mit Vergleichungen zu tun noch gehen in die Vorstellung der Zahl die Gleichheitsrelationen zwischen den Einheiten als explizite Bestandteile notwendig ein. Sie sind so weit entfernt davon, wesentliche psychologische Faktoren der Zahlvorstellung zu bilden, daß sie in vielen Fällen überhaupt nicht zur Beachtung kommen.

Da ich hier mit der Mehrzahl der Forscher in Widerspruch treten muß und es sich um eine etwas subtile Frage handelt, so will ich in die Kritik näher eingehen.

In welcher Weise, frage ich zunächst, soll die Gleichheit der zu zählenden Gegenstände in Beziehung auf irgendeinen Gattungsbegriff zum Zustandekommen der Zahlenabstraktion beitragen? Wir zählen jetzt Äpfel; dann ist Apfel der Gattungsbegriff. Hierauf zählen wir Pferde; nun ist Pferd der Gattungsbegriff. Also auf den besonderen Gattungsbegriff, der jeweilig vorhanden ist, kann es nicht ankommen. Wir können folglich die Sache einfach so fassen: Die Zahlen entstehen durch Abstraktion von Mengen, deren Glieder in irgendeiner Hinsicht als untereinander gleich vorgestellt werden. „Mengen untereinander gleicher Dinge" — in abstracto gedacht — das sind „Zahlen".

Unsere früheren Untersuchungen bieten uns alle Hilfsmittel, um die psychologischen Grundlagen des hier in Betracht kommenden Abstraktionsprozesses aufzudecken. Man sieht alsbald, daß die Fundamentalrelation, welche die Relationskomplexe, die hier vorliegen, zu einheitlichen Vorstellungen, zu Ganzen macht, die Gleichheit nicht sein kann, sondern nur die *kollektive Verbindung*. Zwei Äpfel, das heißt nicht ein Apfel *gleich* einem andern Apfel, sondern ein Apfel *und* ein Apfel; und so auch allgemein. Nicht 1 = 1 ist 2, sondern 1 *und* 1 ist 2 usf.

Ist dies aber zugestanden, dann ist es offenbar, daß die Abstraktion des Allgemeinbegriffs, welcher nur Mengen *untereinander gleicher* Gegenstände umfaßt, bis auf eine Modifikation genau denselben Prozeß darstellt, welcher uns auch den Allgemeinbegriff, unter welchen Mengen ganz *beliebiger* Gegenstände fallen, lieferte. Alle unsere Entwicklungen blieben bestehen, wofern nur überall an gehöriger Stelle eine gewisse Ergänzung eingeschaltet würde. In der Tat, gehen wir von konkreten Mengen untereinander gleicher Inhalte aus, wovon müßten wir abstrahieren und was festhalten, damit der gesuchte Allgemeinbegriff resultiere? Wieder sieht man ein, daß von den Inhalten nichts übrigbehalten werden kann als das äußere Merkmal, *daß* sie Inhalte sind; der leere Begriff Etwas oder „ein Ding" muß also auch hier vermitteln.

Aber neben diesem Begriffe und dem Begriffe der kollektiven Verbindung, welche nach unserer Ansicht *allein* den Zahlbegriff konstituieren, müßte hier noch der Begriff der Gleichheit beschränkend hinzutreten. Nicht wäre „Etwas und Etwas" oder „ein Ding und ein Ding" die sprachliche Explikation des Begriffes Zwei, sondern ein Ding und ein *ihm gleiches* Ding. Ebenso hieße Drei soviel als: „Ein Ding und ein Ding und ein Ding — welche einander *gleich* sind" usf. Man sieht, daß es für unsere Theorie ein leichtes wäre, sich den hier gestellten Anforderungen anzupassen, während andererseits die Ansicht, die wir bekämpfen, soll sie überhaupt möglich und konsequent durchführbar werden, ganz den Weg einschlagen müßte, den wir in den vorangegangenen Untersuchungen vorgezeichnet haben. Die gegnerische Lehre, auf solche Weise modifiziert und folgerichtig ausgestaltet, käme in die nächste Verwandtschaft mit der unsrigen; sie unterschiede sich von ihr nur durch jene beschränkenden Zusätze, vermöge deren die Gleichheit der Einheiten als eine besondere Forderung unseren Begriffsbildungen hinzugefügt würde.

Alles wohl erwogen, kann ich doch die Triftigkeit dieser Zusätze nicht zugestehen. Der Grundgedanke, dem sie Ausdruck geben, daß nämlich nur solche Inhalte zusammenzählbar sein sollen, welche nach irgendeiner Hinsicht als gleiche vorgestellt werden, ist sicher unrichtig. Auf die Frage: „Wieviel ist Jupiter, ein Widerspruch und ein Engel" antworten wir sofort: „Drei". Fällt es uns aber bei, erst nachzudenken, ob diese Inhalte in irgendeiner Beziehung gleich seien? Stellen wir zuerst vor: Jupiter, ein Engel und ein Widerspruch sind bloß insofern einander gleich, als ein jeder irgend Etwas ist? Oder vergleichen wir im Zählen schrittweise? Nichts von alledem kann ich bemerken. Wir zählen einfach: Jupiter ist Eins, und ein Widerspruch ist Eins, das gibt Eins und Eins, und der Engel ist Eins, das gibt Eins und Eins und Eins — also drei.

Natürlich sind die Einheiten einander gleich; aber diese ihre Gleichheiten sind ein *Erfolg* der Zahlenabstraktion, nicht ihre Grundlage und Voraussetzung; sie entstehen nicht durch vorgängige Vergleichung, sondern durch jene absolute Inhaltsentschränkung, welche die Zahlenabstraktion unter allen Umständen erfordert, selbst dann, wenn verglichene und als gleich vorgestellte Inhalte gezählt werden.

Gewiß, ein Apfel und ein Apfel sind zwei Äpfel, weil jeder ein Apfel ist. Warum aber sind sie überhaupt zwei? Nicht weil der eine Vorstellungsinhalt dem anderen als Apfel oder in irgendeiner anderen bestimmten Hinsicht gleich ist, sondern weil ein jeder Eins oder Etwas ist. Zwei Äpfel, zwei Menschen, ein Apfel und ein Mensch usw. sind sämtlich zwei, weil sie konkrete Inbegriffe repräsentieren, welche durch das Zählungsverfahren gerade unter die abstrakte Mengenform: Eins und Eins fallen und unter keine andere.

Ich glaube also, daß Vorstellungen der Gleichheit zur Zahlenabstraktion ebensowenig beitragen als Vorstellungen der Verschiedenheit. Das Vergleichen und Unterscheiden, das Kolligieren (die Einigung von konkreten Inhalten zu Inbegriffen) sowie das Zählen (die Abstraktion der allgemeinen Inbegriffsformen) sind wohlunterschiedene Geistestätigkeiten, welche auseinandergehalten werden müssen. Natürlich gibt es genug der Anlässe, wo alle diese Tätigkeiten zusammenwirken, so z. B. wenn wir aus einem Haufen von Geldsorten die Goldmünzen herauszählen.

Was jene zusammengesetzten Gleichheitsformen anlangt, welche nach der hier bestrittenen Ansicht die Zahlbegriffe selbst wären, so leugne ich gar nicht, daß sie ganz berechtigte Begriffsbildungen repräsentieren, von denen wir auch häufig genug Gebrauch machen; nur leugne ich, daß sie mit den Zahlbegriffen in deren voller Allgemeinheit identisch sind. Darum besitzen sie auch nicht besondere Namen, welche nach der Bildung und Benennung der wahren Zahlbegriffe überflüssig wären. Es genügt, um jene Reihe von Begriffen abstrakt auszudrücken, einfach das Attribut der Gleichheit hinzuzufügen; und so verfahren wir denn auch, indem wir sagen: zwei gleiche Dinge, drei gleiche Dinge, vier gleiche Dinge usw. In solcher Weise bilden überhaupt die Zahlen als die allgemeinsten Inbegriffsformen wichtige Hilfsmittel für das kombinierende und diese seine Kombinationen zum sprachlichen Ausdruck bringende Denken. So sagen wir z. B. ein Ganzes von drei Teilen, von denen der eine die Beschaffenheit x, der zweite die Beschaffenheit y usw. besitzt. Es entsteht zunächst die leere Inbegriffsform „Etwas und Etwas und Etwas" und nun wird individualisiert und die leere Form mit konkretem Inhalt erfüllt.

Eine ganz andere Frage ist die, ob nicht jene beschränkteren Begriffsbildungen historisch und psychologisch die früheren waren; ob also nicht die Zahlen ursprünglich durch Abstraktion von Mengen untereinander gleicher Gegenstände entstanden sind. In der Tat lernen auch die Kinder an gleichartigen und spezieller sogar an physischen Dingen wie Kugeln, Marken usw. das Zählen. Und es ist sicher, die nächstliegenden und die bei weitem häufigsten Anlässe für die Bildung der Zahlbegriffe finden sich bei Mengen untereinander gleicher Dinge. An sie knüpfen sich für unser Urteilsleben sowohl als auch für unser Gefühlsleben die wesentlichsten Interessen. Dasselbe galt nun nicht minder für jene niedrigere Entwicklungsstufe der Menschheit, in welche die Bildung der ersten und elementarsten Abstraktionen und die Entstehung der Sprache fiel. Indem gleiche Dinge durch denselben Namen bezeichnet wurden, war man, um Inbegriffe gleicher Dinge zu benennen und so für den sprachlichen Verkehr wie für das eigene Denken zu fixieren, genötigt, je nach Umständen größere oder kleinere Inbegriffe der wiederholten Namen zu bilden; also A und A, A und A und A, A und A und A und A, usw.; eine allzu umständliche Ausdrucksweise. Um ihr zu entgehen, lag es nahe, die Vielheitsformen mit Hilfe eines unbestimmten und auf jeden Inhalt passenden Begriffs und Namens (Etwas, ein Ding, Eins) zu fixieren und für sie besondere Namen einzuführen (Zwei für: ein Ding und ein Ding, usw.). Die ungeheure Abkürzung für den Ausdruck liegt zutage. Statt A und A und A und A konnte man nun sagen: vier A, d. h. man verband das Zeichen für Eins und Eins und Eins und Eins mit dem gemeinsamen Namen dessen, was hier den Inhalt des Eins (oder Etwas) bildete. Hiermit war dem vorwiegenden Interesse Genüge geleistet, denn die Zahl und der gemeinsame Gattungsbegriff sagt alles aus, was uns in der Regel an einer Menge interessiert.[1]

Indem wir dies alles zugestehen, kommen wir keineswegs in Widerstreit mit unseren Prinzipien. Die Einschränkung, mit welcher die Zahlbegriffe im Leben der Völker sowohl als der Individuen ursprünglich auftreten, beweist hier so wenig wie bei anderen Begriffen die wissenschaftliche oder selbst nur die praktische Berechtigung dieser Einschränkung.

Wir wollen nun noch einige Worte den Schwierigkeiten zuwenden, welche Frege in der oben zitierten Stelle darin gefunden hat, daß nicht nur Gleichheit, sondern auch Verschiedenheit den Einheiten zugeschrieben wird. „Wenn wir die Zahl ... durch Zusammenfassung von Gleichem bilden wollen, so fliesst dies immerfort in eins zusammen, und wir kommen nie zu einer Mehr-

---

[1] Daher kommt es auch, daß die allgemeinen Namen, welche sich auf die Begriffe Vielheit und Zahl stützen (z. B. Menge), meistens die Gleichheit der zusammengefaßten Gegenstände nebenbei mitbezeichnen. Am wenigsten ist dies noch der Fall beim Namen „Inbegriff", der auch in dieser Beziehung einen gewissen Vorzug besitzt.

heit."[1] Hier wird Gleichheit mit Identität verwechselt. Jede anschauliche Vorstellung einer Menge gleicher Gegenstände demonstriert ad oculos, daß Gleichheit und Verschiedenheit in keinerlei Widerspruch stehen und sehr wohl in einem zusammenfassenden Denken gegeben sein können. In gewisser Hinsicht findet eben Gleichheit, in einer anderen Verschiedenheit statt, und je nach Umständen kann die Aufmerksamkeit bald vorzugsweise den gleichen, bald den verschiedenen Bestimmungen zugewendet sein. Nur wenn der Ausdruck „Zusammenfassung von Gleichem", womit man die Entstehung der Zahl beschreiben will, absolute Gleichheit verlangte — was Frege fälschlich supponiert — dann läge hier eine Schwierigkeit oder besser eine Unmöglichkeit vor.

„Wenn wir mit 1 jeden der zu zählenden Gegenstände bezeichnen, so ist das ein Fehler, weil Verschiedenheit dasselbe Zeichen erhält."[2] Indessen diesen Fehler begehen wir mit jeder Anwendung allgemeiner Namen. Wenn wir Hans, Kunz etc. jeden einen Menschen nennen, so ist dies derselbe Fall wie die „fehlerhafte Schreibung", vermöge welcher wir bei der Zählung für jeden zu zählenden Gegenstand 1 schreiben. 1 ist eben das allgemeine Schriftzeichen, welches in dem Begriff der Einheit sein Fundament hat.

Noch in einer anderen Hinsicht (wie wir S. 140 erwähnten) wird die Gleichheit der Einheiten von manchen betont; nämlich als eine Voraussetzung der Arithmetik. Besonders entschieden drücken diesen Gedanken J. St. Mill und Delboeuf aus: „In allen Sätzen über Zahlen", erklärt der erstere, „ist eine Bedingung vorausgesetzt, ohne die kein einziger von ihnen wahr wäre, und diese Bedingung ist eine Voraussetzung, die falsch sein kann. Die Bedingung ist die, daß $1 = 1$ ist, daß alle Zahlen Zahlen von denselben oder gleichen Einheiten sind.... Wie können wir wissen, daß ein Pfund und ein Pfund zwei Pfund ausmachen, wenn das eine von den Pfunden Markgewicht und das andere Kramergewicht sein mag?"[3] Und Delboeuf statuiert:

[1] a. a. O., S. 50. – Anm. d. Hrsg.
[2] a. a. O., S. 50. – Anm. d. Hrsg. <im Original: ... weil Verschiedenes...>
[3] J. St. Mill, *Logik*, Buch II, Cap. VI, § 3 (Ges. Werke, S. 279/80). Vergl. auch W. St. Jevons, *The Principles of Science*, S. 159. Ferner die unten folgenden

„L'égalité des unités, telle est l'hypothèse fondamentale de l'arithmétique." [1]

Weniges wird zur Widerlegung dieser irrigen Ansicht nötig sein. Den Satz 1 = 1 eine arithmetische Voraussetzung zu nennen, heißt den Sinn der Arithmetik gänzlich verkennen. Die Arithmetik als Anzahlenlehre hat es nicht mit konkreten Objekten zu tun, sondern mit den Anzahlen im allgemeinen. Es ist wohl richtig, daß die gewöhnlichen Anwendungen der Arithmetik sich beziehen auf Zahlverhältnisse von Vielheiten untereinander gleicher Objekte, ein Fall, auf welchen die Verhältnisse kommensurabler Quantitäten auf dem Wege der Messung reduziert werden. Bei einer solchen Anwendung besteht gewiß die Voraussetzung, daß bei der betreffenden direkten oder indirekten Zählung nur solche Gegenstände mitgezählt, somit als Einheiten in Rechnung gezogen werden, die das betreffende Gleichheitsmoment wirklich und genau so, wie verlangt ist, besitzen. Dies ist aber doch nicht eine Voraussetzung der Arithmetik sondern der konkreten Aufgabe, zu deren Lösung uns die Arithmetik dienen soll; diese letztere tritt erst in Aktion, sobald alles in Zahlen ausgedrückt ist. Woher die Zahlen stammen, auf welche Aufgaben sie Anwendung finden und unter welchen Voraussetzungen, all das hat mit der Arithmetik nichts zu schaffen.

Weitere Mißverständnisse.

Wie weit die Mißverständnisse bezüglich des Wesens der Einheiten reichen konnten, spiegelt sich am auffallendsten in den eigentümlichen Anforderungen wieder, die häufig an diese Begriffe gestellt worden sind und die meistenteils mit der mißverständlichen Forderung der Gleichheit innig zusammenhängen. Beispielsweise sei hier eine Stelle aus Kromans Werk *Unsere Naturerkenntnis* angeführt. „Es ist", sagt dieser Autor, „keineswegs unsere Meinung zu läugnen, dass die Zahl eine Abstraction von der Wirklichkeit sei; wir halten es im Gegentheil für sicher genug, dass der

Zitate aus Kroman, *Unsere Naturerkenntnis,* Kopenhagen 1883. — Die Ansicht ist übrigens auch unter Mathematikern viel verbreitet.

[1] *Logique Algorithmique,* Liège—Bruxelles 1877. (auch im I. Bd. der *Revue Philosophique* erschienen), S. 33. Delboeuf steht auch sonst Mill nahe. Einige Zeilen weiter heißt es: „Le nombre est l'expression scientifique de l'idée sensible de pluralité.

Mensch durch Betrachtung verschiedener Mengen von gleichartigen Naturgegenständen allmälig seine Zahlvorstellungen gebildet und die natürliche Zahlenreihe gebaut hat. Aber eben die Abstraction von allem Uebrigen in diesen Mengen mit Ausnahme der Anzahl ihrer Theile, die Verwandlung der Theile in die vollkommen gleichartigen, gleichgrossen, constanten, von Zeit und Raum, Wärme und Kälte u.s.w. durchaus unabhängigen Einheiten, gerade dies macht die Zahl zu einem selbstgeschaffenen Object, einem Phantasieobject. Ebenso wie es sicher keine ganz geraden Linien, keine vollkommenen Kreise u.s.w. giebt, so giebt es sicher auch keine vollkommen gleichartigen und gleichgrossen Einheiten, und jedenfalls werden wir es nie erfahren können. Die arithmetischen Einheiten haben indessen diese Eigenschaften zufolge der Definition, zufolge des Beschlusses der Mathematiker." [1]

Diese von Grund aus irrige Auffassung hat ihre Quelle teils in einer unzureichenden Psychologie, teils darin, daß Kroman nur an die geometrischen und physikalischen Anwendungen der Zahlen dachte, als er die zitierten Sätze niederschrieb. Es ist derselbe Irrtum, den wir oben bei Mill rügen mußten und der überhaupt die Logik der Arithmetik in der extrem empiristischen Schule verfälscht. Wir müssen darum auch die weitgehenden erkenntnistheoretischen Folgerungen, die an jene Auffassung geknüpft werden, ganz und gar ablehnen. Da die Zahl ein „selbstgeschaffenes Object", „ein Phantasieobject" sei, welches nur eine „grobe Annäherung" zur Wirklichkeit darbiete, so bestehe auch die ganze Sicherheit der Arithmetik in ihrer groben Annäherung, ein Umstand, welcher nach Kroman zugleich die Allgemeingültigkeit ihrer Lehrsätze verbürgen soll.

Die Gleichheit der Einheiten, wie sie aus unserer psychologischen Theorie resultiert, ist evidentermaßen eine absolute. Ja, der bloße Gedanke einer Annäherung ist schon absurd. Denn es handelt sich um die Gleichheit von Inhalten in Beziehung darauf, daß sie Inhalte sind. Diese Gleichheit leugnen, heißt daher, die Evidenz der inneren Wahrnehmung leugnen.

Nachdem wir soeben die Konstanz der Einheiten, ihre Un-

---

[1] K. Kroman, *Unsere Naturerkenntnis*, S. 104—105. Kroman ist durch A. Langes Ansichten (vgl. d. II. Kap. d. W.) wesentlich beeinflußt.

abhängigkeit von Raum und Zeit, Wärme und Kälte usw. betonen hörten, werden wir durch weitere Anforderungen, die von anderen Seiten erhoben werden, nicht mehr sehr überrascht sein. So wurde häufig, in alter und neuer Zeit, auf die strenge Abgeschlossenheit, Ungeteiltheit oder Unteilbarkeit der Einheiten besonderes Gewicht gelegt.[1] Von historischen Namen seien hier bloß Locke[2], Hume[3], Herbart genannt. Als bequeme Unterlage für die kritische Aufklärung der hier obwaltenden Mißverständnisse mögen einige Sätze von Baumann dienen: „Was wir als Punkt setzen oder nicht mehr als getheilt setzen wollen, das sehen wir als Eines an, aber jedes Eins der äusseren Anschauung, der reinen und empirischen, können wir auch als ein Vieles ansehen. Jede Vorstellung ist Eine, wenn abgegränzt gegen eine andere Vorstellung; aber in sich kann sie wieder in ein Vieles unterschieden werden." — „Das Rechnen und die Zahlen sind so keine von den äusseren Dingen abgezogenen Begriffe; weil nämlich die äusseren Dinge uns keine strengen Einheiten darstellen, sie stellen nur abgegränzte Gruppen oder sinnliche Punkte dar, aber wir haben die Freiheit diese selber noch als ein Vieles zu betrachten; manchmal finden wir auch in der Beschaffenheit der gegebenen Einheiten Gründe, sie nicht als solche bestehen zu lassen, manchmal nötigen diese äusseren Einheiten, sie nicht weiter wirklich in Viele zu unterscheiden, obwohl wir es mathematisch könnten. Diese Unabhängigkeit von unseren Vorstellungen, dieser Zwang der Dinge gegenüber von ihnen ist zugleich ein Beweis für die Realität dieser gegebenen Einheiten;..."[4] Die Irrtümer, auf welchen die vorstehenden Behauptungen beruhen, gründen teils in der Verwechslung der Begriffe Einheit, Einfachheit und strenge Punktualität — eine Verwechslung, welche in der Philosophie nicht eben selten aufgetreten ist —, teils in gewissen Äquivokationen, welche dem Namen Einheit anhaften. Daß derselbe mit Äquivokationen übermäßig belastet ist, mußten wir bereits öfter bemerken. Es wird nützlich sein, die sämtlichen hier einmal zusammenzustellen, obgleich wir nur einige derselben für den momentanen Zweck der Diskussion be-

[1] Vgl. Frege, a. a. O., S. 41 u. ff.

[2] Vgl. das Zitat S. 126/127 d. W.

[3] *A Treatise on Human Nature,* Part II, sect. II. (Ausg. v. Green und Grose, Bd. I, S. 337—338.)

[4] J. J. Baumann, *Die Lehren von Raum, Zeit und Mathematik,* Bd. II, S. 669/670.

nötigen. Man wird leicht erkennen, daß es sich nicht um ganz zufällige, sondern um Äquivokationen durch Übertragung handelt.

Die Äquivokationen des Namens Einheit.

1. Der Name Einheit bezieht sich zunächst auf den abstrakten Begriff der Einheit. Der Begriff der Einheit steht im Korrelationsverhältnis zum Begriff der Vielheit; dieser aber ist nichts anderes als der Begriff des kollektiven Ganzen. So ist der Begriff der Einheit nichts anderes als der Begriff kollektiver Teil.

2. Der Name Einheit bedeutet auch irgendeinen Gegenstand, sofern er unter den Begriff der Einheit fällt. Diese Art der Äquivokation ist keine dem Namen Einheit eigentümliche, er teilt sie mit allen abstrakten Namen, sofern sie auch als allgemeine verwendet werden. Danach ist also jedes Glied einer konkreten Vielheit, falls an ihr die Zahlenabstraktion vorgenommen wird, eine Einheit oder Eines. Wir können auch sagen, Einheit in diesem Sinne bedeute: gezählter (oder in Übertragung: zu zählender) Gegenstand als solcher, wobei zunächst an wirkliches und nicht an symbolisches Zählen zu denken ist.

3. Jede Einheit in der Vielheit ist auch Eins im Sinne der Zahl: Jeder Einheit kommt die Zahl Eins zu. Da nun für den Namen Einheit (in der hier betrachteten Bedeutung von Nr. 2) auch der Name Eins verwendet werden kann, so entstand eine Äquivokation des letzteren Namens, welche dazu führte, beide Begriffe zu vermengen und dann sogar für Eins im Sinne der Zahl den bei der anderen Bedeutung von Eins zulässigen Namen Einheit zu verwenden. So gebraucht z. B. Herbart, wie wir oben (S. 135) sahen, den Namen Einheit für Zahl Eins und vermengt so zwei wohlgeschiedene Begriffe.

4. Da in der Regel nur gleichartige Gegenstände gezählt werden, so nannte man wohl auch den gemeinsamen Gattungsbegriff gezählter Gegenstände Einheit. Wo es sich um Kontinua handelt, da konnte man Relationen zwischen Ausdehnungen (physischen Teilen, Abständen etc.) auf Zahlenrelationen reduzieren, indem man Teilungen in gleiche Teile ausführte. Dann hieß das zugrunde gelegte gemeinsame Maß (d. h. der die gleichen Teile

umfassende Gattungsbegriff) Maßeinheit oder Einheit schlechtweg. Auch hier sieht man den Grund der Übertragung leicht ein. Wenn z. B. Pfunde gezählt werden, so ist ein Pfund die Einheit. In der Tat, wenn das Interesse ausschließlich auf Pfunde und deren Zählung geht, dann haben die Begriffe „zu zählender Gegenstand als solcher" und „Pfund" gleichen Umfang, und so übertragen wir den Namen des ersten Begriffs auf den zweiten. In diesem Falle gibt die Einheit an, was als Eins gezählt werden soll; zu einer wirklichen Einheit (im Sinne von Nr. 2) wird sie aber erst, sofern man sie wirklich zählt.[1] Die Äquivokation, die durch diese Übertragung entstanden ist, hat zu allen Zeiten zu den meisten Irrtümern beigetragen.

5. In vielfachem Sinne ist in der höheren Analysis von Einheiten die Rede, welche mit der Anzahl unmittelbar nichts zu schaffen haben und nur in sehr entfernter Beziehung zu ihr stehen. Man spricht dort z. B. von vielerlei „imaginären Einheiten". Es sind dies gewisse, nicht weiter reduktible Rechenelemente, vermittels welcher andere, aus ihnen zusammengesetzt gedachte Formen ähnlich zu bilden sind wie die Zahlzeichen aus dem Zeichen 1, d. h. durch Formeln wie $1+1=2$, $2+1=1+1+1=3$ usw. Die Funktion dieser Einheiten ist eine mehrfache. Oft dienen sie bloß als kunstmäßige Hilfsmittel zur Vervollkomnung der arithmetischen Zeichentechnik, wobei ihnen keinerlei begrifflicher Gehalt neben diesem technischen korrespondiert. In der Arithmetik bestimmter Sachgebiete entspricht ihnen aber häufig auch eine solche „reale Bedeutung". Analoges gilt von den übrigen Arten von Einheiten, welche die Arithmetiker verwenden, wie den negativen, gebrochenen usw. Hierüber soll im II. Bande ausführlich gehandelt werden.

6. Als Zeichen für eine Einheit (im Sinn von Nr. 2) verwenden die Arithmetiker das Zeichen 1. Die Methode des mechanischen Zählens und Rechnens, das auf die zugrunde liegenden Begriffe nicht reflektiert, führte dahin, diese Begriffe zu übersehen und wie die Zahlen so auch die Einheit als bloßes Zeichen aufzufassen. Einheit wird also definiert als das Zeichen (der

[1] Aus leicht verständlichen Gründen pflegen die Mathematiker die Einheit gerade in diesem Sinne zu erklären; vgl. P. du Bois-Reymond, *Die allgemeine Functionentheorie*, Bd. 1, S. 48 u. 49, wo die Verwechslung mit <der> Einheit im Sinne von Nr. 2 klar hervortritt; vgl. auch Frege, a. a. O., S. 66.

Strich) 1, mit dem beim Zählen jedes Ding „abgebildet" wird. Der älteste Vertreter dieses Irrtums ist Berkeley. Wir finden ihn wieder bei neueren Mathematikern wie Stolz,[1] v. Helmholtz[2] u. a.

7. Einheit bedeutet weiterhin soviel wie Ganzes. Der Anlaß zu dieser Übertragung ist naheliegend. Es steht gewiß nichts im Wege, zusammenhangslose und disparate Inhalte oder ausgesonderte Attribute, relative Bestimmungen usf. zusammenzuzählen; aber hierzu haben wir nur in seltenen Ausnahmsfällen einen Anlaß. In der Regel zählen wir Dinge im engeren Sinne, überhaupt zusammengesetzte Ganze, die sich durch besonders innige Verbundenheit ihrer Teile ausnehmend leicht von der Umgebung abscheiden und als Ganze unser Interesse auf sich ziehen. Was sich nun durch innere Zusammengehörigkeit und scharfe Begrenzung als Ganzes aussondert, dem Interesse aufdrängt und hierdurch hauptsächlicher Gegenstand der Zählung wird, das wird Eines genannt. Durch weitere Übertragung bezeichnete aber schließlich Einheit soviel wie Ganzes;[3] z. B. sagen wir, der Staat bilde eine Einheit.

8. Einheit wird endlich auch in dem Sinne gebraucht wie Ganzheit oder Geeinigtheit (man verzeihe die gezwungenen Wortbildungen). Für diesen Begriff haben wir überhaupt keinen anderen geläufigen Namen als Einheit. Es handelt sich hier offenbar um eine abermalige Übertragung. In diesem Sinne sprechen wir z. B. von der Einheit der Seele als einer ihrer Beschaffenheiten.

Mit Hilfe der siebenten und achten Bedeutung des Namens Einheit können wir nun den Weg angeben, auf welchem man zur Behauptung der strengen Punktualität der Einheit gelangt sein mag. Eines ist, was geeinigt ist. Die Einigung läßt aber Vollkommenheitsgrade zu; sie ist um so vollkommener, je inniger sie ist. Das Ideal der Einigung ist aber Unteilbarkeit, das Ideal der Unteilbarkeit der mathematische Punkt — folglich kommt der „strengen" Einheit Punktualität zu.

Gegen Baumann hebe ich noch hervor, daß selbst dann, wenn die Außenwelt ausschließlich aus diskreten mathematischen

---

[1] Vgl. die Zitate S. 114.
[2] Vgl. den Anhang z. I. Teil.
[3] Auch der Name „Einigung" und das Verbum „einigen" (zu einem Ganzen verbinden) sind auf solche Weise entstanden.

Punkten bestände, die Zahlen nicht mehr und nicht minder von ihr abstrahiert wären als jetzt, wo sie ganz anders beschaffen ist. Der Geistesprozeß der Zahlenabstraktion bliebe genau derselbe.

Die Willkürlichkeit der Unterscheidung zwischen Einheit und Vielheit. Die Auffassung der Vielheit als einer Vielheit, als einer gezählten Einheit, als eines Ganzen.

Nach Baumann gründet die Tatsache, daß derselbe Inhalt uns bald als Eines, bald als Vieles erscheint, in eben jener Unvollkommenheit der äußeren Erfahrung, die uns keine „strengen Einheiten" darbietet. Aber würden wir nicht auch in dem fiktiven Idealfalle die Fähigkeit beanspruchen müssen, Gruppen von Punkten als neue Einheiten herauszuheben und selbst wieder zu zählen? Gewiß erschiene auch dann eine solche Gruppe je nach Gutdünken bald als Einheit und bald als Vielheit.

Wie aber erklärt sich dieses merkwürdige Faktum selbst? Schon Berkeley hob es hervor, und er macht daraus ein scharfsinniges Argument gegen die realistische Auffassung der Begriffe Einheit und Zahl als primärer Qualitäten. („Wir sagen Ein Buch, Eine Seite, Eine Linie; diese alle sind gleichsehr Einheiten, obschon einige derselben mehrere der anderen enthalten. Und in jedem Betracht ist es klar, dass die Einheit sich auf eine besondere Combination von Ideen bezieht, welche der Geist willkürlich zusammenstellt." [1]) Liegt in dieser Willkür der Auffassung, die jeden Unterschied zwischen Einem und Vielem zu verwischen scheint, nicht eine ernstliche Schwierigkeit? [2]

Betrachten wir, um hier Klarheit zu erlangen, die Sachlage erst einmal näher. Es ist eine Tatsache, daß wir oft imstande sind, einen und denselben Gegenstand je nach Belieben als Eines und Vieles aufzufassen. Es ist ferner eine Tatsache, daß wir Vielheiten zählen können, wodurch wir Zahlen erhalten, deren Einheiten selbst wieder Zahlen sind, und darauf beruht alle Arithmetik. Man sieht auch sofort, daß die zweite Tatsache eine Folge der ersten ist, eine Folge eben jener Willkür der Auffassung. Während man also einerseits erwarten möchte, daß die Willkür alle Arith-

[1] *Principles of Human Knowledge*, sect. 12. Vgl. auch *New Theory of Vision*, sect. 109, Fraser, vol. I, p. 25.

[2] Vgl. auch Frege, a. a. O., S. 58.

metik unmöglich mache, zeigt sich andererseits, daß auf ihr sich alle Arithmetik gründe.

Indessen, diese Schwierigkeit ist bloßer Schein. Bei einer wirklichen Zählung ist es nie zweifelhaft und willkürlich, was als Eins gezählt werden soll. Dies bestimmt das leitende Interesse, wie es auch bestimmt, wieviel wir zusammenzählen. Ohne Willkür in diesem Sinne gäbe es überhaupt keine Zahl. Werden Vielheiten zusammengezählt, so sind diese Vielheiten die Einheiten. Der Widerspruch liegt nur in den Worten. Man muß eben auseinanderhalten die Zählungen, welche jene Vielheiten ergeben — und nur im Hinblick auf diese sind sie Vielheiten — und die Zählung, welche dann die Vielheiten wiederum zu einer Vielheit verbindet — und in Beziehung auf diese neue Zählung sind sie nicht Vielheiten, sondern Einheiten.

Noch eine Bemerkung sei hier angefügt. Es ist ein wesentlicher Unterschied zwischen Vielheit schlechthin, d. h. Vielheit als Vielheit gedacht, und zwischen Vielheit als Einheit gedacht. Derselbe kann leicht auf seinen psychologischen Ursprung zurückgeführt werden.

Was das heißt, eine Vielheit als solche aufzufassen, brauchen wir nicht von neuem zu erläutern. Betrachten wir daher gleich jene zweite Auffassungsweise einer Vielheit, vermöge deren sie als Einheit gedacht wird.

Eine Vielheit (sei es in concreto oder in abstracto) ist ein Vorstellungsinhalt so gut wie irgendein anderer; sie kann daher mit beliebigen anderen Inhalten kolligiert und gezählt werden. Jede (eigentliche) Zahlbildung erfordert in Beziehung auf jeden einzelnen Gegenstand eine Reflexion auf den ihn vorstellenden psychischen Akt, durch sie wird er als Einheit gedacht. Daher wird auch die Vielheit, sofern sie als zu zählender Gegenstand fungiert, als Einheit gedacht, indem sie mit Reflexion darauf, daß sie ein Inhalt, ein Etwas ist, angesehen wird.

Noch in einem ganz anderen Sinne kann von „Vielheit als Einheit" gesprochen werden, nämlich in dem Sinne „Vielheit als Ganzes". Hier werden die Elemente der Vielheit (resp. die Einheiten der Zahl) als Teilvorstellungen des psychischen Aktes gedacht, welcher die Vielheit zum intentionalen Objekte besitzt. Das Interesse ruht auf dem Geeinigtsein der Elemente oder Einheiten in der Vorstellung der Vielheit bzw. Zahl; die Einigung aber erfolgt, wie wir feststellten, nur in dem psychischen Akt des Interesses und Bemerkens, welcher die einzelnen Inhalte heraushebt und verbindet, und kann auch nur in Reflexion auf ihn bemerkt werden. Jede Vielheit besitzt, objektiv betrachtet, in diesem Sinne Einheit; sie ist ein Ganzes; aber nicht immer richtet sich ein besonderes Interesse darauf, nicht immer wird sie als Ganzes gedacht. Es wäre daher mißverständlich zu sagen: „Jede Vielheit ist nicht bloss Vielheit, sondern eine Vielheit als Einheit gedacht ..."[1] Beides muß vielmehr wohl auseinandergehalten werden.

Herbartsche Argumentationen.

Mißverständnisse des Verhältnisses der Begriffe Einheit und Vielheit sind die Quelle unzähliger falscher Argumentationen in der Philosophie gewesen. Einheit und Vielheit sind einander entgegengesetzt; also, schloß man, kann nicht dasselbe zugleich Eines und Vieles sein. Dieser Schluß ist nur richtig, wenn man statt „dasselbe" sagt „dasselbe in derselben Hinsicht". Zählen wir Soldaten, dann ist ein Regiment eine Vielheit; zählen wir Regimenter, so ist ein Regiment eine Einheit. Ein Widerspruch besteht nicht, weil diese Vielheit und diese Einheit keinen Gegensatz bilden; denn sie gehören verschiedenen Relationen als Glieder an. Nur wer behauptete, daß ein Regiment eine Vielheit von Regimentern, ein Soldat eine Vielheit von Soldaten sei, beginge einen Widerspruch. Es verhält sich hier wie bei Korrelativbegriffen überhaupt; nur Glieder derselben Relation schließen sich wechselseitig aus.

Mit diesem Mißverständnis verband sich mitunter ein anderes, welches dadurch entstand, daß man Einheit auch in dem Sinne von Ganzes verstand und trotzdem Vielheit als das entsprechende Korrelativum auffaßte.

An diesen Irrtümern sowie an der Verwechslung der Begriffe Einheit und Einfachheit scheitert die berühmte Herbartsche Argumentation, welche in dem Begriffe *eines* Dinges mit vielen Eigenschaften einen Widerspruch nachweisen will.

Auf die Frage, was ist das Ding, antworten wir durch Auf-

---

[1] Chr. Sigwart, *Logik*, Bd. II, S. 42.

zählung der Eigenschaften, also mit einem Kollektivum. Das sei, meint Herbart, wenn wir uns an den Wortlaut halten, ungereimt; denn die Rede war nicht von Vielem, das bloß in einer Summe sich zusammenfassen, aber zu keiner Einheit sich verschmelzen ließe.[1]

Schon hier können wir nicht beistimmen. Keinerlei Ungereimtheit können wir in dem Wortlaut finden und diejenige, die Herbart hineininterpretiert, kennzeichnet bloß eine begriffliche Verwechslung, die er begeht. Kollektivum im weiteren Sinne bedeutet dasselbe wie Vielheit; Kollektivum im engeren Sinn dasselbe wie Vielheit von gesonderten Dingen, Individuen. Durch Aufzählung der Eigenschaften antworten wir mit einem Kollektivum in dem ersten Sinne, für den Herbart unberechtigterweise den zweiten unterschiebt. Der sprachliche Ausdruck gibt den richtigen Gedanken ohne jede Zweideutigkeit wieder. Indem wir sagen, die Orange ist rot und rund, drückt die adjektivische Form den Unterschied des unselbständigen Merkmals gegenüber dem Dinge klar aus. Ein solcher Satz hat einen ganz anderen sprachlichen Charakter wie z. B. der folgende: Die Kommission besteht aus Müller, Lehman und Schulze. Nur hier, wo ein Kollektivum im engeren Sinne gemeint ist, gibt der Wortlaut ein solches wieder.

Die begriffliche Verwechslung, vermöge deren Herbart zur falschen Interpretation der sprachlichen Ausdrucksweise gedrängt wurde, liegt nun auch seiner weiteren Argumentation zugrunde. Die Antwort auf die Frage: „Was ist ein Ding" verliere, meint er, ihre augenscheinliche Ungereimtheit, wenn wir sie genauer so fassen: Das Ding ist der Besitzer der Eigenschaften a, b, c etc. Dann trete aber der Widerspruch auf, wenn wir bedenken, daß der Besitz doch ein ebenso vielfacher sei, als es Eigenschaften gäbe. Die einfache Frage: „Was ist das Ding" verlange einfache Antwort, die uns sage, von wem denn eigentlich gesagt wird, daß er Eigenschaften habe und sie vereinige. „Können wir nun das vielfache Besitzen der vielen Eigenschaften nicht auf einen einfachen Begriff zurückführen, der sich ohne allen Unterschied mehrerer Merkmale denken lasse, so ist der Begriff von dem Dinge, dem wir doch diesen vielfachen Besitz als

[1] *Lehrbuch zur Einleitung in die Philosophie*, Hamburg und Leipzig 1883, § 118.

seine wahre Qualität beilegen müssen, weil wir es durch viele Merkmale kennen lernten, ein widersprechender Begriff; ..." [1]

Inwiefern ist die Frage „Was ist das Ding" eine einfache, die eine einfache Antwort verlange? Herbart supponiert der Einheit von vornherein die Einfachheit, und dann ist es kein Wunder, wenn die bestehende Vielheit der Eigenschaften ihr widerspricht. Um zu erfahren, wer es sei, der die Teile des Dinges einigt, wer sie hat, brauchen wir keine einfache, sondern einfach die richtige Antwort: die Vereinigung der Teile, das Ganze. Von jedem Ganzen gilt die Aussage, daß seine Teile ihm zukommen und daß es die Gesamtheit der Teile vereinige, also auch von dem Ganzen, das wir Ding nennen. Und so ist denn dem Dinge in keinem anderen Sinne der vielfache Besitz als seine wahre Qualität beizulegen wie irgendeinem andersartigen Ganzen. Das Unterscheidende liegt bloß in der Weise des Besitzens, und diese ist es auch, die uns veranlaßt in einem besonderen Sinne von der Einheit des Dinges zu sprechen. Was wir darunter verstehen, ist nichts anderes als eben dies: daß die Eigenschaften in dem Begriffe eines Dinges nicht in der Weise eines bloßen Kollektivums zusammengerafft seien, sondern ein Ganzes inhaltlich verbundener (sich wechselseitig durchdringender) Teile konstituieren. Die Aussage, daß ein Ding in diesem Sinne eine Einheit repräsentiere (nämlich ein „metaphysisches Ganzes"), und diejenige, daß es eine Vielheit von Eigenschaften (von „metaphysischen Teilen") besitze, stehen miteinander so wenig in Widerspruch, daß sie sich vielmehr wechselseitig fordern. Ganzes und Teil sind eben Korrelative. Man darf sich nicht durch die Äquivokation des Wortes Einheit täuschen lassen, die es nahe legt, Einheit und Vielheit als sich ausschließende Gegensätze schlechthin anzusehen. Einheit in dem Sinne der Zahl (die mit der Einfachheit immer gegeben ist) und Einheit in dem obigen Sinne der Verbundenheit sind wohlunterschiedene Begriffe.

Forscht man nun nach der Quelle aller dieser Konfusionen, so findet man, daß sie aus jener Verwechslung der beiden Kollektivbegriffe entspringt, von der oben die Rede war. Wird der Begriff der Vielheit identifiziert mit dem eines Kollektivums von Individuen, (die „bloss in einer Summe sich zusammenfassen, aber

[1] a. a. O., S. 186.

zu keiner Einheit sich verschmelzen lassen"), dann freilich erscheint die Vielheit von Eigenschaften in der Einheit des Dinges eine Unmöglichkeit, denn diese Einheit ist eben mehr als eine derartige Kollektiveinheit. In solcher Weise zur Verwechslung der Begriffe Einheit des Dinges und Einfachheit des Dinges gedrängt, wird man es notwendig als Widerspruch empfinden, daß der Begriff des Dinges sich nicht als einfacher fassen lasse, der „ohne allen Unterschied mehrerer Merkmale" zu denken sei.

IX. KAPITEL

Der Sinn der Zahlenaussage

Widerstreit der Ansichten.

Wir gehen nun zu der Streitfrage nach dem eigentlichen Subjekt der Zahlenaussage über. Es ist bezeichnend für die Verwirrung in den Begriffen, wenn in diesem Punkte Uneinigkeit herrschen kann, und kaum glaublich ist es, wie weit hier die Meinungen der Philosophen voneinander abweichen. J. St. Mill erklärt: ,,Die Zahlen sind im strengsten Sinne Namen von Objekten. Zwei ist sicherlich ein Name der Dinge, welche zwei sind, der zwei Kugeln, zwei Finger usw.'' [1]

Ganz anders urteilt Herbart. ,,Jede Zahl nun'', sagt er, ,,bezieht sich ... auf einen allgemeinen Begriff des Gezählten, ... Zu der Zahl 12 denke man hinzu den allgemeinen Begriff eines Stuhls, oder eines Thalers, so wird man gewahr werden, dass sich die Zahlbestimmung ungetheilt, und auf einmal, dem Begriffe anschliesst.'' [2] Und diese Ansicht hat in jüngster Zeit an Frege einen eifrigen Verteidiger gefunden. ,,Die Zahlenangabe'', sagt er kurz und klar, enthält ,,eine Aussage von einem Begriffe''. [3] Mit dieser Auffassung verwandt ist diejenige Schuppes. Nach ihm be-

---

[1] James Mill, *Analysis*, vol. II, p. 92 note. Dem Wortlaute nach sagt James Mill im Texte (S. 91) genau das Gegenteil wie sein Sohn in der Anmerkung. ,,Numbers ... are not names of objects. They are names of a certain process; the process of addition; ...'' Der Gegensatz liegt aber nur in den Worten und beruht auf der entgegengesetzten Bedeutung, in der die beiden Mill die Termini ,,note'' und ,,connote'' gebrauchen. Indem James Mill einige Zeilen später erklärt, die Namen bezeichneten mit (,,connote'') die gezählten Dinge, drückt er in einer freilich sehr mißverständlichen Form dasselbe aus wie sein Sohn, nämlich daß die Zahlen Aussagen von Dingen seien. (Im übrigen stimmen beide auch in der kraß äußerlichen Auffassung der Zahlen überein. Der Prozeß der Addition wird von James Mill a. a. O. auf eine Stufe gestellt mit Gehen und Schreiben.)

[2] *Psychologie als Wissenschaft*, Teil 2, S. 161. Vgl. auch die oben S. 140 zitierten Stellen aus demselben Werke sowie aus Ueberwegs *Logik*.

[3] Frege, a. a. O., S. 59.

ruht, wie wir früher besprachen, die Zahl auf Vergleichungen und Unterscheidungen der gezählten Inhalte. Das Subjekt der Zahlprädikation sind aber, wie er meint, „nicht die Verglichenen, welche für verschieden erkannt werden", sondern „das, was in allen Unterschiedenen dasselbe ist". „Wir haben ... das Substantiv bei der attributiven Zahlbestimmung und das Subject bei einer prädicativen als das Erscheinen oder Gedachtwerden des einen Identischen — sei es eines Erscheinungselementes oder der Gattung eines solchen, sei es eines Dingbegriffes, z. B. der allgemeinen Charakterzüge eines Hundes oder einer Katze — mit resp. an mehreren Wo oder mehreren Wann aufzufassen." [1]

Wiederum anders fassen andere Forscher die Zahlenaussage: Sie betrachten die Zahlen als Prädikate von Mengen. J. St. Mill, sich selbst nicht treu, drückt sich wiederholt auch in diesem Sinne aus. Nur wenige Zeilen nach der vorhin zitierten Stelle heißt es: „Numerals ... denote the actual collections of things." [2] Endlich kommt es auch vor, daß zwei, drei, vier ... als Prädikate der Zahl im allgemeinen angesehen werden. Sprechen wir z.B. von drei Äpfeln, dann sei nicht drei eine Bestimmung der Äpfel, sondern der Zahl der Äpfel. Der Ausdruck „der Äpfel sind drei" wäre der Bedeutung nach identisch mit dem genaueren „die Zahl der Äpfel ist drei". Als Vertreter dieser Ansicht darf Sigwart bezeichnet werden. „Wenn <die Drei> Prädicat ist", sagt er, „ist sie wirklich Prädicat der Dinge, von denen sie ausgesagt wird, und nicht vielmehr Prädicat ihrer Zahl ...?" [3]

Widerlegung und Entscheidung.

Für welche von diesen Auffassungen sollen wir uns entscheiden? Die Ansicht, daß die Zahl Prädikat der gezählten Dinge sei, bedarf keiner langen Erwägung. Zwei ist sicherlich nicht „Name der Dinge, die zwei sind," denn sonst wäre eben jedes derselben zwei. Wir sagen darum auch nicht: „Die Dinge (die Kugeln, Finger usw.) sind zwei", wie wir sagen: „Sie sind farbig, schwer

[1] Schuppe, *Erkenntnissth. Logik,* S. 410.

[2] <*Analysis*, vol. II, p. 93 note. – Anm. d. Hrsg.> Vgl. z.B. auch *Logik,* Buch III, Cap. XXIV, § 5 <Ges. Werke, Bd. III, S. 342>: „wenn wir eine Sammlung von Gegenständen zwei, drei oder vier nennen ..."

[3] Chr. Sigwart, *Logik,* Bd. I, S. 168 Anm.

usw." sondern: „Der Dinge sind zwei". Daß die Zahlen keine Attribute von Dingen sind, zeigt sich auch sonst im sprachlichen Ausdruck: Es gibt keine Zahlenadjektiva, wie es Adjektiva gibt für alle Arten von Attributen.

Eine genauere Untersuchung erfordert und verdient die Herbartsche Ansicht, wonach die Zahlenangabe sich auf einen Begriff beziehe. Herbart selbst hat die Begründung derselben nicht genauer durchgeführt; wir halten uns daher an die Argumente von Frege, welcher alle Sorgfalt daran wendete, Herbarts Ansicht besser auszubilden und auf positivem wie auf kritischem Wege zu erweisen.

Folgendes ist sein Hauptargument: Betrachten wir Gegenstände als Träger der Zahl, dann entsteht der Schein, als ob demselben Gegenstande verschiedene Zahlen zukämen. Dies ändert sich sofort, wenn wir den Begriff als den wahren Träger in seine Rechte setzen. „Wenn ich in Ansehung derselben äusseren Erscheinung mit derselben Wahrheit sagen kann: ‚dies ist eine Baumgruppe' und ‚dies sind fünf Bäume' oder ‚hier sind vier Compagnien' und ‚hier sind 500 Mann', so ändert sich dabei weder das Einzelne noch das Ganze, das Aggregat, sondern meine Benennung. Das ist aber nur das Zeichen der Ersetzung eines Begriffes durch einen anderen. Damit wird uns ... nahe gelegt, dass die Zahlangabe eine Aussage von einem Begriffe enthalte." [1]

Das Argument stützt sich auf richtige Bemerkungen; aber sie beweisen nicht, was hier bewiesen werden soll. Es ist richtig, die Zahlen haften keinerlei Gegenständen als Merkmale an, und insofern sind diese nicht ihre Träger; aber sie sind dies gleichwohl in einem anderen, besser berechtigten Sinne. Die Zahl verdankt ihre Entstehung einem gewissen psychischen Prozesse, welcher an die Zählobjekte sich anknüpft und in diesem Sinne von ihnen „getragen" wird. Hält man sich an diese Träger, und beachtet man die Art der Abstraktionsprozesse, die hier vorliegen, dann entfällt auch die Schwierigkeit, die oben hervorgehoben wird. Die Zahl ist eindeutig bestimmt, wenn der Inbegriff bestimmt ist, an dem wir jenen Abstraktionsprozeß üben. Aber die Gegenstände für sich allein bestimmen nicht den Inbegriff. Dieselben Gegenstände

[1] Vgl. *G.* Frege, a. a.O., S. 59.– Anm. d. Hrsg.

können in verschiedenen Inbegriffsformen vorgestellt werden. Anstatt sie alle ohne jede Bevorzugung kollektivisch verbunden zu denken, können wir je nach der Richtung unseres Interesses diese oder jene Gruppen für sich herausheben und so auf mehr oder minder vielfältige Art Inbegriffe von Inbegriffen bilden. Wir können nun ferner diese Teilinbegriffe zählen, dann ist das schließliche Zählungsresultat eine Summe von Zahlen; wir können aber auch jeden dieser Teilinbegriffe als Einheit ansehen, dann erhalten wir wieder ein anderes Resultat usw. So ergeben sich je nach der Richtung des Interesses, welches die Inbegriffsbildung leitet, verschiedene Zahlen oder Zahlverbindungen, von denen aber eine jede durch die bei ihrer Zählung zugrunde gelegte Inbegriffsform eindeutig bestimmt ist. Mit diesem Wechsel des Interesses hängt nun auch der Wechsel der Begriffe zusammen, unter denen wir die Gegenstände nach Gruppen sondern und zählen. Im allgemeinen zählen wir doch nur Dinge, die als Träger der oder jener Eigenschaften uns interessieren. Gemeinsame Gattungsbegriffe leiten also in der Regel unser Interesse, sie bestimmen konkretenfalls die Inbegriffsbildung. Mit dem Wechsel des Interesses wird also in der Regel ein Wechsel des Begriffes, unter dem wir die Zählobjekte denken, statthaben. Aber nicht immer ist dies der Fall. Wir können doch aus einer Menge gleichartiger Gegenstände, z. B. Äpfel, ganz nach Zufall und Willkür Gruppen zu zwei, drei usw. zusammenfassen, ohne daß wir es hierbei abgesehen hätten auf irgendwelche, gerade diese zwei, drei, ... Objekte umgrenzenden Begriffe.

Es ist zwar selbstverständlich: Für das eben diese Gruppe heraushebende und einigende Interesse muß ein Motiv da sein, bestehend in gewissen, gerade die Inhalte dieser Gruppe auszeichnenden begrifflichen Momenten; aber ist denn damit gesagt, daß wir hierbei und bei der sich anschließenden Zählung eine logische Subsumtion vornehmen und die einzelnen Inhalte explizite als Gegenstände dieser Begriffe denken müssen? Eine räumliche Konfiguration z. B. leitet unser Interesse, daß wir aus einem Haufen Äpfel eine Gruppe von vier herausheben. Müssen wir darum jeden Apfel logisch subsumieren unter den Begriff des räumlichen, zu einer solchen Konfiguration gehörigen Inhaltes? Man darf also nicht vermengen: Das Nebenbei-Bemerken gewisser begrifflicher Momente (abstrakter Teilinhalte) in der äußeren Anschauung als das psychologische Motiv der Gruppenbildung und die logische Subsumtion der Gruppenglieder unter den bezüglichen Begriff.[1]

Aber nehmen wir selbst an, es wäre immer so, wie man behauptet, wir kolligierten und zählten stets nur Objekte, sofern sie unter einen gemeinsamen Begriff fallen, dann geht aus unserer Betrachtung klar hervor, daß die Zahl in keiner Weise als Bestimmung dieses Begriffes angesehen werden kann. Der Umstand, daß die Objekte a, b, c unter den momentan bewußten sich gerade durch die gemeinsame Eigentümlichkeit α auszeichnen, ist der psychische Anreiz dazu, sie einheitlich herauszuheben; aber um sie zu zählen, d. i. die zu diesem Inbegriffe gehörige Zahlform zu ermitteln, dazu gehören neue Motive, und zwar solche, die mit der Determination von α nichts zu tun haben. Interessieren wir uns für die a, b, c nur, insofern sie von der Gattung α sind, dann umfaßt die Anzahl derselben mit dem hinzugefügten Index α alles, was wir für den weiteren Denkgebrauch von dem Inbegriffe a, b und c festzuhalten benötigen. Wir erlangen so eine inhaltlich vereinfachte Vorstellung, welche die uns momentan gleichgültigen individualisierenden Differenzen jener Objekte abgestoßen hat. Dies sind aber Interessen, welche in keiner Weise auf eine nähere Bestimmung des Begriffes (man nehme diesen Ausdruck so weit als man will) abzielen.

Abgesehen von den psychologischen Motiven, die uns zur Zahlenabstraktion veranlassen, zeigt auch die direkte Betrach-

[1] Wenn Kerry („Ueber Anschauung und ihre psychische Verarbeitung." Sechster Artikel, *Viertelj. f. wiss. Phil.*, 13, 1889, S. 392) sagt: „es muss, wo immer ich zählen soll, ein Inbegriff vorliegen, . . ., dessen Gegenstände ich zähle", so begeht er offenbar die oben charakterisierte Verwechslung; und wenn er weiter zur Begründung darauf hinweist, daß wir ohne einen solchen „Leitbegriff" „Gefahr liefen, etwas mitzuzählen, was wir nicht mitzählen sollen, und etwas auszulassen, was wir mitzählen sollten" — so ist darin so viel zugestanden, als wir irgend wünschen können, nämlich daß man zählen kann auch ohne solchen Leitbegriff, mag es nun ein gefährliches Zählen sein oder nicht.

Wir können schon aus diesem Grunde die Triftigkeit der folgenden, sich daran einschließenden Definition nicht zugestehen: „Ich nenne diejenige psychische Arbeit, wodurch ein Gegenstand unter einen der Leitbegriffe einer gestellten Zählaufgabe subsumiert wird, eine Einheitsetzung." (S. 394). Wenn ich einen Haufen Äpfel vor mir habe, brauche ich nicht besondere Subsumtionen unter den Begriff Apfel zu vollziehen, um schrittweise zählend einen jeden als einen zu erfassen. Und was könnten sie mir bestenfalls leisten? Die Konstatierung der Tatsache, daß jedes der vorliegenden Dinge ein Apfel sei. Daß aber jeder ein Apfel sei, worauf es allein ankommt, erkenne ich so nicht, es sei denn, daß ich von dem Gattungsbegriffe Apfel wieder absehe und zum Eins schlechthin aufsteige. Und wie hier bei dem Begriff der Einheit, so kann ich auch sonst bei den elementaren arithmetischen Begriffen Kerrys Analysen nicht beistimmen.

tung der letzteren, daß die Zahl nicht auf den Begriff sich bezieht. Die Zahl ist die allgemeine Vielheitsform, unter welche der Inbegriff der Gegenstände a, b, c fällt. Daher ist es klar, daß dieser Inbegriff (diese Vielheit, Menge, oder wie man es sonst nennen möge) das Subjekt der Zahlenaussage bildet. Formell betrachtet verhalten Zahl und konkrete Menge sich wie Begriff und Begriffsgegenstand. Die Zahl bezieht sich also nicht auf den Begriff der gezählten Gegenstände, sondern auf deren Inbegriff. Ihr Verhältnis zu dem Gattungsbegriffe des Gezählten ist einfach folgendes: Zählen wir eine Menge gleichartiger Objekte, z. B. A, A und A, so abstrahieren wir zunächst von den inhaltlichen Beschaffenheiten derselben, also auch davon, daß sie von der Gattung A sind. Wir bilden die Inbegriffsform Eins, Eins und Eins und merken nachträglich an, daß Eins hierbei die Bedeutung „ein A" haben solle. Also erst nach der Zählung, welcher als solchen der Umstand, daß die Objekte A's sind, ganz gleichgültig ist, tritt der Gattungsbegriff als ein determinierender Faktor zur Zahl hinzu; er determiniert die Einheit, d. h. die zunächst inhaltsleere Vorstellung des gezählten Etwas als ein unter den Begriff A fallendes Etwas.

Das Verhältnis zwischen Zahl und Gattungsbegriff des Gezählten ist also in gewisser Weise das umgekehrte wie das von Herbart und Frege behauptete. Nicht sagt die Zahl etwas von dem Begriffe des Gezählten, sondern dieser sagt etwas von der Zahl aus. Allerdings bezieht man den Ausdruck „Aussage von einer Zahl" gewöhnlich nur auf Verhältnisse der Zahl zu anderen Zahlen. Aber das ist nicht die einzige Art der Aussage, die möglich ist. Auch dies ist eine Aussage von der Zahl, daß die Einheiten, die sie zählt, gewisse Beschaffenheiten haben; denn dadurch wird die Zahl selbst (nur von der allgemeinen Vorstellung, nicht von dem Abstraktum Zahl ist die Rede) zu einer konkreteren Vorstellung determiniert.

Eine weitere Bestätigung für die Ansicht, daß die Zahl Begriffen beigelegt wird, sieht Frege in dem deutschen Sprachgebrauche, demgemäß man „zehn Mann", „vier Mark", „drei Faß" sagt. Der Singular soll hier andeuten, daß der Begriff gemeint ist, nicht das Ding.[1]

---

[1] a. a. O., S. 64.

Dies ist eine etwas kühne Deutung. Frege übersieht, daß mit den Namen Mark, Faß, Mann nicht abstrakte, sondern allgemeine Begriffe gemeint sind. Viel leichter paßt daher jener Sprachgebrauch zu unserer Auffassung, wonach z. B. zehn Mann kurz und gut dasselbe besagen würde wie: Zehn, worin jedes Eins, ein Mann ist, oder zehn Dinge, deren jedes ein Mann ist. Die gewöhnlichere Redeweise ist zehn Männer, zehn Fässer usw. Der zugrunde liegende Gedanke ist hier ein etwas anderer. Der Plural Männer deutet die unbestimmte Vielheit an, das zugesetzte Zahlenattribut determiniert oder klassifiziert sie, es bestimmt das Wieviel. Man versteht nun auch, warum das Zahlenattribut niemals im Plural erscheint, während es doch an Pluralen für die Zahlensubstantiva (Zehner, Hunderte etc.) nicht fehlt. Steht das Zahlwort attributiv, dann bezieht es sich immer auf das durch den beistehenden Plural (Männer, Fässer etc.) angedeutete Kollektivum als Ganzes. Anders verhält es sich mit sonstigen Attributen. Wir sagen nicht „gut Männer," sondern „gute Männer", weil die Güte nicht dem Kollektivum, sondern jedem einzelnen Manne zugeschrieben wird; sie ist also eine ebenso vielfache als es Männer gibt, und dies drückt die Pluralbildung korrekt aus. Es ist folglich nicht richtig, wenn Frege den gewöhnlichen Sprachgebrauch irreführend nennt, weil z. B. in dem Ausdrucke „vier edle Rosse", „vier" und „edel" wie Merkmale gleicher Stufe behandelt wären. „Vier" ist doch nicht der Plural eines Adjektives, welches durch diese Form eine Distribution auf jedes der Rosse sprachlich andeutet.

Allerdings gibt es sprachliche Ausdrücke, welche der Form nach mißdeutlich genannt werden müssen. Man sagt „viele Menschen" statt des korrekteren Ausdrucks „viel Menschen". Man spricht von Vielheit und Zahl der Menschen wie z. B. von Farbe und Größe der Menschen. Es ist richtig, daß hier eine Unterscheidung zu machen ist; aber sie besteht in nichts anderem, als daß die ersteren Ausdrücke kollektiv, die letzteren distributiv disponieren.

Was dazu verleitet hat, die Zahlenangabe als Aussage von einem Begriffe aufzufassen, ist folgender Gedanke. Man kann in jedem Falle die gezählten Objekte durch gemeinsame Merkmale (seien es innere oder relative) so genau determinieren, daß der entstehende Gattungsbegriff nur auf die hic et nunc gezählten

Objekte paßt und auf keine anderen. Urteilen wir z. B.: „Der Wagen des Kaisers wird von vier Pferden gezogen", dann würde der Begriff Pferd dieser Anforderung nicht genügen, denn es gibt auch sonst noch Pferde. Anders wenn wir den Begriff „Pferd, das den Wagen des Kaisers zieht" wählen, insbesondere wenn wir Ort, Datum und Tageszeit zu notieren nicht vergessen; dieser Begriff paßt nur auf die vier hier konkret gegebenen und gezählten Pferde. Verfährt man solcher Art in allen Fällen, dann entsteht offenbar ein Verhältnis eindeutiger Abhängigkeit zwischen dem so determinierten Begriff und der Anzahl der gezählten Objekte. Mit dem Begriffe ist auch die Zahl, und zwar eindeutig bestimmt. Nehmen wir den Begriff Pferd, so ist über die Anzahl von Pferden noch nichts ausgemacht. Wählen wir aber den Begriff Pferd, das den Wagen des Kaisers zieht, dann ist mit ihm schon eo ipso gegeben, daß die Zahl der (so bestimmten) Pferde vier und nur vier sein kann. Macht man nun noch die Bemerkung, daß jede Änderung des Begriffes auch eine Änderung der Zahl bedingt, dann erscheint die Abhängigkeit der Zahl von dem Gattungsbegriffe des Gezählten als eine vollkommene, und es wird so der Gedanke nahegelegt, es möchte die Zahl überhaupt nichts anderes bedeuten als ein gewisses, jenem Begriffe zukommendes Merkmal; von einem Begriffe also (nämlich dem in der angegebenen Art präzisierten Begriffe des Gezählten) sage die Zahlenangabe etwas aus, und, was sie aussage, zu entwickeln, sei nun die Aufgabe logischer Analyse.[1]

Bei einer genaueren Erwägung der Sachlage zeigt es sich aber, daß die Zahl nur die Beziehung zu jenem Begriffe hat, daß sie seinen Umfang abzählt. Mit dem Begriffe ist auch sein Umfang bestimmt, und da dieser in den hier betrachteten Fällen eine begrenzte endliche Vielheit darstellt, so kommt ihm natürlich auch eine Zahl zu. Nicht dem Begriffe „Pferd, welches den Wagen des Kaisers zieht", kommt die Zahl vier zu, sondern dem Umfange desselben, d. i. dem Inbegriffe dieser Pferde. Nur indirekt kann man allenfalls sagen, der Begriff hat die Eigenschaft, daß seinem Umfange die Zahl vier zukommt. Daß die jeweilige Zahlenaussage nicht im entferntesten den Ausdruck dieses komplizierteren Gedankens meint, bedarf wohl keines Beweises.

[1] Dies war wohl der Gedankengang Freges.

Nachdem wir in den vorstehenden Erörterungen den Sinn der Zahlenaussage und ihr Verhältnis zum Begriff des Gezählten klar bestimmt und für die S. 162 aufgeführte Ansicht Mills Partei ergriffen haben, bedarf die Schuppesche Lehre, die als Subjekt der Aussage dasjenige ansieht, was ,,in allen Unterschiedenen dasselbe ist'' (das kann doch nur ein gemeinsames begriffliches Moment sein), keiner besonderen Widerlegung.

Dagegen mögen einige Worte der oben an letzter Stelle erwähnten Ansicht gewidmet werden, welche zwei, drei usw. als Prädikate der Zahl im allgemeinen ansieht. Es ist kein Zweifel, daß wir den allgemeinen Anzahlbegriff sehr häufig als Vermittler nehmen. Wir sagen z. B. die Zahl der Äpfel ist drei. In diesem Falle subsumieren wir den konkret vorliegenden Inbegriff der Äpfel erst unter den allgemeinen Anzahlbegriff. Indessen ist dies doch ein Umweg, für den es häufig an Anlässen fehlt. Sagen wir z. B. der Äpfel sind drei, so wird unmittelbar dem Inbegriff derselben die Zahl beigelegt.

ANHANG ZUM ERSTEN TEILE

Die nominalistischen Versuche von Helmholtz und Kronecker.

Wir hatten bereits im VIII. Kapitel Gelegenheit, eine nominalistische Auffassung der Anzahlbegriffe kennenzulernen. Sie beruhte auf der Verwechslung des Begriffes Eins mit dem Zeichen 1, welches jedem zu zählenden Gegenstande bei der primitivsten Art der symbolischen Zählung zugeordnet wird. Die Anzahlen sind dann bloße Zeichen für die entstehenden Einsermengen. So schließt Berkeley, „daß das, was man als abstrakte Wahrheiten und Theoreme über Zahlen ansieht, in Wahrheit auf kein Objekt geht, das von den einzelnen zählbaren Dingen verschieden wäre, daneben bloß auf Namen und Ziffern, die ursprünglich in keinem anderen Sinne betrachtet wurden, als sofern sie Zeichen sind oder geeignet, auf eine angemessene Weise alle einzelnen Dinge zu bezeichnen, welche man zu zählen nötig hatte".[1] Während Berkeley von den primitiven und ursprünglicheren Formen symbolischer Zählung ausgegangen war und die höheren Formen als auf jene gegründet angesehen hatte, nehmen zwei neue nominalistische Versuche, noch mehr an der Oberfläche haftend, von vornherein ihren Ausgang von diesen höheren, uns jetzt alltäglichen Zählungsmechanismen, deren symbolischen Charakter sie gänzlich verkennen, indem sie in ihnen die ursprüngliche Quelle der Zahlbegriffe suchen. Herrührend von großen Forschern und als die Grundlagen wohldurchdachter arithmetischer Theorien dienend, beanspruchen sie in besonderem Maße unser Interesse. Sowohl v. Helmholtz als Kronecker zielen mit ihren Analysen auf die Gewinnung der

---

[1] *Principles of Human Knowledge*, sect. 122; vgl. auch sect. 121 (F. Ueberweg a.a.O., S. 88.) Das „ursprünglich" im Zitat richtet sich gegen die Philosophen; sie verkannten den natürlichen und ursprünglichen Sinn der Zahlnamen und -zeichen, indem sie diese hinterher auf (eingebildete) abstrakte Ideen bezogen.

wahren Fundamente der allgemeinen Arithmetik. Diese Seite ihrer Bemühungen müssen wir bei der nachfolgenden Kritik außer acht lassen, da wir die Frage nach den eigentlichen Grundbegriffen der allgemeinen Arithmetik bisher noch nicht in Angriff genommen haben.

„Das Zählen", sagt Helmholtz, „ist ein Verfahren, welches darauf beruht, dass wir uns im Stande finden, die Reihenfolge, in der Bewusstseinsacte zeitlich nach einander eingetreten sind, im Gedächtniss zu behalten. Die Zahlen dürfen wir zunächst als eine Reihe willkürlich gewählter Zeichen betrachten, für welche nur eine bestimmte Art des Aufeinanderfolgens als die gesetzmässige oder nach gewöhnlicher Ausdrucksweise ‚natürliche' von uns festgehalten wird. Die Bezeichnung der ‚natürlichen' Zahlenreihe hat sich wohl nur an eine bestimmte Anwendung des Zählens geknüpft, nämlich an die Ermittelung der Anzahl gegebener reeller Dinge. Indem wir von diesen eines nach dem andern dem gezählten Haufen zuwerfen, folgen die Zahlen bei einem natürlichen Vorgang auf einander in ihrer gesetzmässigen Reihe. Mit der Reihenfolge der Zahlzeichen hat dies nichts zu thun; wie die Zeichen in den verschiedenen Sprachen verschieden sind, so könnte auch ihre Reihenfolge willkürlich bestimmt werden, wenn nur unabänderlich irgend eine bestimmte Reihenfolge als die normale oder gesetzmässige festgehalten wird. Diese Reihenfolge ist in der That eine von Menschen, unseren Voreltern, die die Sprache ausgearbeitet haben, gegebene Norm oder Gesetz. Ich betone diesen Unterschied, weil das angeblich Natürliche mit der unvollständigen Analyse des Begriffs der Zahl zusammenhängt." [1]

„Nach den vorausgegangenen Erörterungen ist jede Zahl nur durch ihre Stellung in der gesetzmässigen Reihe bestimmt. Das Zeichen Eins legen wir demjenigen Gliede der Reihenfolge bei, mit dem wir beginnen. Zwei ist die Zahl, welche unmittelbar, d. h. ohne Zwischenschiebung einer anderen Zahl, in der gesetzmässigen Reihe auf Eins folgt. Drei ist die Zahl, die ebenso unmittelbar auf Zwei folgt usw. Ein Grund, diese Reihe irgendwo

---

[1] <„Zählen und Messen", in: *Philos. Aufsätze, Ed. Zeller zu seinem fünfzigjährigen Dr.-Jubiläum gewidmet,* Leipzig 1887, S. 21.–Anm. d. Hrsg.> Die psychologischen Erörterungen, welche Helmholtz in betreff der „Eindeutigkeit der Folge" der Zeichen und den Zusammenhang derselben mit Zeit und Gedächtnis anschließt, können wir als für unsere Zwecke irrelevant übergehen.

abzubrechen, oder in ihr zu einem schon früher gebrauchten Zeichen zurückzukehren, ist nicht vorhanden." [1]

In dieser Weise schreitet Helmholtz nun fort. Die Zeichen der von Eins beginnenden festen Reihe können dazu dienen, beliebige Folgen von Objekten zu signieren, unter anderen auch irgendwelche Ausschnitte der „Zahlenreihe" selbst. Hierdurch gewinnt Helmholtz die Möglichkeit, die Addition als eine rein signitive Operation zu definieren, woraus Sätze, oder genauer gesprochen: Zeichenäquivalenzen der Art wie

$$(a + b) + 1 = a + (b + 1)$$

hervorgehen. Überhaupt gelingt es, alle Grundformeln des Rechenalgorithmus der positiven ganzen Zahlen, also diejenigen Formeln, aus welchen alle seine Regeln deduktiv hergeleitet werden können, zu erweisen, wobei nur zu beachten ist, daß sie insgesamt als bloße Äquivalenzen gewisser Zeichenkomplexe (gültig im Sinne der signitiven Ausgangsdefinitionen) erscheinen.

Aber was soll uns dieses leere Zeichenspiel, wird man verwundert fragen? Auf diese Frage, welche bereits Paul du Bois-Reymond früheren Bestrebungen von gleicher Tendenz entgegen gehalten hatte,[2] ist Helmholtz wohl vorbereitet. „Abgesehen von der damit gemachten Probe auf die innere Folgerichtigkeit unseres Denkens, würde freilich ein solches Verfahren zunächst ein reines Spiel des Scharfsinns mit eingebildeten Objecten sein, . . . wenn es nicht so ausserordentlich nützliche Anwendungen zuliesse. Denn mittels dieses Zeichensystems der Zahlen geben wir Beschreibungen der Verhältnisse reeller Objecte, die, wo sie anwendbar sind, jeden geforderten Grad der Genauigkeit erreichen können, und mittels desselben werden in einer grossen Anzahl von Fällen, wo Naturkörper unter der Herrschaft bekannter Naturgesetze zusammentreffen oder zusammenwirken, die den Erfolg messenden Zahlenwerte durch Rechnung voraus gefunden." [3] Obgleich nun Helmholtz in den späteren Teilen seiner Abhandlung ausführlich auf diese Anwendungen eingeht und die

---

[1] ebd., S. 23.

[2] *Die allgemeine Functionentheorie*, S. 50–51. Vgl. übrigens auch J. St. Mills Einwürfe gegen die nominalistischen Theorien der Arithmetik: *Logik*, Buch II, Cap. VI, § 2 (*Ges. Werke*, Bd. II, S. 274 ff.)

[3] *Philos. Aufsätze, Ed. Zeller... gewidmet*, S. 20. – Anm. d. Hrsg.

Lösung der Frage: „Was ist der objective Sinn davon, dass wir Verhältnisse reeller Objecte durch benannte Zahlen als Grössen ausdrücken, und unter welchen Bedingungen können wir dies thun?" als seine Hauptaufgabe betrachtet,[1] so vermissen wir doch all das, was seine Aufstellungen über den Nominalismus erheben würde.

Die Zahlen sind von Helmholtz zunächst als willkürliche Zeichen definiert. Vergeblich suchen wir aber im weiteren Verfolge seiner Darlegungen, was denn diese eigentlich bedeuten. In verschiedenen Fällen können sie die heterogensten Gegenstände signieren, und doch ist die Signatur keine willkürliche. Wo immer wir den Namen Fünf gebrauchen, geschieht es in demselben Sinne. Worin ist es also begründet, daß verschiedenartige Vorstellungsinhalte in demselben Sinne von diesen Zeichen bezeichnet werden? Kurz, welches ist der Begriff, der bei jeder Verwendung der Zeichen vermittelt und die Einheit ihrer Bedeutung ausmacht?

Es ist nicht schwierig, aus der Art der Einführung und Verwendung der Helmholtzschen Zahlen-Zeichen die übersehenen und sie fundierenden Begriffe zu rekonstruieren, wenn wir nur ständig die Frage im Auge behalten, was denn Zeichen solcher Art zu signieren fähig seien. Bei der zählenden Signierung verwenden wir irgendwelche Strecken der von Eins beginnenden Zeichenreihe; eine Vielheit von Objekten muß also vorliegen, deren jedes, die Eindeutigkeit der Bezeichnung vorausgesetzt, je eins und nur eins der Zeichen erhält. Durch den als unbeschränkt angenommenen Vorrat von Bezeichnungen können wir nun die Elemente jeder erdenklichen Menge signieren. Soll dies aber nicht ein gänzlich sinnloses Tun sein, so muß an den Dingen oder der Menge selbst etwas sich finden, was durch diese Zeichen speziell getroffen wird. Die konkreten Inhalte können es nicht sein: Sie wechseln von Menge zu Menge. Auch das Eins-sein des Einzelnen nicht; denn die Zeichen, die wir den verschiedenen Einzelobjekten beilegen, sind verschieden und müssen also ein verschiedenes begriffliches Fundament besitzen.

Nur eine Beschaffenheit der Zeichen haben wir noch unbeachtet gelassen: ihre festbestimmte Folge, in welcher sie auch stets

---

[1] a. a. O., S. 20.

(nach Vorschrift) bei der zählenden Signierung in Aktion treten. Ziehen wir dies in Betracht, dann findet sich sofort die Bedeutung der Zeichen. Ist deren Ordnung das Fundament der Bezeichnung, so muß jedes Zeichen vermöge seiner eindeutig bestimmten Stelle in der Zeichenreihe die entsprechende Stelle des signierten Mengengliedes in der Reihenordnung der ganzen Menge andeuten. Mit einem Worte: jedes Zeichen ist Ordnungszeichen, ist das Zeichen einer Ordinalzahl im gewöhnlichen Sinne des Wortes. Die Bedeutung jedes Zeichens liegt darnach in seinem Stellenwerte. Eins wäre das Zeichen für das erste Glied einer Reihe als solcher, d. h. für das Anfangsglied. Zwei das Zeichen für das zweite Glied einer Reihe als solcher, d. h. für das auf das erste nächstfolgende Glied. Drei das Zeichen für das dritte Reihenglied, d. h. für das auf das zweite nächstfolgende. Es ist klar, daß diese Bezeichnungen auf ungeordnete Mengen an und für sich nicht anwendbar sind. Fehlt indessen eine sachliche Anordnung, dann können dieselben doch mit Rücksicht auf die äußerliche zeitliche Folge, in welcher die Mengenglieder durchlaufen werden, Anwendung finden.

Durch diese Reflexionen haben wir aus den Erklärungen, durch welche Helmholtz seine Bezeichnungen einleitet, und den Anwendungen, die er ihnen im Zählungsprozeß vorschreibt, die Begriffe bestimmt, die ihnen zugrunde liegen müssen und ihre logische Bedeutung ausmachen. Es geht hervor, daß Helmholtz die Begriffe Eins, Zwei, Drei, usw., d. h. die Anzahlbegriffe im gewöhnlichen Sinne des Wortes, mit den Ordinalzahlbegriffen (Erster, Zweiter, Dritter, usw.) verwechselt, abgesehen davon, daß er diese nominalistisch als bloße Zeichen erklärt. Wir können nach dem Ausgeführten also auch nicht zustimmen, wenn er sagt: „Die Zahlenreihe ist unserem Gedächtniss ausserordentlich viel fester eingeprägt als jede andere Reihe.... Wir brauchen sie deshalb auch vorzugsweise, um durch Anknüpfung an sie die Erinnerung anderer Reihenfolgen in unserem Gedächtniss zu festigen: d. h. wir brauchen die Zeichen als Ordnungszahlen."[1] Nicht die Erinnerung anderer Reihenfolgen zu festigen, sondern die Stellungen der Glieder in irgendwelchen Reihenfolgen als solchen, und zwar vermöge der abstrakten Stellungs-

[1] a. a. O., S. 22.

begriffe zu bezeichnen, ist die Funktion der Helmholtzschen Zeichen; und es ist die nicht bloß ihre „vorzugsweise", sondern ihre einzige Funktion. Jede Verwendung dieser Zeichen bedeutet eine Verwendung von Ordinalzahlen im eigentlichen Sinne des Wortes, sei es direkt oder indirekt.

Das zuletzt Gesagte wird natürlich auch Geltung besitzen für jene spezielle Verwendungsweise der „Zahlenreihe", durch welche Helmholtz den „Begriff der Anzahl der Elemente einer Gruppe" glaubt definieren zu können, und so haben wir ihn denn mit gutem Rechte zu jenen Forschern gerechnet,[1] welche den Anzahlbegriff als eine bloße Dependenz des Begriffes der Ordinalzahl erklären. Fassen wir nun die Helmholtzsche Definition selbst ins Auge: „Wenn ich die vollständige Zahlenreihe von 1 bis n brauche, um jedem Elemente der Gruppe eine Zahl zuzuordnen, so nenne ich n die Anzahl der Glieder der Gruppe." Diese Zuordnung bewirkt eine bestimmte Anordnung der Gruppenglieder, und es ist dann ein Theorem, „dass die Anzahl der Glieder durch Aenderungen der Reihenfolge der Glieder unverändert bleibt, wenn Auslassungen und Wiederholungen derselben vermieden werden".[2]

Entspricht diese Definition wirklich dem uns so wohl vertrauten Anzahlbegriffe? Die Zahlenreihe wurde als eine Reihe willkürlicher Signaturen eingeführt. Sollte der Ausdruck „Anzahl n einer Menge M" wirklich nichts anderes bedeuten, als die Eigenschaft dieser Menge, daß bei irgendeiner beliebigen Anordnung und gliedweisen Signierung derselben durch die Reihe jener Zeichen n das Zeichen des letzten und höchsten Gliedes sei?

Den Helmholtzschen Zeichen können, wie unsere obigen Analysen ergeben haben, vermöge ihrer besonderen Natur nur Ordinalzahlbegriffe entsprechen — sollte vielleicht der Rekurs auf diese, von dem großen Physiker nicht hinreichend gewürdigten Begriffe zu einem besseren Sinn der obigen Definition führen? Auch das kann ich nicht einsehen. Sage ich z. B. die Anzahl dieser Äpfel sei vier, so meine ich doch nicht den Umstand, daß bei irgendeiner Anordnung derselben das letzte Element das vierte, sondern eben daß ein und ein und ein und ein Apfel vorhanden

---

[1] Vgl. S. 11 d. W.
[2] a. a. O., S. 32.

sei. Für den wahren Anzahlbegriff, der von einer Anordnung der gezählten Einheiten nichts enthält, ist natürlich das oben erwähnte Theorem ebenso belanglos, wie es vom Standpunkte der Helmholtzschen Definition unerläßlich ist.

Nach all diesen Ausführungen bedarf es nicht weitläufiger Beweise, daß die auffällige Polemik Helmholtz gegen die Bezeichnung der Zahlenanordnung als einer natürlichen [1] nicht triftig sein kann. In keinem Punkte zeigen sich die nominalistischen Mißverständnisse, in welche dieser geniale Forscher verfallen ist, deutlicher als hier. Wird es zugegeben, daß die Zahlen nichts anderes sind als willkürliche Zeichen in willkürlich festgesetzter Anordnung, dann ist allerdings die Bezeichnung dieser Anordnung als einer „natürlichen" irreführend. Jede andere Anordnung der Zeichen hätte ebensogut als Zahlenreihe angenommen werden können. Indessen diejenigen, welche von einer natürlichen Anordnung des Zahlengebietes sprechen, meinen doch nicht die Anordnung willkürlicher Zeichen, sondern gewisser durch sie bezeichneter Begriffe. Welche immer wir betrachten, ob die Ordinalzahlen oder die Anzahlen (beide Termini im echten Sinne genommen), wir erkennen stets, daß die Reihenordnung eine durch die Natur dieser Begriffe selbst begründete ist. Bei den Anzahlen z. B. besteht das Ordnungsprinzip darin, daß jede in der Reihe nächstfolgende Zahl um Eins mehr ist als die vorhergehende.

Der nominalistische Versuch Kroneckers ist von dem soeben besprochenen nicht sehr wesentlich unterschieden, wie man aus folgendem Zitat ersieht:

„Den naturgemässen Ausgangspunkt für die Entwickelung des Zahlbegriffs finde ich in den Ordnungszahlen. Im diesen besitzen wir einen Vorrath gewisser, nach einer festen Reihenfolge geordneter Bezeichnungen, welche wir einer Schaar verschiedener und zugleich für uns unterscheidbarer Objecte beilegen können. Die Gesamtheit der hierbei verwendeten Bezeichnungen fassen wir in dem Begriffe der ‚Anzahl der Objekte', aus denen die Schaar besteht, zusammen, und wir knüpfen den Ausdruck für diesen Begriff unzweideutig an die letzte der verwendeten Bezeichnungen an, da deren Aufeinanderfolge fest bestimmt ist.

[1] Vgl. die unserer Kritik vorausgeschickten Zitate.

So kann z. B. in der Schaar der Buchstaben (a, b, c, d, e) dem Buchstaben a die Bezeichnung als ‚erster', dem Buchstaben b die Bezeichnung als ‚zweiter' usf. und endlich dem Buchstaben e die Bezeichnung als ‚fünfter' beigelegt werden. Die Gesammtheit der dabei verwendeten Ordnungszahlen oder die ‚Anzahl' der Buchstaben a, b, c, d, e kann demgemäss in Anknüpfung an die letzte der verwendeten Ordnungszahlen durch die Zahl ‚Fünf' bezeichnet werden." [1]

Sollte also Fünf wirklich nichts anderes sein als ein Zeichen für den Inbegriff der Zeichen: Erster, Zweiter, Dritter, Vierter, Fünfter? [2]

Die Quelle der merkwürdigen Mißverständnisse, in welche die beiden berühmten Forscher (wie vordem Berkeley) verfallen sind, liegt nun, wie bereits eingangs dieser Kritik erwähnt wurde, in der Mißdeutung des symbolischen Zählungsprozesses, den wir blind-gewohnheitsmäßig üben. Wir verfahren dabei so, daß wir den Gliedern der zu zählenden Menge die Zahlnamen mechanisch zuordnen und dann den letzterforderten Namen als den der gesuchten Zahl ansehen. Wirklich dienen uns die Namen zunächst als eine gedächtnismäßig feste Reihe inhaltsleerer Zeichen; denn ihr begrifflicher Gehalt kommt während der Zählung durchaus nicht ins Bewußtsein. Erst nach Vollendung des Prozesses tritt, mit Rücksicht auf den eigentlichen Zweck desselben, der (eigentliche oder symbolische) Zahlbegriff ins Bewußtsein als die Bedeutung des resultierenden Zahlwortes. An den äußerlichen und blinden Prozeß haben jene großen Mathematiker sich nun gehalten, seine symbolische Funktion verkannt und so Zeichen und Sache verwechselt. Daß sie mit den Zahlnamen dieselben Begriffe verbinden wie alle anderen Menschen, ist unzweifelhaft und bei Helmholtz finden sich Stellen genug, die nur mit Beziehung auf die wahren Zahlbegriffe ihre vollverständliche Interpretation erhalten können. Es mußten sehr kräftige wissenschaftliche Interessen sein, welche zu einem so merkwürdigen Übersehen der Begriffe verleiten konnten. Und sie sind mindestens bei Helmholtz durchsichtig genug: Die Meinung, daß nur die Auffassung der allgemeinen Arithmetik als einer konsequenten Zeichen-

[1] „Ueber den Zahlbegriff", in: *Philos. Aufsätze, Ed. Zeller . . . gewidmet,* S. 265/66.

[2] Ein analoger Einwand trifft auch Dedekinds Definition der Anzahl. Vgl. oben S. 125 Anm. sowie die Seiten 54, 27 und 21 der dort zitierten Schrift Dedekinds.

systematik all die großen Schwierigkeiten, welche dieser merkwürdigen Wissenschaft anhaften, beseitigen könne, mußte notwendig die Tendenz erzeugen, die Anzahlbegriffe, die man als ihre eigentlichen Wurzeln zu betrachten pflegt, in nominalistischem Sinne umzudeuten. Es ist hier noch nicht der Ort, auf die eben berührten Fragen näher einzugehen.

Zweiter Teil

DIE SYMBOLISCHEN ANZAHLBEGRIFFE UND DIE LOGISCHEN QUELLEN DER ANZAHLEN-ARITHMETIK

X. KAPITEL

Die Zahloperationen und die eigentlichen Zahlbegriffe

Nach der Diskussion und Lösung der subtilen Fragen, welche mit der Analyse der Begriffe Einheit, Vielheit, Anzahl zusammenhängen, erwächst unserer philosophischen Untersuchung die Aufgabe, die Entstehung einer auf diesen Begriffen ruhenden Rechenkunst psychologisch und logisch begreiflich zu machen und das Verhältnis derselben zur arithmetischen Wissenschaft zu erforschen.

Die Zahlen in der Arithmetik sind keine Abstrakta.

Es wird zunächst nützlich sein, eine logische Schwierigkeit, die sich bezüglich allen Rechnens aufdrängt, zu erledigen. Man sagt 2 und 3 ist 5; aber der Begriff 2 und der Begriff 3 bleibt doch immer der Begriff 2 und der Begriff 3, und nie wird der Begriff 5 daraus. Und welchen Sinn hätte es, gar von einem Rechnen mit gleichen Zahlen, von ihrer Addition, Multiplikation etc. zu sprechen? Gold und Gold bleibt doch immer wieder Gold; warum bleibt 5 und 5 nicht wiederum 5? Wie könnte man also Zahlbegriffe operativ verknüpfen, da jeder identisch das bleibt, was er ist; und da jeder Begriff an und für sich nur ein einziger ist, wie sollte man gar gleiche Begriffe verknüpfen?

Die Antwort liegt nahe. Der Arithmetiker operiert überhaupt nicht mit den Zahlbegriffen als solchen, sondern mit den allgemein vorgestellten Gegenständen dieser Begriffe; die Zeichen, die er rechnend verbindet, haben den Charakter aufgrund der Zahlbegriffe gebildeter allgemeiner Zeichen. So bedeutet 5 nicht den Begriff (das Abstraktum) Fünf, sondern 5 ist ein allgemeiner Name (resp. ein Rechenzeichen) für irgendeine beliebige unter den Begriff Fünf fallende Menge als solche. $5 + 5 = 10$ heißt soviel als: Eine (irgendeine, welche auch immer) unter den Begriff Fünf fallende Menge und irgendeine andere unter denselben Begriff fallende Menge ergeben vereinigt eine unter den Begriff Zehn fallende Menge.

Die Grundbetätigungen an Zahlen.

Verstehen wir unter „Zählung" den Prozeß der Zahlbildung, dann können wir sagen: Zahlen entstehen durch Zählung von Vielheiten. Mitunter sagt man auch, sie entständen durch Zählung von Dingen (die natürlich als Glieder einer Vielheit gedacht sind) oder, in weiterer Übertragung, durch Zählung von Einheiten.

Zahlen entstehen aber nicht bloß auf diesem direkten Wege durch einfache Zählung, sondern auch auf indirektem durch die Rechnungsoperationen, welche mehrfache Zählungen einschließen. Die Grundbetätigungen, welche wir an allen Zahlen üben, und durch welche allein wir aus gegebenen Zahlen neue bilden können, sind Addition und Teilung.

Um die erstere zu erklären, pflegt man sich häufig so auszudrücken: Zahlen können nicht nur durch Zusammenzählung von Einheiten, sondern auch durch Zusammenzählung von Zahlen gebildet werden. Dies ist eine mißverständliche Ausdrucksweise. Würde man Zahlen zusammenzählen im gewöhnlichen Sinne wie etwa Äpfel, dann ergäbe die Zählung von 2, 3 und 5 nicht 10, sondern 3. Das Zählen, das hier gemeint ist, bezieht sich offenbar nicht auf die Zahlen, wohl aber auf die Einheiten der Zahlen, und zwar derart, daß die besonderen Verbände, welche die Einheiten in den „zusammenzuzählenden" Zahlen bilden, aufgelöst und insgesamt zu Einer Zahl verknüpft werden.

Zahlen können ferner entstehen durch Teilung. Eine jede Zahl ist von Natur aus ein geteiltes Ganzes, die Einheiten sind diese natürlichen Teile. Aber jede Zahl, die 0, 1, 2 ausgenommen, läßt auch noch andere Teilungen zu, Teilungen im arithmetischen Sinne, d. i. in Zahlen.

Die psychologische Grundlage, auf welcher die Addition und Teilung der Zahlen beruht, haben wir im V. Kapitel aufgezeigt.

Es ist eine Tatsache, daß wir mehrere Inbegriffsvorstellungen zugleich festhalten und kollektivisch einigen, also Inbegriffe von Inbegriffen bilden können; und wieder, daß wir einen gegebenen Inbegriff festhalten und doch zugleich Gruppen seiner Elemente durch besondere Inbegriffsvorstellungen einigen, also eine Mehrheit von Inbegriffen innerhalb des gegebenen vorstellen können. Und dasselbe ist auch bei den allgemeinen Inbegriffsvorstellungen, den Zahlen, der Fall.

Die Addition.

Betrachten wir nun die Grundoperationen etwas näher. Addieren heißt durch kollektive Verbindung der Einheiten von zwei oder mehreren Zahlen eine neue Zahl bilden. Aus Gründen, die wir früher [1] diskutiert haben, fassen die Mathematiker Eins als spezielle Zahl auf. Demgemäß erscheint ihnen jede Zahl ihrer inneren Konstitution nach als additive Verknüpfung von Einheiten oder Zahlen 1. Formell-arithmetisch betrachtet ist dies richtig. Man kann ja die kollektive Verbindung von Einheiten als den speziellen Fall der Addition gelten lassen, wo alle Addenden gleich Eins sind. Trotzdem ist die Addition von Einheiten keine logische Spezialisierung der Addition überhaupt. Ohne einen fertigen Zahlbegriff gibt es keinen Additionsbegriff und auch keinen Begriff einer Zahl 1. Es wäre demgemäß sehr verfehlt, die Zahl, wie es oft geschieht, als eine additive Verknüpfung von Einheiten zu erklären, statt als eine kollektive. Das Verbindungszeichen + zwischen Zahlenzeichen gesetzt, bedeutet die erstere, zwischen Einsen gesetzt die letztere. Daß innerhalb der Arithmetik von dieser täuschenden Doppeldeutigkeit des Zeichens abgesehen wird, ist tief in der Natur dieser Wissenschaft begründet. Wir stoßen hier auf das erste Beispiel eines wesentlichen Unterschiedes, den zu urgieren wir noch sehr häufig Grund finden werden, den Unterschied zwischen logischer und mathematischer Allgemeinheit. Mathematisch betrachtet fungiert eine Kollektion von Einheiten als ein singulärer Spezialfall einer Summation beliebiger Zahlen, während

[1] Vgl. VIII. Kap., S. 131—133.

doch logisch betrachtet der Begriff der Summe den der Kollektion von Einheiten voraussetzt.

Noch eine andere, übrigens verwandte Äquivokation hat zur Verwechslung dieser beiden Verbindungsarten Anlaß gegeben, nämlich die in dem Wörtchen Und liegende. Im gewöhnlichen Sprechen dient es nur zur Bezeichnung der kollektiven Verbindung; in der sprachlichen Wiedergabe arithmetischer Rechnungen hingegen wird + häufig als Und gelesen. Wir schreiben 7 + 5 und lesen: sieben und fünf. Und in diesem Sinne deutet die Addition in dem oben definierten strengen Begriffe an. Hält man die beiden Begriffe nicht auseinander, dann kommt man leicht dahin, das + bzw. das Und in dem zweiten Sinne in das Und in dem ersten Sinne umzudeuten und so die Meinung des arithmetischen Zeichens zu mißverstehen. So glaubt z. B. F. A. Lange, [1] die Kantsche Auffassung des Urteils $7 + 5 = 12$ gegenüber den bekannten Angriffen R. Zimmermanns [2] dadurch rechtfertigen zu können, daß er 7 + 5 als bloße Verbindung von 7 und 5 deutet, wobei er mit Grund sich auf Kant beruft, der die „Zusammenstellung" der beiden Zahlen anstatt der Addition in jenem zusammengesetzten Zeichen ausgedrückt findet.[3] Aber es ist ganz unzweifelhaft, daß 7 + 5 nicht die Bedeutung eines Kollektivums haben kann, dessen Glieder 7 und 5 sind. 7 + 5 bliebe sonst immer nur 7 + 5, und Sätze wie: $7 + 5 = 8 + 4 = 9 + 3$ usw. und ebenso auch der Satz $7 + 5 = 12$ wären evident falsch. Also nicht die bloße Zusammenstellung von 7 und 5 bezeichnet das komplexe Zeichen 7 + 5, sondern die additive Vereinigung derselben; es bedeutet: eine Zahl, welche zugleich die Einheiten von 7 und diejenigen von 5 und nur diese allein umfaßt. Jetzt gilt wirklich der Satz: $7 + 5 = 12$, und zwar als ein aus den Begriffen 7, 5, 12 und dem Additionsbegriff als notwendig zu erweisender.

Ein allgemein zu charakterisierender Spezialfall der Addition soll den gemeinüblichen Erklärungen zufolge eine neue Grundoperation der Arithmetik begründen. Die Multiplikation

[1] *Geschichte des Materialismus*, zweites Buch, dritte Auflage, S. 119.

[2] „Über Kants mathematisches Vorurtheil und dessen Folgen", *Sitzungsbericht der phil.-hist. Classe der kais. Akademie der Wissenschaften*, Wien 1871, Bd. 67, S. 16ff.

[3] *Kritik der reinen Vernunft*, Elementarlehre: II. Th., I. Abth., I. Buch, 2. Hauptst., 3. Abschn. (Hartenstein.-Ausgabe: Bd. 3, S. 157).

einer Zahl a mit einer Zahl b pflegt man zu definieren als die additive Verknüpfung so vieler gleicher Zahlen a als die Zahl b Einheiten besitzt. Nennen wir das Resultat dieser Operation das Produkt von a in b, so können wir dieses kurz bezeichnen als eine Summe von b Zahlen a. Die Multiplikation von a mit b ist also nicht eine Verknüpfung in der gewöhnlichen Wortbedeutung. Von einer Verknüpfung spricht man nur bei gesonderten Inhalten und bezeichnet demgemäß nicht ein Ganzes als verknüpft mit seinen Teilen. Verknüpft wird nicht eine Zahl a mit einer Zahl b, sondern verknüpft werden mehrere — und zwar b — Zahlen a. Das a in $a \times b$ ist ein Plural. 4×3, d.h. vier Dreien, aber nicht vier Dreien schlechthin, sondern vier additiv zu verknüpfende Dreien.[1]

Ist die Multiplikation wirklich ein bloßer Spezialfall der Addition, nämlich der gleicher Addenden? Die Versuchung liegt nahe, dies zu bejahen. Indessen bezeichnet man doch Summen wie

$$a + a,\ a + a + a,\ a + a + a + a,\ \ldots$$

nicht als Multiplikationen bzw. als Produkte. Erst durch Zählung der additiven Glieder erlangen wir den Multiplikator und damit die Möglichkeit der Produktbildungen

$$2a,\ 3a,\ 4a,\ \ldots$$

Was ist nun der Zweck einer solchen Unterscheidung von Summe und Produkt? Wozu neben den Zählungen in den einzelnen Zahlen noch die Zählung dieser selbst? Die Antwort scheint klar: Wie die Zahlen überhaupt als abkürzende allgemeine Zeichen fungieren zur Erleichterung unseres Denkens und Sprechens, so fungieren sie auch als Multiplikatoren. Wie wir zur Abkürzung von komplizierten Namen der Form A und A und A und A sagen vier A, so sagen wir zur Abkürzung von $3 + 3 + 3 + 3$ vier mal Drei, wobei die Addition stillschweigend mitverstanden ist.

Danach scheint der ganze Unterschied zwischen Multiplikation

[1] Man pflegt das Verhältnis zwischen der Zahl und ihrer Benennung als ein multiplikatives anzusehen. 4 Äpfel = vier mal ein Apfel, wie 4×3 = vier mal eine Drei. In der Tat findet bei der Multiplikation ein Zählen von gleichen Zahlen statt wie dort ein Zählen von gleichen Dingen. Trotzdem ist beides wohl zu unterscheiden. Die Zahlen werden auch addiert, nicht aber die Dinge, zumal die Addition für diese keinen Sinn hat.

und Addition in einer neuen Art der Bezeichnung zu liegen, die bei speziellen Additionsformen möglich ist. Das Produkt bietet eine bequem abgekürzte symbolische Vorstellung und Benennung der besonderen Summenformen, in welchen die Summanden gleiche Zahlen sind; sie wird ermöglicht und vermittelt durch die Zählung dieser gleichen Summanden. — Ist dem so, warum spricht man von einer besonderen Operation der Multiplikation? Die abgekürzte Bezeichnungsart mag als solche sehr bequem und nützlich sein, aber sie ist doch keine Operation. Sie symbolisiert kurz und präzise die Art, wie die Zahl gebildet werden soll; aber damit spricht sie nur die Aufgabe aus und ergibt nicht deren Lösung. Die intendierte Zahl wirklich zu erlangen, gibt es keinen anderen Weg, als die der Symbolisierung zugrunde liegenden Additionen wirklich auszuführen; diese aber unterscheiden sich in nichts von irgendwelchen anderen Additionen. Gleiche Zahlen werden nicht anders addiert wie verschiedene. Und so bleiben wir im unklaren, warum die Arithmetiker von einem Multiplizieren als einer neuen und fundamentalen Zahlenoperation sprechen.

Ein Produkt kann man wieder mit einer Zahl multiplizieren, das so gebildete Produkt wieder usf. Wir können, dies in Zeichen ausdrückend, bilden:

$$(a \cdot b) \cdot c; \ ((a \cdot b) \cdot c) \cdot d; \ \ldots,$$

wofür man einfach schreibt:

$$a \cdot b \cdot c, \ a \cdot b \cdot c \cdot d, \ \ldots$$

Auch hier haben wir es mit methodisch abgekürzten symbolischen Vorstellungen und Nennungen komplizierter Summenbildungen zu tun, vermittelt durch die sukzessiven Zählungen der gleichen Summanden in den aufeinander gegründeten Stufen. Und auch hier haben wir wiederum bloße Bezeichnungen von Aufgaben und keine Operationen der Ausführung.

Der spezielle Fall, wo die Faktoren einander gleich sind, wird abermals zum Anlaß, von einer neuen Rechnungsoperation zu sprechen: der Potenzierung. Wir finden aber wieder nichts anderes als symbolische Vorstellungen und Signierungen höherer Stufe, vermittelt durch eine neuerliche Zählung, nämlich derjenigen der gleichen Faktoren. Die Produkte

$$a \cdot a, \quad a \cdot a \cdot a, \quad a \cdot a \cdot a \cdot a, \quad \ldots$$

erhalten für Denken und Sprechen einen außerordentlich vereinfachten symbolischen Ausdruck durch Abzählung der Faktoren. Die einförmigen und bei erheblicherer Faktorenzahl schließlich unerträglichen (übrigens auch schwer unterscheidbaren) Wiederholungen a mal a mal a mal a .... ersetzen wir schon im gewöhnlichen Sprechen gerne durch „a zwei, drei, ... n mal mit sich multipliziert". Diese Ausdrücke lassen sich aber in Zeichen noch sehr vereinfachen. Wir brauchen bloß dem Zeichen a einen Zahlindex beizufügen, der uns symbolisch ausdrückt, wievielmal a als Faktor zu setzen sei, und wir haben ein komplexes Zeichen, das in aller Schärfe die Bildungsweise der intendierten Zahl ausprägt. Diesem Zwecke dienen die Potenzen der Arithmetik

$$a^2, \quad a^3, \quad a^4, \quad \ldots$$

als höchst abgekürzte Schreibungen für die obenstehenden Produkte. Schon an ganz einfachen Beispielen ist der Nutzen dieser sukzessiven Symbolisierung augenfällig.

$$\begin{aligned} 4^3 = 4 \cdot 4 \cdot 4 = (4 \cdot 4) \cdot 4 = \\ (4+4+4+4) + (4+4+4+4) + \\ (4+4+4+4) + (4+4+4+4); \end{aligned}$$

nun wäre noch für 4 zu setzen $1 + 1 + 1 + 1$ und die Addition wirklich auszuführen. Mit Grundzahl und Exponenten wächst die Komplikation, wie man leicht erkennt, ungeheuer schnell, und so wird es klar, daß wir durch dieses einfache Hilfsmittel imstande sind, in einem kurzen Zeichen additive Verbindungen von einer solchen Komplikation präzise zu bezeichnen, daß deren wirkliche Schreibung oder Nennung, die doch nur sukzessive erfolgen könnte, nicht in Tagen oder Jahren, wenn überhaupt, zu leisten wäre.

Grenzt jedoch nicht eben dieser Umstand den Nutzen der Bezeichnung in enge Schranken ein? Schließlich handelt es sich doch um die wirklichen Zahlen, also um die wirkliche Addition, die dem Zeichenbau zugrunde liegt und die bezeichnete Zahl allein ergibt. Können wir die Addition nicht mehr schreiben und nennen, so können wir sie auch nicht mehr eigentlich denken, geschweige denn sie ausführen. Und gleichwohl fühlt sich die Arithmetik durch derartige Schranken gar nicht gehemmt und behauptet, rechnen zu können, wo nicht mehr von einem wirklichen Vorstellen, sondern nur von einem indirekten Signieren die Rede sein kann.

Die Teilung.

Die zweite fundamentale Betätigung, die wir an Zahlen üben können, ist das Teilen. Die Addition verknüpfte eine gegebene Mehrheit von Zahlen zu einer neuen Zahl, die Teilung sondert eine gegebene Zahl in eine Mehrheit von Teilzahlen, und ist somit die inverse Operation zu jener.

Es muß hier auffällig erscheinen, daß die Arithmetiker nur zwei Spezialfälle der Teilung als besondere Rechnungsoperationen aufführen: die Subtraktion und Division. Eine Zahl b von einer Zahl a subtrahieren heißt, nach Absonderung von b Einheiten aus a die noch übrigen Einheiten in eine neue Zahl c zusammenfassen; diese Zahl c ist das Resultat der Subtraktion und heißt die Differenz beider Zahlen. Die Subtraktion repräsentiert also die Auflösung der folgenden Teilungsaufgabe: Wenn eine gegebene Zahl a in zwei Teilzahlen derart zerlegt werden kann, daß b die eine derselben ist, welches ist die andere?

Wie kommt es, wird man nun fragen, daß die Arithmetiker statt der allgemeinen Teilungsoperation, die sie überhaupt nicht beachten, vielmehr die Subtraktion, die doch ein bloßer Spezialfall derselben ist, als die zur Addition inverse Operation ansehen dürfen?

Im ersten Augenblicke möchte man vielleicht geneigt sein, der obigen Subtraktionsaufgabe folgende Additionsaufgabe an die Seite zu stellen: Wenn wir zu einer gegebenen Zahl a eine andere b addieren, welches ist die resultierende Zahl? Offenbar soll durch diese Auffassung eine gewisse Bevorzugung des a gegenüber dem b analog derjenigen des Minuenden gegenüber dem Subtrahenden ausgedrückt werden. Aber worin gründet denn diese Bevorzugung? Besteht gegenüber der umgekehrten, b mit a vertauschenden Aufgabe ein Unterschied? Gewiß, antwortet man. Ich kann doch die Summe erzeugen, indem ich einmal mit a beginne und dann die Einheiten des b hinzufüge und das andere Mal mit b beginne und die Einheiten des a hinzufüge. Indessen, eben dies können wir nicht zugestehen. So wenig als der Begriff der Zahl schließt auch derjenige der Addition von Zahlen etwas von zeitlicher Sukzession ein. Mit einer ganz anderen als mit einer solchen äußerlichen (logisch zufälligen, obschon psychologisch vielleicht notwendigen) Bevorzugung haben wir es bei dem Verhältnis von Minuend und Subtrahend zu tun. Hier liegt wirklich ein begrifflicher Unterschied, der sich z. B. darin dokumentiert, daß die Aufgaben a — b und b — a ihrer Möglichkeit nach sich logisch ausschließen.

Wiederum scheint uns also die Analyse der arithmetischen Grundbegriffe dahin zu drängen, die Auffassung der arithmetischen Wissenschaft als irrig abzulehnen; es scheint nicht anzugehen, die Addition und Subtraktion als inverse Operationen zu betrachten.

Aus der Teilung einer Zahl in gleiche Teile entspringt die arithmetische Grundoperation der D i v i s i o n. Die Aufgabe, die hier zu lösen ist, besteht darin, eine Zahl in eine vorgegebene Zahl gleicher Teile zu teilen und den gemeinsamen Zahlenwert der resultierenden Teile zu bestimmen. Dieser Wert ist der „Quotient", die zu teilende Zahl der „Dividend", die Anzahl der Teile der „Divisor"; z.B.: Es sei 20 durch 4 zu dividieren. Der Erklärung zufolge heißt dies, es ist der gemeinsame Zahlenwert der vier bei der Teilung resultierenden gleichen Teilzahlen zu bestimmen. Die Lösung lautet: 5 ist der Quotient.

Ein in der Arithmetik gänzlich Unerfahrener möchte sich die Ausführung einer Division von a durch n so vorstellen: Man hebe eine Serie von n Einheiten aus a heraus, dann wieder eine Serie von n Einheiten und bilde aus beiden eine Serie von n Zweien; dann hebe man wieder eine Serie von n Einheiten aus a heraus und bilde mit jener eine Serie von n Dreien usw. Ist a durch n dividierbar, dann erhalten wir schließlich das Produkt $a = n \cdot q$, welches alle Einheiten von a in die n Teilzahlen q verteilt, und die Aufgabe ist gelöst. Daß die Arithmetik weit entfernt ist, so zu verfahren, ebensowenig als es ihr beifällt, Multiplikationen und Potenzierungen durch wirkliche Berechnung der zugrunde liegenden Additionen auszuführen, ist bekannt.

Wir unterlassen es, die analogen Bedenken auch für die Radizierung und Logarithmierung, die Umkehrungen der Potenzierung, durchzuführen. Überall ergibt sich derselbe eigentümliche Widerstreit gegen die Arithmetik, deren Sinn und Wesen sich immer mehr zu verdunkeln scheint, je mehr wir sie aufhellen möchten.

Die Arithmetik operiert nicht mit den „eigentlichen" Zahlbegriffen.

Verstehen wir unter Operationen wirkliche Betätigungen mit und an den Zahlen selbst, dann gibt es keine anderen Operationen als Verbindung und Teilung. Was aber die Arithmetik Operationen nennt, entspricht diesem Begriffe ganz und gar nicht; es sind indirekte Symbolisierungen von Zahlen, welche dieselben bloß durch Relationen charakterisieren, statt sie operativ zu konstruieren. Handelte es sich aber in der Arithmetik um die wirklichen Zahlen, dann würde die Auswertung dieser Symbolisierungen immer den Rekurs auf die ihnen zugrunde liegenden wirklichen Betätigungen, also auf die Ausführung wirklicher Additionen und Teilungen erfordern. Davon ist in aller Arithmetik auch nicht eine Spur zu entdenken.

Wir sind offenbar nicht auf richtigem Wege. Die Voraussetzung, von der wir zunächst als wie von einer selbstverständlichen ausgingen, nämlich, daß jedes arithmetische Operieren eine Betätigung mit und an den wirklichen Zahlen sei, kann nicht der Wahrheit entsprechen. Allzu voreilig ließen wir uns von der gemeinüblichen und naiven Ansicht leiten, die den Unterschied zwischen symbolischen und eigentlichen Zahlvorstellungen nicht beachtet und der fundamentalen Tatsache nicht gerecht wird, daß alle Zahlvorstellungen, die wir über die wenigen ersten in der Zahlenreihe hinaus besitzen, symbolische sind und nur symbolische sein können; eine Tatsache, welche Charakter, Sinn und Zweck der Arithmetik ganz und gar bestimmt. Indem auch die Logiker der Arithmetik diesen wichtigen Umstand übersehen oder in seiner Bedeutung nicht gewürdigt haben, mußte ihnen notwendig ein tieferes Verständnis dieser Disziplin verschlossen bleiben. Und so finden wir denn fast überall die falsche Lehre vorgetragen, daß aus dem Addieren und Subtrahieren, als wirkliche Betätigungen aufgefaßt, die höheren Operationen durch bloße Spezialisierung hervorgehen: Das Multiplizieren sei nichts als ein spezielles Addieren, das Potenzieren ein spezielles Multiplizeren. „Alle Rechnungszeichen der Arithmetik", sagt z. B. Dühring,[1] „sind hienach nur nähere Bestimmungen der besondern Combinationen, in welchen die den einfachsten Zeichen Plus und Minus entsprechenden Thätigkeiten eine besonders geartete Anwendung finden. Die reiche Mannichfaltigkeit, die sich an niedern und höhern Operationen ergiebt, betrifft nicht das erste Material oder, mit andern Worten, die sich durch alles Weitere hindurchziehende Grundthätigkeit an sich selbst, sondern stellt in diesem Medium nur neue Wendungen dar". Und auf der Möglichkeit vielseitiger Variation dieser „Wendungen" soll die Arithmetik beruhen: „... es gäbe überhaupt keine besondere Arithmetik, wenn eben nicht die verschiedenen Formen, die in der Zusammenfassung von Einheiten möglich sind, in Frage kämen". Schon die oben vorausgeschickten Betrachtungen lassen die Undurchführbarkeit solcher Ansichten erkennen, und wir werden im weiteren Verlaufe unserer Untersuchungen noch direktere positive Nachweisungen liefern, daß diese „neuen Wendungen", daß diese verschiedenen „Formen in der Zusammenfassung von Einheiten" nichts weiter sind als Wendungen und Formen der Symbolik, darauf begründet, daß alles Operieren, welches über die allerersten Zahlen hinausreicht, nur ein symbolisches Operieren mit symbolischen Vorstellungen ist.

Hätten wir von allen Zahlen eigentliche Vorstellungen wie von den ersten in der Zahlenreihe, dann gäbe es keine Arithmetik, denn sie wäre vollkommen überflüssig. Die kompliziertesten Relationen zwischen Zahlen, welche jetzt nur mühsam durch umständliche Rechnungen entdeckt werden, wären uns in derselben anschaulichen Evidenz mit den Zahlvorstellungen zugleich gegenwärtig wie etwa Sätze der Art $2 + 3 = 5$. Jedem, der weiß, was 2, 3, 5 und die Zeichen $+$ und $=$ bedeuten, leuchtet dieser Satz unmittelbar und mit Evidenz ein. Tatsächlich sind wir aber in unserer Vorstellungsfähigkeit höchst beschränkt. Daß uns hier irgendwelche Grenzen gesteckt sind, liegt an der Endlichkeit der menschlichen Natur. Nur einem unendlichen Verstand können wir die eigentliche Vorstellung aller Zahlen zumuten; denn darin läge doch schließlich die Fähigkeit, eine wahre Unendlich-

[1] E. Dühring, *Logik und Wissenschaftstheorie*, Leipzig 1878, S. 249.

keit von Elementen zu einer expliziten Vorstellung zu vereinigen. Immerhin aber wären endliche Wesen denkbar, die es zur wirklichen Vorstellung der Millionen und Trillionen, ja der Lichtjahre der Astronomen brächten; ein Fall der hinreichte, um der Ausbildung einer Arithmetik jeden praktischen Anlaß zu benehmen. Ist doch die ganze Arithmetik, wie wir sehen werden, nichts anderes als eine Summe kunstmäßiger Mittel, die hier berührten wesentlichen Unvollkommenheiten unseres Intellekts zu überwinden.[1]

In Wahrheit sind wir von jenem hypothetischen Idealfall fast um seine ganzen Leistungen entfernt. Nur unter besonders günstigen Umständen können wir noch konkrete Vielheiten von ungefähr einem Dutzend Elementen eigentlich vorstellen, d. h. faktisch (wie es intendiert ist) jedes ihrer Glieder als ein für sich bemerktes mit allen andern zusammen in einem Akte befassen.[2] Demgemäß ist auch die Zwölf (oder eine ihr nahestehende niedrigere Zahl) die letzte Grenze für die Konzeption der eigentlichen Zahlbegriffe. Trotzdem fühlt sich niemand durch diese Schranken gehemmt, die ja auch erst die psychologische Analyse entdeckt hat. In und außerhalb der Wissenschaft spricht man so, als könnte man die Reihe der Zahlen ins Unendliche, d. h. über jede erreichte Grenze fortsetzen. Dazu gelten sogar diese Begriffe als die logisch vollkommensten im Bereiche der menschlichen Erkenntnis.

Wie kann man aber von Begriffen sprechen, die man eigentlich nicht hat, und wie ist es nicht absurd, daß auf solchen Begriffen die sicherste aller Wissenschaften, die Arithmetik, gegründet sein soll? Darauf ist zu antworten: Wenn wir die Begriffe auch nicht in eigentlicher, so haben wir sie doch in symbolischer Weise gegeben. Die Erörterung dieser wesentlichen Unterscheidung und die psychologische Analyse der symbolischen Zahlvorstellungen soll die Aufgabe der folgenden Kapitel bilden.

---

[1] Mit Rücksicht darauf stimmt der bekannte Gaußsche Ausspruch: „ὁ θεὸς ἀριθμητίζει" nicht mit dem Begriffe eines unendlich vollkommenen Wesens. Dedekind paraphrasiert ihn (vgl. das Motto der Schrift *Was sind und was sollen die Zahlen?*) in „ἀεὶ ὁ ἄνθρωπος ἀριθμητίζει", was aus anderen Gründen nicht zu billigen ist. Ich würde bloß sagen: ὁ ἄνθρωπος ἀριθμητίζει.

[2] W. Wundt, *Grundzüge der physiologischen Psychologie*, Bd. II, zweite Auflage, Leipzig 1880, S. 214.

XI. KAPITEL

Die symbolischen Vielheitsvorstellungen

Eigentliche und symbolische Vorstellungen.

Wir wollen zunächst mit wenigen Worten den für alle weiteren Darlegungen fundamentalen Unterschied zwischen *symbolischen* und *eigentlichen* Vorstellungen erläutern.

Eine *symbolische* oder uneigentliche Vorstellung ist, wie schon der Name besagt, eine Vorstellung durch Zeichen. Ist uns ein Inhalt nicht direkt gegeben als das, was er ist, sondern nur indirekt *durch Zeichen, die ihn eindeutig charakterisieren*, dann haben wir von ihm statt einer eigentlichen eine symbolische Vorstellung.[1]

Wir haben z. B. von der äußeren Erscheinung eines Hauses eine eigentliche Vorstellung, wenn wir es wirklich betrachten; eine symbolische Vorstellung, wenn uns jemand die indirekte Charakteristik gibt: das Eckhaus der und der Straßen und Straßen-

---

[1] Auf den Unterschied zwischen „eigentlichen" und „uneigentlichen" oder „symbolischen" Vorstellungen hat Fr. Brentano in seinen Universitätsvorlesungen von jeher den größten Nachdruck gelegt. Ihm verdanke ich das tiefere Verständnis der eminenten Bedeutung des uneigentlichen Vorstellens für unser ganzes psychisches Leben, welche vor ihm, soweit ich sehen kann, niemand voll erfaßt hatte. — Die obige Definition ist nicht identisch mit der von Brentano gegebenen. Ich glaubte die Eindeutigkeit der Charakteristik besonders hervorheben zu müssen, um die *uneigentlichen* Vorstellungen von den *allgemeinen* wohlunterschieden zu halten. In der Tat wird man die allgemeine Vorstellung „ein Mensch" nicht als eine Vorstellung (sei es auch als eine symbolische) von einem bestimmten Menschen Peter bezeichnen. Sie enthält nur einen Teil der zur Charakteristik des letzteren geeigneten Merkmale und ist erst durch Hinzutritt weiterer Merkmale so zu vervollständigen, daß wir sie als eine (uneigentliche) Vorstellung des Individuums bezeichnen dürfen, die dann fähig ist, für die eigentliche Vorstellung desselben zu surrogieren. — Ausführlichere Untersuchungen über die symbolischen Vorstellungen und die darauf gegründeten Erkenntnismethoden gedenke ich in einem Anhange zum II. Bande d. W. mitzuteilen. — Vgl. zu diesem Abschnitt auch A. Meinong, *Hume-Studien*, II, Wien 1882, S. 86—88, (*Sitzungsber. d. phil.-hist. Classe der kais. Akademie der Wissenschaften*, 1882, Bd. CI, S. 656—58).

seiten. Jede Beschreibung eines anschaulichen Objekts hat die Tendenz, die wirkliche Vorstellung desselben durch eine stellvertretende Zeichenvorstellung zu ersetzen. Charakteristische Merkmale kennzeichnen den Gegenstand in einer Weise, daß er gegebenenfalls wiedererkannt werden kann, und so können alle Urteile, die an die symbolische Vorstellung angeknüpft werden, nachher auf ihn selbst übertragen werden. Demgemäß dient uns die symbolische Vorstellung als vorläufiges, in Fällen, wo das eigentliche Objekt unzugänglich ist, sogar als dauerndes Surrogat für die wirkliche Vorstellung.

Aber nicht bloß anschauliche Gegenstände können symbolisiert werden, sondern auch abstrakte und allgemeine Begriffe. Eine bestimmte Spezies der Röte wird eigentlich vorgestellt, wenn wir sie als abstraktes Moment einer Anschauung finden. Uneigentlich wird sie vorgestellt durch die symbolische Bestimmung: diejenige Farbe, welcher so und so viel Billionen Ätherschwingungen pro Sekunde entsprechen. Verbinden wir mit dem Namen Dreieck den Begriff einer geschlossenen, von drei Geraden begrenzten Figur, dann kann jede andere Bestimmung, welche in eindeutiger Ausschließlichkeit Dreiecken zukommt, als volles Zeichen für den eigentlichen Begriff eintreten, z. B. diejenige Figur, deren Winkelsumme gleich ist zwei Rechten.

Auch äußere Zeichen können der Symbolisierung dienen. So wird der Unmusikalische unter c^3 sich bloß vorstellen das indirekte Kennzeichen: derjenige Ton, den die Musiker durch das Zeichen c^3 andeuten. Psychologisch betrachtet vermitteln äußere Zeichen überall, wo die Sprache konkurriert; in logischem Sinne aber nur da, wo der Begriff des durch ein äußeres Zeichen zu Bezeichnenden als solchen zum wesentlichen Inhalt der symbolischen Vorstellung gehört.

Ich merke noch an, daß die eigentliche und eine ihr zugehörige symbolische Vorstellung in dem Verhältnisse logischer Äquivalenz stehen. Logisch äquivalent sind zwei Begriffe, wenn jeder Gegenstand des einen auch ein Gegenstand des anderen ist und umgekehrt. Daß für die Zwecke unseres Urteilsinteresses symbolische Vorstellungen im weitesten Maße für die entsprechenden eigentlichen surrogieren können, beruht auf diesem Umstande.

Die sinnlichen Mengen.

Nach diesen Vorbereitungen gehen wir dazu über, die Entstehung und Bedeutung der symbolischen Vorstellungen auf dem Gebiete der Zahl gründlich zu studieren. Zu diesem Zwecke müssen wir vorerst die Funktion des uneigentlichen Vorstellens für die Bildung von Vielheitsvorstellungen näher betrachten, wobei wir uns auf Vielheiten sinnlicher Inhalte beschränken dürfen.

Eine sinnliche Menge (man gestatte von nun an den bequemen, wenn auch nicht ganz korrekten Ausdruck) bietet sich dem heraushebenden Interesse zunächst als eine einheitliche Anschauung, als ein Ganzes dar. Dies unterscheidet aber nicht die sinnliche Menge von dem sinnlichen Einzelding. Auch dieses ist ein Ganzes mit Rücksicht darauf, daß eine nachträgliche Analyse an ihm eine Vielheit von Teilen, nämlich von Eigenschaften, entdeckt. Indessen, in der sinnlichen Menge sind die Teile eben nicht in der Weise von Eigenschaften, sondern in der Weise für sich gesonderter Teilanschauungen enthalten, und zwar sind diese von der Art, daß sie unter den gegebenen Umständen ein vorwaltendes und einheitliches Interesse auf sich lenken.[1] Eben darum geht unsere ursprüngliche Intention auf die Bildung einer Inbegriffsvorstellung, welche jede dieser Teilanschauungen für sich auffaßt und mit den anderen einheitlich zusammenbegreift. Darauf geht unsere Intention, aber ihr vollauf zu genügen, fehlt es bei erheblicheren Mengen an einer entsprechenden Leistungsfähigkeit unseres Geistes. Wohl ist noch die sukzessive Einzelauffassung der Mengenglieder möglich, aber nicht mehr ihre zusammenfassende Kollektion, und sofern wir in derartigen Fällen doch von einer Menge oder Vielheit sprechen, kann dies offenbar nur in symbolischem Sinne geschehen. Häufig halten wir uns aber an symbolische Vorstellungen auch da, wo noch eine eigentliche

[1] In eine Dingvorstellung können wohl auch die Vorstellungen physischer Teile eingehen; aber die Aufmerksamkeit ruht hier auf der Verbindung der letzteren mit dem Ganzen, auf ihrer Angehörigkeit zu ihm, was sie zu Merkmalen desselben macht. In ganz anderer Weise gehören die Vorstellungen physischer Teile zu einer Mengenvorstellung. Jeder gilt für sich und nicht als Merkmal des Ganzen. Hier sind die Teile eben anschaulich gesondert, so daß ihre Verbindung innerhalb der Anschauung des Ganzen zurücktritt. Im übrigen hängt es, wo scharfe Trennung der Teilanschauungen mangelt, von der Richtung des Interesses ab, ob wir von einer Menge oder einem anschaulichen Dinge sprechen (ein Baum — eine Menge Zweige).

Mengenvorstellung zu bilden wäre; und wo nicht, leisten wir an eigentlicher Betätigung auch nicht alles, was wir könnten. Wir unterlassen die wirkliche Auffassung aller einzelnen Glieder, vollführen nur ganz wenige — wenn überhaupt irgendwelche — Schritte und begnügen uns so mit einer noch viel uneigentlicheren Subsumtion unter den Vielheitsbegriff als sonst. Dies findet meist dann statt, wenn die Objekte einander ähnlich sind und uns nur als Angehörige ihrer unmittelbar kenntlichen Gattung interessieren. Die mit einem Blick zu konstatierende Tatsache, daß diese hic et nunc gegebene Anschauung eine Vielheit von Dingen der Gattung A sei, befriedigt schon unser Interesse, wofern es nicht auch nach einer exakten Bestimmung des Wieviel verlangt.

Versuche zur Erklärung momentaner Mengenauffassungen.

Schon die Betrachtung nächstliegender Beispiele zeigt, daß in allen Fällen ernste und merkwürdige Schwierigkeiten dem Verständnis der die Symbolisierung vermittelnden Momente im Wege stehen.

Wir treten in einen Saal voll Menschen; ein Blick genügt, und wir urteilen: eine Menge Menschen. Wir schauen zum Sternenhimmel auf, und in einem Blicke urteilen wir: viele Sterne. Ebendasselbe gilt für Mengen gänzlich unbekannter Objekte. Wie sind derartige Urteile möglich? Zur wirklichen Mengenvorstellung brauchen wir nach den früheren Analysen einen psychischen Akt, welcher jedes einzelne Glied der Menge für sich und zusammen mit allen anderen vorstellt; also ebensoviele psychische Akte als Inhalte da sind, geeinigt durch einen psychischen Akt zweiter Ordnung. Und nur mit Rücksicht auf diese Form der psychischen Verbindung einzeln aufgefaßter Inhalte erlangen die Namen Menge, Vielheit, Inbegriff etc. ihre Bedeutung. Sollten wir etwa in dem einen Überblick wirklich die komplizierte psychische Betätigung ausüben und zumal noch auf sie besonders reflektieren? Denn in den obigen Beispielen findet nicht bloß eine Auffassung der Menge, sondern auch eine Subsumtion unter den Mengenbegriff statt. Dies wäre doch eine starke Zumutung an unsere psychische Leistungsfähigkeit. Bei absichtlichem Vollzuge einer kollektiven Verbindung bringen wir es unter den günstigsten

Umständen (d. h. bei Anspannung unserer ganzen psychischen Kraft, unter Voraussetzung besonders leicht merklicher Inhalte, die in einer nicht allzu raschen Sukzession der Auffassung sich darbieten) nicht über ein Dutzend von Elementen; und hier sollten wir evtl. Hunderte ganz mühelos, fast momentan und jedenfalls unbewußt bezwingen. Ich sagte „unbewußt"; denn von der blitzschnellen Folge von Sonderauffassungen und Verknüpfungen merken wir nichts, und wir können doch nicht annehmen, es sei eine so umfassende und lebhafte Betätigung momentan wieder vergessen worden.

Die aufgeworfene Hypothese ist also zu unwahrscheinlich, als daß wir sie zugrunde legen dürften. Es ist unzweifelhaft, die konkrete Vielheitsvorstellung ist hier keine eigentliche, und die Subsumtion unter den allgemeinen Begriff der Vielheit, die mit der Verwendung des Namens Menge gegeben ist, konnte nur auf symbolischem Wege erfolgt sein. Aber wo liegt, das ist nun die Frage, der Grund und Anhalt der Symbolisierung?

Zu allererst bietet sich hier folgender Erklärungsversuch dar: Der „eine Blick", von dem wir oben sprachen, ist nicht ganz streng zu nehmen. Die Auffassung ist nicht genau momentan, und wir beobachten mitunter, wie das sich bewegende Auge dieses oder jenes Einzelobjekt, da und dort eine kleine Gruppe hervorhebt. Statt den ganzen Prozeß der Kollektion durchzuführen, begnügen wir uns also mit einem bloßen Rudiment. Die nächstbesten Einzelobjekte, die sich gerade entgegendrängen, fassen wir auf, verknüpfen sie, brechen aber alsbald wieder ab, indem wir die Surrogatvorstellung bilden: Gesamtkollektion von Objekten, welche der eben begonnene Prozeß in seiner vollen Durchführung erzeugen müßte.

Aber nun bildet wieder die Möglichkeit dieser symbolischen Vorstellung die Schwierigkeit. Wie kann die Auffassung und Zusammenfassung einiger weniger Glieder als Zeichen für die intendierte Gesamtkollektion dienen? Woher wissen wir, daß der Prozeß der Kollektion auch nur um einen Schritt fortsetzbar ist, daß außer dem faktisch Kolligierten noch etwas zu Kolligierendes übrig ist? Woher wissen wir, daß eine „Gesamtkollektion" zu intendieren sei? Nichts Geringeres wäre dazu nötig als die bereits vollzogene Subsumtion der sinnlichen Mengenanschauung unter den Mengenbegriff. Ist es bereits bekannt, daß die betrachtete

Anschauung einer Menge zugehöre, daß an ihr also jene psychischen Betätigungen geübt werden könnten, die dem Mengenbegriffe eigentümlich sind, dann mögen wir sehr wohl einige wenige Schritte des symbolisch vorgestellten Kollektionsprozesses an den erstbesten Teilanschauungen wirklich ausführen und mit dem bekannten ,,usw." endigen, uns die vollständige Durchführung der wirklichen Mengenbildung sparend. Im entgegengesetzten Falle entbehrte dies alles einer verständlichen Grundlage.

Symbolisierungen durch Vermittlung des vollen Prozesses der Einzelauffassung.

Die Lösung dieser Schwierigkeiten wird uns leichter fallen, wenn wir vorerst auch die symbolischen Mengenvorstellungen einer genaueren Erwägung unterziehen, in denen die uneigentliche Subsumtion unter den Mengenbegriff nicht in momentaner Unmittelbarkeit (bzw. unter bloßer Vermittlung der Einzelauffassung weniger Mengenglieder) zustande kommt, in denen vielmehr von den eigentlich erforderlichen psychischen Betätigungen geleistet wird, was überhaupt zu leisten ist, nämlich die sukzessive Auffassung (wenn auch nicht die einheitliche Zusammenfassung) aller Mengenglieder. Es ist zu erwarten, daß diese symbolischen Vorstellungen, als den entsprechenden eigentlichen näherstehend, gewissermaßen die Brücke zwischen diesen letzteren und jenen entfernteren Symbolisierungen bilden werden.

Allerdings in einem Akte können wir die sukzessiven Auffassungen der Mengenglieder nicht mehr zusammenhalten. Nur eine kleine Zahl derselben bleibt jeweilig in scharfer Unterschiedenheit im Bereiche der kolligierenden Betätigung. Während immer neue Glieder aufgefaßt und angeknüpft werden, entfallen wieder andere von den früher ausgeschiedenen; die sie für sich vorstellenden Akte verschwimmen immer mehr im Hintergrunde des Bewußtseins und verschwinden schließlich ganz.

Gleichwohl besitzen wir von der Einheit des ganzen Prozesses einen bestimmten Begriff. Ist uns auch nur das letzte und sehr beschränkte Stück wirklich gegenwärtig, so haben wir doch ein Wissen davon, daß dieses Stück nicht der ganze Prozeß sei.

Der Gang der Ideenassoziation führt uns der Kette entlang wieder zurück zu den früheren Schritten oder mindestens zur Erinnerung, daß frühere Schritte vorgenommen worden waren. In neuerlicher Durchführung mag nun wohl der Prozeß die Mengenglieder in anderer Sukzession berühren; aber es sind doch dieselben Glieder, auf die er sich bezieht, es ist dieselbe Anschauungseinheit, innerhalb welcher er verläuft. Beides wiederzuerkennen sind wir fähig. Es mag auch vorkommen, daß Glieder einmal aufgefaßt, das zweite Mal übersehen werden; doch steht nichts im Wege, dem Begriffe des Prozesses die Forderung beizufügen, daß er alle erdenklichen Glieder in sich aufnehme. In häufigen Fällen mangelt es auch nicht (wie wir noch besprechen werden) an Mitteln, den Prozeß so zu sichern, daß kein Mengenglied übergangen sein kann. Und so mögen wir aus alledem die symbolische Vorstellung bilden von einem vollständigen Prozesse, der in irgendeiner Sukzession (diese ist uns ja gleichgültig) alle erdenklichen Glieder des anschaulichen Ganzen zur Auffassung bringt.

Die vorgestellte Einheit dieses Prozesses, welcher, wenn auch nicht als ein Akt, so doch als eine Sukzession, die Sonderauffassungen aller einzelnen Glieder verknüpft (bzw. als alle verknüpfend symbolisch vorgestellt wird), kann dann in weiterer Folge als die symbolische Ersatzvorstellung dienen für die eigentlich angestrebte, aber unvollziehbare Einheit der wirklichen Kollektion.

Neue Versuche zur Erklärung momentaner Mengenauffassungen.

Sehen wir nun zu, ob das Verständnis dieser symbolischen Mengenvorstellungen, welche den eigentlichen zunächst stehen, uns wirklich nützen könne für jene entfernteren, mit deren Aufklärung wir uns oben, wennschon ohne Erfolg, mühten. In einem Blicke, sagten wir, wird bei ihnen der Mengencharakter agnosziert. Sollte vielleicht die eigentliche oder symbolische Vorstellung des eben beschriebenen Prozesses, welcher die einheitliche Anschauung in eine Sukzession von Sonderauffassungen zerlegt, irgendwie zu dieser symbolischen Subsumtion unter den Mengenbegriff beigetragen haben?

Die Meinung, daß der eine Blick die blitzschnelle Ausführung eines derartigen Prozesses der Sonderauffassung bedeute und dann in der oben beschriebenen Weise als symbolischer Vertreter für die eigentlich intendierte Kollektion diene, wird man aus ähnlichen Gründen ablehnen müssen wie früher die ihr analoge, daß während der momentanen Auffassung, uns unbewußt, die wirkliche Kollektion zustande komme. Die willkürliche Ausführung des Prozesses erfordert unter den günstigsten Umständen sehr erhebliche Zeit — und um so mehr, je mehr Elemente zu durchlaufen sind. Hier aber soll ein unwillkürliches Durchlaufen in einem Augenblick erfolgen, ob der Mengenglieder viele sind oder wenige. Das ist unannehmbar.

Auch der zweite Erklärungsversuch, den wir oben anstellten, läßt sich analogisch hier übertragen: Statt den ganzen Prozeß durchzuführen, begnügen wir uns mit einem bloßen Rudiment. Die nächstbesten Einzelobjekte, die sich uns aufdrängen, heben wir hervor und verknüpfen sie, brechen aber alsbald ab, indem wir die Surrogatvorstellung bilden: Gesamtheit von Objekten, welche der eben begonnene Prozeß in seiner vollen Durchführung zur sukzessiven Einzelauffassung bringen würde.

Aber auch hier mißglückt der Versuch und aus ähnlichen Gründen. Wir müssen wieder fragen: Wie können die zwei bis drei ersten Schritte des Prozesses als Zeichen für den angeblich intendierten vollen Prozeß dienen? Woher wissen wir, daß der Prozeß der Sonderauffassung auch nur um einen Schritt fortsetzbar ist? Woher, daß ein „voller Prozeß" zu intendieren sei? Es ist klar, daß nichts Geringeres erforderlich wäre als die bereits vollzogene Subsumtion der vorliegenden Anschauung unter den Mengenbegriff. Wohl genügen die ausgeführten Schritte, um mit Rücksicht auf sie von einer Menge zu sprechen; aber das ist nicht die Menge, um die es sich hier handelt. Der Inbegriff der wenigen aufgefaßten Glieder erschöpft nicht die vor uns liegende Mengenanschauung, und davon haben wir von vornherein eine gewisse Erkenntnis. Wir wissen, daß nebst den herausgehobenen Gliedern noch mannigfaltige andere existieren, und eben dieses Wissen gibt erst unserer Vorstellung von einem Prozeßrudiment und einem zu intendierenden vollen Prozeß seinen stützenden Gehalt.

So bleibt die wesentliche Schwierigkeit unverändert bestehen. Wir müssen schon Kenntnis davon haben, daß die vorliegende einheitliche Anschauung eine Menge sei, damit derjenige Begriff, welcher allererst das symbolisierende Moment abgeben und die indirekte Subsumtion der Anschauung unter den Mengenbegriff erklären sollte, überhaupt einen verständlichen Sinn erhalte. Es scheint fast, als wären wir nun doch gezwungen, auf die oben abgelehnten unbewußten Prozesse zurückzugreifen.

Hypothesen.

Nur ein Ausweg ist hier denkbar: Es müssen in der Anschauung der sinnlichen Menge unmittelbar zu erfassende Anzeichen liegen, an welchen der Mengencharakter erkannt werden kann, indem sie die Vollziehbarkeit der oben beschriebenen Prozesse indirekt gewährleisten. Mit diesen Anzeichen könnte sich dann der Name und Begriff der Menge auch unmittelbar assoziieren.

Daß dergleichen Merkzeichen nicht dem einzelnen Mengengliede anhaften können, ist sicher. Jedes Glied könnte auch für sich bestehen und genau als das, was es in der Menge ist; es erhält durch sein Zusammensein mit den anderen kein neues positives Merkmal. — Sollen wir uns etwa an die sinnlichen Relationen halten, welche die Mengenglieder paarweise verbinden? Aber auch sie können die gesuchten Kennzeichen nicht darbieten; die einzelnen Relationen nicht aus gleichem Grunde wie die einzelnen Mengenglieder und alle zusammen erst recht nicht, da ihre Mannigfaltigkeit viel größer ist als diejenige der sie fundierenden Glieder.

Nur wenn wir annehmen dürften, daß von den die Gesamtmenge umspannenden Relationskomplexen sei es alle oder einzelne zu festen Einheiten verschmölzen, welche der ganzen Mengenerscheinung einen unmittelbar merklichen besonderen Charakter, sozusagen eine sinnliche Qualität zweiter Ordnung, erteilten, verhielte es sich anders: Diese quasiqualitativen Charaktere, die gegenüber den sie bedingenden Elementarrelationen das πρότερον πρὸς ἡμᾶς wären, könnten dann den jeweiligen Anhalt für die Assoziation abgeben. Sie würden indirekt die Existenz eines Relationskomplexes und damit diejenige einer sie fundierenden Vielheit von Beziehungspunkten verbürgen. Wären diese Quasi-Qualitäten auch fallweise verschieden, würden sie je nach den mannigfachen Arten und spezifischen

Differenzen der sie begründenden Elementarrelationen selbst mannigfach geartet und differenziert erscheinen, so könnten doch gruppenweise (z.B. den Relationsklassen entsprechend) elementare Ähnlichkeiten zwischen ihnen bestehen, welche dann die Assoziation vermitteln würden. Aber auch die Möglichkeit müssen wir offen halten, daß vielleicht in jedem Falle unmittelbarer Mengenerkenntnis eine einzige, stets gleichartig auftretende Quasi-Qualität dem gewünschten Zweck dienen würde. Wie auch immer, es könnte so wirklich in Einem Blick eine momentane, wenn auch ganz uneigentliche Subsumtion unter den Mengenbegriff erfolgen.

Anstatt auf eine Verschmelzung der in der einheitlichen Mengenanschauung enthaltenen (primären) Relationen könnte man auch auf die etwaige Verschmelzung der anschaulich gesonderten Mengenglieder selbst (eventuell auch noch dieser mit dem „Hintergrunde") rekurrieren, und zwar entweder der Mengenglieder als Ganze oder irgendwelcher abstrakter positiver Momente derselben. Da jede solche Verschmelzung eine Relation wäre, so fiele diese Hypothese in den Bereich der vorhergehenden, falls wir annehmen dürften, daß die Gesamtverschmelzung der Teilinhalte selbst ein Verschmelzungsprodukt der in ihr denkbaren elementaren Verschmelzungen bilde.

Endlich wäre noch eine dritte Hypothese möglich, welche sowohl auf die quasi-qualitativen Charaktere der einen wie der anderen Art sich stützte, indem sie es zuließe, daß bald die einen, bald die anderen und bald wieder komplexe, aus der Verwebung beider Arten hervorgehende Charaktere die fraglichen reproduktiven Momente darstellten.

Auch bei den letzten Hypothesen müssen wir, ‹um› allem gerecht zu werden, die Möglichkeit freihalten, daß vielleicht Eine ganz bestimmte (ob einfache oder komplexe) Quasi-Qualität den gewünschten Zweck erfülle, indem sie, in jedem Falle unmittelbarer Mengenauffassung auftretend, der Assoziation des Mengenbegriffs den Anhalt gäbe.

Bei der nahen Verwandtschaft dieser Hypothesen können wir die nach ihnen resultierende Erklärung des psychologischen Ursprungs der fraglichen symbolischen Mengenauffassungen einheitlich aussprechen wie folgt:

Überall, wo wir innerhalb einer einheitlichen Erscheinung anschaulich gesonderte Teile vorfinden, deren Gesamtheit, in einem sukzessiven Prozeß von Einzelauffassungen herausgehoben, das Ganze schließlich erschöpft, erlangen wir (wie dargelegt wurde) eine wohlbegründete symbolische Vorstellung der jener einheitlichen Erscheinung entsprechenden Kollektion; ebenda finden wir aber auch stets gewisse markante Kennzeichen, welche, aus der Verschmelzung der Teilinhalte oder ihrer Relationen hervorgehend, nach Art der sinnlichen Qualitäten unmittelbar merklich sind und sich eventuell (falls sie nämlich vielfache Artungen und Differenzierungen zulassen) durch auffallende Ähnlichkeiten sozusagen in „Qualitätskreise" gruppieren. Indem wir nun von früh auf die durchlaufende Einzelauffassung bei den verschiedenartigsten sinnlichen Mengen übten, mußten sich notwendig diese Kennzeichen (bzw. ihre verschiedenen Artcharaktere) mit dem Begriffe solcher Prozesse und in weiterer Folge mit dem Mengenbegriffe assoziieren und so jeweilig die Brücken herstellen für die unmittelbare Anerkenntnis einer zunächst einheitlichen sinnlichen Anschauung der hier betrachteten Art als einer Menge.

Die figuralen Momente.

So sind wir durch die sorgsame Erwägung der eigentümlichen Schwierigkeiten, welche das Verständnis der unmittelbaren Auffassung größerer Mengen als Mengen darbietet, zu Hypothesen gedrängt worden, die uns die einzigen Rettungsmittel gegen die hier — wenn irgendwo — unannehmbare Hypothese unbewußter psychischer Betätigungen zu sein schienen.

Nun wird alles vom Zeugnis der Erfahrung abhängen.

Daß sie vor allem die Existenz von quasi-qualitativen Momenten der Art, wie sie unsere Hypothesen voraussetzen, vollauf bestätigt, zeigen mannigfaltige und beliebig zu vermehrende Beispiele. Man braucht sie nur einmal bemerkt zu haben, um sie überall wiederzufinden. In häufigen Fällen sind sie auch durch die Sprache des gewöhnlichen Lebens deutlich ausgeprägt. Man spricht z. B. von einer Reihe Soldaten, einem Haufen Äpfel, einer Allee Bäume, einer Kette Hühner, einem Schwarm Vögel, einem Zug Gänse usw. In jedem dieser Beispiele ist die Rede von einer sinnlichen Menge untereinander gleicher Objekte, die ihrer Gattung nach auch benannt sind. Aber nicht dies allein ist ausgedrückt — dazu würde der Plural des Gattungsnamens allein ausreichen —, sondern eine gewisse charakteristische Beschaffenheit der einheitlichen Gesamtanschauung der Menge, die mit einem Blick erfaßt werden kann, und in ihren wohlunterschiedenen Formen den wesentlichsten Teil der Bedeutung jener den Plural einleitenden Ausdrücke Reihe, Haufen, Allee, Kette, Schwarm, Zug usw. ausmacht.[1]

In allen Fällen stehen die Verschiedenheiten dieser quasi-qualitativen Momente in funktioneller Abhängigkeit bald von den inneren Beschaffenheiten der bezüglichen Teilanschauungen, bald von gewissen Relationen und Relationskomplexen, welche die Teilanschauungen miteinander verknüpfen, bald von beiden zusammen. Ja, wir werden sogar die Ansicht zu begründen versuchen, daß diese Momente geradezu als Einheiten zu betrachten sind, in welchen die Besonderheiten der Inhalte oder deren primäre Relationen miteinander verschmelzen. Ich sage „verschmelzen" und will damit betonen, daß die einheitlichen Momente eben anderes sind als bloße Summen. Den quasi-qualitativen Charakter der ganzen Anschauung erfassen wir als ein Einfaches und nicht als ein Kollektivum von Inhalten und Relationen. Aber das für unsere erste Auffassung Einfache stellt sich bei nachträglicher Analyse als ein Vielfaches heraus. Wir finden die inneren und relationellen Besonderheiten, die der bezüglichen Quasi-Qualität zugehören, vor; wir sehen (mindestens in den leichter zu analysierenden Fällen) deutlich, daß sie Teile derselben bilden. Und überall können wir zur Evidenz bringen, daß sie wirklich und ausschließlich den besonderen Charakter der Quasi-Qualität bedingen. — Fassen wir danach das ursprünglich einfach Erscheinende als ein wahrhaft Vielfaches, so fassen wir es damit nicht als eine bloße Vielheit. Vielfachheit ist nicht Vielheit schlechthin, sondern eine Vielheit zu einem Ganzen im engsten Sinne des Wortes geeinigter Teile. Es besteht also keine Unzuträglichkeit darin, daß wir das quasi-qualitative Moment in der Weise eines Einfachen herausheben und es nachher doch in eine Vielheit für sich merklicher Teile analysieren sollen.

[1] Daß übrigens auch die sinnliche Gleichheit zu diesen charakteristischen Beschaffenheiten gehört, werden wir bald erweisen.

Beginnen wir nun die nähere Darlegung mit der Betrachtung irgendwelcher Objektverteilungen im Gesichtsfelde.

In Beziehung auf eine solche ist zunächst die Tatsache zu konstatieren, daß wir ihre Konfiguration ganz wie eine Qualität in Einem Blicke erfassen, ohne daß in und mit ihm eine Analyse in die einzelnen die Figur bedingenden Relationen stattfände und stattfinden könnte. Die Behauptung, die Vorstellung der Figur bestände in der Vorstellung der Summe jener Relationen, schlösse ja die im allgemeinen ganz unerfüllbare Forderung ein, daß wir in einer wirklichen Inbegriffsvorstellung all die einzelnen Punkt-Objekte in ihren wechselseitigen Relationen umfaßt hielten. Offenbar lehrt uns erst die nachträgliche Analyse, daß das Moment der Figur von den und jenen Relationen notwendig bedingt sei. Jede Variation der Lagerelationen bedingt eine Variation der Figur und umgekehrt; aber die Variation der Figur merken wir, ehe es uns zum Bewußtsein kommt, daß die oder jene Lagen geändert wurden. Besonders deutlich illustrieren dies beliebige Fälle von einfachen oder vielfachen Reihenordnungen. Je nachdem die einzelnen Glieder und die einzelnen Reihen sich nähern oder entfernen, gleichen oder ungleichen Abstand, parallele oder geneigte Richtungen annehmen, ändert sich die Anschauung des Ganzen. Unmittelbar leuchtet uns das figurale Moment auf, und erst bei nachfolgender Reflexion merken wir die bedingenden und von Fall zu Fall wechselnden Verhältnisse.[1]

Wir können uns an diesem Beispiel auch klarmachen, in welchem Verhältnis die Relationen, von denen wir eben zeigten, daß sie das figurale Moment bedingen, zueinander und zu ihm selbst stehen. Zunächst als eine einheitliche abstrakte Beschaffenheit der Anschauung drängt sich uns, wie wir eben betonten, der Reihencharakter auf. Bei nachheriger Analyse merken wir

[1] Wie man sieht, ist das, was hier mit dem „figuralen Moment" der Anschauung gemeint ist (auch bei der nur vorläufigen Beschränkung auf räumliche Beschaffenheiten), etwas Umfassenderes als die Figur in dem gewöhnlichen Begriffe der Gestalt (Form) einer räumlichen Anschauung und im Gegensatze zu ihrer Größe oder Lage; ein Begriff, von dem auch die idealisierende Konzeption des geometrischen Begriffes der Figur ihren Ausgang nimmt. Jede Verschiebung oder Drehung einer räumlichen Gestalt in unserem Gesichtsfelde bedingt bereits eine Veränderung des Momentes in der Anschauung, welches wir unter den Begriff des figuralen Momentes subsumieren würden. Desgleichen natürlich jede Änderung der Größe bei Erhaltung der Gestalt. Allerdings aber springt das, was gemeint ist, wohl nirgends so deutlich in die Augen als bei der Figur im gewöhnlichen Sinne des Wortes.

aber sehr wohl, daß er nichts Einfaches sei. Wir erfassen die einfachen Relationen, die je zwei benachbarte Reihenglieder verknüpfen; wir erfassen auch die Relationen zweiter Ordnung, welche die Paare einfacher Relationen verbinden, die gewissermaßen aneinander grenzen, indem sie ein Fundament individuell-identisch gemein haben. Und nicht erst durch die hinterher kommende beziehende Tätigkeit stiften wir diese Relationen; sie sind da und gehören unzweifelhaft mit zur Einheit der Figur. Daß diese mehr ist als die bloße Summe der Relationen, gestehen wir gerne zu; aber dies gilt doch für jede Einheit, die mehr ist als eine bloße Kollektiveinheit.

Man erkennt auch, daß unsere Ausdrucksweise, die Relationen verschmelzen zur Einheit der Quasi-Qualität, ganz korrekt ist. Die Verschmelzung, die hier vorliegt, ist das genaue Analogon derjenigen, die Stumpf bei den gleichzeitigen Empfindungsqualitäten entdeckt hat.[1] Tatsächlich finden wir die wesentlichen Bestimmungen des Stumpfschen Begriffes hier wieder, vor allem, daß die verschmelzenden Elemente als das, was sie sind, auch außerhalb einer Verschmelzung auftreten können; und in ihr werden sie nicht „im Geringsten verändert", „... aber es tritt ein neues Verhältnis zwischen ihnen auf, das eine engere Einheit herstellt, als sie zwischen Gliedern einer blossen Summe stattfindet ..."[2]

Auch daß die Verschmelzung in verschiedenen Graden auftreten kann, ist hier zu konstatieren; und desgleichen können wir es auch hier als eine Folge der Verschmelzung bezeichnen, daß mit ihren höheren Graden der Gesamteindruck sich unter sonst gleichen Umständen dem einer wirklich einfachen Qualität nähert und immer schwerer analysiert wird. Im vorliegenden Falle bildet der kontinuierliche Punktzusammenhang den höchsten Verschmelzungsgrad.

Wir haben vorhin schon auf die mannigfachen Variationen hingewiesen, welche das figurale Moment bei Variation der es bestimmenden Relationen erfährt. Sie stehen insgesamt in demselben

---

[1] Im übrigen ist Stumpf selbst eine weitere Geltung des Verschmelzungsbegriffes nicht entgangen, indem er erklärt: „Verschmelzung <ist> dasjenige Verhältniss zweier Inhalte, speciell Empfindungsinhalte, wonach sie nicht eine blosse Summe sondern ein Ganzes bilden." *Tonpsychologie*, Bd. II, S. 126.

[2] ebd., S. 64.

Verhältnis zueinander wie die mannigfachen spezifischen Differenzen eine Gattung sinnlicher Qualitäten. Wir finden zwischen ihnen elementare, vielfach abgestufte Ähnlichkeiten, woraus sich ein Gattungsbegriff in der strengen Aristotelischen Bedeutung des Wortes auslöst. Der allgemeine Begriff der Konfiguration ist das genaue Analogon des Begriffes einer Gattung von Sinnesqualitäten. Gleichheit bedeutet auch bei den Konfigurationen nichts anderes als extreme Ähnlichkeit.[1] Die spezifischen Differenzen unseres Gattungsbegriffes hängen ab von der Kombination derjenigen der elementaren Abstands- und Richtungsrelationen, die in ihnen verschmelzen, und repräsentieren also ein viel mannigfaltigeres Kontinuum als die Spezies dieser Elementarrelationen selbst.

Bisher haben wir nur die sozusagen geometrischen Relationen des Abstandes und der Richtung in Betracht gezogen. Aber auf den quasi-qualitativen Charakter irgendwelcher Objektverteilungen im Gesichtsfelde haben auch andere Relationen einen merklichen Einfluß. Die einzelnen Objekte heben sich mehr oder minder scharf voneinander und vom anschaulichen Hintergrunde ab, und auch dieses Sich-abheben ist ein sinnlich-relationelles Moment, welches vielfache graduelle Abstufungen zuläßt und ihnen entsprechend den quasi-qualitativen Charakter der ganzen Mengenanschauung mannigfach beeinflussen kann, wie an naheliegenden Beispielen zu erproben ist. Von einem gewissen Grade der Sonderung hängt sogar die Möglichkeit der Auffassung irgendwelcher anderer figuralen Momente, ja die Möglichkeit einer Mengenauffassung selbst ab. Grenzen die Mengenglieder unmittelbar aneinander, füllen sie einen Teil des Gesichtsfeldes ganz aus, so müssen ihre Farbenqualitäten einen gewissen Abstand überschreiten, damit sie nicht in eine unanalysierbare Einheit verschmelzen. Sind dagegen die Mengenglieder über das Gesichtsfeld verstreut, dann gilt dieselbe Bedingung für ihre Farbenqualität im Vergleich mit der des „Hintergrundes", während sie untereinander von derselben Qualität sein können.

Die qualitativen Verhältnisse bedingen selbst wieder in mannigfacher Weise den Charakter der ganzen Mengenerscheinung, wobei sie oft zu sehr merklichen quasi-qualitativen Momenten

---

[1] Vgl. C. Stumpf, *Tonpsychologie*, Bd. I, S. 111.

verschmelzen, die freilich von dem Momente der Konfiguration wesentlich bedingt zu sein pflegen. Ein charakteristischer Fall ist z. B. der der qualitativen Reihe in Verschmelzung mit der Reihe im örtlichen Sinne. Bilden dieselben Objekte eine andere Konfiguration, dann wird im allgemeinen auch der Charakter der Farbenkonstellation ein ganz anderer sein. Nur wenn die Objekte gleichfarbig sind, beeinflußt das Moment der Konfiguration nicht das der Qualität.

Die qualitative Gleichheit und so überhaupt die sinnliche Gleichheit der ganzen Mengenglieder ist eines der hervorstechendsten quasi-qualitativen Momente. Daß wirklich die sinnliche Gleichheit ein derartiges Moment begründet, erkennt man an jedem Beispiele. Sie gibt dem anschaulichen Mengenganzen einen spezifischen Charakter, der zur Geltung kommt, ohne daß jedes Einzelding mit jedem andern verglichen würde. Wir urteilen in einem Blick: eine Menge Äpfel, Nüsse, Menschen usw., ohne die zugehörigen $\frac{n(n-1)}{2}$ Vergleichungen vornehmen zu müssen und meist ohne es wirklich zu können. Die Erinnerung an frühere Vergleichungen kann uns hierbei nicht leiten; denn (um nur das eine zu erwähnen) auch bei Mengen ganz unbekannter Objekte bedarf es solcher erschöpfenden Vergleichung ganz und gar nicht.

Wir hatten bisher nur ruhende Objektverteilungen im Gesichtsfelde betrachtet; aber auch jede Art von Bewegung oder qualitativer Veränderung der Einzelobjekte erteilt dem Ganzen einen unmittelbar merklichen quasi-qualitativen Charakter. In einigen unserer Beispiele ist dieser auch sprachlich ausgedrückt, wie wenn wir von einem Schwarm (Vögel) sprechen. Im übrigen erkennt man die Besonderheit und unmittelbare Faßbarkeit dieses Momentes überall, sowie man nur einmal darauf achtsam geworden ist. — Und eben solche Momente entspringen, wie es scheint, aus allen anderen primären Relationen, die in den Bereich des Gesichtssinnes fallen.

Außer den Relationen sind auch d i e i n n e r e n B e s c h a f f e n h e i t e n der Teilanschauungen als verschmelzende Elemente wirksam. Unzweifelhaft tritt dies hervor an Beispielen vom Charakter des Schachbrettmusters. Die Konfiguration der schwarzen Felder ist genau gleich derjenigen der weißen. Innerhalb einer jeden sind die Felder nach Form, Größe und Farbe untereinander gleich und begründen so im einen wie im andern Falle ein figurales Gleichheitsmoment. Trotzdem ist der einheitliche Gesamtcharakter der beiden Erscheinungen ein scharf unterschiedener und dies eben vermöge der beiderseits unterschiedenen Farbe der Felder.

Analoges gilt auch für die figuralen Momente der gesonderten Teilanschauungen. Jede Veränderung derselben, z. B. der Größe und Form der einzelnen Mengenglieder, verändert auch den unmittelbaren Charakter der Gesamterscheinung.

All das, was wir hier für Mengen innerhalb des Gesichtsfeldes ausgeführt haben, läßt sich offenbar auf alle Arten sinnlicher Mengen übertragen; desgleichen auf Mengen überhaupt, sei es in der Phantasie vorgestellter sinnlicher Objekte, sei es psychischer Akte. Bei den letzteren bildet z. B. die zeitliche Folge und überhaupt die zeitliche Konfiguration (das genaue Analogon der räumlichen) ein derartiges Moment.

Es wäre vielleicht nicht unpassend, für diese den Sinnesqualitäten analogen Eigentümlichkeiten einheitlicher Anschauungen — in Anknüpfung an ihren markantesten Spezialfall — den Terminus f i g u r a l e s Moment zu wählen.

Von einem jeden dieser figuralen Momente der Mengenanschauungen gilt dasselbe, was oben für das räumlichfigurale s i c h t b a r e r Mengen dargelegt wurde: Einem jeden kommt nebst seinem spezifischen ein gewisser Gattungscharakter zu.

Die verschiedenartigen figuralen Momente treten, ihren spezifischen Differenzen entsprechend, in den mannigfachsten Mischungen oder genauer: Verschmelzungen auf. In der bezüglichen Anschauung einheitlich verschmolzen, werden sie erst durch Abstraktion gesondert. Das Moment der zeitlichen Konfiguration z. B. verschmilzt mit dem Qualitäts- und Intensitätsmomente, und das Gemisch hat zunächst einen einheitlichen Figural-Charakter, der erst durch Analyse in seine Komponenten zerfällt. Ein kompliziertes Gemisch solcher Art enthält eine Melodie. Ein ganz einfaches Beispiel bietet eine Reihe gleicher Gesichtsobjekte. Man sondert hier sehr leicht das Reihenmoment und das Gleichheitsmoment.

Während die Vereinigung figuraler Gattungscharaktere bei der Bildung von allgemeinen Mengenvorstellungen, von Mengenarten sozusagen, eine erhebliche Rolle spielt (man erwäge die allgemeine Bedeutung von Namen wie: Reihe, Schwarm, Kette, Haufen etc.), ist es die Vereinigung ihrer besonderen Differenzen, die der anschaulichen Menge ihr individuell-einheitliches Gepräge gibt.

Der abstrahierenden Hervorhebung setzen die verschiedenen figuralen Momente einen verschiedenen Widerstand entgegen. Das eine wird leichter, das andere schwerer bemerkt; manches kommt überhaupt nicht zu selbständiger Auffassung, und seine Existenz kann nur indirekt erschlossen werden auf dem Wege der Variation der gesamten Quasi-Qualität bei der Variation der sie bedingenden Elemente. Wir können hier von einem verschiedenen Grade der Verschmelzung sprechen, welche die verschiedenen Figural-Momente eingehen. Einen besonders kräftigen Reiz üben auf das isolierende Bemerken alle Arten von Reihen, Ordnungen, Systemen und alle aus Abstands- und Richtungsrelationen aufgebauten Konfigurationen, von denen die räumlichen nur einen Spezialfall bilden. Beispiele liefern noch Komplexe von Zeitpunkten, Intensitäten und sinnlichen Qualitäten.

Wo eine Vielheit gesonderter Objekte in einer Anschauung sich zusammenfindet, da konkurrieren die figuralen Momente, welche zu allen erdenklichen Teilvielheiten derselben gehören. Indem wir eine bestimmte Menge in anschaulicher Einheit herausheben, siegt eben dasjenige, welches den stärksten Reiz auf unsere Auffassung ausübte. Mitunter ist dieser Sieg nur ein momentaner: Wir erfassen bald diese, bald jene Menge innerhalb der Gesamtanschauung, der sie alle angehören, je nachdem das figurale Moment dieser oder jener überwog.

Entscheidung.

Für unsere Zwecke bedürfen wir nicht einer allseitigen Erforschung dieser merkwürdigen und bisher fast gar nicht beachteten [1] Eigentümlichkeiten einheitlicher Phänomene und spe-

[1] Die vorstehenden Untersuchungen waren nahezu ein Jahr ausgearbeitet, als die scharfsinnige Arbeit von Chr. Ehrenfels, „Ueber Gestaltqualitäten", (*Vierteljahrsschrift, f. wiss. Philos.*, 14, 1890, S. 249—292) erschien, in welcher die oben nur gelegentlich im Interesse der Erklärung indirekter Mengenauffassungen untersuchten figuralen Momente einer umfassenden Untersuchung unterworfen werden. Leider ist mir die

ziell der sinnlichen Mengen. Was wir ausgeführt haben, genügt, um uns der Existenz der figuralen Momente zu versichern, von denen unsere Hypothesen zur Erklärung symbolischer Mengenauffassungen Gebrauch machten.

Welcher von den Hypothesen sollen wir nun den Vorzug geben? Die erste reflektierte bloß auf figurale Momente, die aus der Verschmelzung von Relationen, die zweite bloß auf solche, die aus der Verschmelzung der absoluten Inhalte hervorgehen. Beiderlei Momente treten jedoch in so innigem Konnex auf, daß wir uns von vornherein der dritten Hypothese zuneigen werden, welche Momente beider Art, eventuell in einheitlicher Verschmelzung, zuläßt.

Die Annahme (welche alle Hypothesen offen hielten), daß konstante in jedem Falle unmittelbarer Mengenerkenntnis zutage tretende Momente die Assoziation des Mengenbegriffes vermitteln, werden wir wohl ablehnen müssen, obschon es an solchen Momenten nicht fehlen mag. Hierher gehört z. B. das Sonderungsmoment; denn von einer sinnlichen Menge ist nur da die Rede, wo innerhalb einer einheitlichen Erscheinung die Elemente sich voneinander bzw. vom Hintergrunde deutlich abheben. Solche Momente treten aber stets in Verschmelzung mit anderen, unter Umständen kräftigeren Momenten auf, und es ist zur Erklärung der fraglichen Mengenauffassungen nicht erforderlich, daß erst Analyse einträte und die Assoziation des Mengenbegriffes gerade immer unter Vermittlung jener ersteren konstanten Momente erfolge. Indem besonders auffallende figurale Momente beider Art (wie z. B. die Konfiguration im engeren Sinne in Verschmelzung mit dem Gleichheits- oder Qualitätsmoment) zur Heraushebung einheitlicher Mengenanschauungen den Anstoß gaben und in weiterer Folge der Prozeß gliedweiser Auffassung sich anschloß, mußte sich notwendig der symbolische Mengenbegriff mit ihnen oder vielmehr mit ihren typischen Gattungscharakteren assoziieren, ohne daß erst eine Analyse in die

genannte Abhandlung, während ich diese Blätter für den Druck vorbereite, nicht zugänglich, so daß ich eine nähere Beziehung auf sie unterlassen muß. Ehrenfels wurde, wie er gleich zu Eingang seiner Darstellung ausspricht, durch E. Machs *Beiträge zur Analyse der Empfindungen*, Jena 1886, zu seiner Untersuchung angeregt. Da ich diese Schrift des geistvollen Physikers gleich nach ihrem Erscheinen gelesen hatte, so ist es wohl möglich, daß auch ich durch Reminiszenzen aus dieser Lektüre in dem Gange meiner Gedanken mitbeeinflußt war.

Partialmomente und ein Herausheben irgendwelcher überall gemeinsamer <Momente> stattfinden mußte.

Haben wir den durchlaufenden Prozeß der ausschöpfenden (oder vermeintlich ausschöpfenden) Einzelauffassung an vielen diskreten Objektverteilungen im Gesichtsfelde geübt, so erkennen wir schließlich eine jede neue auch ohne dieses Mittel sofort als Menge. Die Analogie aller Konfigurationen untereinander oder die Analogie in Beziehung auf komplexe Momente, die leicht kenntliche Mengenarten begründen, vermittelt die Assoziation. Bei Mengen innerhalb anderer Sinnesfelder mögen uns andere Momente dienen; aber stets wird die Ähnlichkeit innerhalb gewisser Qualitätskreise sozusagen den nächstliegenden Anhalt für die Assoziation bieten. Deutlich ist dies auch an den Beispielen, von deren Betrachtung wir ausgingen, wo die Figuralcharaktere zu besonderen Namen wie: Reihe, Herde, Schwarm etc. führten. Nie sind zwei Reihen, Herden, Schwärme einander genau gleich; aber ihre Ähnlichkeit begründet die Gattungsbegriffe, welche, unmittelbar erkannt, nun auch die unmittelbare Erkenntnis des Mengencharakters vermitteln.[1]

Die psychologische Funktion der Fixierung einzelner Mengenglieder.

Die Konzeption der hier betrachteten uneigentlichen Mengenvorstellungen pflegt von einigen Schritten der Einzelauffassung irgendwelcher Mengenglieder begleitet zu sein. Es ist nicht ohne psychologisches Interesse, die besondere Funktion dieses Prozesses genauer zu zergliedern.

Er liefert einerseits eine Annäherung an die wirkliche Mengen-

[1] Unsere Theorie der uneigentlichen Mengenauffassungen erklärt auch die von Stumpf bemerkte Tatsache, daß „die richtige Unterscheidung einer Mehrheit von einer anderen bereits eine höhere Leistung <sei> als das Wahrnehmen einer Mehrheit überhaupt". (*Tonpsychologie*, Bd. II, S. 371). Dieses Wahrnehmen ist eben in der Regel ein symbolisches, vermittelt durch den Figuralcharakter der ganzen anschaulichen Mengeneinheit, und es findet dann keine Sonderauffassung der Mengenglieder statt, wie sie behufs einer exakten Vergleichung der Menge mit anderen Mengen oder behufs ihrer Zählung (die Stumpf in der obigen Stelle besonders im Auge hat) im allgemeinen erforderlich sein wird. Und es ist sehr wohl möglich, daß ein figurales Moment reproduktiv noch wirksam sei, selbst wenn die Mengenglieder in der Anschauung so innig verschmolzen sind, daß ihre deutliche Sonderauffassung überhaupt unmöglich wird.

bildung und an die wirkliche Subsumtion unter den Mengenbegriff, indem die erforderlichen psychischen Betätigungen mindestens an einigen herausgegriffenen Gliedern wirklich ausgeführt werden. Das Prozeßrudiment dient dann, unseren früheren Ausführungen gemäß, als Zeichen für den intendierten vollen Prozeß, wobei die einheitliche Figural-Qualität der Mengenanschauung uns der Fortsetzbarkeit des angefangenen Prozesses versichert, zumal die anschauliche Mengeneinheit der herausgehobenen Glieder als Teil der gesamten Mengenanschauung erkannt wird.

Andererseits gibt die Einzelauffassung uns auch den Gattungsbegriff der Glieder. Ja, sie bestimmt häufig erst die Aussonderung des Mengenganzen. Sowie das Interesse sich einem Dinge bloß vermöge einer gewissen Beschaffenheit zuwendet, leuchtet mit einem Male der Gesamtinbegriff der noch im anschaulichen Hintergrunde unbemerkt gebliebenen Objekte dieser Gattung auf, wofern sie sich nur scharf genug abheben, um überhaupt eine leicht merkliche Mengeneinheit bilden zu können; und je nachdem das Interesse bald dem, bald jenem Gattungsbegriff sich zuwendet, zieht es mit ihm bald die, bald jene Mengeneinheit aus dem unanalysierten Hintergrund hervor. Die Verschmelzung der gleichartigen Inhalte in der Anschauung bildet eben schon vor aller Analyse eine gewisse Einheit und vermittelt dadurch diese eigentümliche Art der Assoziation. Der einzelne Inhalt hängt gewissermaßen an einer Kette, die er nach sich zieht, sowie er zu besonderem Bewußtsein kommt. Achten wir z. B. auf ein weißes Feld des Schachbrettes, so tritt die ganze Konfiguration der weißen Felder hervor; achten wir auf ein schwarzes, so die der schwarzen. Und umgekehrt: Wollen wir die eine oder andere Konfiguration festhalten, so müssen wir mindestens ein einzelnes ihrer Felder fixieren. Achten wir auf eine Zeile dieser Seite, dann taucht schon die ganze Zeilenreihe hervor; heftet sich zufällig das Interesse an den weißen Zwischenraum zweier Zeilen (wie bei der Schätzung ihrer Distanz), dann ist es die Reihe dieser Streifen, die einheitlich hervortritt. Parallelstreifen in abwechselnder Färbung, Reihen mit Gliedern abwechselnder Gestaltung bieten überhaupt deutliche Beispiele.

Ich erwähne schließlich, daß im Verlaufe des rascheren Denkens häufig auch die äußere Anschauung ohne irgendwelche rudimentären Prozesse bloß vermöge ihres figuralen Charakters zum symbolischen Vertreter der eigentlichen Mengenvorstellung werden kann. Sprechen wir z. B. im Hinblick auf eine gewisse Anschauung von einem Regiment Soldaten, einer Allee Bäume u. dgl., dann fehlt in der Regel die wahre Pluralvorstellung und nur die unbearbeitete Anschauung ist da. Sowie es aber im Verlaufe des weiteren Denkens notwendig wird, beginnt das Spiel der psychischen Betätigungen, die der Plural ausdrückt.

Worin liegt die Gewähr für die Vollständigkeit der durchlaufenden Einzelauffassung einer Menge?

In den bisher betrachteten Fällen findet das auffassende Interesse sein Genüge daran, daß eine durch den äußeren Rahmen der Anschauung (d. i. durch ein sich entgegendrängendes figurales Moment derselben) umgrenzte Vielheit von Objekten einer bestimmten Gattung gegeben sei. In anderen Fällen aber ist das Interesse jedem der umrahmten Einzelobjekte zugewendet, und es ziehlt daher auf das erschöpfende Durchlaufen aller dieser Objekte. Wie dergleichen zustande kommt, wäre wieder ohne den Rekurs auf die figuralen Momente der Anschauung eine unlösbare Frage. Nachdem die eigentliche Kollektion bei erheblicheren Mengen eine Unmöglichkeit ist, woher die Gewißheit, wirklich alle Glieder derselben aufgefaßt zu haben? Die richtige Beantwortung dieser Frage ist für die Psychologie des Zählungsprozesses von besonderer Wichtigkeit, denn sie beantwortet zugleich diejenige nach der Möglichkeit einer vollständigen Durchzählung.

Es sind nun wieder gewisse figurale Beschaffenheiten innerhalb der einheitlichen Mengenanschauung, welche unserem sonderauffassenden Interesse einen geregelten und sicheren Gang erteilen. Besitzt z. B. die Menge den Charakter einer einfachen Reihe, dann sind es die Verknüpfungen der elementaren Reihenrelationen (und das sind selbst figurale Momente), die uns anleiten. Ist die Reihe begrenzt, so beginnen wir mit einem der Randglieder; denn diese üben unter sonst gleichen Umständen den ersten und kräftigsten Anreiz auf das heraushebende Interesse.

Das Randglied gehört einer ersten Elementarverknüpfung an, die in der Weise eines einheitlichen Figuralmomentes der Auffassung sich entgegendrängt. Durch Analyse derselben gelangen wir zum ersten Nachbargliede; in diesem verkettet sich mit der ersten eine neue Elementarverknüpfung; an der Hand derselben gelangen wir zum zweiten Nachbargliede usw. Indem uns stets zwei aneinandergrenzende Verknüpfungen zugleich, und zwar als wohlgesonderte, gegenwärtig sind, kann die neue als solche erkannt werden, und der Fortschritt wird zu einem eindeutig bestimmten. Diese Eindeutigkeit gewährleistet aber die Vollständigkeit der durchlaufenden Einzelauffassung.

Nicht viel komplizierter liegt die Sache in dem Falle einer Doppelreihe. Die Gesamtmenge zerfällt hier sofort in eine Menge von Mengen, deren jede durch ein besonderes figurales Moment (das Reihenmoment) als solche gekennzeichnet ist, während ihre Gesamtheit wiederum durch solch ein Moment eben als Menge von diesen Mengen sich ausweist. Der Fortschritt von Reihe zu Reihe und in jeder Reihe der Fortschritt von Glied zu Glied ist aus analogen Gründen wie im vorigen Beispiel ein eindeutig bestimmter, sobald nur jeweilig eine Randreihe als Ausgangsreihe und in ihr wie in jeder folgenden ein Randglied als Anfangsglied gewählt ist.

Ähnlich verhält es sich nun ganz allgemein bei beliebigen Mengen. Entweder die gegebene Menge besitzt von vornherein nicht bloß ein sie als Ganzes auszeichnendes Figuralmoment, sondern auch natürliche oder bei den herrschenden Denkgewohnheiten sich aufdrängende Gliederungen, bedingt durch besondere Figuralmomente; diese scheiden Teilmengen in ihr aus und lassen die Gesamtmenge als eine übersichtlich geordnete Summe von Mengen erscheinen, zu welcher Ordnung natürlich wieder ein figurales Moment die Möglichkeit gibt. Oder die Menge ist zunächst ohne jede klare Gliederung und Ordnung; ein Fall, in welchem wir künstlich nachhelfen müssen durch willkürliche Gruppenbildung und Anordnung der Gruppen, wobei wir häufig zur größeren Sicherheit des Verfahrens äußere Merkzeichen herbeiziehen, wie die Umrahmung durch Grenzlinien, die Numerierung der Gruppen u. dgl. Hierbei müssen die Gruppen so gewählt sein, daß der Fortschritt von Glied zu Glied hinreichend bestimmt ist, um die Vollständigkeit der Auffassung ihrer sämtlichen

Glieder zu verbürgen. Vermöge des geordneten Zusammenhanges der Gruppen untereinander ist dann auch ein erschöpfendes Durchlaufen der Glieder der Gesamtmenge gesichert.

Auffassung eigentlich vorstellbarer Mengen durch figurale Momente.

Ehe ich diesen Gegenstand verlasse, bemerke ich noch, daß auch bei der Auffassung kleiner Mengen, bei welchen noch von eigentlicher Kollektion gesprochen werden darf, figurale Momente oft eine nicht unerhebliche Rolle spielen. Jede, auch die kleinste Gruppe, z. B. von Gesichtsobjekten (und so von sinnlichen Inhalten überhaupt), ist durch ein figurales Moment als anschauliche Einheit charakterisiert, und so bestimmt dieses den Rahmen für unsere sukzessiven Einzelauffassungen. Ferner, selbst bei Mengen von vier oder fünf Objekten findet häufig, obschon nicht notwendig, eine Gliederung in Untergruppen statt. Wir fassen sie dann auf in der Form $2 + 2$ bzw. $2 + 3$ oder $2 + 2 + 1$. Bei Mengen, deren Elementenzahl größer ist als fünf, sind solche Gliederungen geradezu eine Notwendigkeit, soll überhaupt eine wirkliche Mengenauffassung zustande kommen; und wo solche Gliederungen vermöge der Natur der Anschauung sich nicht von selbst aufdrängen, müssen wir sie künstlich in sie hineintragen.

Daß in derartigen Auffassungsformen eine Erleichterung liegt, ist eine unzweifelhafte, aber auch merkwürdige Tatsache. Danach erscheint die Auffassung einer Kollektion von Kollektionen leichter als die Auffassung einer einfachen, ungegliederten Kollektion, obgleich im ersteren Falle psychische Akte höherer Ordnung erforderlich sind als im letzteren (S. 92/93). Indessen werden die psychischen Akte, die dort in Frage kommen, außerordentlich erleichtert durch die figuralen Momente, welche die Inhalte der Gruppen charakteristisch verknüpfen. Um z. B. eine deutliche Auffassung von sechs aufeinanderfolgenden Glockenschlägen zu erhalten, gliedern wir dieselben in zwei Gruppen zu je drei Schlägen. Durch abgestufte Betonung erregen wir hierbei, den Gruppen entsprechend, besonders merkliche Figuralmomente (jedes gemischt aus einem intensiven und einem zeitlichen Moment), welche als parallellaufende Primär-Verknüpfungen den Gruppenkollektionen sozusagen einen festen Rahmen, einen äußeren Halt geben; zudem, wie es scheint, der kolligierende Akt mit der entsprechenden Figuralqualität eine Assoziation eingeht. Durch solche Mittel bewältigt man noch Mengen, die in ungruppierter Form als wirkliche Kollektionen nicht mehr festzuhalten wären, indem vielleicht an der Einförmigkeit ihrer Komposition das verknüpfende Interesse erlahmen würde.

Immerhin muß man aber in dieser Art entstandene Mengenvorstellungen noch als eigentliche gelten lassen, da wirklich in einem Akte alle Glieder zu expliziter Vorstellung geeinigt erscheinen. Die stützenden figuralen Momente gehören hierbei wohl mit zum psychologischen, nicht aber zum logischen Gehalte der Vorstellung. Wie von der zeitlichen Folge, so können wir auch von den figuralen Momenten, welche, sei es die Gesamtmenge, sei es Untergruppen derselben, auszeichnen, abstrahieren und auf das bloße Zusammen der Glieder in einer Vorstellung achten; und dies müssen wir auch tun, wenn die eigentliche Meinung der Mengenvorstellung in Frage ist.

Die elementaren Vielheitsoperationen und -relationen in Übertragung auf symbolisch vorgestellte Vielheiten.

Auf symbolisch vorgestellte Vielheiten kann man, wie leicht einzusehen, auch die Begriffe der elementaren Operationen und Relationen übertragen, wobei oft wieder die figuralen Momente vermitteln werden. Sind uns z. B. mehrere sinnliche Mengen zugleich gegeben, durch die bekannten symbolisierenden Momente als solche taxiert, dann kommt ihnen auch eine anschauliche Gesamteinheit zu, vermöge eines sie alle umfassenden figuralen Momentes, welches das Ganze wieder als Menge charakterisiert. Dieses sinnliche Verhältnis der Anschauungen liefert einen gewissen Anhalt für die Symbolisierung der additiven Verknüpfung zwischen den zugehörigen wirklichen Kollektionen. Ebenso können wir den Begriff von Teilmengen in Beziehung auf eine vorgelegte anschauliche Menge bilden. Die ganze Anschauung gliedert sich in Teilanschauungen, von denen jeder ein wohlbemerkbares und sie als Menge charakterisierendes Figuralmoment zukommt.

Das sinnliche Teilungsverhältnis mag wieder als Anhalt für die Symbolisierung des intendierten wirklichen Mengenverhältnisses dienen. Im Hinblick auf diese Sachlage können wir in gutem Sinne von Addieren und Teilen und desgleichen offenbar von Vermehren und Vermindern sprechen. Wir können für beliebige symbolisch vorgestellte Mengen die Frage der Vergleichbarkeit aufwerfen, wobei die Begriffe von Gleich, Mehr und Weniger in naheliegenden (und darum nicht näher zu erörternden) symbolischen Wendungen erscheinen. Bei der Konstatierung dieser Verhältnisse in gegebenen Vergleichsfällen kommen symbolische Mittel zur Verwendung, auf die wir bei anderer Gelegenheit schon aufmerksam wurden; [1] so die paarweise Zuordnung der sukzessive herausgehobenen Mengenglieder oder aber die wechselseitige Abzählung, wofern die symbolische Ausdehnung der Zahlenreihe bereits vollzogen ist.

Ich betone schließlich, daß die Veränderungen, welche die Vielheitsvorstellung durch all die beschriebenen Symbolisierungen erfährt, nicht ihren logischen Gehalt betreffen. Vielheit bleibt der Begriff einer Gesamtheit, einer bestimmten Kollektion von gesonderten Inhalten, nur daß in den jetzt betrachteten Fällen die Aussonderung von Inhalten und ihre Kollektion, statt zu wirklichem Vollzuge zu gelangen, entweder ganz oder zum größten Teile bloße Intention bleibt.

Unendliche Mengen.

Die symbolischen Mengenvorstellungen, die wir bisher betrachteten, schließen noch nicht die volle Erweiterung, dessen der Begriff der Menge oder Vielheit durch symbolische Mittel fähig ist, ein. Noch eine besonders merkwürdige bleibt uns zu zergliedern übrig, welche den ursprünglichen Begriff in einer Weise extendiert, daß er nicht bloß die gewissermaßen zufälligen, sondern auch die dem Wesen aller Erkenntnis notwendigen Schranken überspringt und damit im Grunde auch einen wesentlich neuen Inhalt gewinnt. Eine Erweiterung der Vorstellungsfähig-

[1] Vgl. VI. Kapitel, S. 106—109.

keit, die sie in den Stand setzen würde, Mengen von hundert, tausend, Millionen Elementen in eigentlicher Betätigung kollektiv zu befassen, ist sehr wohl denkbar. Und so bietet denn unsere Intention, welche der symbolischen Vorstellung so großer Mengen zugrunde liegt, keinen Anlaß zu logischen Bedenken; sie geht auf die wirkliche Vorstellung von Kollektionen, die, wenn nicht in den Bereich unserer, so doch einer idealisierten menschlichen Erkenntnisfähigkeit fallen. Zur Surrogierung der wirklichen Kollektion können dann in vielen Fällen sukzessive Prozesse dienen, die es mindestens zu einer sukzessiven Einzelauffassung aller Glieder bringen. Wir sind imstande, ein jedes Mengenelement für sich zur Vorstellung zu bringen in zeitlichem Nacheinander, wenn auch nicht in einem sie alle befassenden Akte. All dies ist aber unmöglich in den Fällen, auf die wir es nun abgesehen haben. Wir sprechen von Inbegriffen, Mengen, Vielheiten auch da, wo schon der Begriff ihrer eigentlichen Bildung oder ihrer Symbolisierung durch sukzessive Ausschöpfung der befaßten Einzelnen eine logische Unmöglichkeit einschließt. Wir sprechen von unendlichen Mengen. Unendlich sind die Umfänge der meisten allgemeinen Begriffe. Unendlich ist die Menge der Zahlen der symbolisch erweiterten Zahlenreihe, unendlich ist die Menge der Punkte in einer Linie und überhaupt der Grenzen eines Kontinuums. Der Gedanke, daß irgendeine faßbare Erweiterung unseres Erkenntnisvermögens dieses zu der wirklichen Vorstellung oder auch nur der sukzessiven Ausschöpfung solcher Mengen befähigen könnte, ist unausdenkbar. Hier hat selbst unsere Kraft der Idealisierung eine Schranke.

Wie kommen nun aber diese symbolischen Begriffe zustande? Was macht ihren psychologischen und logischen Gehalt aus?

In jedem Falle, wo von einer unendlichen Menge die Rede ist, finden wir die symbolische Vorstellung eines unbeschränkt fortsetzbaren Prozesses der Begriffsbildung vor. Ein klares Prinzip ist gegeben, nach welchem wir jeden bereits gebildeten Begriff einer gewissen gegebenen Gattung umwandeln können (oder auch symbolisch als umgewandelt vorstellen können) in einen neuen, von dem ersteren scharf unterschiedenen, diesen abermals usw., derart, daß die apriorische Sicherheit besteht, nie zu dem Ausgangsbegriffe und zu den bereits erzeugten Begriffen zurückzukehren. Wir bilden nun mit Rücksicht auf die Ergebnisse dieses

Prozesses sukzessive Mengenvorstellungen, die sich stetig erweitern, und ist wirklich das Bildungsprinzip ein bestimmtes, dann erhält auch der Begriff der sich fortgesetzt erweiternden Menge von Begriffen einen ganz bestimmten Gehalt. Es ist a priori durch scharfe begriffliche Momente bestimmt, was diese stetig auszudehnende Menge umfaßt oder umfassen kann und was nicht; d. h. von einem jeden vorgegebenen Denkobjekt läßt es sich unzweideutig entscheiden, ob es Glied dieses Prozesses bzw. dieser Mengenbildung sein könne oder nicht.

Betrachten wir z. B. den Begriff der unendlichen Menge von Zahlen. Der Prozeß der Hinzufügung einer Einheit zu einer beliebig gegebenen Zahl ist eine Operation, deren Begriff es a priori gewährleistet, daß sie zu einer bestimmten und neuen Zahl hinführt. Gehen wir von der Zahl Eins aus, dann führt dieses Bildungsprinzip zu Zwei, Drei, ..., zu neuen und immer neuen Zahlen, ohne Rückkehr und ohne Schranken. Die begriffliche Bestimmung: „Ein mögliches Resultat dieses Prozesses" ist wie dessen Begriff selbst eine scharfe, und so besitzen die möglichen Ergebnisse der angegebenen sukzessiven Begriffskonstruktion eine gemeinsame Charakteristik, die sie zusammenbindet, analog wie die kollektive (oder eine sie vertretende anschauliche) Einheit der Glieder einer Menge. Wir stellen also, wenn wir vom Inbegriffe aller natürlichen Zahlen sprechen, zunächst eine Menge im gewöhnlichen Sinne vor, nämlich die Zahlen eines Anfangsstückes der Zahlenreihe (symbolisiert durch die anschauliche Reihe der Zeichen oder dgl.). Dazu tritt die ergänzende Vorstellung, daß diese Reihe vermöge ihres Bildungsprinzips erweitert werden könne in infinitum, wobei jedes neue Glied durch den Prozeß bestimmt sei. Sprechen wir von der unendlichen Menge von Punkten einer Strecke, dann stellen wir zunächst irgendeine Punktverteilung auf derselben vor, dazu den ergänzenden Gedanken eines unbeschränkten Prozesses, durch den wir jedes Paar benachbarter Punkte durch neue und abermals neue Punkte vermittelt denken können. Und so sonst.

Es ist nun leicht das Moment anzugeben, welches zu der Übertragung des Begriffes der Vielheit auf die ihrem logischen Charakter nach wesentlich unterschiedenen Bildungen den Anlaß geliefert hat. Schon bei der symbolischen Vorstellung von Mengen im gewöhnlichen Sinne surrogiert, wie wir früher sahen, häufig die Idee eines Prozesses, dessen Einheit durch irgendein figurales

Moment der Anschauung seine Bestimmtheit erhält. Ähnlich ist es hier, nur ist es ein entfernteres, begriffliches Prinzip, welches nun dem Prozeß seine Bestimmtheit verleiht und der Vorstellung von all dem, was durch ihn erreichbar ist, was er „umfaßt", einen gewissen Halt gibt. Während aber im ersten Falle zum Begriffe des Prozesses seine Endlichkeit gehörte, so daß in der Sukzession der Schritte einer der letzte sein mußte, gehört es im Gegenteil hier zu seinem Begriffe, unbegrenzt zu sein: Der Begriff eines letzten Schrittes, eines letzterreichten Mengengliedes also, wird sinnlos. Im ersten Falle war es mitunter möglich, den Prozeß wirklich voll auszuschöpfen, ja vielleicht die entsprechende eigentliche Kollektion zu bilden; im letzteren ist schon der Gedanke daran absurd. Das sind wesentliche logische Unterschiede. Die Analogie, von der wir oben sprachen, erweckt aber die natürliche Neigung, auch der Vorstellung der unendlichen Menge die Intention auf die Bildung der entsprechenden wirklichen Kollektion zu unterschieben, trotz der Absurdität des Gedankens. So entsteht ein gewissermaßen imaginärer Begriff, dessen widerlogischer Charakter im alltäglichen Denken keinen Schaden stiftet, da eben die Unverträglichkeit, die er einschließt, im gewöhnlichen nicht zur Geltung kommt; wie z. B. wenn wir uns im universellen Urteil das „alle S" wie eine geschlossene Menge vorstellen. Anders verhält es sich in anderen Fällen, wo die genannte Imaginarität selbst als wirksamer Faktor das Urteilen beeinflußt. Es ist klar, für eine streng logische Fassung dürfen wir dem Begriff der unendlichen Menge nicht mehr unterschieben, als was logisch wirklich zulässig ist; also vor allem nicht die absurde Intention auf die Bildung der wirklichen Menge. Logisch unanfechtbar ist die Vorstellung eines bestimmten unbeschränkten Prozesses; desgleichen die Idee von alledem, was in seinen Bereich fällt, was er durch seine begriffliche Einheit umspannt. So viel und nicht mehr darf also der Begriff der unendlichen Menge in sich aufnehmen. Damit tritt aber auch deutlich hervor, daß es sich bei ihm um einen wesentlich neuen Begriff handelt, der nicht mehr ein Mengenbegriff im wahren Sinne des Wortes ist, obgleich er diesen Begriff (in dem des Prozesses z. B.) als wesentlichen Bestandteil einschließt.

Wo im folgenden von Mengen die Rede ist, sollen, wofern nicht ausdrücklich das Gegenteil angegeben ist, stets endliche gemeint sein.

XII. KAPITEL

Die symbolischen Zahlvorstellungen

Die symbolischen Zahlbegriffe und ihre unendliche Mannigfaltigkeit.

Die symbolischen Mengenvorstellungen bilden das Fundament für die symbolischen Zahlvorstellungen. Wären wir auf die eigentlichen Mengenvorstellungen angewiesen, dann endete die Zahlenreihe bestenfalls mit der Zwölf, und darüber hinaus hätten wir auch nicht den Begriff einer Fortsetzung. Mit der offenbaren Schrankenlosigkeit in der symbolischen Erweiterung von Mengen ist, wie wir sogleich sehen werden, das gleiche auch für Zahlen mitgegeben.

Die Zahlen sind die unterschiedenen Spezies des allgemeinen Begriffs der Vielheit. Jeder konkreten Vielheit entspricht, möge sie nun eigentlich oder symbolisch vorgestellt sein, eine bestimmte Vielheit von Einheiten, eine Anzahl. Denken wir uns jedes Glied der Vielheit dem Einheitsbegriff subsumiert, dann ist doch der Begriff der Kollektion aller dieser Einheiten ein völlig bestimmter. Die Kollektion ändert sich mit jedem Gliede oder jeder Gliedersumme, die wir zu der gegebenen Menge hinzufügen bzw. von ihr hinwegtun mögen. In symbolischem Sinne können wir also von einer beliebigen Menge sagen, ihr komme eine bestimmte Zahl zu, ehe wir diese selbst gebildet haben; ja auch dann, wenn wir zu der wirklichen Bildung derselben außerstande sind. Desgleichen werden wir mit gutem Grunde davon sprechen dürfen, daß zwei beliebige Mengen entweder von gleicher oder verschiedener Zahl sein müssen, ob wir die Zahl nun konzipieren können oder nicht.

Wir sind selbst berechtigt zu urteilen, daß das Gebiet der Zahl eine unbegrenzte Mannigfaltigkeit von Spezies in sich faßt. In der Tat, gehen wir von irgendeiner symbolischen Mengenvorstellung aus, dann besitzen wir (mindestens ideell) die Fähigkeit, dieselbe unbeschränkt erweitern zu können, indem wir fortgesetzt neue und neue Glieder hinzufügen. Steht uns anderes nicht zu Gebote, so können wir doch die eigenen Glieder der Menge in steter Wiederholung gespiegelt denken und demgemäß den Begriff der fortlaufenden Erweiterung der Menge durch die Glieder ihrer Spiegelungen bilden. Allerdings schließt diese symbolische Begriffsbildung eine starke Idealisierung unseres Vorstellungsvermögens ein. Faktisch können wir ja nicht in infinitum die geforderten Wiederholungen bilden und aneinanderreihen: Es fehlt an Zeit und Kraft für die immer erneute Geistesbetätigung sowie an Merkzeichen der Unterscheidung für ihre Bildungen. Indessen, von diesen Beschränkungen unserer Fähigkeit können wir idealisierend absehen und die auch in dieser Hinsicht symbolischen Begriffe konzipieren. Wird nun die gegebene Menge durch solche Mittel symbolisch erweitert, dann gehört, wiederum in symbolischer Vorstellung, zu jeder Stufe eine bestimmte, zu jeder neuen eine verschiedene Anzahl. Jede neue Mengenbildung ist ja Teil der früheren, und so gilt das gleiche auch von deren Zahlen. Die Mannigfaltigkeit der denkbaren Zahlenbesonderungen ist also wie die Mannigfaltigkeit der denkbaren Mengenstufen eine unendliche.

So sind wirklich mit den Schranken, die unser Vorstellen von Mengen hemmten, auch diejenigen für die Konzeption der Zahlbegriffe gefallen. In symbolischem, aber ganz bestimmten Sinne können wir von Zahlen sprechen, wo deren eigentliche Vorstellung uns für immer versagt ist, und wir sind auf dieser Stufe sogar in der Lage, die ideelle Unendlichkeit des Zahlenreiches festzustellen. Damit aber ist unsere Untersuchung keineswegs schon beendet. Die entfernten Symbolisierungen, die wir bis nun erreicht haben, können doch bei ihrer vagen Allgemeinheit für die Zwecke des Zählens und Rechnens nichts nützen. Dazu brauchen wir inhaltsreichere symbolische Bildungen, welche, in scharfer Sonderung den wahren, uns aber unzugänglichen Zahlbegriffen „an sich" zugeordnet, wohl geeignet sind, diese zu vertreten.

Die systemlosen Zahlsymbolisierungen.

Sei nun etwa Zehn die letzte eigentlich vorstellbare Zahl, dann gibt es mannigfache Möglichkeiten, um Mengen, welche durch die Zahlen bis Zehn nicht erschöpft werden, abzuzählen. Irgendeine willkürliche oder durch die Beschaffenheit der Mengenanschauung sich von selbst darbietende Zerfällung der Menge in eigentlich zählbare Teilmengen leitet zur symbolischen Bildung des Begriffs einer Zahl, welche aus den eigentlich vorstellbaren Zahlen der Teilmengen additiv zusammengesetzt ist. Was wir so an konkreten Beispielen erfassen, können wir verallgemeinern, und es resultieren symbolische Zahlbildungen wie
$10 + 5, 9 + 6 + 8, 7 + 10 + 5$, u. dgl.

Eine wichtige Funktion erfüllen bei denselben die Zahlnamen bzw. Zahlzeichen. Trotz der Gliederungen können wir in einheitlicher Vorstellung so erhebliche Mengen von Einheiten nicht mehr deutlich gesondert erhalten. Die Komposition der Zeichen ist unsere Krücke. Indem wir schrittweise auf deren Bedeutung reflektieren, treten in Form einer bestimmten Sukzession die einzelnen Summenzahlen in unser Bewußtsein. Verschwimmt auch, wenn die neue Zahl auftaucht, die vorhergehende in Undeutlichkeit und kann demgemäß die wirklich intendierte Summenvorstellung nicht zustande kommen, so bleibt doch die sinnliche Komposition der Namen (oder Schriftzeichen) als der feste Rahmen bestehen, innerhalb dessen die Sukzession der begrifflichen Summenglieder, welche die Symbolisierung vermittelt, stets in derselben bestimmten Weise zu erzeugen ist.

Man bemerkt sogleich, daß dieses zunächst sich darbietende Verfahren, bestimmte symbolische Zahlformen auszusondern, noch sehr unvollkommen ist. Wenn wir erheblichere Mengen in Teilmengen gliedern, deren jede die Zehnzahl nicht überschreitet, dann erhalten wir bald so vielfältige Wiederholungen derselben Teilzahlen, daß es mit der Unterscheidbarkeit der entstandenen symbolischen Bildungen kaum besser sich verhielte als bei den entsprechenden ungegliederten Einheitensummen. Diesem Übelstande läßt sich, wenigstens bis zu einem gewissen Grade, abhelfen. Die Zahl der Summenglieder muß möglichst klein bleiben. Soll trotzdem jede beliebige Menge abzählbar sein, so müssen nicht bloß die eigentlich vorstellbaren Zahlen, sondern auch die bereits gebildeten symbolischen Zahlen als Vermittler der Summenbildung zugelassen werden. Es ist klar, daß zu diesem Zwecke für eine jede derartige Zahlkomposition ein besonderer Name einzuführen wäre, da ohne die Stütze äußerer Zeichen der Stufenbau der aufeinander gegründeten Symbolisierungen keinen Halt besäße. Auf solche Weise verfahrend, könnte man sich sogar auf zweigliedrige Summenbildungen beschränken. Hat man z. B. die symbolische Bildung $p = 10 + 5$ eingeführt, dann kann man etwa bilden $p + 8 = p'$, dann wieder $p' + 10 = p''$ usf., wobei jede spätere in der ganzen Reihe der früheren ihr Fundament hat.

Durch solche Symbolisierungen scheint der allseitigen Erweiterung des ursprünglichen Zahlgebietes über jede Grenze hinaus nichts mehr im Wege zu stehen. Genau besehen reichen wir aber mit den angegebenen Hilfsmitteln nicht weit. Würden Schritt für Schritt neuartige Summenbildungen zur Konstruktion symbolischer Zahlbegriffe verwendet, so wäre die Mannigfaltigkeit von Zahlformen bald eine so große, daß an eine gedächtnismäßige Beherrschung derselben nicht zu denken wäre. Dazu kommen noch andere und nicht minder erhebliche Mängel. Ich weise nur hin auf das Problem der Zahlvergleichung. Bei jener ganz systemlosen Ausdehnung des Zahlengebietes werden im allgemeinen ganze Reihen von symbolischen Zahlbildungen auftreten, die jeweilig einer und derselben wirklichen Anzahl zugehören. Man macht sich dies an Beispielen leicht klar. Eine und dieselbe Menge läßt mannigfache Gliederungen zu, deren jede auf eine neue symbolische Zahlform führen wird, während die Identität der ihnen allen entsprechenden wirklichen Zahl durch die Identität der vorliegenden Menge verbürgt ist. Den verschiedenen Formen aber sieht man diesen Umstand durchaus nicht an (z. B. $10 + 5, 9 + 6, 8 + 2 + 5$, usw.). Demgemäß sind derartige systemlose Summenbildungen für die Zwecke der Zahlvergleichung ganz unbrauchbar. Finden wir für eine Menge die Form $p + q$, für eine zweite die Form $p_1 + q_1$, dann können wir durch den bloßen Anblick derselben noch nicht entscheiden, ob nicht beiden Mengen die gleiche Anzahl bzw. welcher die größere und welcher die kleinere Anzahl entspricht. Damit wäre der Hauptzweck aller Zählung verfehlt.

Die natürliche Zahlenreihe.

Um diese Mängel zu überwinden, brauchen wir vor allem ein streng systematisches Prinzip für die Bildung der symbolischen Zahlformen, welche das enge Gebiet der eigentlich vorstellbaren Zahlen zu ergänzen bestimmt sind. Nur ein solches mutet unserem Gedächtnis keine besonderen Lasten zu. Erfolgt der Fortschritt von den gegebenen Zahlen zu immer neuen durch stete Anwendung eines gleichförmigen und eindeutigen Bildungsprinzips, dann brauchen wir eben nur dieses einzuprägen und nicht die zu bildenden Formen. Der Prozeß, der sie liefert, ist in allen Schritten eindeutig bestimmt. Es müßte ferner dafür gesorgt werden, daß auf diesem Wege für jede zu symbolisierende wirkliche Zahl nie mehr als eine symbolische Zahlform resultierte. Denn nur dann sind wir ja imstande, aus der Verschiedenheit der bei der vergleichenden Zählung zweier Vielheiten hervorgehenden Zahlformen auch auf die Verschiedenheit der entsprechenden wirklichen Zahlen zu schließen. Stimmte die mit der systematischen Entstehungsweise geschaffene Anordnung der Zahlen mit der Ordnung nach dem Mehr und Weniger überein, so könnten wir überdies die Frage, welche von beiden Zahlen die größere sei und welche die kleinere, unmittelbar aus ihrer bloßen Stellung im System entscheiden.

Alle diese Anforderungen lassen sich in der einfachsten Weise befriedigen, zum größten Teil schon durch das Verfahren der sukzessiven Zahlbildung, durch die Addition je einer Einheit zu der bereits gebildeten Zahl. Denken wir uns die eigentlich gegebenen Zahlen so angeordnet, daß eine jede aus der vorhergehenden durch Vermehrung um eine Einheit entsteht, dann erhalten wir die Reihe:

$$1; 2 = 1 + 1; 3 = 2 + 1; 4 = 3 + 1; \ldots; 10 = 9 + 1.$$

Die symbolische Fortsetzbarkeit dieser Reihe (wofern wir Zehn als die letzte eigentlich vorstellbare Zahl ansehen) ist klar. Wir können doch sofort die uneigentliche Vorstellung einer neuen Zahl bilden, welche aus Zehn ebenso hervorgeht wie diese aus Neun, nämlich durch Addition um eine Einheit. Nennen wir Elf (11) die Zahl, welche durch die Summe $10 + 1$ symbolisiert wird, dann ist dieselbe gegeben und definiert durch die Gleichung $11 = 10 + 1$. Ebenso können wir weiter definieren: $12 = 11 + 1$, $13 = 12 + 1$, $14 = 13 + 1$ usw. So erlangen wir die ins Endlose fortsetzbare Reihe der Zahldefinitionen, vermittels welcher wir jede beliebige Vielheit abzählen können, wofern der Umfang der Begriffsbildung und Benennung hinreichend weit gediehen ist.

Die Zählung einer vorgelegten Vielheit würde in folgender Weise vor sich gehen: Man beginnt mit irgendeinem Glied, zählt es als Eins, geht zu einem zweiten über und bildet $1 + 1 = 2$; der Übergang zu einem dritten und die Addition der zugehörigen Eins zu der eben gebildeten Zwei gibt $2 + 1 = 3$; usw., bis alle Glieder erschöpft sind. Die Eindeutigkeit dieses Verfahrens ist sicher. Mit welchem Glied wir auch beginnen und welche Richtung der sukzessiven Durchzählung wir auch verfolgen, das Resultat muß immer dasselbe sein. Wirklich bleibt die zu zählende Vielheit identisch dieselbe, demgemäß auch die zugehörige Anzahl von Einheiten; es könnten also verschiedene Zählungen höchstens verschiedene symbolische Formen der Zusammensetzung derselben Zahl aus Teilzahlen ergeben. Nun ist aber die Symbolisierung einer jeden Anzahl vermittels der um Eins kleineren bzw. vermittels der ganzen Strecke der Zahlenreihe, die ihr vorangeht, eine eindeutige, weil das Bildungsgesetz der Reihe ein völlig eindeutiges ist. Somit kann auch in concreto zu einer und derselben Vielheit nur eine ganz bestimmte symbolische Zahlform aus der Reihe gehören.

Der Idee nach ist die Fortsetzbarkeit der Zahlenreihe in infinitum durch nichts beschränkt; sie kann also über jede gegebene Grenze als wirklich fortgeführt und daher jede Vielheit von noch so vielen Einheiten als abzählbar angesehen werden. Indessen haftet an der Methode ein Gebrechen, welches ihre praktische Verwendbarkeit in sehr engen Schranken halten würde. Jeder neue Schritt der symbolischen Zahlbildung erfordert einen neuen Schritt der Benennung. Wählten wir immer neue Namen (und dem ist doch nicht auszuweichen), so hieße dies, unserem Gedächtnis Lasten aufzuladen, welche schon bei Zahlen, die wir gegenwärtig als mäßige anzusehen gewohnt sind, unüberwindlich wären. Und unüberwindlich wären sie für immer, wenn alle die neuen Namen notwendig independent sein müßten; wenn es nicht gelänge, durch eine begrenzte, nicht allzugroße Anzahl von Grundzeichen nach einem einheitlichen, leicht faßlichen und übersichtlichen Prinzip alle Zahlen der Reihe zu signieren.

Man könnte vielleicht meinen, solch ein Prinzip sei uns durch die Bildungsweise der Reihe selbst nahegelegt. Man brauche nur die Bezeichnungen zum getreuen Spiegel der Begriffsbildungen zu machen, und es werde dann sogar schon ein einziger Grundname, der der Einheit, genügen, um durch seine fortgesetzten Vervielfältigungen jede beliebige Zahl zu benennen. Dies ist wohl richtig. Aber eine solche Bezeichnungsart wäre so roh, daß noch die ihr extrem entgegengesetzte, welche jede neue Zahl durch ein neues, independentes Zeichen nennt, vorzüglicher bliebe. Wie ungeschickt und hemmend wären Namen, die auch nur aus fünf bis sechs, geschweige denn aus zwanzig bis dreißig Wiederholungen des Namens Eins entständen. Und wer unterschiede ohne besondere Kautelen auch nur neunzehn Wiederholungen der Eins von zwanzig, um nicht zu reden von den Benennungen großer Zahlen. Sowenig eine wirkliche Zahlbildung über die uns durch die faktische Schwäche unserer Vorstellungsfähigkeit gesteckten Grenzen hinaus möglich ist, sowenig wäre auch diese parallelgehende rohe Signierung der Zahlen durch Einsermengen durchführbar und zur scharfen Klassifikation und Benennung derselben dienlich.

Das Zahlensystem.

Auf welchem Wege sollen wir nun aber das Ideal der Zahlbenennung, welches eine praktische Beherrschung des Zahlgebietes in einem erheblicheren Umfange erst ermöglicht, verwirklichen; wie ein durchsichtiges, einfaches Prinzip finden, welches es gestattet, aus wenigen Grundzeichen ein Zeichensystem zu konstruieren, das jeder bestimmten Zahl ein bequemes, leicht unterscheidbares Zeichen verleiht und zugleich ihre systematische Stelle in der Zahlenreihe scharf ausprägt?

Für den ersten Augenblick scheint es, als handle es sich hier um Fragen bloßer Nomenklatur. Aber eine nähere Erwägung der Sachlage zeigt, daß die Schwierigkeiten viel tiefer liegen, daß unser Problem viel mehr noch als die Weise der Benennung die der Begriffsbildung trifft. Wie wollten wir auch ein System der Zahlbezeichnung konstruieren, gegründet auf einigen wenigen Grundzeichen, ohne daß ihr in strengem Parallelismus ein System der Begriffsbildung entspräche, gegründet auf gewissen Grundbegriffen?

Und noch ein anderer Gesichtspunkt ist von Wichtigkeit. Der Idee nach, meinten wir, könne die einfache Zahlenreihe in infinitum fortgesetzt gedacht werden. Ganz wohl. Aber wirklich ausgeführt und gegeben ist sie uns doch nur innerhalb der Grenzen der Benennung. Wie sollten wir die einförmigen Schritte der Zahlbildung, wobei doch jeder neue Schritt die ganze Reihe der früheren voraussetzt, in ihrer schrankenlosen Sukzession unterschieden erhalten, ohne die Stütze begleitender Benennungen? Der Begriff 50 ist uns gegeben durch die Bildung 49 + 1. Was ist aber 49? 48 + 1. Was 48? 47 + 1 usw. Jede Antwort bedeutet eine Zurückschiebung der Frage um einen neuen Schritt, und erst wenn wir in das Gebiet der eigentlichen Zahlbegriffe gekommen sind, können wir befriedigt stehen bleiben. Aber welchen Halt besäße diese Kette von Begriffsbildungen ohne die Hilfe scharf unterschiedener Benennungen?

Wir können uns also nicht auf die Zahlenreihe als ein über jede Grenze hinaus Gegebenes beziehen, deren Glieder nur in einer anderen Weise als vorhin, kunstvoller oder bequemer, zu signieren seien. Um eine andere Methode der Begriffsbildung selbst wird es sich vielmehr handeln, die nicht minder klar und systematisch, dabei doch umfassender ist als die frühere und somit eine weitere und leichtere Beherrschung des Zahlgebietes in Gedanken und Wort ermöglicht. Das Prinzip der einfachen Reihenbildung durch sukzessive Zuzählung einer Einheit war zu primitiv, und daran lag es, daß uns die Alternative gestellt war, entweder ganz systemlos jede Zahl mit einem neuen Zeichen zu versehen oder in genauer Abbildung des Zählungsverfahrens alle Zahlen mittels eines einzigen Namens (durch sukzessive sich erweiternde Wiederholungen desselben) zu benennen — ein systematisches, aber ganz unbrauchbares Benennungsprinzip.

Versuchen wir also eine bessere, d. h. unseren logischen Anforderungen sich enger anpassende Methode der Zahlbildung und Zahlbezeichnung zu konstruieren.

Jede symbolische Bildungsweise geht darauf aus, die Zahl vermittels der Zahloperationen, in letztem Grunde also durch Addition und Teilung aus bekannten, sei es in eigentlicher Vorstellung oder bereits durch eine Symbolisierung gegebenen Zahlen, relationell zu bestimmen. Folgt die Bezeichnung getreu den Bahnen der Begriffsbildung, so wird eine entsprechende Zusammensetzung des Zahlnamens aus den Namen der elementaren Zahlbegriffe resultieren, wobei die Verbindung durch Operationszeichen angedeutet wird. Ist die Begriffsbildung systematisch, so ist es auch die Namenbildung und umgekehrt. Sollen wir nun bei der letzteren unter allen Umständen mit einer beschränkten Zahl von Zeichen ausreichen, so darf dementsprechend die Begriffsbildung auch nur eine beschränkte Zahl von Begriffen operativ zu neuen verbinden. Unter allen Umständen gegeben sind uns die eigentlich vorstellbaren Zahlen und allenfalls noch die ihnen zunächststehenden; wenn irgendwelche, so sind also diese als die Elementarbegriffe anzunehmen, und es wird nun die Aufgabe sein, aus ihnen nach einem einheitlichen, in der Anwendung stets gleichförmigen Prinzip in geregelter Reihenfolge Zahl für Zahl herzuleiten, derart, daß die Sicherheit besteht, es müsse einer jeden denkbaren Zahl in diesem System eine ganz bestimmte Stelle zukommen (oder mit anderen Worten: es müsse jede irgend denkbare Vielheit vermittels des Systems abzählbar sein).

Die unübertreffliche Einfachheit in der Bildung der natürlichen Zahlenreihe, welche, wie wir sahen, den größeren Teil dieser Forderungen bereits befriedigt, läßt wünschen, ihr Prinzip soweit als tunlich aufrechtzuerhalten.

Wir betrachten also die Zahlen:

$$1, 2, \ldots, X$$

in ihrer natürlichen Folge als das uns gegebene Anfangsstück des Systems und versuchen zunächst Neubildungen nach dem alten Reihenprinzip:

$$X + 1, \quad X + 1 + 1, \quad X + 1 + 1 + 1, \ldots$$

Das alte Prinzip der Bezeichnung, wonach für $X + 1$ ein neues Zeichen X', für die nächste Zahl $X' + 1$ wieder ein neues X″ usf. gesetzt wurde, müssen wir, bloß auf die Zeichen 1, 2, ... X eingeschränkt, meiden. Entweder wir behalten also die obigen Bezeichnungen bei — was ihrer Ungeschicklichkeit wegen nicht angeht — oder wir zeichnen einfacher:

$$\begin{array}{lll} X + 1, & X + 2, & \ldots\ldots X + X, \\ X + X + 1, & X + X + 2, & \ldots\ldots X + X + X, \\ X + X + X + 1, & X + X + X + 2, & \ldots X + X + X + X, \\ \ldots & \ldots & \ldots \end{array}$$

Aber auch diese Bezeichnungsweise genügt uns nicht. Je weiter wir kommen, um so schleppender wird die Bezeichnung durch die sich anhäufenden Summen der X. Hier bietet sich ein neues Abkürzungsmittel dar: Die einfache Abzählung der X führt auf die multiplikative Symbolisierung in Gedanken und Zeichen, d. h. auf

$$2X,\ 3X,\ 4X,\ \ldots$$

resp. für $X + X,\ X + X + X,\ X + X + X + X,\ \ldots$

Wir erhalten demzufolge die Reihe:

$1, \ldots, X, X + 1, \ldots, 2X, 2X + 1, \ldots, 3X, 3X + 1, \ldots, 4X, 4X + 1, \ldots\ldots, XX, XX + 1, \ldots, XX + X, \ldots, XX + 2X, \ldots\ldots, XX + XX$, oder, wieder in multiplikativer Bildung: $2XX$; dann weiter $2XX + 1, \ldots., 3XX, \ldots., XXX, \ldots., XXXX, \ldots., XXXXX, \ldots.$

Wieder werden die hier auftretenden Bildungen (im dekadischen System zehn mal zehn; zehn mal zehn mal zehn; zehn mal zehn mal zehn mal zehn; usw.) so unhandlich, daß neue Abkürzungen erwünscht werden. Die Zählung der Faktoren führt zur Potenzbildung: X^2, X^3, X^4 ,.... Nach Einführung dieser Bildungen lautet die Reihe von $XX = X^2$ an:

$$X^2, X^2+1, \ldots, 2X^2, 2X^2+1, \ldots, 3X^2, \ldots, (X-1)X^2, \ldots,$$
$$X^3, X^3+1, \ldots, 2X^3, 2X^3+1, \ldots, 3X^3, \ldots, (X-1)X^3, \ldots,$$
$$\ldots\ldots\ldots\ldots\ldots\ldots\ldots\ldots\ldots$$

Man sieht, wie die Reihe sich fortsetzt und wie hierbei die Iteration der zuletzt eingeführten symbolischen Bildungsformen immer wieder auf neue führen würde. Für die Anforderungen der Praxis genügt es, bei der Potenzierung stehenzubleiben.

Um die solcherart geregelte Zählungsweise zur klaren Anschauung zu bringen, diene folgende Tabelle:

$$\begin{array}{lllll}
1, & 2, & 3, & \ldots, & X-1, \\
1X, \ldots, & 2X, \ldots, & 3X, & \ldots, & (X-1)X, \ldots \\
1X^2, \ldots, & 2X^2, \ldots, & 3X^2, & \ldots, & (X-1)X^2, \ldots \\
1X^3, \ldots, & 2X^3, \ldots, & 3X^3, & \ldots, & (X-1)X^3, \ldots \\
\ldots & \ldots & \ldots & \ldots & \ldots
\end{array}$$

Die Zählung gliedert sich in eine Folge von Stufen. In der ersten findet die einfache Durchzählung der Reihe von $1 \ldots X - 1$ statt. In der zweiten erfolgt bereits eine mehrfache Zählung: einerseits die multiplikative Zählung, durch welche X 1-mal, 2-mal ... $(X - 1)$-mal vervielfältigt wird, andererseits die schrittweisen additiven Zuzählungen der Zahlen der ersten Stufe (1 ,.., $X - 1$), welche je zwei Glieder jener multiplikativen Reihe vermitteln. Ähnlich verhält es sich in der dritten Stufe. In der multiplikativen Zählung fungiert nun X^2 als die gezählte Einheit. Zwischen je zwei der so gebildeten Zahlen vermittelt in stets gleicher Weise eine additive Zählung, und zwar die schrittweise Zuzählung aller Glieder der zweiten Stufe, usw. Endlich durchkreuzt noch eine Zählungsweise sozusagen in vertikaler Richtung (d. h. der Folge der Stufen entlang) das System; es ist die Zählung in der Potenzierung des X, welche indes keinen wesentlichen Systemwert besitzt, da der Potenzierung keine neue zahlbildende Operation folgt.

Die Zahlen innerhalb jeder Stufe bilden eine der Größe nach geordnete Reihe. Jede Zahl ist um Eins größer als die vorhergehende, die erste aber um Eins größer als die letzte der vorhergehenden Stufe. So schließen sich die sämtlichen Stufen zu einer einzigen, ins Endlose fortlaufenden Zahlenreihe zusammen, welche genau der natürlichen, primitiven Zahlenreihe korrespondiert. Während aber in der letzteren jene Größenrelation einzig und allein das zahlbildende und -ordnende Prinzip war, sind bei der letzteren an ihre Stelle andere und kompliziertere Prinzipien getreten, durch welche jede Zahl statt durch eine Kette von Definitionen aus der bloßen Zahl Eins vielmehr aus der Serie von Zahlen 1, 2, ..., $X - 1$ systematisch hergestellt wird. In der Sprechweise der modernen Analysis ausgedrückt, besteht diese systematische Bildungsweise darin, daß eine jede Zahl als „ganze, ganzzahlige Funktion" einer bestimmten, ein für allemal konventionell festgesetzten „Grundzahl" X vorgestellt und demgemäß genannt wird, mit Koeffizienten, welche ausschließlich der Zahlenstrecke 1, 2, ..., $X - 1$ angehören oder, wenn das betreffende Glied überhaupt nicht auftritt, verschwinden. Jede Zahl ist also symbolisch gegeben in der Form eines Aggregates

$$a_0 + a_1 X + a_2 X^2 + a_3 X^3 + \ldots,$$

worin jedes der a einen der Werte 0, 1, 2, ..., $X - 1$ besitzt. Man pflegt die Zahlen 1, 2 ,..., X Einer, die Potenzen von X (X^0, X^1, X^2, ...) Einheiten 0ter, 1ter, 2ter, ... Stufe oder Stufenzahlen zu nennen.

Auf solche Weise haben wir ein Prinzip der Zahlen- und Zahlzeichenbildung gewonnen, welches wirklich den gestellten logischen Forderungen Genüge leistet: Es ermöglicht die systematisch gleichförmige Fortsetzung des uns gegebenen engen Zahlgebietes über jede Grenze hinaus; es benötigt hierzu, durch die Heranziehung der symbolischen Bildungsprinzipien der Multiplikation und Potenzierung, keiner anderen Bausteine als der Zahlen und Zeichen 1, 2, ..., X; es umfaßt, der Idee nach, das ganze Zahlgebiet, d. h. es gibt keine wirkliche Zahl, der nicht eine ganz bestimmte, ihr gleichwertige systematische Bildung als ihr symbolisches Korrelat entspräche.

Verhältnis des Zahlensystems zur natürlichen Zahlenreihe.

Wir haben oben darauf hingewiesen, daß unsere Zahlbildungen in ihrer systematischen Anordnung Schritt für Schritt parallel laufen denen der „natürlichen" Zahlenreihe. Dieser Umstand führt auf eine Bemerkung, die der Hervorhebung bedarf. Dächten wir uns nämlich die natürliche Zahlenreihe immer parallel mit der unseres Systems fortentwickelt, dann stände, wie es scheint, nichts im Wege, die Bezeichnungen der letzteren als solche der korrespondierenden Zahlen in der ersteren anzusehen. Jeder natürlichen entspricht eine ganz bestimmte (ihr gleiche) systematische Zahl und dieser wiederum eine ganz bestimmte, ihre Bildungsweise spiegelnde Bezeichnung. Der systematische Zahlbegriff wäre so der Vermittler zwischen der natürlichen Zahl und der systematischen Benennung.

Gleichwohl halten wir die Auffassung für verwerflich, welcher das Zahlensystem ein bloßes Mittel ist für die systematische Nomenklatur der natürlichen Zahlen mit dem Zwecke der Ersparung von Zeichen. Wir erinnern an die früheren Ausführungen.[1] Die Sache liegt doch nicht so, daß uns zuerst die natürliche Zahlenreihe gegeben wäre und wir hinterher für ihre Begriffsbildungen nach einer passenden Signatur suchten. Nur ein kleines Anfangsstück der Reihe ist uns gegeben. Allerdings können wir die Idee einer unbeschränkten Fortsetzung derselben konzipieren, aber die wirkliche Fortsetzung, auch nur in dem mäßigen Umfang

[1] Vgl. S. 228-29.

der gemeinen Rechenpraxis, stellt bereits unerfüllbare Anforderungen an unsere geistigen Fähigkeiten. Die Unmöglichkeit, erheblichere Zählungsaufgaben auf solchem primitiven Wege lösen zu können, war die Quelle für jene logischen Postulate, deren Befriedigung zu einer neuen weiterreichenden Methode der Begriffsbildung führte. Und so ist denn die gewonnene Zahlensystematik (im besonderen unser gemeinübliches dekadisches System) nicht eine bloße Methode, gegebene Begriffe zu signieren, als vielmehr neue Begriffe zu konstruieren und mit der Konstruktion zugleich zu bezeichnen. Natürlich können wir das Ideal einer unbeschränkten Fortsetzung der einfachen Zahlenreihe bilden, indem wir unsere Geistesfähigkeit entsprechend idealisieren; wir können ferner die Zeichenbildungen des Zahlensystems auch als Signaturen für die parallelen Glieder der (ideell erweiterten) Zahlenreihe auffassen. Aber es ist wohl zu beachten, daß all das nur höchst uneigentliche Vorstellungs- und Redeweisen sind, welche in den erwähnten Idealisierungen ihre Quelle haben; sie in einem anderen, eigentlicheren Sinne deuten, das heißt den ganzen Sinn und Zweck der systematischen Zahlbildung verkehren. Alle logische Kunst zielt auf die Überwindung der ursprünglichen Schranken unserer natürlichen Geistesanlagen durch geschickte Auswahl, Anordnung, Verknüpfung und stete Wiederholung der Betätigungen, die sie zulassen, und die, einzeln betrachtet, nur geringes zu leisten vermögen. So auch in unserem Falle. Wir stießen zuerst auf die Schranken unserer Fähigkeit zu kollektiven Verbindungen und überwanden sie durch mannigfaltige Symbolisierungen. Wir stießen dann auf die Schranken des Gedächtnisses und überwanden sie wiederum durch Symbolisierungen, aber durch weit kunstvollere, welche sich zu dem harmonischen Bau des Zahlensystems zusammenschlossen.

Und noch eins ist zu betonen, nämlich daß die sogenannten natürlichen Zahlbildungen nicht im geringsten natürlicher sind als die im engeren Sinne systematischen (z. B. dekadischen). In beiden Fällen handelt es sich um symbolische Bildungen für die uns im eigentlichen Sinne nicht zugänglichen Spezies des Anzahlbegriffes, und es ist rein Sache der logischen, d. h. den Zwecken der Erkenntnis des Zahlengebietes angepaßten Beurteilung, zu entscheiden, welche Methode symbolischer Bildung vorzüglicher sei.

Diese Punkte mußten mit einiger Ausführlichkeit besprochen

werden, weil die bekämpften Vorurteile allgemeine sind und selbst von den Forschern geteilt werden, welche der Logik der Sache sonst besondere Aufmerksamkeit zugewendet haben.[1]

Die Wahl der Grundzahl des Systems.

Wir haben bisher über die Grundzahl X des Systems in keiner Weise disponiert. Nicht als ob ihre Wahl logisch gleichgültig wäre, sondern nur, weil unsere bisherigen Betrachtungen durch sie nicht tangiert wurden. Wir müssen nun die übriggebliebene Lücke ausfüllen.

In welcher Weise die verschiedene Wahl der Grundzahl den logischen Charakter des Systems beeinflußt, ist leicht zu kennzeichnen. Wir brauchen genau ebensoviel Elemente (Begriffe und Zeichen) zur Herstellung aller Zahlen und Zahlzeichen als die Zahl X Einheiten besitzt (es ist dies ja die Anzahl der $1, 2, \ldots, X$). Wäre also die Forderung einer möglichst geringen Elementzahl das oberste Prinzip, dann hätte offenbar die Wahl $X = 2$ den größten Vorzug. Aber noch anderes kommt wesentlich in Betracht, vor allem doch der Umfang des zu beherrschenden Zahlgebietes. Je größer die Grundzahl ist, um so geringer die Anzahl von Wiederholungen der Elemente, die zur Herstellung irgendwelcher Zahlen nötig sind, um so einfacher und übersichtlicher wird deren Ausdruck. Es würde ein arger Fehler der Systematik sein, wenn Zahlen, an deren Bildung und Beherrschung uns gelegen ist, in einer Form gebildet und ausgedrückt wären, welche ihre Unterscheidung (vermöge allzuhäufiger Wiederholung der Elementarzählungen) gefährden oder gar zur Unmöglichkeit machen würde. In dieser Hinsicht aber wäre für unser Zahlgebiet das dyadische System Leibnizens nicht um vieles besser als das der natürlichen Zahlenreihe.

Je größer also die Grundzahl, um so umfassender das wirklich zu beherrschende Zahlgebiet. Aber freilich nur unter einer Voraussetzung, nämlich, daß wir die Zahlen $1, 2, \ldots, X$ wirklich als gegeben ansehen dürfen, daß sie uns also nicht erst durch entlegene

---

[1] Vgl. z. B. H. Hankel, *Zur Geschichte der Mathematik in Alterthum und Mittelalter*, Leipzig 1874, S. 10 und 12.

und überkomplizierte Symbolisierungen vermittelt werden. Hierin liegt der wesentliche Grund, warum wir in der Zahl der Elemente beschränkt sind; denn wir stoßen auch hier bald an die Grenzen unserer Geistesfähigkeit.

Zunächst möchte man das Verlangen stellen, daß die Elementarzahlen noch in den Bereich der eigentlich vorstellbaren Zahlen fallen müßten. Eine so weitgehende Einschränkung wäre jedoch unnötig. Wir werden nämlich bald Gelegenheit finden zu sehen, daß es sich überhaupt als tunlich und vorteilhaft erweist, selbst den uns in Form eigentlicher Vorstellungen zugänglichen Zahlbegriffen gewisse Symbolisierungen, ja sagen wir es geradezu, äußere Zeichen zu substituieren. Hiermit aber verlieren, wenigstens für solche Zwecke, wie wir sie hier verfolgen, die eigentlich vorstellbaren Zahlen ihre wesentliche Auszeichnung vor den anderen, nur symbolisch vorzustellenden, und es hindert nichts mehr, auch einen Teil der letzteren als Elemente der Systematik anzunehmen. Aber keineswegs sind wir dadurch frei genug geworden, um nun ein beliebig großes Stück der Zahlenreihe als das elementare für die 1, 2, ..., X zu setzen, und zwar aus dem einfachen Grunde, weil dasselbe nach dem Prinzip der natürlichen Reihe gebildet und ohne entferntere systematische Mittel (sonst gäbe es ja Komplikation über Komplikation) uns geläufig sein muß. In dieser Hinsicht ist es fraglich, ob wir im Durchschnitt unserem Gedächtnis bei der verlangten vollen Sicherheit der Reproduktion viel mehr als drei bis vier Dutzend Elementarzeichen anvertrauen dürften. Immerhin reichten wir über unsere beliebte Zehnzahl hinaus, und wir hätten genug der Möglichkeiten, um für X eine Wahl zu treffen.

Nach den bisher in Betracht gezogenen logischen Forderungen wäre das System um so vorzüglicher, je größer X angenommen würde. Denn je größer die Anzahl der Elemente, um so weniger kompliziert wird der Ausdruck für jede neu zu bildende Zahl. Indessen noch andere logische Forderungen können die Wahl des X, der Grundzahl des Systems, beeinflussen, und solche erheben sich tatsächlich aus dem Bestreben nach möglichster Bequemlichkeit der Rechnungen. Jedes Zahlensystem begründet ihm eigentümliche Rechenmechanismen, und das beste wird dasjenige sein, welches die kürzesten und bequemsten zuläßt. Von diesem Gesichtspunkte aus erweisen sich die Systeme, deren Grundzahl durch möglichst viele andere Zahlen teilbar ist und deren „Eins und Eins" wie „Ein mal Eins" nicht zu große Anforderungen an unser Gedächtnis stellten, als besonders vorteilhaft. Darum betrachten die Mathematiker das duodezimale System für vorzüglicher als das nun einmal angenommene dezimale. Auf eine genauere Untersuchung dieses an sich nicht schwierigen Problems soll hier nicht eingegangen werden.

Die Systematik der Zahlbegriffe und die Systematik der Zahlzeichen.

Wir haben gesehen, wie jedes konsequent gebildete Zahlensystem eine ganze Reihe logischer Forderungen befriedigt und demgemäß eine entsprechende Reihe logischer Vollkommenheiten besitzt. Nur einer haben wir noch nicht Erwähnung getan, welche, obschon eine nebenbeifolgende Konsequenz der übrigen, vielleicht doch als die wichtigste, jedenfalls aber als die merkwürdigste unter ihnen allen bezeichnet werden muß. Die folgende Betrachtung diene zu ihrer Charakteristik.

Die Systematik, die wir oben entwickelt haben, bietet, wie man sofort sieht, zwei Seiten: Auf der einen liefert sie für jede Zahl eine systematische Bildungsart (als symbolische Vertretung für den fehlenden eigentlichen Zahlbegriff) vermittels gewisser gegebener Elementarzahlen 1, 2, ..., X, auf der anderen Seite eine systematische Bildungsart des einer jeden Zahl zugehörigen Zahlnamens aus den Zahlnamen 1, 2, ..., X. Ein strenger Parallelismus waltet hier zwischen der Methode der Fortsetzung der Reihe der Zahlbegriffe und der Methode der Fortsetzung der Reihe der Zahlzeichen, und dies nicht bloß im allgemeinen, sondern nach allen einzelnen Schritten. Und die Systematik der Zeichen ist nicht minder konsequent in sich geschlossen als die der Begriffe. Man abstrahiere von der Bedeutung der Bezeichnungen 1, 2, ..., X, desgleichen der Operationsbezeichnungen für Addition, Multiplikation und Potenzierung und fasse sie als ganz willkürliche, bedeutungslose Zeichen (wie z. B. die Spielmarken); man ersetze die Zahldefinitionen und Operationsregeln, welche das ständige Medium des systematischen Fortschrittes sind, durch entsprechende konventionell fixierte Formeln der Äquivalenz von

Zeichenverbindungen und man wird erkennen, daß auf diese Art wirklich ein independentes Zeichensystem entsteht, welches in einförmiger Schablone Zeichen für Zeichen herzuleiten gestattet, ohne daß jemals andere Zeichenbildungen auftreten würden und auftreten könnten als solche, die andernfalls unter Begleitung des begrifflichen Prozesses als Bezeichnungen der gebildeten Begriffe erscheinen.

Der innere Grund dieses eigentümlichen Verhältnisses ist nicht schwer zur Evidenz zu bringen. Das Wesen der systematischen Zahlbildung besteht darin, daß sie vermittels einiger weniger Elementarbegriffe und Sätze (Zahlformeln und Operationsregeln) alle anderen Zahlbegriffe konstruiert. Spiegelt nun das Bezeichnungssystem diese Bildungen getreu wieder, dann wird auch jede Zahlbezeichnung eine aus den Bezeichnungen der Elemente und Operationen genau entsprechend gebildete sein müssen, wobei gewisse formelle Regeln der Ersetzung von Zeichenverknüpfungen durch andere — die Korrespondenten jener Sätze über Beziehungen von Begriffen — zur Anwendung kommen werden. Der sukzessive Bildungsprozeß der Bezeichnungen wird derart fortschreiten, daß in typischer Form Zeichen schrittweise an Zeichen angegliedert werden (z.B. $X + 1$, $X + 1 + 1 = X + 2$, $X + 2 + 1 = X + 3$ usw., ebenso $X^2 + 1$, $X^2 + 2$, $X^2 + 3$, ...), wobei immer gewisse zusammengesetzte Zeichen durch einfachere ersetzt werden (z. B. $1 + 1$ durch 2; $2 + 1$ durch 3 usw.; gemäß den Formeln: $1 + 1 = 2$, $2 + 1 = 3$, $3 + 1 = 4$, ...). Nach Erreichung eines bestimmten Schrittes findet nach bestimmten Typen eine vereinfachende Umsetzung des erreichten gegliederten Zeichens statt (z.B. $X + X$ in $2X$, $X + X + X$ in $3X$; ... XX in X^2, XXX in X^3, ...), worauf wieder der einförmige Prozeß der Angliederung beginnt usw. Sind nun auf der einen Seite alle Zahlbildungen systematisch strenge Konsequenzen der Elementarbegriffe sowie ihrer Verbindungs- und Umsetzungsformen, so werden auch auf der anderen die parallelen Zeichenbildungen systematisch strenge Konsequenzen der Elementarzeichen sowie d e r e n Verbindungs- und Umsetzungsformen sein müssen. Allerdings werden d o r t die Umsetzungen erfolgen aufgrund von Erkenntnissen, die aus den bezüglichen Begriffen mit Notwendigkeit hervorgehen; während h i e r die Umsetzungen der Zeichen zwar in gewissen Typen, aber in ganz äußerlichen, schablonenhaften vor sich gehen werden. Lösen wir nun diese Typen von ihren begrifflichen Trägern los, fixieren wir sie ein für allemal in Form konventioneller Zeichenäquivalenzen (nach Art der Spielregeln), dann ist a priori klar, daß wir nun alles besitzen, was zur independenten Entwicklung der Systematik der Zeichen nötig ist, und daß kein Resultat hervorgehen kann, das nicht auf der Seite der Begriffssystematik sein Korrelat fände.

Das sinnlich-symbolische Zählungsverfahren.

Die Doppelseitigkeit der Systematik, die wir hier erklärt haben, bedingt als Folge die in logischer Hinsicht höchst merkwürdige Tatsache, daß man sowohl bei Aufgaben praktischer Zählung gegebener Mengen als auch bei solchen der rechnenden Herleitung von Zahlen aus Zahlen die Lösung rein mechanisch gewinnen kann, indem man die Namen den Begriffen substituiert und dann an Hand der Systematik der Namen in rein äußerlicher Prozedur Namen aus Namen herleitet, wobei schließlich Namen resultieren, deren begriffliche Deutung das gesuchte Resultat notwendig ergibt.

Schon bei der Erweiterung der Zahlenreihe in der zuerst besprochenen primitiveren Form leuchtet es ein, daß die Zählung einer Menge durch sukzessives Fortschreiten der Reihe entlang keineswegs die schrittweise Bildung der (eigentlichen oder symbolischen) Zahlbegriffe verlangt. Auch die sukzessiven Subsumtionen der einzelnen Mengenglieder unter den Begriff der Einheit werden überflüssig. Es genügt statt all dessen die schrittweise Signierung der Mengenglieder durch die Reihe der Zahlnamen, und es wird notwendig der letzte zur Signierung verwendete Name der des gesuchten und bei dem begrifflichen Wege tatsächlich resultierenden Begriffes sein müssen. Wie die in den sogenannten Zahldefinitionen (als bloße Zeichenäquivalenzen angesehen) ausgedrückten Beziehungen der aufeinanderfolgenden Glieder der Zahlzeichenreihe dazu dienen können, unendlich viele Zahlformeln und korrespondierende Zahlsätze zu finden, soll hier noch nicht näher betrachtet werden; es genügt, darauf hingewiesen zu haben.

In allen diesen Beziehungen verhält sich genau ebenso das an zweiter Stelle behandelte, so viel feiner ausgebildete System der Zahlen und Zahlzeichen, nur daß es entsprechend vollkommenere

Rechenmechanismen zuläßt. Man folgt zählend ganz einfach der Systematik der Bezeichnungen und erhält schließlich ein zusammengesetztes Zeichen, dessen Bildungsweise genau diejenige des gesuchten Begriffs verbirgt. Ein gleiches gilt, wie sich zeigen wird, für das Rechnen: Es ist nicht eine Betätigung mit Begriffen, sondern mit Zeichen.

Die eminente Bedeutung dieser Vollkommenheit des Zahlensystems ist augenfällig. Sie eröffnet uns die Aussicht, Aufgaben zu bewältigen, welche bei beständiger Geistesbetätigung an den Begriffen selbst vermöge der Fülle und Verwicklung der zu beherrschenden höchst abstrakten Gedanken ganz unlösbar blieben. Eine enorme Entlastung an höherer psychischer Betätigung wird möglich und damit eine enorme Erweiterung der intellektuellen Leistungsfähigkeit überhaupt.

Erweiterung des Gebietes symbolischer Zahlen durch die sinnliche Symbolisierung.

Der erste und bedeutsamste Erfolg des Parallelismus zwischen dem System der Begriffe und dem der Zeichen besteht in einer eigenartigen Erweiterung, welche das Zahlengebiet selbst erfährt.

Wir sprachen bisher so, als wenn die oben entwickelte Art symbolischer Zahlbildung durch einen Komplex indirekt charakterisierender (selbst aber eigentlich vorgestellter) relativer Bestimmungen wirklich eine unbegrenzte Erweiterung des Zahlengebietes ermöglichte. Es war eine inkorrekte Redeweise zum Zwecke einer vereinfachten Darstellung. Genauer betrachtet steckt uns die Enge des Bewußtseins auch bei der Anwendung jener künstlichen Mittel unüberschreitbare Schranken. Wir übersehen schließlich nicht mehr die Folge der Verknüpfungen. Wohl können wir, schrittweise vordringend, neue und neue Relationen vollziehen; aber die Gesamtheit der bereits vollzogenen als ein zusammenhängendes Ganzes in unserem Bewußtsein festzuhalten, das vermögen wir nicht. Es war also bereits eine Idealisierung unserer endlichen Geistesfähigkeit in Hinsicht auf den Umfang der zu vollziehenden Relationsverkettungen vorgenommen, als wir von der unbegrenzten Fortsetzbarkeit der systematisch angelegten Zahlenreihe sprachen, eine Idealisierung ganz ähnlicher Art wie diejenige, welche wir als das Fundament der gewöhnlichen Rede von der Unendlichkeit der „natürlichen" Zahlenreihe konstatierten.

Wie kommt es nun, daß man dieser Schranken nicht gewahr wird, obgleich doch schon aus Anlässen des praktischen Lebens mannigfaltige Zahlen auftreten und mit Sicherheit behandelt werden, welche dieselben überschreiten müßten? Die Antwort lautet: Es werden die symbolischen Zahlbildungen des Systems eben nicht als Kompositionen aus rein abstrakten Bestimmungen gedacht. Die sinnlichen Zeichen sind hier nicht in der Art sprachlicher Zeichen bloße Begleiter der Begriffe. Sie beteiligen sich in einer weit hervorstechenderen Weise an unseren symbolischen Bildungen, mehr als wir es bisher geltend machten, ja so sehr, daß sie schließlich fast das ganze Feld behaupten. In der Tat ermöglicht es der strenge Parallelismus zwischen dem System der Zahlbegriffe und dem der Zahlzeichen, systematische Fortbildungen der Reihe der Zeichen als die Repräsentanten (uneigentlich vorgestellter) systematischer Fortbildungen in der Reihe der Begriffe anzusehen. Mit der Komposition sinnlicher Zeichen, die wir noch in einem Blicke überschauen und festhalten können, reichen wir aber viel weiter als mit der Komposition der höchst abstrakten Bestimmungen, welche den Zeichen als ihre Bedeutungen entsprechen. Abgesehen von der geringeren psychischen Arbeit, welche die Auffassung and Verknüpfung sinnlicher Zeichen statt entfernter Abstraktionen erfordert, sind besonders die figuralen Momente bedeutsam, die noch sehr erheblichen Zeichenkomplexen einen einheitlichen Charakter erteilen und deren einheitliche Auffassung außerordentlich erleichtern. Bei Schriftzeichen sind es die linearen, bei gesprochenen Wortzeichen die zeitlichen und akustischen Verknüpfungen, die hier in Betracht kommen. Jeder solche Zeichenkomplex liefert in seiner anschaulichen Einheit und typischen Form das feste Substrat für jene Kette begrifflicher Umsetzungen, welche die „Deutung" des zusammengesetzten Zeichens ausmachen. Auch darauf ist übrigens hinzuweisen, daß Folgen sinnlicher Zeichen sich dem Gedächtnis leichter einprägen als solche abstrakter Begriffe, und so kann auch die feste Assoziationsfolge jener der symbolischen Vorstellung dieser dienen.

Wird nun eine Zahl durch einen solchen systematischen Komplex sinnlicher Zeichen definiert, dann bildet die Einheitlichkeit desselben das Symbolisierungsmittel für die sonst nicht zusammenhaltende Folge von begrifflichen Schritten. In welcher Art haben wir z. B. den Begriff einer zwanzigstelligen Zahl? Zunächst denken wir offenbar den bloßen Begriff: eine gewisse Zahl, die *diesem* Zeichenkomplex entspricht. Fragt man nach dem genauen Gehalt des Begriffes, also dem Sinne dieser Zeichnung, dann beginnt eine Kette von Explikationen, welche an der Einheit und an der besonderen Bildungsweise der Zeichenkomposition ihren Halt besitzt. Erst auf solche Weise gewinnen wir die Möglichkeit einer Fortbildung des Zahlengebietes, welche, unvergleichlich weiterreichend als die bisherige, die Anforderungen des gewöhnlichen Lebens und der Wissenschaft vollauf zu befriedigen vermag. Schlechthin unbeschränkt sind wir natürlich auch jetzt, auf dem Wege der bloßen Zeichen, nicht; aber diese Schranken empfinden wir nicht mehr, denn sie hemmen uns nicht bei den Aufgaben, die in den Bereich unseres Interesses fallen.

Es erhebt sich nun die Frage, wie es kommt, daß wir den Unterschied zwischen den noch begrifflich und den *nur signitiv* zu symbolisierenden Zahlen eigentlich gar nicht merken. Die Antwort liegt nahe: Weil wir auch schon bei kleinen Zahlen es bald bequemer finden, uns an die äußerlichen Signaturen zu halten, also selbst da, wo wir den begrifflichen Gehalt noch konzipieren könnten. Es ist eine Tatsache, daß wir in praxi bei allem Zählen und Rechnen des Rekurses auf die fundierenden Begriffe entraten können. Unerläßlich sind sie natürlich für jeden, der Wesen und Zweck des Zahlensystems allererst kennenlernt oder der späterhin einmal das Bedürfnis hat, den vollen begrifflichen Gehalt eines komplexen Zahlzeichens sich zum Bewußtsein zu bringen. Begriffliche Erwägungen sind die Quellen, aus welchen die Regeln alles arithmetischen Operierens entspringen; der praktischen Betätigung aber liegen stets die bloßen sinnlichen Zeichen zugrunde. Die Erklärung dieser Tatsache, gegen deren Merkwürdigkeit wir nur durch alltägliche Gewohnheit abgestumpft sind, wird uns im nächsten Kapitel beschäftigen.

Die Unterschiede der sinnlichen Bezeichnungsmittel.

Die Betrachtungen, denen wir uns eben hingegeben haben, machen uns auf einen für unser wissenschaftliches Gebiet höchst bedeutsamen logischen Unterschied aufmerksam, auf den Unterschied der sinnlichen Bezeichnungsmittel. Daß es eine wichtige Aufgabe der Wissenschaft wäre, sich mit scheinbar so untergeordneten Dingen zu beschäftigen, als es die Wahl sinnlicher Zeichen ist, dürfte im ersten Augenblicke Bedenken erregen; doch wird es nicht schwer sein, dieselben zu zerstreuen. Wir werden sogleich sehen, wie der Unterschied zwischen Wort- und Schriftzeichen für die Arithmetik so wesentlich ist, daß eine notwendige Beschränkung auf die ersteren eine erheblichere Entwicklung der Arithmetik zur Unmöglichkeit gemacht hätte. Ja, später werden wir sogar Gelegenheit finden zu zeigen, wie selbst scheinbar so nichtige Unterschiede wie die, ob man mit Tinte und Feder auf Papier oder mit Griffel auf staubbedecktem Täfelchen schreibt, den Gang arithmetischer Methoden wesentlich beeinflussen kann. Und das sollten nicht logische Unterschiede sein? Ein logischer Unterschied ist doch wohl ein jeder, welcher die kunstmäßige Beherrschung eines Erkenntnisgebietes beeinflußt.

Daß die Anwendung sinnlicher Zeichen überhaupt eine eminente Bedeutung für das arithmetische Gebiet besitzt, geht bereits aus unseren bisherigen Betrachtungen mit aller Deutlichkeit hervor. Logisch vollkommener werden nun diejenigen Bezeichnungsmittel sein, die ihrem Zwecke vollkommener entsprechen. In dieser Hinsicht aber sind dauernd fixierbare Zeichen für die Zahlen, im besonderen Schriftzeichen, den Zahlwörtern außerordentlich überlegen. Ein systematisches Schriftzeichen kann, ohne seine Übersichtlichkeit zu verlieren, unvergleichlich umfassender sein als ein systematisches Wortzeichen; es ist leichter zu handhaben und stellt durch seine dauernde Fixierung an unser Gedächtnis keine besonderen Anforderungen. Führt das Ergebnis einer Zählung auf ein sehr kompliziertes Zahlwort, so kommen wir sogleich in Gefahr, es wieder zu vergessen, selbst wenn wir es vollständig erfaßt haben. Ein Schriftzeichen hält fest und kann in jedem Moment von neuem aufgefaßt werden. Im übrigen sind solche Unterschiede noch viel wesentlicher für die Zwecke der Rechnung als für die der Zählung. Kompliziertere Rechnungsaufgaben wären von vornherein unausführbar, wenn wir, beschränkt auf das Wortzählen, von der Mangelhaftigkeit unseres Gedächtnisses abhingen. Die besten Zeichen sind also leicht fixierbare, möglichst übersichtlich gebildete und dabei möglichst kurze und deutliche Schriftzeichen. Das bekannte indische Positionssystem entspricht diesem Ideal auf das Vollkommenste. Es erlangt seine unübertreffliche Übersichtlichkeit und Kürze dadurch, daß es die geschriebenen Zahlwörter durch Ziffern ersetzt und die anschauliche Linienanordnung als systematisches Bezeichnungsmittel für die Ordnung der Stufenzahlen verwendet, wodurch eine besondere Bezeichnung für die Stufeneinheiten überflüssig wird. Eine dekadische Zahl hat die Form:

$$a_n \cdot 10^n + a_{n-1} \cdot 10^{n-1} + \ldots + a_2 \cdot 10^2 + a_1 \cdot 10^1 + a_0 \cdot 10^0.$$

Das indische Ziffernsystem schreibt sie in der Form:

$$a_n\, a_{n-1} \ldots a_2\, a_1\, a_0,$$

wobei die Ordnung der Ziffern von rechts nach links der Ordnung der Stufenzahlen entspricht und sie bezeichnet. Die $(m + 1)^{te}$ Ziffer a_m in der Reihe (von der ersten rechter Hand gezählt) deutet durch ihre Stellung allein an, daß die Einheiten, die sie zählt, der $(m + 1)^{ten}$ Stufe angehören. Freilich wurde eine solche Bezeichnungsweise erst möglich durch die Erfindung der Ziffer Null, welche die Funktion hat, das Ausfallen einer bestimmten Stufenzahl zu markieren und eben dadurch die Vollständigkeit der Stufenreihe, auf welcher die Beurteilung des Stellenwertes beruht, zu erhalten.

Die natürliche Entstehung des Zahlensystems.

Man möchte meinen, daß die Erfindung dieser kunstreichen und bedeutungsvollen Doppelsystematik der Zahlen und Zahlzeichen, da sie ebenso umfassenden als fein abgewogenen Zwecken dient und nur durch verwickelte Gedankengänge zu rechtfertigen ist, das Produkt eines genialen, seines Zieles voll bewußten Geistes sein müsse, wie er nur denkbar ist auf dem Mutterboden einer hochentwickelten Kulturnation. Und doch haben es fast alle Völker, die überhaupt entwickelt genug waren, um das Bedürfnis nach einer erheblicheren Erweiterung des Zahlgebietes zu empfinden — also schon auf recht niedrigem Kulturniveau und lange vor aller wissenschaftlichen Reflexion — zu Zahlsystemen gebracht, die im großen und ganzen (von vereinzelten Inkonsequenzen abgesehen) das oben dargelegte fruchtbare Prinzip befolgen. Und nicht minder auffällig ist die Unabhängigkeit der Erfindung bei verschiedenen Völkern, welche aus den neben aller Gemeinsamkeit bestehenden Differenzen (z. B. in der Wahl der Grundzahl des Systems) mit Sicherheit zu erschließen ist.

Die Erklärung dieser bemerkenswerten Erscheinung wird uns das erste Beispiel einer allgemeinen, in unserem Wissensgebiet so vielfach zutage tretenden Tatsache gewähren; sie wird es verständlich machen, wie überhaupt ein in seiner Art und Konstitution künstliches Zeichensystem, dessen zweckbewußte Erfindung und theoretische Rechtfertigung abstrakte Betrachtungen kompliziertester Art erfordern würde, auf einem Wege natürlicher, psychologischer Entwicklung zustande kommen kann, und dies bereits auf einer Geistesstufe, von der aus schon die Problemstellung in unfaßbaren Fernen liegen müßte.

Die Zeiten, in welche die Entstehung der Zahl- und Zahlzeichensysteme fällt, kannten keine historische Überlieferung, und so ist denn an eine Reproduktion der historischen Entwicklung nicht zu denken. Gleichwohl besitzen wir Anhaltspunkte genug — durch die ursprüngliche Bedeutung mancher Zahlnamen, durch unsere Kenntnis der Zählweise halbzivilisierter und wilder Völker und vor allem durch das Verständnis der hier in Betracht kommenden allgemeinen Züge der menschlichen Natur —, um die psychologische Entwicklung derartiger Systembildungen a posteriori und doch in allen wesentlichen Punkten zutreffend zu rekonstruieren.

Die Systematik der Zahlen und Zahlbenennungen ist aus dem systematischen Zählen, dieses wiederum aus gewissen natürlichen Zählgewohnheiten erwachsen, welche vermöge der Gleichartigkeit der menschlichen Anlagen bei den verschiedensten Völkern einer gewissen Kulturstufe entstehen mußten.

Versetzen wir uns in die Jugendzeit der Völkerentwicklung. Das häufige Interesse an sinnlichen Mengen gleichartiger Objekte hatte bereits zur Auffassung einer gewissen Analogie und damit einer sie fundierenden gemeinsamen Beschaffenheit, also zum Begriff der Vielheit geführt, welcher, auf dieser Stufe natürlich viel weniger abstrakt als auf der unsrigen, sich auf Vielheiten gleichartiger und sinnlicher Inhalte beschränkte. Der Drang zur

Mitteilung der Vorkommnisse des praktischen Lebens, bei denen bestimmte Mengen solcher Objekte eine große Rolle spielten, führte hier, wo die Umstände besonders günstig lagen, leichter noch wie in anderen Gebieten zu dem Gedanken einer Nachbildung des Vorgestellten durch sinnliche Mittel. Nahegelegt wurde dieser Gedanke durch die Hände, jene sichtlich hervortretenden Organe, mit denen das Individuum in ernster und spielender Betätigung am meisten zu tun hatte und welche je nach der Haltung der Finger wechselnde sinnliche Mengenbilder (die Fingergruppen) darboten und sich demgemäß zur Nachbildung und Symbolisierung entsprechender Mengen von beliebigen anderen Objekten besonders leicht aufdrängen mußten.[1] So entstanden in der Gebärdensprache die „Fingerzahlen" als die ersten Zahlzeichen.

Ja, wir können wohl noch mehr behaupten: Auf diesem sinnlichen Wege dürfte in der Regel überhaupt erst eine scharfe Unterscheidung und Klassifikation der bestimmten Zahlformen zustande gekommen sein. In gewisser Weise besaß man natürlich schon die Zahlbegriffe, als man die Analogie verschiedener gleichzahliger Mengen untereinander und mit Fingergruppen aufgefaßt hatte. Aber erst durch die konstante Rückbeziehung der verschiedenartigsten Mengen auf die in sinnlicher Erscheinung scharf gesonderten Fingermengen erhoben sich die Fingerzahlen zu Repräsentanten allgemeiner Begriffe, allgemeiner Beschaffenheiten der nach Mehr und Weniger klassifizierten Mengen. Wir dürfen, ohne die Paradoxie zu scheuen, sagen: Die Begriffe 1, 2, 3, ... als die Spezies des allgemeinen Vielheitsbegriffes, als die Besonderungen des Wieviel, kamen erst zu einem bestimmteren Bewußtsein in der begrifflichen Bedeutung der Fingerzahlzeichen.

Die Wortsprache folgte in unserem Begriffsgebiet der Gebärdensprache nach, wie man an vielen Beispielen von Zahlwörtern erkennt, deren ursprüngliche Bedeutung als bloße Übersetzung der Fingerzahlen in die Wortsprache zu charakterisieren ist. Jedenfalls wurden aus naheliegenden Gründen auch weiterhin, selbst

[1] Ich spreche oben von einer Nachbildung der Mengen in Beziehung auf ihre Zahl durch Fingergruppen. Diese Ausdrucksweise, obschon inkorrekt, ist hier doch passend, weil sie der betreffenden Geistesstufe angemessen ist. Die an den sinnlichen Mengen geübten psychischen Betätigungen liefern Begriffe, welche das naivere Bewußtsein als abstrakte positive Momente der bezüglichen Anschauungen selbst ansieht. Ganz wie Schönheit und Häßlichkeit, Güte und Schlechtigkeit als innere Beschaffenheiten der Außendinge, so werden auch Zweiheit, Dreiheit etc. als ebensolche der äußeren Mengen beurteilt.

noch auf viel höherem Bildungsniveau, neben den Wortzeichen die Fingerzeichen als Zählungsmittel verwendet.

Es entspricht der niedrigen Geistesstufe, mit der wir es hier zu tun haben, daß schon das Zählen der kleinsten Mengen keine geringe Mühe verursachte (Berichte über das Zählen wilder Völker bestätigen dies), und so verlangte es die Sorge für die Sicherheit des Verfahrens, daß die Zählung schrittweise erfolgte, indem der Reihe nach je einem Gliede der Menge je ein erhobener Finger zugeordnet wurde. Es entstanden also sukzessive die Zeichen für $1,\ 1+1=2,\ 2+1=1+1+1=3$ usw., und derart war die Zahlenreihe als solche im Werden.

Es ist klar, daß diese Zählweise an das enge Gebiet eigentlicher Mengen- und Zahlvorstellungen nicht gebunden war, sondern in gleicher Weise (und ohne daß man den Unterschied zu beachten Anlaß hatte) weiter fortgesetzt werden konnte; freilich nicht ohne gewisse natürliche Hemmungen und, sie zu überwinden, bestimmte Kunstgriffe. Einen ersten Haltepunkt in der Zählung gebot schon die Fünf — man war mit den Fingern einer Hand zu Ende; daher in manchen Sprachen das Zahlwort Fünf so viel wie „eine Hand" bedeutet. Mit Zuhilfenahme der Finger der zweiten Hand konnte man nun (in der Form $5+1,\ 5+2,\ \ldots$) weiterzählen, bis die Zehn einen neuen und nicht mehr in derselben Weise überschreitbaren Haltepunkt setzte. (Nur Völker, welche auch die Zehen zum Zählen benutzten, kamen weiter, und erst Zwanzig war für sie die entsprechende Grenze.) Sollten nun gleichwohl größere Mengen abgezählt werden, dann blieb offenbar nichts übrig, als die einmal erfolgte Durchzählung der Finger (und evtl. auch der Zehen) seitab durch ein sinnliches Zeichen zu notieren und die noch übrigen Objekte wieder durch die Finger (und Zehen) abzuzählen. Nach abermaliger Durchzählung mußte jenes Zeichen für Zehn (resp. Zwanzig) wiederholt werden usf.

So zählte man größere Mengen durch Teilung in Zehnergruppen und in eine Gruppe unter Zehn. Nun war aber noch eine zweite Zählung nötig geworden, nämlich für die Menge der Zehnerzeichen. War die Anzahl derselben größer als Zehn, dann reichten für deren Durchzählung die zehn Finger nicht aus. Wieder bedurfte man zur Anzeige für die einmalige Aufwendung der sämtlichen Finger der Einführung eines Zeichens, und zwar eines neuen, um nicht die einfache Zehn mit einer Zehn mal Zehn zu verwechseln. Sprechen wir, der Bequemlichkeit der Darstellung zuliebe, dieses Zeichen als „Hundert" aus, dann zwang in derselben Weise die Zählung der Hunderter zur Einführung eines neuen Zeichens „Tausend" für $10 \cdot 100$ usw.

Auf solchem Wege wurde man auf ein allgemeines Verfahren der Gruppenzählung geführt, durch welches bereits jede größere Zahl in Form einer ganzen Funktion der Potenzen von Zehn gebildet wird. Noch heute gibt es Völker, welche derartige Zählweisen beobachten, die den Ursprung des dekadischen Zahlsystems ganz verständlich machen. Auf den Südseeinseln rechnen, wie Tylor erzählt, die Eingeborenen so, daß sie beim Zählen der Einer Steinchen benützen; sind zehn Steinchen beisammen, so wird statt derer ein Stückchen von einem Kokosnußstiel zurückgelegt; sind solcher zehn beisammen, so wird ein größeres Stück eines Kokosnußstiels genommen usw.[1]

Die Wortsprache folgte in ihren Benennungen den Begriffsbildungen der Zahlensystematik. Natürlich waren neben den Namen für die Zahlen bis Zehn nur noch solche für die Stufenzahlen nötig; alle übrigen konnten durch bloße Zusammensetzungen dieser gebildet werden. Ein allgemeiner Gebrauch von Zahlwörtern beim Zählen mußte dieses selbst erleichtern und vereinfachen, indem gewisse naheliegende und praktische Veränderungen der Zählweise sich ergaben, durch welche dieselbe einheitlicher, systematischer und zugleich von anderen sinnlichen Mitteln als den Wörtern unabhängig wurde. Statt nämlich jede durchgeführte Zehnzählung seitab durch neue Zeichen zu signieren, dann immer von neuem mit Eins zu beginnen und erst schließlich die Zahl der Zehner abzuzählen, wobei wieder ein ähnliches Verfahren einzuschlagen war, konnte man doch vermittels der Zahlwörter und ohne andere sinnliche Zeichen in folgender Art und Ordnung zählen:

$$1, 2, 3, \ldots, 10;\ 10+1, 10+2, 10+3, \ldots, 10+10 = 2 \cdot 10;$$
$$2 \cdot 10 + 1,\ 2 \cdot 10 + 2,\ \ldots,\ 3 \cdot 10;\ \ldots,\ 10 \cdot 10 = 100;$$
$$100 + 1,\ 100 + 2\ , \ldots,\ 100 + 10;$$
$$100 + 10 + 1,\ 100 + 10 + 2\ , \ldots, 100 + 2 \cdot 10; \ldots.$$

So blieb man in einer gleichförmigen Zählung, welche die Zahlenreihe nach demselben Prinzip fortzusetzen geeignet war.

---

[1] E. B. Tylor, *Einleitung in das Studium der Anthropologie und Civilisation.* (Übers. v. G. Siebert), Braunschweig 1883, S. 376.

Jeder neue Schritt, bestehend in der Hinzufügung einer Einheit zur eben gebildeten Zahl, ergab eine neue Zahl. Es ist aber nicht dieses einfache Reihenprinzip allein, welches die neuen Bildungen bestimmt. Die Verwendung der Hilfsoperation der Multiplikation und Potenzierung gestattet es, immer wieder die alten Begriffs- und Namenbildungen zu benutzen, so daß jede Zahl und jeder Zahlname als eine systematische Bildung aus sehr wenigen Elementarzahlen und -namen (beides streng parallel) erscheint.

Nach unserer Darstellung erklärt die naturgemäße Entwicklung der urwüchsigen Zählmethode durch die Fingerzahlen die Entstehung der systematischen Zählmethode vollkommen. Nur für die Wahl der Grundzahl blieben verschiedene Wege offen. Der Bequemlichkeit halber führten wir unsere Betrachtungen an der Grundzahl Zehn durch. Manche Völker hielten indes bereits die Fünf, welche als Fingerzahl einer Hand ausgezeichnet ist, als Grundzahl ständig fest. Andere wiederum, welche auch die Zehen zum Zählen verwendeten, konnten gleich den alten Mexikanern ein konsequentes vigesimales Zahlensystem ausbilden. In den meisten Fällen wurde jedoch die Zehn zur Grundzahl, während die quinären Bildungen unter Zehn ($5 + 1$, $5 + 2$, ..., $5 + 5$), nachdem das wirkliche Fingerzählen dem Wortzählen Platz gemacht hatte, verschwanden, da ihnen weiter keine systematische Bedeutung zukam; so daß das Zählen bis Zehn als einfaches Reihenzählen aufgefaßt wurde. (Die ursprünglichere Auffassungsweise prägt sich noch häufig genug in Wort und Schrift aus, z. B. in den römischen Zeichen V, VI, VII, VIII, und dgl.) Jedenfalls ist das Prinzip der Systembildung durch jenen Weg natürlicher Entwicklung völlig eindeutig erklärt.

Unsere Auffassung könnte noch zu einem Bedenken Anlaß geben. In seinen geistvollen Fragmenten *Zur Geschichte der Mathematik* meint nämlich H. Hankel, daß die Zählung über $10 \cdot 10$ hinaus auf einem doppelten Wege und doch konsequent hätte fortschreiten können. Als man zu $10 \cdot 10 + 10$ kam, konnte man dies entweder als hundert und zehn (in konsequent dekadischer Sprechweise: zehnzig und zehn) oder als elf mal zehn (elfzig) auffassen und demgemäß weiterzählen. „Man nahm mit glücklichem Griffe das erste Schema, indem man die Grundzahl X ähnlich wie 1, als eine Einheit nur von anderer ... Stufe ansah, welche nicht über das *X* fache hinaus vervielfältigt werden dürfe."[1]

Demgegenüber kann leicht gezeigt werden, daß der faktisch eingeschlagene Weg nicht ein bloß glücklicher Griff, sondern vielmehr eine notwendige Konsequenz der Weiterentwicklung des Fingerzählens war. Der äußere Anlaß für diejenige Auszeichnung der 10 · 10, wodurch sie weiterhin zu einer Einheit höherer Ordnung werden mußte, war einfach die Nötigung, für zehn Zehner ein neues Zeichen (und demgemäß eine neue und besondere Wortbenennung) einzuführen. Hiermit war aber die Auffassung von $10 \cdot 10 + 10$ als $11 \cdot 10$, wie man an der sprachlichen Bildung Hundert und zehn sieht, ausgeschlossen, sie lag nicht mehr auf dem Wege natürlicher Zählung. Und ähnlich verhält es sich offenbar in betreff der einzuschlagenden Richtung bei den weiteren Wendepunkten der Zählung, den späteren Stufenzahlen.

Die Entwicklung der Zahlenreihe bot ein System unbeschränkt fortsetzbarer symbolischer Begriffe, vermittels welcher jede Zählungsaufgabe lösbar wurde. Die Zählung einer beliebig vorgelegten Menge erfolgte durch ein Fortschreiten entlang dieser periodisch gegliederten Begriffsreihe oder genauer: entlang der ihr korrespondierenden Kette von Zahldefinitionen; sie lieferte den der Menge zugehörigen, eindeutig bestimmten Zahlbegriff, welcher (von den kleinsten Mengen abgesehen) nur in symbolischer Form und nur mit Hilfe eines derartigen gegliederten Reihenverfahrens hergestellt werden konnte. Aber wenn irgendein Prozeß, so hatte dieser die Eignung und Tendenz, zu einem ganz mechanischen und äußerlichen zu werden, und dies eben vermöge jener Zweiseitigkeit, die wir betont haben. Dem Fortschritt entlang der Reihe der Begriffe entspricht in strengem Parallelismus ein Fortschritt entlang der Reihe der Namen, und das System der Namen ist in sich genau so konsequent als das der Begriffe. Es ist klar, sowie man die Systematik durch Übung beherrschte, mußte von selbst der geistige Prozeß der Begriffsbildung dem äußerlichen Reproduktionsmechanismus der Namenbildung das Feld räumen. Ursprünglich zählte man, Glied für Glied der Menge heraushebend, in geistiger Betätigung: Eins; Eins und Eins ist Zwei; Zwei und Eins ist Drei; usf., wobei schritt-

[1] a. a. O., S. 11.

weise die Namen reproduziert, über Zehn hinaus jedoch systematisch gebildet wurden und allenfalls auch durch ihre feste Folge die Stetigkeit des begrifflichen Prozesses stützen mochten. Nach erlangter Übung aber ergab es sich von selbst, daß man sozusagen gedankenlos, mechanisch zählte, indem man der teils gedächtnismäßig fest eingeprägten, teils nach dem Prinzip der Systematik mechanisch herzustellenden Reihe von Namen und Sätzen folgte, ohne jede Reflexion auf deren gedankliche Bedeutung. Aus einem begrifflichen Verfahren zur Erzeugung des Zahlbegriffes wurde, indem die psychischen Korrelate der einzelnen Schritte fortfielen, auf einem natürlichen Wege ein symbolisch-äußerliches Verfahren zur systematischen Herleitung des dem Begriffe korrespondierenden Zahlnamens und erst mittels dieses des Begriffes selbst. Man bedurfte hierbei bloß der gedächtnismäßigen Beherrschung der Zahlen- und Zahldefinitionenreihe bis Zehn und der Vertrautheit mit dem System der dekadischen Zahlwortbildung. Die volle Beherrschung der erweiterten Zahlenreihe durch das Gedächtnis reicht aber für den geübten Rechner bald um vieles weiter als bis Zehn. Innerhalb der Grenzen, wofür dies der Fall ist, bedarf es nicht der immerhin (auch ohne die begleitenden begrifflichen Prozesse) Denken erfordernden Anwendung der Zahlwortsystematik; und so mußte sich der auf Vereinfachungen bedachten Praxis bald noch ein weiterer, erheblich abkürzender Kunstgriff aufdrängen. Statt der Reihe der Zahldefinitionen konnte man doch derjenigen der Zahlworte allein folgen. Man kürzte die Reihe der Sätze [1], $1 + 1 = 2$, $2 + 1 = 3$, $3 + 1 = 4$, ... in die der Worte 1, 2, 3, 4, ... Indem man den Mengengliedern schrittweise die Namen dieser Reihe (und natürlich jedem nur einmal) zuordnete, bis alle Glieder erschöpft waren, erlangte man in dem zuletzt herangezogenen Namen den der gesuchten Zahl und damit diese selbst. Zum richtigen Resultat mußte diese mechanische Prozedur führen, weil die Anzahl der Namen der Zahlenreihe bis n inklusive durch n selbst ausgedrückt ist. Dies ist innerhalb des Rahmens der gemeinen Praxis das übliche Verfahren; für größere Zahlen aber, die über ihn hinausreichen, tritt das erstbehandelte ein. Man zählt über die gewohnten Grenzen hinaus durch Fortsetzung der Namenreihe nach dem Prinzip der dekadischen Zahlwortbildung.

Bei der Erklärung der natürlichen Entwicklung der Zahlensystematik haben wir nur auf die Wortzeichen Rücksicht genommen und mußten dies tun, weil nur die Zahlwortsysteme den natürlichen Gang der Begriffsbildung begleiten, während die Ziffernsysteme, sofern sie überhaupt auf den Namen von Systemen der Zahlbezeichnung Anspruch machen können, spätere, bald sich roh verflachende, bald genaue Nachbildungen der ersteren sind, und erst im genialen indischen System den Charakter eines logisch vollkommenen, aber auch durch wissenschaftliche Reflexion entstandenen Hilfsmittels der Arithmetik annehmen. Die Fortsetzung der logischen Entwicklungen im nächsten Kapitel wird zeigen, daß die Wahl der Bezeichnungsmittel keineswegs eine bedeutungslose Sache ist. Die logischen Unterschiede zwischen denselben beruhen auf dem verschiedenen Grade ihrer Eignung für eine Kunst des Rechnens. Dies ist der Grund, warum wir dieselben hier noch nicht in den Kreis der Betrachtung ziehen.[1]

Zahlenschätzungen durch figurale Momente.

Im XI. Kapitel haben wir ausführlich das Problem behandelt, wie unmittelbare Mengenschätzungen zustande kommen ohne wirkliche Durchführung der zugehörigen psychischen Betätigungen, der Einzelauffassung und Kollektion. Eine einheitliche Anschauung ist uns gegeben und in *einem* Blick urteilen wir: eine Menge von Kugeln, Münzen usw. Zur Erklärung dieser eigentümlichen Tatsache haben wir auf die figuralen Momente der einheitlichen Mengenanschauungen hingewiesen, welche eine Assoziation mit dem Namen und symbolischen Begriff der Vielheit eingehen, die Reproduktion des letzteren vermitteln und dadurch die unmittelbare Schätzung der Erscheinung als einer Menge ermöglichen. Ein ganz ähnliches Problem liegt bei den unmittelbaren Zahlenschätzungen vor, und auch zu seiner Lösung reichen wir mit den erwähnten Hilfen vollkommen aus.

Am klarsten liegt die Sache in Beispielen, wie sie uns Würfel-, Domino- und Kartenspiel mannigfaltig darbieten. Jede Würfel-

[1] Reichhaltige Belege zu den Darlegungen dieses Abschnittes findet man in den bekannten anthropologischen und sprachwissenschaftlichen Werken von Tylor, Lubbock, Pott u.a.

fläche besitzt eine charakteristische, feste Punktkonfiguration, die mit dem Zahlnamen (bzw. mit dem symbolischen Begriff einer gewissen, durch ihn genannten Zahl) eine Assoziation eingeht. Wird mit mehreren Würfeln zugleich gewürfelt, so findet entweder eine rasche Quasi-Summation nach der „Eins und Eins" statt, wobei natürlich die bloßen Zahlwörter vermitteln oder es wird im Falle großer Übung durch den Figuralcharakter der ganzen komplexen Erscheinung unmittelbar das entsprechende Zahlwort der Augensumme reproduziert. Die Anzahl der hierfür einzuprägenden Konfigurationen ist ja nur eine beschränkte. Dasselbe gilt beim Dominospiel, und es ist bekannt, welche Fertigkeit geübte Spieler in der momentanen Zahlenschätzung haben; sie können oft bis vierzig Augen in einem Blick abzählen.

In den bisherigen Beispielen waren die Konfigurationen feste oder vielmehr nahe verwandte. Zur Erklärung dieses letzteren Zusatzes sei darauf hingewiesen, daß eine Würfelfläche z. B. bei jeder drehenden Lageänderung einen anderen Figuralcharakter erhält und es daher der zugehörige Artcharakter sein mußte, der im Grunde die Assoziation vermittelte. Diese Bemerkung macht es deutlich, daß der Unterschied der betrachteten Fälle gegenüber anderen, wo g a n z w i l l k ü r l i c h e Objektverteilungen zahlenmäßig geschätzt werden, nicht so erheblich ist, wie es anfangs scheinen möchte.

Wie auch immer drei scharf gesonderte Objekte im Gesichtsfelde verteilt sein mögen, sie bilden zusammen eine charakteristische Konfiguration, vorausgesetzt, daß sie überhaupt zu einer anschaulich-einheitlichen Mengenerscheinung verschmelzen können. Die mannigfaltigen Dreipunkt-Konfigurationen, die je nach der wechselnden relativen Lage der Objekte entstehen, sind zwar anschaulich wohlunterschieden; aber sie besitzen so viel augenfällige Analogie, daß ihr gemeinsamer Charakter gewiß die Reproduktion der Zahl Drei (oder genauer des Namens Drei mit dem symbolischen Begriff einer gewissen durch ihn benannten Zahl) vermitteln kann. Eine wesentlichere Differenz zeigt der Figuralcharakter nur dann, wenn die drei Objekte in geradliniger oder annähernd geradliniger Anordnung zu liegen kommen, ein Grenzfall, dessen wohlbemerkbare Besonderheit die Assoziation der Zahl ermöglicht. Ebenso verhält es sich bei Mengen von vier Objekten. Hier zeigt die Konfiguration entweder den bekannten

Vierecktypus oder es treten andere charakteristische Typen auf, wie wenn alle vier oder irgendwelche drei Objekte in einer Reihe liegen oder wenn ein Objekt innerhalb der von den drei übrigen gebildeten Dreieckfigur fällt usw.

Je mehr Objekte die Menge umfaßt, um so größer ist die zugehörige Zahl anschaulich unterschiedener Figuraltypen, und so wird es begreiflich, warum wir mit einer sicheren Zahlschätzung in der Regel nicht über fünfgliedrige Mengen hinauskommen, es sei denn durch fortgesetzte und methodische Übung. Preyer, welcher hierüber Versuche angestellt hat, meint, daß im letzteren Falle die erreichbare Grenze im Durchschnitt bei Zwanzig liegen dürfte. Der berühmte Rechner Dahse konnte noch einige dreißig beliebig verteilte Objekte momentan abschätzen.

Aus den vorstehenden Betrachtungen ist zu ersehen, daß keinerlei Anlaß besteht, für die Erklärung momentaner Zahlenschätzungen Anleihen bei dem allzeit gefälligen Unbewußten zu machen. Ich kann demgemäß auch die Preyersche Lehre vom „unbewußten Zählen" [1] nicht billigen und wundere mich nur, wie dieser hervorragende Physiologe seine Argumente als bindend ansehen konnte. Aus der bloßen Tatsache, daß wir kleine Objektgruppen momentan abschätzen, ohne daß zum überlegten, wenn auch noch so beschleunigten Zählen Zeit bliebe, schließt er: „Also ist unbewusstes Zählen nicht nur nichts in sich Widersprechendes, sondern etwas Alltägliches." Zur weiteren Stütze fügt er noch bei: „Man darf nicht einwenden: das sei kein Zählen mehr; denn wenn Jemand bestimmt angeben kann, ob drei, vier, fünf Gegenstände sich vor ihm befinden, so muss er Zahlen unterscheiden können, und gewiss ist, dass wer nicht zählen kann, auch jene Fragen nicht zu beantworten vermag." Auch wenn der Umstand, auf den das letztere Argument fußt, unbestreitbar wäre, würde es nichts beweisen, nachdem eben noch der Weg offenbleibt, daß die Zahlnamen nach wiederholter Zählung mannigfacher Objektverteilungen mit deren typischen Figuralcharakteren feste Assoziatio-

[1] Die W. Th. Preyersche Abhandlung „Ueber unbewusstes Zählen" erschien zuerst in der *Gartenlaube* 1886 — <Die Zitate:> S. 15 und 36 — und ist wieder abgedruckt in seiner jüngst erschienenen Sammlung wissenschaftl. Aufsätze. Wie ernst es Preyer mit der Hypothese des Unbewußten nimmt, zeigen die beigegebenen physiologischen Erklärungen, wonach die der Verstandestätigkeit des Zählens zugehörigen Bewegungen „schliesslich die sehr oft benutzten Nervenfasern und Nervenzellen im Gehirn unbewusst durchlaufen" und sich „der Reflexbewegung nähern".

nen eingehen. Im übrigen würde ich es sehr wohl für möglich halten, daß auch ein des Zählens völlig Unkundiger die Zahlnamen mit diesen Figuralcharakteren zur Assoziation brächte und sich z. B. zu einem tüchtigen Dominospieler ausbildete.

XIII. KAPITEL

Die logischen Quellen der Arithmetik

Rechnen, Rechenkunst und Arithmetik.

Den Begriff der Rechenkunst pflegt man mit dem der Arithmetik in nahe Beziehung zu bringen, ja häufig beide zu identifizieren. Die Arithmetik wird gewöhnlich als die Wissenschaft von den Zahlen definiert. Diese Definition ist nicht hinreichend klar. Die einzelnen Zahlen für sich betrachtet geben zu einer erkenntnismäßigen Behandlung keinen Anlaß, und wo von besonderen, wissenschaftlich zu ergründenden Beschaffenheiten einzelner Zahlen die Rede ist, handelt es sich stets um Merkmale, die ihnen zukommen aufgrund gewisser Relationen, welche sie mit einzelnen oder ganzen Klassen anderer Zahlen verbinden. Nur aus den Beziehungen der Zahlen zueinander entspringen Aufgaben für eine logische Behandlung. Besser wäre danach die Definition der Arithmetik als der Wissenschaft von den Zahlbeziehungen. Jedenfalls besteht ihre wesentliche Aufgabe darin, aus gegebenen Zahlen andere zu finden vermöge gewisser bekannter Beziehungen, die zwischen ihnen bestehen.

Betrachten wir nun den Begriff der Rechenkunst. Er ist uns gegeben, wenn wir den des Rechnens besitzen. Der Begriff des Rechnens läßt aber mehrfache, weitere und engere, Bedeutungen zu. Unter Rechnen im weitesten Sinne kann man jede Herleitungsweise von gesuchten Zahlen aus gegebenen verstehen. Danach müßten wir freilich die Vereinigung der Zahlen Zwei und Drei zu Fünf aufgrund der eigentlichen Vorstellung der Begriffe selbst schon ein Rechnen nennen; ebenso die Herstellung der Begriffe systematischer Zahlen, ob wir nun den Weg der Begriffsbildung oder den Weg der mechanisch-äußerlichen Zeichenbildung einschlügen. Jede arithmetische Methode wäre eo ipso eine rechnerische. Die Rechenkunst wäre die Kunst arithmetischer Erkenntnisse, die Arithmetik aber deren systematisch geordnete Gesamtheit.

Was nun die *Methode der Herleitung* von gesuchten aus gegebenen Zahlen anlangt, sind zwei Fälle denkbar: *Entweder* es ist diese Herleitung eine *im wesentlichen begriffliche Operation*, bei welcher die Bezeichnungen eine nur untergeordnete Rolle spielen, *oder* sie ist eine *im wesentlichen sinnliche* Operation, welche aufgrund des Zahlzeichensystems nach festen Regeln Zeichen aus Zeichen herleitet, um erst das Resultat als die Bezeichnung eines gewissen, des gesuchten Begriffes zu reklamieren.

Welche von diesen Methoden die logisch vollkommenere ist, wird nur eine Frage der Leistungsfähigkeit sein können. Vorgreifend können wir hier schon sagen, daß die letztere auf unserem Gebiet unter allen Umständen den Vorzug besitzt und ihn auch vollauf verdient. Die Methode der Begriffe ist höchst abstrakt, beschränkt und selbst bei größter Übung mühsam; die der Zeichen konkret-sinnlich, allumfassend und schon bei mäßiger Übung bequem zu handhaben. Ich sagte allumfassend: In der Tat gibt es keine erdenkliche Aufgabe, die sie zu lösen nicht imstande wäre. So macht sie die begriffliche Methode ganz überflüssig, deren Anwendung nicht mehr dem wissenschaftlichen, sondern nur dem kindlich zurückgebliebenen Geisteszustande angepaßt ist. Zu einer allgemeinen Anerkennung dieser Auffassung fehlt allerdings noch viel, und es hängt wohl mit dem Mangel an einer Logik der symbolischen Erkenntnismethoden (und vor allem derjenigen der Arithmetik) zusammen, daß die meisten Forscher, geleitet von dem gewöhnlichen Vorurteil, jede wissenschaftliche Methodik operiere mit den jeweilig intendierten Begriffen selbst, auch die arithmetischen Operationen für abstrakt-begriffliche hielten — dem klaren Augenschein zum Trotze. Der Aufhellung der wahren Sachlage werden wir späterhin besonderes Augenmerk zuwenden.

Die Methode der sinnlichen Zeichen ist also *die* logische Methode der Arithmetik. Hier bietet sich nun derjenige Begriff des Rechnens, welchen wir im Hinblick auf den Umfang der Anwendung als den gemeinüblichsten bezeichnen dürfen. Er umfaßt *jede symbolische Herleitung von Zahlen aus Zahlen, welche der Hauptsache nach auf geregelten Operationen mit sinnlichen Zeichen beruht.* Aus den obigen Bemerkungen geht hervor, daß trotz dieser Einschränkung des Begriffes vom Rechnen das Verhältnis der Begriffe Arithmetik und Rechenkunst keine wesentliche Veränderung erfahren hat, da in der ersteren andere als (in dem jetzigen Sinne) rechnerische Verfahrensweisen eben nicht in Betracht kommen.

Mit Rücksicht darauf, daß der Mechanismus der symbolischen Methodik sich von seinen begrifflichen Anwendungssubstraten völlig loslösen läßt, drängt sich aber noch ein anderer Begriff des Rechnens auf, welcher im Vergleich mit dem vorigen nach der einen Richtung beschränkter, nach der anderen hingegen weiter ist.

Man kann ihn nämlich fassen als *jede geregelte Art der Herleitung von Zeichen aus Zeichen innerhalb irgendeines algorithmischen Zeichensystems nach den diesem System eigentümlichen „Gesetzen" — oder besser: Konventionen — der Verknüpfung, Sonderung und Umsetzung.*

Es sind höhere logische Interessen als diejenigen der arithmetica numerosa (mit der wir es momentan zu tun haben), welche diese Begrenzung des Begriffs fordern. Es ist eine für das tiefere Verständnis der Mathematik höchst bedeutsame Tatsache, daß ein und dasselbe System der Symbolik *mehreren* Begriffssystemen dienen kann, welche, ihrem Inhalte nach verschieden, nur in der Bildungsform Analogien aufweisen. Sie werden dann, wie wir sagen, durch dasselbe Rechensystem beherrscht.

Diese neue Formation des Begriffes vom Rechnen empfiehlt sich aber auch noch dadurch, daß sie uns eine logisch reinliche Sonderung der verschiedenen Schritte, welche die Aufgabenlösung in derartigen technisch zu behandelnden Gebieten erfordert, an die Hand gibt. Jede Lösung zerfällt offenbar in einen rechnerischen und in zwei begriffliche Teile: *Umsetzung der Ausgangsgedanken in Zeichen — Rechnung —, Umsetzung der resultierenden Zeichen in Gedanken.* Im Anzahlengebiete, wo die Konzeption und Sonderung der Begriffe (von den wenigen „eigentlichen" natürlich abgesehen) auf der mitlaufenden Signierung als ihrer unerläßlichen

Stütze ruht, besteht jener erste Schritt bloß darin, daß man in den jeweilig gegebenen Komplexen aus Begriffen und Namen von den ersteren abstrahiert und nur die letzteren festhält.

Das Verhältnis der Arithmetik und Rechenkunst hat sich nun mit diesem neuen Begriff des Rechnens (den wir von nun an allein verwenden wollen) freilich geändert. Lösen wir die Zahlzeichen von ihren begrifflichen Korrelaten los und bilden, um aller begrifflichen Anwendung unbekümmert, die technischen Methoden aus, die ihr Systen zuläßt, dann haben wir die reine Rechenmechanik abgezogen, welche der Arithmetik zugrunde liegt und die technische Seite ihrer Methodik ausmacht. Offenbar ist nun die Rechenkunst nicht mehr identisch mit der Kunst arithmetischer Erkenntnis.

Die arithmetischen Rechenmethoden und die Zahlbegriffe.

Bedarf eine Disziplin auf der Höhe ihrer Ausbildung zur Lösung irgendwelcher Probleme keiner anderen als rechnerischer Hilfsmittel, so kann sie der begrifflichen doch nicht entraten in ihren Anfängen, wo es sich darum handelt, die Rechnung logisch zu fundieren. Nur an der systematischen Verknüpfung der ihr zugrunde liegenden Begriffe und deren Beziehungen kann es ja liegen, daß die korrespondierenden Bezeichnungen sich zu einem konsequent gebildeten System zusammenschließen und dabei die Sicherheit besteht, daß jeder im Sinne der Zeichenregeln folgerichtigen Ableitung von Zeichen und Zeichenbeziehungen aus den gegebenen eine im Sinne der Gedanken folgerichtige Ableitung von Begriffen und Begriffsbeziehungen aus den hier gegebenen entsprechen müsse. Demgemäß werden wir auch zur Begründung der arithmetischen Rechenmethoden zurückgehen müssen auf die Zahlbegriffe und deren Verknüpfungsformen. Die ersteren sind uns bereits in den systematischen Formen der natürlichen Zahlenreihe oder den höheren des Zahlensystems (in dem besonderen Sinne des Wortes) gegeben. Die Verknüpfungen aber, durch welche aus gegebenen neue Zahlen gewonnen werden, sind die Zahloperationen.

Die systematischen Zahlen als Vertreter der Zahlen an sich.

Die Zahlensystematik bietet, wie wir sahen, eine gleichförmige und (bei idealisierender Abstraktion von gewissen Schranken unserer Fähigkeiten) unerschöpfliche Methode der Fortsetzung des Zahlgebietes über jede Grenze hinaus. Da mittels ihrer scharf gesonderten Begriffsbildungen jede denkbare Vielheit abzählbar ist, so kann es auch keine wirkliche Zahl geben, die nicht im System ihr symbolisches Korrelat fände, und zwar jeweilig nur eines, da verschiedene systematische Zahlsymbole notwendig auf verschiedene wirkliche Zahlen hindeuten. Ein Zahlensystem, wie es z. B. unser dekadisches ist, kann demnach als die vollkommenste Gegenspiegelung des Reiches der Zahlen an sich, d. i. der uns im allgemeinen unzugänglichen wirklichen Zahlen, angesehen werden und dies auch nach Seite ihrer Anordnung, welche bei den symbolischen wie bei den eigentlichen Begriffen die einer einfachen Reihe ist. Mit Recht dürfen wir also die indirekten Bildungen des Systems als die symbolischen Surrogate für die Zahlen an sich betrachten.

Die symbolischen Zahlbildungen außerhalb des Systems als arithmetische Probleme.

Umfaßt das System nun auch symbolische Korrelate alier erdenklichen Zahlen, so umfaßt es doch nicht alle erdenklichen Zahlensymbolisierungen überhaupt. Irgendeine Zahl kann durch mannigfache Relationen zu anderen, sei es wirklich oder bereits symbolisch vorgestellten, eindeutig charakterisiert werden, und jede solche Charakteristik liefert eine neue symbolische Vorstellung eben dieser Zahl.

Es gibt also außerhalb des Systems noch unendlich viele symbolische Zahlformen. Dürfen wir nun diese als den geregelten Bildungen des Systems gleichwertig ansehen, als berechtigte Repräsentanten der wirklichen Zahlbegriffe gelten lassen? Dürfen wir sie in demselben Sinne als gegeben und die Reduktion einer Aufgabe auf ein durch sie gekennzeichnetes Zahlenresultat als deren endgültige Lösung anerkennen?

Einfache Reflexionen belehren uns, daß wir diese Fragen verneinen müssen. Vermöge der Reihenordnung können wir für zwei systematische Zahlen sofort entscheiden, ob sie die gleichen oder verschiedene Zahlen repräsentieren, und im letzteren Falle können wir auch sofort angeben, welche größer ist und welche kleiner. Der bloße Hinblick auf ihr Rangverhältnis genügt. Ganz anders verhalten sich die unsystematischen Zahlsymbolisierungen. Bildungen der Art wie 18 + 49, 7 × 36 und dgl. bieten uns nicht minder bestimmte symbolische Zahlformen als die ihnen korrespondierenden dekadischen. Wie aber entscheiden, ob je zwei derselben gleich sind oder nicht, und dann welche die größere und welche die kleinere? Besitzen wir bereits ein Zahlensystem, dann ist die Antwort klar: einfach durch Reduktion auf die entsprechenden systematischen Zahlen. Denn das ist sicher, daß jeder unsystematischen eine eindeutig-bestimmte systematische Zahl entspricht, die ihr gleich ist, d. h. die denselben eigentlichen Zahlbegriff symbolisiert.

So kommt es, daß wir jede unsystematische Bildung nicht als ein Fertiges und Gegebenes, sondern als ein *Problematisches* ansehen. Sie gibt uns eine Aufgabe, die gelöst sein will, nämlich die ihr zugehörige und sie klassifizierende systematische Zahl zu finden. Wieviel ist 18 + 48? Wir antworten 66 und haben damit die Einordnung dieser Summenzahl in die Zahlenreihe vollzogen. Aus diesen Gründen werden dann die systematischen Zahlen, obgleich selbst nur symbolische Vertreter anderer, uns aber unzugänglicher Begriffe, in der Arithmetik wie die letzten Zahlbegriffe angesehen, auf welche alle anderen Zahlformen nur hinweisen und welche aus ihnen daher noch zu konstruieren sind. In Wahrheit fungieren sie aber nur als die *Normalzahlen*, gleichsam als feste Etalons, auf welche alle anderen vergleichend zurückbezogen werden zu dem Zwecke ihrer exakten Vergleichung nach Mehr und Weniger. Und so ersehen wir, daß *durch die Zahlenreihe das Ideal einer allgemeinen und exakten Zahlenklassifikation* in vollkommenster Weise realisiert wird. Daß sie dies aber leistet, entspricht ganz und gar unseren ursprünglichen Intentionen. Das Bedürfnis nach Ordnung und klassifikatorischer Scheidung in dem Gewirre symbolischer Zahlformen war ja der ursprüngliche Impuls, welcher unsere logische Entwicklung dazu drängte, das zunächst gegebene eigentliche Zahlengebiet gerade in den systematischen Formen zu erweitern.[1]

[1] Vgl. Kap. XII, S. 225ff.

Die erste Grundaufgabe der Arithmetik.

Unsere letzte Untersuchung führte auf ein allgemeines arithmetisches Postulat: Von den systematischen Zahlen sind verschiedene symbolische Bildungen, wo immer sie auftreten, auf die ihnen gleichwertigen systematischen als ihre Normalformen zu reduzieren. Demgemäß erwächst als die erste Grundaufgabe der Arithmetik, alle erdenklichen symbolischen Bildungsweisen von Zahlen in ihre verschiedenen Typen zu sondern und für einen jeden sichere und möglichst einfache Methoden jener Reduktion aufzufinden.

Die elementaren arithmetischen Operationen.

Diese Aufgabe führt uns auf die sogenannten vier Spezies, die elementarsten arithmetischen Operationen. Bereits im X. Kapitel haben wir uns um Sinn und Bedeutung derselben viel gemüht — nicht eben mit Glück. Wir gerieten auf den Abweg einer zersetzenden Skepsis, welche negiert, statt aufzuklären, und so in Widerstreit kam mit der Tatsache einer in so hohem Maße erfolgreichen und entwickelten Wissenschaft wie der Arithmetik. Dies war aber eine strenge Konsequenz des Standpunktes, den wir dort einnahmen, nämlich den des vielverbreiteten Vorurteils, daß die Arithmetik es mit den wahren und eigentlichen Zahlbegriffen und deren Verknüpfungs- oder „Operations"-Gesetzen zu tun habe. Wir haben seitdem zunächst die Einsicht erlangt, daß ihre eigentlichen Substrate symbolische Zahlbildungen sind, und zuletzt erkannt, daß ihre erste und wesentliche Aufgabe darin liege, allgemeine Regeln für die Reduktion der verschiedenen Zahlbildungsformen auf gewisse normale aufzufinden.

Hier ist schon vorauszusehen, daß unter den sogenannten arithmetischen Operationen nichts anderes zu verstehen sein wird als Methoden der Ausführung dieser Reduktion. Natürlich ändert hiermit der Begriff der Zahlenoperation, wie er aufgrund des eigentlichen Zahlbegriffes sich ergibt, ganz wesentlich die ursprüngliche Bedeutung. Den ersten Begriff der Addition z. B. erlangten wir durch Reflexion auf die Art, wie mehrere Inbegriffe in einen einzigen und demgemäß mehrere Zahlen in eine einzige überzuführen sind, welche die Einheiten jener insgesamt umfaßt. Wenn wir jetzt aber von einer Addition, z. B. von 7 + 5, sprechen, so ist abgezielt auf eine gewisse systematische (natürliche oder dekadische) Zahl, die dieser Summe gleichwertig ist.

Offenbar bleiben die beiden Operationsbegriffe noch in einem leicht erkennbaren Zusammenhang. Da die eigentlichen Zahlbegriffe uns nicht zugänglich sind, geschweige denn, daß wir sie klassifizieren, addieren und teilen könnten, so operieren wir an ihrer Stelle mit scharf bestimmten symbolischen Surrogatbegriffen, die wir klassifizieren durch Zugrundelegung einer Reihe von Normalbegriffen und die wir addieren oder teilen, indem wir in jener Reihe die Begriffe aufsuchen, welche den Verbindungs- und Teilungsbegriffen eben entsprechen. Und genau ebenso wie die einzelne symbolische Zahl eine bestimmte eigentliche, vertritt auch jede symbolische Operationsverbindung eine bestimmte (obgleich nicht wirklich ausführbare) eigentliche.

Es wird sich nun die Frage erheben: Kann man überhaupt, resp. wie kann man jene Reduktionsaufgaben („Operationen") ausführen? Von der Antwort wird die Triftigkeit unseres neuen Operationsbegriffes abhängen. Sollen wir ferner die erwünschte und nötige Übereinstimmung mit der Redeweise der Arithmetik erlangen, so müssen wir auch zeigen, wie Addition und Teilung als die begrifflichen Quellen alles Operierens auf dem Gebiete der symbolischen Begriffe zu einer Mehrheit selbständiger Rechnungsoperationen führen, zunächst aber zu den vier Spezies.

Als gegeben haben wir anzusehen das gesamte Zahlensystem, oder genauer, wir denken uns das ursprüngliche Zahlgebiet in einer der systematischen Formen so weit entwickelt, daß nun alle irgendwie erforderten Zählungen als wirklich ausführbar und demgemäß schon als ein Gegebenes behandelt werden können. Alle anderen Formen der Zahlbildung sind, wie wir geradezu sagen, Verknüpfungen systematischer Zahlen. Nur kleine Zahlen können uns als einfache und unsystematische gegeben sein; aber ihre Einordnung in das System ist so leicht, daß wir sie in jedem Falle schon als vollzogen und darum auch Verknüpfungen derartiger

Zahlen schon als solche systematischer ansehen können. Die Operationsformen, welche der Zahlbegriff zuläßt, sind Addition und Teilung. Betrachten wir nun die besonderen Wendungen, welche dieselben in der Arithmetik erfahren.

Die Addition.

Wir beginnen mit der Addition. Mehrere Zahlen *a*, *b*, *c*, ... addieren hieß im ursprünglichen Sinne, die Einheiten derselben zu einer neuen Zahl *s* vereinigen. Von einer besonderen Vorschrift der Ausführung konnte dort, im Gebiete der eigentlichen Zahlbegriffe, keine Rede sein. Ganz anders verhält es sich nun in unserem Gebiete symbolischer Zahlformen. Mehrere Zahlen *a*, *b*, *c*, ... addieren bedeutet jetzt, die ihrer Summe entsprechende systematische Zahl ‹zu› finden. Da die Summe ihrem Begriff nach von einer Ordnung der Summanden unabhängig ist, können wir die Ausführung sukzessive, und zwar in beliebiger Reihenfolge, vornehmen, indem wir schrittweise zunächst eine Zahl, etwa *a*, herausheben, zu ihr *b* addieren, zu dem Resultat dieser eine neue, etwa *c*, usw. (Es ist hierbei üblich und sachgemäß, die Reihenfolge der Operationen durch die Folge anzudeuten, in welcher die Summanden gesprochen bzw. geschrieben werden.) Das Problem der Addition beliebig vieler Zahlen ist somit auf das der Addition von je zweier zurückgeführt. Die Lösung selbst ist nun leicht. Um eine Summe $a + b$ auszuwerten, brauchen wir bloß in unserem Zahlensystem von *a* auszugehen und, der festen Ordnung desselben folgend, um *b* Glieder weiterzuzählen. In der Tat liefert jeder neue Schritt eine um eins größere, also *b* Schritte eine um *b* größere Zahl als *a*, d. h. eine Zahl, welche neben den Einheiten von *a* noch *b* Einheiten (und keine anderen) umfaßt, also $a + b$. Dieselbe Zahl erhalten wir aber auch durch Zählung von *a* Gliedern über *b* hinaus, es resultiert nämlich die Zahl, welche neben den Einheiten von *b* noch *a* Einheiten (und keine anderen) umfaßt; also mit Rücksicht auf den Summenbegriff identisch dieselbe Zahl wie vorhin.

Bei dieser Methode ist es übrigens gleichgültig, ob wir der Arithmetik bloß die natürliche Zahlenreihe oder das Zahlensystem zugrunde legen. Und es wird offenbar in beiden Fällen die

Sicherheit des Resultates in keiner Weise tangiert, ob wir bei der Ausführung der Operation an die Begriffe selbst denken oder uns an die bloßen Zeichen halten. Das Zeichen a ist ein absolut verläßlicher Vertreter seines Begriffs. Jeder neue Schritt liefert das Zeichen einer um eins größeren Zahl, also b Schritte des einer um b größeren. Somit haben wir vom Zeichen a nur um b Zeichen weiterzuzählen, welche Zählung wieder, wie jede Zählung überhaupt, rein mechanisch vollzogen werden darf.

Im Zählen Ungeübte bevorzugen häufig ein anderes und noch roheres Verfahren, indem sie ihren Zählungen sinnliche Mengen, z. B. von Steinchen, Zählmarken, Punkten auf dem Papiere, als Stützen zugrunde legen. Sie begleiten die Zählung von 1 bis a durch die sukzessive Aussonderung einer sinnlichen Menge von a Gliedern. In gleicher Weise zählen sie eine zweite Menge von b Gliedern heraus, um dann schließlich entweder an dieser in der Form $a + 1, a + 2, \ldots, a + b$ oder an der ersteren in der Form $b + 1, b + 2, \ldots, b + a$ weiterzuzählen. — Die logische Begründung dieser mechanischen Prozedur macht keinerlei Schwierigkeit. Da das Zählungsresultat von der konkreten Natur der gezählten Objekte unabhängig ist, so kann jedes am konkreten Beispiel gewonnene Resultat alsbald für jede erdenkliche Art gezählter Einheiten in Anspruch genommen werden, mag im übrigen das Zählen ein eigentliches oder symbolisches gewesen sein, wofern es nur ein richtiges war. Findet also der Ungeübte in der zählenden Herstellung einer Summe, sei es von allgemeinen Zahlen, sei es von Zahlen ihm gerade unzugänglicher oder unbequemer Einheiten, eine Schwierigkeit, die für ihn bei der entsprechenden Zählung verfügbarer sinnlicher Objekte nicht besteht, dann tut er ganz wohl daran, die korrespondierende Aufgabe für Mengen eben solcher Objekte zu lösen und das Resultat passend zu verallgemeinern bzw. zu übertragen.

Bei größeren Zahlen sind diese Additionsmethoden, obschon rein mechanisch zu vollziehende, höchst umständlich und zeitraubend und darum in ihrer Anwendbarkeit sehr beschränkt. Im Falle der natürlichen Zahlenreihe gibt es freilich keine besseren, wohl aber in dem des Zahlensystems im engeren Sinne des Wortes.

Jede ihm angehörige Zahl ist ein Aggregat von Zahlen verschiedener Einheiten ($X^0, X^1, X^2, \ldots$). Soll nun die Summe zweier solcher Zahlen ausgewertet werden, so können wir doch zunächst die entsprechenden Teilzahlen gleicher Einheit addieren und dann die Summe dieser Summen bilden. In Zeichen:

$$(a_0 + a_1X + a_2X^2 + \ldots) + (b_0 + b_1X + b_2X^2 + \ldots)$$
$$= (a_0 + b_0) + (a_1 + b_1)X + (a_2 + b_2)X^2 + \ldots$$

Da nun sowohl die a als die b Zahlen zwischen 0 und X darstellen, so werden die Koeffizienten der erhaltenen Summe im allgemeinen größer als X, die Summe selbst also nicht mehr eine symbolische Zahl sein. Indessen, die Auswertung der Koeffizienten ergibt Zahlen, die entweder kleiner als X sind — wir wollen solche Zahlen ein für allemal durch ein α mit oder ohne Index bezeichnen — oder die Form $\alpha + X$ besitzen. Demgemäß reduziert sich die Summe sehr leicht. Man bildet $a_0 + b_0$ und erhält α_0 oder $\alpha_0 + X$. Im ersteren Falle hat man bereits das unterste Glied der gesuchten Zahl, im letzteren Falle hält man bloß α_0 fest und zählt das X als eine Einheit der nächsthöheren Stufe bei der nun zu bildenden Summe $a_1 + b_1$ zu. Für $a_1 + b_1$ bzw. $a_1 + b_1 + 1$ erhält man wieder die Zahlform α_1 oder $\alpha_1 + X$. Da X Einheiten X_1 eine Einheit X^2 der nächsthöheren Stufe ergeben, so hält man im letzteren Falle wieder bloß α_1 fest und zählt das X^2 bei der nächstfolgenden Stufe als eine Einheit mit. Für diese hat man $a_2 + b_2$, resp. $a_2 + b_2 + 1$ als α_2 oder $\alpha_2 + X$ auszuwerten, im letzteren Falle wieder eine Einheit zur folgenden Stufe aufzuzählen usw. So resultiert ein gesetzmäßiges Verfahren, welches sukzessive die Glieder α_0, α_1X, α_2X^2; ... ergibt, deren Summe die gesuchte systematische Zahl ist.

Die immensen Vorteile dieser Methode liegen auf der Hand. Die Addition zweier noch so großer Zahlen, die nach den vorigen Methoden mindestens so viele einzelne Schritte erforderte, als die kleinere Zahl Einheiten besitzt, ist nun im wesentlichen reduziert auf eine kleine Anzahl von Additionen je zweier Zahlen unterhalb X, eine Anzahl, die höchstens so groß ist als überhaupt Stufenglieder auftreten. Aber auch diese Additionen können wir uns ersparen. Denken wir uns nämlich alle erdenklichen Summen je zweier Zahlen unterhalb X (natürlich nach einer primitiveren Methode) ein für allemal berechnet, tabellarisch aufgezeichnet oder dem Gedächtnis eingeprägt, dann ersparen wir alle lästigen und selbst bei kleinen Zahlen umständlichen Zählungen. Durch die $(X - 1)(X - 1)$, in unserem dekadischen System $9 \cdot 9 = 81$, bekannten und stets verfügbaren Sätze des „Eins und Eins" ist solcherart jede Additionsaufgabe unmittelbar oder mittelbar zu lösen.

Man erkennt ohne weiteres, daß dieses Additionsverfahren in praktischer Betätigung von selbst zu einem rein äußerlichen Rechnen werden muß. Ob dieses aber zu Recht besteht, ob wirklich der Wahrheitswert des Resultates notwendig unabhängig davon ist, ob wir mit den Begriffen oder ihren bloßen Zeichen operieren, das bedarf noch der logischen Untersuchung.

Die oben abgeleitete Regel lehrt, wie eine beliebige Addition zweier systematischer Zahlen auf eine Reihe jeweilig ganz bestimmter Elementaradditionen zurückzuführen ist. Jeder systematischen Zahl entspricht nun ein bestimmtes systematisches Zeichen derart, daß nicht bloß die Zahl selbst als Ganzes, sondern auch ihre Bildungsweise aus Teilzahlen in dem Zeichen seinen symbolischen Ausdruck findet. Eben durch diese Teilzahlen (nämlich die Koeffizienten der Stufenzahlen, in obiger Bezeichnung a_0, b_0; a_1, b_1; ...) sind aber jene Elementaradditionen (z. B. $a_0 + b_0$) eindeutig bestimmt. Folglich sind auch die sprachlichen Ausdrücke derselben durch die der gleichen Teilzahlen eindeutig bestimmt. Ferner, die Elementaradditionen sind ihrem Resultat nach eindeutig; sie werden ausgeführt, sei es durch einen bestimmten Zählungsprozeß, sei es durch den Hinweis auf die Tabelle von Wahrheiten der Eins und Eins. Aber auch die ihnen korrespondierenden Quasi-Additionen der Zeichen sind ihrem Resultat nach eindeutig, sei es durch den parallellaufenden äußerlichen Zählungsprozeß oder durch den Hinweis auf die Tabelle von Zeichenäquivalenzen der „Eins und Eins". Damit ist allen einzelnen Schritten nach die streng eindeutige Korrespondenz zwischen der in Begriffen denkenden und der in Zeichen rechnenden Additionsmethode nachgewiesen, und wir dürfen der letzteren volles Vertrauen schenken. Die ungeheure Ersparung psychischer Arbeit, welche das blindmechanische Rechnen ermöglicht, liegt hier so klar vor Augen, daß eine nähere Besprechung unnötig wird.

Man sieht leicht, wie die Additionsmethode auf die gleichzeitige Addition beliebig vieler systematischer Zahlen erweitert werden kann, ohne daß sich etwas Wesentliches änderte und neben der „Eins und Eins" ein neues Hilfsmittel nötig wäre.

Die Multiplikation.

Eine erhebliche Veränderung erfährt die Methode in dem besonderen Falle, wo eine Anzahl gleicher Summanden zu addieren ist, daher man hier mit Recht von einer neuen Rechnungsoperation — der Multiplikation — spricht. Eine eminente Abkürzung wird schon durch die multiplikative Vorstellungs- und Bezeichnungsweise bewirkt, indem die Anzahl der Summanden als Symbolisierungsmittel herangezogen wird; und sie vereinfacht in gleichem Maße die Auffindung der gesuchten Summe oder, wie man sich hier passend ausdrückt, des Produktes. Die Aufgabe, welche die Multiplikation löst, besteht darin, allein aus dem Multiplikandus (dem gemeinsamen Zahlenwert der Summanden) und Multiplikator (ihrer Anzahl) das Produkt (jenen Summenwert) zu berechnen, ohne die Addition wirklich ausführen oder auch nur ansetzen zu müssen. Betrachtungen ähnlicher Art wie vorhin bei der Addition ergeben, daß die Multiplikation zweier Zahlen reduziert werden kann auf bloße Additionen und Multiplikationen von Zahlen zwischen 1 und X. Die Gedanken, die hier im wesentlichen vermitteln, können wir in Zeichen durch folgende Gleichungskette ausdrücken:

$$
\begin{aligned}
&(a_0 + a_1X + a_2X^2 + \ldots)\,(b_0 + b_1X + b_2X^2 + \ldots)\\
&= b_0(a_0 + a_1X + a_2X^2 + \ldots) + b_1X\,(a_0 + a_1X + a_2X^2 + \ldots)\\
&\qquad + b_2X^2(a_0 + a_1X + a_2X^2 + \ldots) + \ldots\\
&= b_0a_0 + b_0a_1X + b_0a_2X^2 + \ldots\\
&\qquad + b_1a_0X + b_1a_1X^2 + \ldots\\
&\qquad\qquad + b_2a_0X^2 + \ldots\\
&\qquad\qquad\qquad + \ldots\\
&= b_0a_0 + (b_0a_1 + b_1a_0)X + (b_0a_2 + b_1a_1 + b_2a_0)X^2 + \ldots .
\end{aligned}
$$

Denkt man wieder alle möglichen $(X - 1)\cdot(X - 1)$ Elementarmultiplikationen ein für allemal ausgerechnet (durch wirkliche Addition), tabellarisch aufgezeichnet oder dem Gedächtnis eingeprägt, dann ist die Ausführung jeder Multiplikation zurückgeführt auf einen geregelten Prozeß, welcher in seinen einzelnen Schritten nur die Reproduktion von Sätzen der „Eins und Eins" sowie der „Ein mal Eins" erfordert. Und wieder überzeugt man sich durch analoge Schlüsse wie oben, daß die Sicherheit des Resultates nichts einbüßen kann, wenn die begrifflich operierende Multiplikation der rein mechanisch rechnenden weicht.

Aus dem Begriff der multiplikativen Verbindung folgt, daß (wenn wir die Bedeutung der arithmetischen Schreibweise als bekannt voraussetzen) die Produkte $a \cdot b$ und $b \cdot a$ identisch demselben Zahlenwerte entsprechen. Ist daher das eine Produkt zu bestimmen, dann wird man, falls dies bequemer ist, bei der Ausführung der Multiplikation auch das andere zugrunde legen dürfen.

Subtraktion und Division.

Gehen wir nun zu den Operationen der Teilung über. Vom Standpunkte des eigentlichen Zahlbegriffes war die Teilung die einzige der Addition gegenüberstehende Grundoperation. Allgemeine Regeln für ihre Ausführung ließen sich nicht geben. Speziellere Aufgaben aufgrund des Teilungsbegriffes waren Subtraktion und Division. Für die Besitzer der eigentlichen Zahlbegriffe bedurfte es auch hier kaum irgendwelcher künstlicher Vorschriften. Für uns, die wir der Hauptsache nach nur auf symbolische Zahlbildungen beschränkt sind, ändern diese Aufgaben ihren Sinn, und die ihnen angemessenen Lösungen gestatten und verlangen sehr wohl eine geregelte Methode. Die allgemeine Teilungsaufgabe bleibt indessen auch jetzt ausgeschlossen; wogegen ihre beiden Besonderungen wirklich zu Rechnungsoperationen führen. Wir beginnen mit der S u b t r a k t i o n.

b von a subtrahieren hieß im ursprünglichen Sinne (also für die eigentlichen Zahlbegriffe), eine Anzahl b Einheiten des a abzusondern und die übrigen zu einer neuen, der gesuchten Differenzzahl c zu vereinigen. Mit anderen Worten, es ist a in eine Summe $b + x$ zu verteilen, deren ein Glied b bekannt, deren zweites Glied x gesucht ist. Offenbar hat die Aufgabe nicht immer Sinn und Lösung. Es muß eben möglich sein, a als ein additives Ganzes zu fassen, dessen einer Teil b ist. Es kann aber umgekehrt die Zahl b ein Ganzes sein, dessen ein Teil a ist, ein Fall, der unverträglich ist mit dem vorigen. Es heißt nur dieselbe Bedingung in andere Worte kleiden, wenn man sagt, es muß b kleiner sein als a, nicht aber b größer als a. Haben wir es mit symbolischen, und zwar systematischen Zahlbegriffen zu tun, dann ist die durch die Subtraktionsoperation zu lösende Aufgabe, aus den systematischen Zahlen a und b die ihrer Differenz entsprechende systematische Zahl zu finden. Die besprochene Bedingung, an welcher die Ausführbarkeit der Operation haftet, kann bei den symbolischen Bildungen, welche in der Zahlenreihe geordnet sind, ohne Rückgang auf die bezüglichen eigentlichen Begriffe und den wirklichen Teilungsversuch nach dem bloßen Rangverhältnis beurteilt werden und ist demgemäß durch die ihr gleichwertige zu ersetzen: Daß die Zahl *b* einen niedrigeren Rang als die Zahl *a* besitzen muß.

Was nun die Lösung der Aufgabe anbelangt, so kann sie durch bloßes Operieren an der fertigen Zahlenreihe (mag diese übrigens die natürliche oder diejenige des Zahlensystems im engeren Sinne des Wortes sein) dadurch erfolgen, daß wir entweder von *b* ausgehen und aufwärts schreitend die Anzahl der Schritte bis *a* abzählen oder daß wir von *a* ausgehen und rückwärts (d. h. gegen den Anfang der Reihe hin) schreitend die durch *b* Schritte fixierte Zahl festhalten. Die letztere Ausführung liefert die gesuchte Zahl durch einen Prozeß, welcher der sukzessiven Wegnahme von im Ganzen *b* Einheiten aus *a* entspricht; die erstere durch einen Prozeß, welcher ihrer direkten Konstruktion als der Zahl, die zu *b* addiert *a* gibt, entspricht.

In dem besonderen Falle, wo *a* und *b* Glieder eines „Zahlensystems" sind, bietet sich eine andere und weit vorzüglichere Lösung, welche in ihrem Wege und in ihrer Tendenz genau der entsprechenden Additionsmethode folgt. Man versucht zunächst (analog wie S. 266) $a - b$ zu ersetzen durch

$$(a_0 - b_0) + (a_1 - b_1)\,X + (a_2 - b_2)\,X^2 + \ldots .$$

Hierbei kann es aber, wie man leicht sieht, kommen, daß, wenn auch nicht alle, so doch einige der angezeigten Subtraktionen keinen Sinn haben. Findet dies nun z. B. an der Stelle $(a_k - b_k)\,X^k$ statt, so „borgt" man von der nächsthöheren Stelle eine Stufeneinheit und wandelt damit das Glied um in $((a_k + X) - b_k)\,X^k$, während an der nächsten Stelle $((a_{k+1} - 1) - b_{k+1})\,X^{k+1}$ zu stehen kommt. Die Ausführung der gestellten Subtraktionsaufgabe wird reduziert auf diejenige von lauter Elementarsubtraktionen der Form $\alpha - \beta$ oder $(\alpha + X) - \beta$, wobei α, β Zahlen zwischen 1 und X (im letzteren Falle mit Ausschluß der Werte $\beta = 1$, $\alpha = X - 1$) darstellen.

Es ist klar, daß die Summentabelle der „Eins und Eins" auch die Mühe dieser leichten Zählungen erspart. Jeder ihrer Sätze hat die Form $\alpha + \beta = \gamma$, wo α und β wieder eine der Zahlen

1, 2, ... X; γ eine der Zahlen 2, 3 ... 2 X — 2 darstellen kann. Bei den Additionsaufgaben ist uns α und β gegeben, und es ist ihre Summe γ der Tabelle zu entnehmen. In unserem Falle jedoch ist γ und α gegeben und ihre Differenz β der Tabelle zu entnehmen. Die Subtraktion heißt die inverse Operation zur Addition, weil ihrem Begriff nach $(a + b) - b = a$ ist. Was also die Hinzufügung des b erwirkte, wird durch die Subtraktion von b wieder aufgehoben.

Ähnliche Betrachtungen wären nun auch für die Division anzustellen. Auch sie ist in der Ausführbarkeit beschränkt, insofern nur solche Zahlen b in a gleiche Teile geteilt werden können, welche Multipla von a sind. Das Verfahren, um die dem Quotienten $a : b$ entsprechende systematische Zahl zu finden, läßt sich im Falle der Ausführbarkeit wieder auf eine Folge von Elementardivisionen reduzieren, wobei ähnlich wie bei der Subtraktion die Tabelle der „Eins und Eins" nun die der „Ein mal Eins" konkurriert. Allerdings reicht man hier mit derselben nicht aus. Man brauchte im Grunde eine Tabelle aller Elementardivisionen der zweistufigen durch einstufige Zahlen, wenn die Divisionen nicht „aufgehen", mit der genauen Angabe des Restes. Es ist für unsere Zwecke nicht nötig, in die schon ziemlich komplizierten Erwägungen einzutreten, welche im Falle der Division zur Begründung des Rechnungsverfahrens gehören.

Abermals gilt von der Subtraktion und Division, was bei der Addition und Multiplikation begründet wurde: Das begriffliche Operieren, welches zur logischen Fundierung des Verfahrens nötig war, wird in der Anwendung überflüssig. An dessen Stelle tritt das mechanische Rechnen, dessen logische Triftigkeit durch den strengen Parallelismus zwischen der Systematik der Zahlen und Zahlbeziehungen auf der einen und derjenigen der Zahlzeichen und Zahlzeichenbeziehungen (Zeichenäquivalenzen) auf der anderen Seite gewährleistet ist.

Nach diesen Ausführungen dürfen wir also die vier Spezies als arithmetische Rechnungsoperationen bezeichnen. Es sind Rechnungsoperationen, denn sie hantieren mit bloßen Zeichen; arithmetische Operationen, denn sie dienen der Herleitung von Zahlen. Sie repräsentieren logische Methoden, um symbolische Zahlkompositionen (Summen, Produkte, Differenzen, Quotienten) auszuwerten, d. h. die ihnen entsprechenden symbolischen Normalgebilde als die logisch berufenen Vertreter der wirklichen Zahlbegriffe zu bestimmen. Es sind indirekte Methoden der klassifikatorischen Subsumtion jener Kompositionen unter den zugehörigen stellvertretenden Zahlbegriff.

Alle Schwierigkeiten und Zweifel, die wir im X. Kap. in dem Verständnis der Rechnungsoperationen und der sie behandelnden Arithmetik fanden, dürfen wir schon jetzt als gelöst ansehen. Bei dem veränderten Sinn, welchen die Operationen auf dem Gebiet der symbolischen Zahlbildungen erlangen, ist es völlig begreiflich geworden, warum hier wissenschaftlich ausgebildete Methoden der Operationsvollziehung nötig sind, die dort gegenstandslos schienen. Und die weiteren Untersuchungen, die wir unten anfügen, werden diese Erkenntnis noch bedeutend erweitern und vertiefen. Sie werden uns den wahren Sinn der Arithmetik zum Verständnis bringen durch die Entwicklung der logischen Bedürfnisse, denen sie erwächst und genügt.

Ehe wir diesen systematischen Leitfaden weiter verfolgen, wollen wir vorerst zur Ergänzung der bisherigen Darlegungen einige Zusätze folgen lassen über andersartige Rechenmethoden sowie über den bedeutsamen Einfluß äußerer Umstände auf den speziellen Charakter solcher Methoden.

Rechenmethoden mit Abakus und in Kolumnen. Die natürliche Entstehung des indischen Ziffernrechnens.

Die logischen Erörterungen, durch welche wir zu den zuletzt entwickelten Methoden gelangt sind, setzten einerseits das voll und konsequent ausgebildete Zahlensystem, andererseits ein dasselbe voll und konsequent widerspiegelndes System der Zahlbezeichnung voraus. Wir gingen so von einem logischen Idealfalle aus, der erst bei einem hoch ausgebildeten arithmetischen Verständnis seine Realisierung finden könnte. In historischen Zeiten war diese Forderung lange nicht erfüllt. Obschon der Hauptsache nach das Prinzip systematischer Zahlbildung bei den meisten Völkern, die über den barbarischen Zustand sich erhoben hatten, zum Durchbruch kam, blieben doch mehrfache Reste der unsystematischen älteren Bildungsweisen als Überlebsel bestehen, und so fehlte den Zahlsystemen — und damit auch den parallelen Zahlwortsystemen — die volle systematische Konsequenz. In weit höherem Maße gilt dies noch von den Ziffernbezeichnungen, welche, aus älteren Zeiten übernommen und zähe festgehalten, hinter der Systematik der Wortzeichen weit zurückblieben, so daß sie selbst bei einem so hochkultivierten Volke wie den Römern den Namen systematischer Bezeichnungen kaum verdienen. Nur die Chinesen und Inder hatten es schon in alten Zeiten zu der strengen Konsequenz in den genannten Beziehungen gebracht.

Demgemäß konnten sich andere Völker als die zuletzt erwähnten zu Zwecken des praktischen Rechnens auch nicht irgendwelcher mechanischer Methoden bedienen, welche konsequente Wort- und Ziffernbezeichnungen für die systematischen Zahlen voraussetzen. Gleichwohl fehlte es vor der Erfindung derartiger Bezeichnungen nicht an mechanischen Methoden, ja sogar nicht an solchen, deren Prinzip im wesentlichen identisch ist mit dem der oben logisch begründeten Methode. Ich meine die Rechenmethoden mit Abakus oder in Kolumnen. Dieselben repräsentieren Umgestaltungen jener natürlichen Zählweisen, die wir gelegentlich zur Erklärung der Zahlensysteme heranzogen.[1] Innerhalb fix abgegrenzter räumlicher Gebiete (in Kolumnen oder auf Stäben) lassen sich bewegliche Marken, evtl. Steinchen, Kugeln etc. in hinreichender Zahl anbringen. Diese Gebiete haben eine feste Ordnung; die Marken in der ersten Reihe sind Zeichen für Einer, die Marken der zweiten solche für Zehner usw. Jede Markenverteilung in den Kolumnen stellt also in streng gegliederter Form eine dekadische Zahl dar.

Damit ist dem Mangel der Wort- und Ziffernbezeichnung der Hauptsache nach schon abgeholfen. Eine künstliche und streng systematische dekadische Bezeichnung ist durch diese einfachen Veranstaltungen geschaffen, deren Erfindung natürlich eine klare Einsicht in das Prinzip des Zahlensystems voraussetzt. Ein erheblicher Fortschritt besteht darin, daß statt bloßer Marken für die Stufeneinheiten auch solche für die Stufenzahlen eingeführt werden. Bei schriftlicher Rechnung innerhalb der durch Parallellinien gebildeten Kolumnen schreibt man dann die jeweilig erfor-

---

[1] Vgl. Kapitel XII, S. 248.

derten Zeichen aus dem Gebiete 1, 2, ..., 9 in die gehörigen Kolumnen, z. B.

1	8	9	1	für 1891,
3	—	7	—	für 3070,

anstatt wie nach der roheren Methode jede Stufenzahl durch entsprechende Mengen sinnlicher Objekte abzubilden, die dann erst gezählt werden mußten. Nach Erfindung dieser Veranstaltungen streng systematischer dekadischer Zahlbildung und Zahlbezeichnung konnten die Rechnungsvorschriften mindestens für Addition, Multiplikation und Subtraktion genau denen entsprechen, die wir oben in allgemeiner Form entwickelten; was wohl keiner weiteren Darlegung bedarf. Nur bei der ersterwähnten primitiveren Gestaltung des abakistischen Verfahrens bestehen kleine Abweichungen, dadurch bedingt, daß ständige Abzählungen der Einheitsmarken in den einzelnen Kolumnen erforderlich sind.

Es ist höchst wahrscheinlich, daß aus der Schreibweise der streng dekadisch gegliederten Zahlen in den Kolumnen das indische Ziffernsystem erwachsen ist, indem bei der zeilenförmigen Eintragung in die Kolumnen <für> das Ausfallen einer Stufenzahl zur klaren Erhaltung des linearen Zusammenhanges ein bedeutungsloses Zeichen 0 eingetragen wurde; ähnlich wie heute die Kaufleute in die Kolumnen ihrer Geschäftsbücher zu ähnlichem Zwecke einen Strich — anzubringen pflegen. Von da war nur ein Schritt zu der Erkenntnis, daß die Kolumnenstriche bei konsequenter Verwendung dieses Zeichens überflüssig seien, und das Positionssystem mit dem Nullzeichen war fertig.

Einfluß der Bezeichnungsmittel auf die Gestaltung der Rechenmethoden.

Die oben logisch entwickelten und gegenwärtig beim praktischen Ziffernrechnen geübten Methoden, die vier Spezies auszuführen, sind aber nicht die einzig denkbaren. Es entspricht nicht meinen Absichten, andere zu gleichem Zwecke erfundene Methoden, welche ebenfalls auf der Doppelsystematik der dekadischen Zahlbegriffe und Zahlbezeichnungen ruhen, zu beschreiben und logisch zu rechtfertigen. Es kam mir darauf an, den wesentlichen Charakter solcher rein mechanischen Regelsysteme, ihre logisch-arithmetische Bedeutung, ihren logischen Ursprung an einem typischen Beispiele klar aufzuzeigen. Das Grundprinzip ist bei allen derartigen Mechanismen dasselbe.

Bedeutsamer ist für uns die Bemerkung, daß die Verschiedenheit der symbolischen Rechenmethoden keineswegs allein oder vorzugsweise bedingt ist durch die zufällige Richtung des Interesses bei ihren Erfindern. Es ist eine logisch beachtenswerte Tatsache, daß auch die äußeren Bezeichnungsmittel, welche die jeweilige Kultur dem Arithmetiker aufdrängt, von wesentlichstem Einfluß werden können auf die Ausbildung der Algorithmen; so daß die spezielle Methodik und damit der ganze Habitus der Wissenschaft durch Momente bedingt erscheint, deren Bedeutung zu unterschätzen der meist auf die höchsten Abstraktionen achtende Logiker nur zu sehr geneigt sein möchte. Ich will zur Erläuterung dieser Bemerkungen einige Sätze aus den wiederholt zitierten Fragmenten *Zur Geschichte der Mathematik*... von H. Hankel folgen lassen, dessen Scharfsinn diese Tatsache zuerst entdeckt hat.

Von den numerischen Rechenmethoden der Inder handelnd, sagt er folgendes:

„Wenn sich diese Methoden von den uns geläufigen oft sehr beträchtlich unterscheiden, so müssen wir beachten, dass die Indier nicht, wie wir, auf dem Papier mit Feder und Tinte, vielmehr mit Schreibrohr auf einem schwarzen Holztäfelchen mit einer dünnflüssigen weissen Farbe, die leicht abwischbare Zeichen liefert, oder auf einer weissen mit einem roten Mehl bestreuten Tafel von weniger als ein Fuss ins Geviert rechnen, auf das sie mit einem Stäbchen die Ziffern schreiben, so dass diese weiss auf rotem Grunde erscheinen. Da die Ziffern, um deutlich lesbar zu sein, ziemlich gross geschrieben werden müssen, der Raum auf der Tafel daher sehr beschränkt ist, so müssen die Indier darauf bedacht sein, bei ihren Operationen möglichst viel Raum zu ersparen; sie erreichen dies, indem sie alle Ziffern einer Rechnung sogleich wegwischen, nachdem sie ihren Dienst gethan haben, und andere an deren Stelle setzen."

„Jene durch äussere Umstände veranlasste Forderung, dass die Rechnung einen möglichst kleinen Raum einnehmen soll, zusammen mit der Möglichkeit, an derselben Stelle nach einander verschiedene Ziffern zu setzen, muss, wie man sieht, zu wesentlich anderen Algorithmen führen, als wir sie auf dem Papiere vollziehen, wo an Stelle jener Forderung die der möglichsten Uebersichtlichkeit der Rechnung tritt, die Veränderung einer Ziffer aber nicht zulässig ist."

Die nähere Begründung dieser Sätze an den Additions- und Multiplikationsmethoden der Inder gibt Hankel, a. a. O., S. 187 u. ff.

Es ist überhaupt sehr interessant zu beobachten, wie die Rechenmethoden auch sonst durch die verschiedenen Kulturverhältnisse, aus denen sie hervorgehen, und die speziellen Forderungen, denen sie nach Maßgabe derselben genügen müssen, die wesentlichsten Verschiedenheiten erlangen können. So bemerkt Hankel, daß die absonderlichen Divisionsmethoden Gerberts (aus dem 10. Jahrh. stammend) ihre volle Erklärung finden, wenn man folgende Forderungen aufstellt: „1) Die Anwendung des Eins mal Eins soll möglichst beschränkt, namentlich niemals die Division einer zweistelligen Zahl durch einen Einer im Kopfe verlangt werden. 2) Subtractionen sollen so viel als möglich vermieden und durch Additionen ersetzt werden. 3) Die Operation soll nach einem völlig mechanischen Verfahren ohne jedes Probiren fortschreiten. — Keiner dieser Forderungen genügt unser jetziges Divisionsverfahren; dagegen werden sie sämmtlich von jener alten Divisionsmethode Gerbert's aufs Beste erfüllt und können ... selbst die zum Theil capriciös erscheinende Auswahl der Methoden für jeden besonderen Fall erklären" (a. a. O., S. 322).

Die höheren Operationen.

Die vier Spezies, welche wir bisher betrachtet haben, schließen den Kreis denkbarer Rechnungsoperationen keineswegs ab. Noch viele andere Formen symbolischer Zahlkompositionen sind denkbar, und für jede derselben muß die Aufgabe gestellt werden, welche die vier Spezies für die ihrigen lösen. Z. B. eine Summe gleicher Addenden (also die summatorische Iteration einer und derselben Zahl) gab durch die Abzählung ihrer Gliederzahl ein neues Mittel symbolischer Zahlbildung: *b* mal *a*; wir erhielten die

Produktvorstellung. Ein Produkt gleicher Faktoren (also die multiplikative Iteration einer und derselben Zahl) liefert nun aber wiederum durch die Abzählung der Faktorenzahl ein Mittel abgekürzter und indirekter Zahlencharakteristik; wir erhalten den Potenzbegriff: a^b; und man sieht leicht, daß diese neue Art symbolischer Zahlbildung für jedes Zahlenpaar a und b einen Sinn hat, d. h. eine ganz bestimmte Zahl charakterisiert. In gleicher Weise können wir fortschreiten: Durch die Abzählung der potenzierenden Iteration einer Zahl entsteht eine neue Art symbolischer Zahlencharakteristik, die Elevation; durch die Abzählung der elevierenden Iteration wieder eine neue; und so in infinitum.

Damit sind wir aber noch nicht zu Ende. So wie der Produktbegriff zu dem inversen Begriff des Quotienten führte, so führt auch jede dieser neuen Formen zu entsprechenden inversen. Ist z. B. der Potenzbegriff begründet, dann weist die symbolische Bildung a^b auf eine gewisse Zahl c hin, es ist $a^b = c$. Nun ist aber vermöge eben derselben Beziehung auch b in gewisser Weise durch a und c und ebenso a durch b und c charakterisiert. b ist charakterisiert als die Anzahl der multiplikativen Iteration des a, welche der Zahl c äquivalent ist, und a als die Zahl, welche b mal multiplikativ iteriert die Zahl c ergibt. Wir haben hier also zwei neue Weisen indirekt symbolisierender Zahlbildung (in Zeichen ${}^{b}log\ a$ und $\sqrt[b]{c}$) durch die Umkehrung der den Potenzbegriff definierenden Beziehung gewonnen. Und ebenso liefert offenbar jede weitere in der Reihe der obigen Zahlcharakteristiken durch Umkehrung ihrer Definition ein Paar neuer.

Wieder erhebt sich die Aufgabe, Zahlkompositionen all dieser Arten auszuwerten, d. h. die ihnen entsprechende systematische Zahl zu bestimmen, und wieder wird man wünschen, dies erlangen zu können, ohne die bei größeren Zahlen sicherlich Zeit und Kräfte übersteigende wirkliche Ausrechnung. Wir werden uns also z. B. bei der Potenzierung bemühen, die Operation zu reduzieren auf eine relativ kleine und leicht zu bewältigende Anzahl, sei es von Elementarpotenzierungen (die als bloße Multiplikationen auszuführen sind), sei es überhaupt von Rechnungsoperationen niedrigerer Stufe, wobei bequeme Tabellen unterstützend und rechnerische Bemühung ersparend eingreifen mögen.

Ob nun die hier charakterisierten Aufgaben unter allen Umständen, d. h. für jedes beliebige Zahlenpaar a, b, eine Bedeutung haben, ferner ob sie durch Verwechslung dieser Zahlenwerte ohne Änderung der Verbindungsform tangiert werden oder nicht, das sind Fragen, welche bei dem Grade der Komplikation der Begriffe sich nicht mehr so unmittelbar ohne tiefere Analyse entscheiden ließen. Jedenfalls aber müßten sie von vornherein beantwortet sein; die ersterwähnten schon darum, weil man doch vor Beginn der Rechnung wissen muß, ob sie überhaupt ein Resultat geben könne, ob die gestellte Zahlenaufgabe (und somit auch die sie fordernde Größenaufgabe) nicht a priori Unmögliches einschließe; und andererseits auch darum, weil der Gang der ausführenden Teiloperationen (ähnlich wie bei der Subtraktion und Division), je nach Möglichkeit und Unmöglichkeit der zunächst angesetzten, Abänderungen erführe. Was aber die zweiterwähnten Fragen anlangt, die Vertauschbarkeit der Zahlenwerte bei Erhaltung der Verbindungsform betreffend, so wird die Kenntnis von Sätzen wie z. B. $a \cdot b = b \cdot a$ unter Umständen die doppelte Mühe der Rechnung ersparen und auch sonst durch Auswahl der bequemeren unter den gleichwertigen Formen zu willkommenen Abkürzungen anleiten können.

Operationsmischungen.

Mit den bisher in Betracht gezogenen Zahlenkompositionen und entsprechenden Operationen ist aber die Gesamtheit der überhaupt erdenklichen noch immer nicht abgeschlossen. Es tritt hinzu die ganze Mannigfaltigkeit neuer Formen, welche durch Kombination aus den bereits gebildeten als ihren Grundelementen entspringen. Es erheben sich Aufgaben, wie z. B. eine Summe mit einer Zahl zu multiplizieren; ein Produkt durch eine Summe zu dividieren; einen Quotienten zu einer Potenz zu erheben usw. Jede derartige Forderung liefert eo ipso eine Art symbolischer Zahlvorstellung, welche in dem angegebenen Sinne ausgewertet, d. h. auf eine bestimmte systematische Zahl reduziert werden soll. Nun kann freilich die Auswertung dadurch erfolgen, daß man einfach dem Gange der angezeigten Elementaroperationen Schritt für Schritt folgt. Aber wieder erfordern es logische Interessen, daß man einerseits vorher über die Möglichkeit der Ausführung (also Widerspruchslosigkeit der gestellten Aufgabe) im sichern und andererseits mit Rücksicht auf die Beschränktheit unserer Zeit und Kraft auf eine möglichste Vereinfachung bedacht sein muß. Was den ersten Punkt anlangt, genügen wohl die Regeln für die Ausführbarkeit der einzelnen Grundoperationen, und man wird ihnen gemäß von Fall zu Fall entscheiden. In letzterer Hinsicht ist aber ein genaues Studium der wechselseitigen Beziehungen, in welchen die verschiedenen Elementaroperationen zueinander stehen, unerläßlich. Hierdurch wird es ermöglicht, eine Folge von Operationen durch eine äquivalente Folge anderer zu ersetzen, die entweder einfacher oder doch leichter auszuführen ist; diese vielleicht wieder durch eine andere, bis man schließlich zu einer Folge gelangt, welche ein nicht weiter reduzierbares Minimum von Komplikationen oder Schwierigkeiten aufweist und nun durch wirkliche Ausführung der angezeigten Grundoperationen ausgewertet wird. Ja, häufig genug kommt es vor, daß ganze Reihen von Operationsverknüpfungen in ihren Bildungen und Rückbildungen sich ganz aufheben.

Beispiele bieten sich leicht dar. Wird eine Zahl definiert als das Ergebnis der Multiplikation von b mit a und nachheriger Division durch b, dann wäre die Bestimmung derselben durch Ausführung dieser Anweisung töricht. Man sieht sogleich, daß a resultieren müsse. Nicht mehr so unmittelbar sieht man dasselbe bei der Aufgabe: a mit $b + c$ zu multiplizieren, durch c zu dividieren, dann wieder durch $b + c$ zu dividieren und mit c zu multiplizieren, obgleich die zugehörige Überlegung noch leicht zu bewerkstelligen ist. In komplizierten Fällen kann dieselbe jedoch höchst subtil und mühsam und für denjenigen, der mit den Gesetzen der Operationsbeziehungen nicht auf das genaueste vertraut ist, überhaupt undurchführbar sein; wie jeder in der Arithmetik Erfahrene wohl weiß. Als einfachere Beispiele für die nützliche Reduktion schwierigerer auf leichtere Operationen können uns auch jene obigen Betrachtungen dienen, welche zu den praktischen Methoden der rechnerischen Ausführung der vier Spezies für systematische Zahlen im engeren Sinne des Wortes geführt haben. So ist das Produkt zweier solcher Zahlen eo ipso das Produkt zweier Summenbildungen. Die Kenntnis der gesetzmäßigen Beziehungen zwischen Addition und Multiplikation war es nun, welche die Vornahme jener Dekomposition ermöglichte, durch welche die ursprünglich so umständliche Operation auf eine kleine Anzahl sehr einfacher reduziert werden konnte.

Es ist offenbar, daß auch die Konstruktion logisch vollkommener Methoden für die Ausführung der höheren Operationen (deren Begriffe wir oben angedeutet haben) ähnliche Bahnen einschlagen müßte; sie würde Betrachtungen erheischen, welche aus der Kenntnis der Beziehungen zwischen den höheren und niedrigeren Operationen Nutzen zu ziehen trachteten für eine möglichst günstige Reduktion jener auf diese. Wir sehen damit zugleich, daß nicht allein das Bedürfnis nach einer möglichst vollkommenen Ausführung komplizierterer Operationsverknüpfungen jenen Reduktionsaufgaben Wichtigkeit verleiht, sondern auch dieses eben geltend gemachte Bedürfnis nach möglichst vollkommenen Methoden für die Auswertung der Grundoperationen selbst. Und so legt denn auch dieser Gesichtspunkt ein wissenschaftliches Studium der wechselseitigen Beziehungen zwischen den Grundoperationen nahe.

Freilich stände nichts im Wege, die zugehörigen Reflexionen von Fall zu Fall anzustellen. Aber entspräche dies auch den Zwecken der arithmetischen Erkenntnis? Sicherlich nicht. Ein für allemal gebildete Regeln ersparen die immer wieder erneute Mühe schwieriger Überlegungen und gestatten auch hier, ein rein mechanisches Operieren an Stelle des wirklichen Denkens zu setzen. *Auch die Regeln für die Verbindung, Anordnung und Umsetzung der Operationen schließen sich zu einem lückenlosen Rechenmechanismus zusammen* sowie die spezielleren Regeln für die Auswertung der einzelnen Operationen. Sind diese Regeln nun im voraus fixiert und eingeprägt, dann kann für die Ausführung irgendwelcher Operationskomplexe unter allen Umständen der kürzeste und vorteilhafteste Rechnungsweg ausgewählt werden, ohne daß man doch jemals auf die Bedeutung der Zeichen rekurrieren müßte.

Die wissenschaftlichen Überlegungen, durch welche die Begriffe der verschiedenen symbolischen Zahlbildungsformen definiert werden und die Erkenntnis ihrer wechselseitigen Beziehungen zu der Aufstellung eines Mechanismus von Rechnungsregeln für die äquivalente Verbindung, Anordnung und Umsetzung dieser Formen verwendet wird, bilden nun das *Gebiet der allgemeinen Arithmetik*.

Indirekte Zahlencharakterisierung durch Gleichungen.

Wir haben bisher nur eine Reihe von Aufgaben kennengelernt, welche ein logisches Bedürfnis nach dem wissenschaftlichen Studium der verschiedenartigen Formen symbolischer Zahlbildung und der Gesetze ihrer wechselseitigen Verknüpfung erregen mußten. Stets hatten wir nur Fälle im Auge, wo eine Zahl symbolisch definiert wird durch ein Gebilde von lauter bekannten Zahlen, verknüpft und geformt durch jene symbolischen Grundverbindungen, die wir oben als Summe, Differenzen, Produkte, Quotienten, Potenzen usw. kennengelernt haben. Aber noch andere Fälle sind denkbar. Eine Zahl kann auch symbolisch definiert sein als ein unbekannter Bestandteil solch eines genau charakterisierten Gebildes, dessen Wert bereits bekannt oder vermittels eines durchweg aus bekannten Zahlen aufgebauten Operationsgebildes zu berechnen ist. Mit einem Worte auch durch Gleichungen können Zahlen definiert sein. Was wir von einer solchen Zahl wissen, ist der Umstand, daß ihr Wert, falls er bekannt wäre, durch die und die Operationen mit gewissen gegebenen Zahlen verbunden, jenes direkt oder indirekt bekannte Resultat ergeben würde. Während es sich also im ersten Falle stets um die bloße (und möglichst einfache) Ausführung einer Reihe von Operationen mit bekannten Zahlen handelt, liegt nun hier eine weit schwierigere Aufgabe vor, nämlich der Aufwicklung komplizierter Zahlbeziehungen, in welche die unbekannte Zahl selbst mit eingewoben ist.

Endlich ist noch die Möglichkeit zu erwähnen, daß eine Zahl statt durch eine einzige Gleichung, vielmehr durch ein Gleichungssystem definiert werde; ein Fall, der trotz der größeren Komplikation in logischer Hinsicht nichts wesentlich Neues darbietet.

Man sieht sogleich, daß in allen diesen Fällen eine Verallgemeinerung jener Art indirekter Zahlencharakteristik vorliegt, die wir bei jeder „inversen" Zahlbildung beobachtet haben. In der ersten Reihe von Zahlbildungen wurde eine Zahl X definiert durch die Verknüpfungen:

$$a + b,\ a \cdot b,\ a^b, \text{ usw.};$$

in der zweiten Reihe durch die Bedingungen:

$$a + x = b;\ a \cdot x = b;\ a^x = b;\ x^a = b;\ \text{usw.}$$

Die Zahlen, welche diesen Bedingungen genügen, faßt man als letzte und elementare Bildungen, da sie weder aufeinander noch auf diejenigen der ersten Reihe reduzierbar sind.[1] Es sind nun aber durch kombinatorische Verknüpfung dieser auch andere verwickelte Bedingungen gleichen Charakters zu konstruieren; z.B. $ax \pm b = c$, $ax^2 + b^x = c$, und dgl. Ob nun auch derartige Aufgaben zu wesentlich neuen, d. h. letzten und nicht weiter reduktiblen Zahlformen führen, ob sie unter allen oder nur unter besonderen Umständen Widerspruchloses ergeben oder nicht, das bedarf einer besonderen Untersuchung. Jedenfalls liegt der Gedanke nahe, es möchten sich, seien es alle, seien es bestimmt charakterisierte Klassen dieser Zahlformen, auf jene elementaren reduzieren; es möchte gelingen, die Komplikation von Operationen, in welche die unbekannte Zahl eingewickelt ist, durch eine Reihe äquivalenter Transformationen derart aufzuwickeln, daß sie schließlich als eine Zahl des erstbetrachteten Charakters dasteht, die in einem auf lauter bekannten Zahlen ruhenden Operationsgebilde ihr Äquivalent hat. Es ist offenbar, daß diese aufwickelnden Transformationen nur auf einer genauen wissenschaftlichen Erkenntnis der Beziehungen zwischen den verschiedenen elementaren Zahlbildungsarten und deren Komplikationsformen beruhen könnten, und so erregt auch diese zweite große Klasse von Problemen, welche ein besonderer und höchst wichtiger Zweig der Zahlenlehre — die Algebra — behandelt, das Bedürfnis nach einer allgemeinen Arithmetik in dem oben definierten Sinne einer allgemeinen Operationslehre.

Ergebnis. Die logischen Quellen der allgemeinen Arithmetik.

Damit haben wir die beiden großen Problemgruppen, welche zu ihrer Lösung einer allgemeinen Arithmetik bedürfen und sie

[1] Wir stehen hier auf dem Standpunkte, wo die „negativen," „imaginären," „gebrochenen" und „irrationalen Zahlen" noch nicht eingeführt sind. Durch sie findet auf unserem Anzahlengebiete eine rechnerisch-formelle — obschon keineswegs begriffliche — Reduktion der inversen Zahlformen auf die direkten statt.

logisch fordern, gekennzeichnet. Die erste geht auf eine indirekte Zahlbestimmung durch einen äquivalenten Komplex gegebener Verknüpfungen von bekannten Zahlen, und die Aufgabe besteht darin, die wirkliche Ausführung auf ein Minimum von Schwierigkeiten und Verwicklungen zu reduzieren; die zweite geht auf eine in noch viel höherem Maße indirekte Zahlbestimmung durch einen Komplex nur unvollkommen gegebener Operationen, sofern die unbekannte Zahl selbst als das eine Fundament der Verknüpfungen fungiert, und die Aufgabe besteht darin, die Unbekannte, sei es vollkommen oder wenigstens durch einen äquivalenten Komplex der ersten Art zu bestimmen, welcher dann (vorausgesetzt, daß die bezüglichen Auswertungsmethoden schon hinreichend ausgebaut sind) jederzeit ausgerechnet und somit wie der Repräsentant einer bekannten Zahl angesehen werden kann.

Mit den zuletzt betrachteten Problemen sind alle erdenklichen Arten symbolischer Zahlbestimmungen erschöpft, und so können wir unser Resultat in kurzer Form auch so aussprechen:

Die Tatsache, daß wir in der unvergleichlichen Mehrheit von Fällen auf symbolische Zahlbildungen eingeschränkt sind, zwingt zu einer geregelten Ausbildung des Zahlengebietes in Form eines Zahlensystems (sei es der natürlichen Zahlenreihe oder des Systems in dem engeren Sinn des Wortes), welches nach einem festen Prinzip aus der Gesamtheit der zu einem jeden wirklichen Zahlbegriff gehörigen und ihm äquivalenten symbolischen Bildungen je eine herausgreift und ihr zugleich eine systematische Stelle gibt. Für alle andern noch denkbaren Zahlformen erwächst dann das Problem der Auswertung, d. h. der klassifikatorischen Reduktion auf die ihnen äquivalente Zahl des Systems. Eine Übersicht über die denkbaren Formen der Zahlbildung lehrte aber, daß die Erfindung zugehöriger Auswertungsmethoden abhängig ist von der Ausbildung einer allgemeinen Arithmetik in dem Sinne einer allgemeinen Operationslehre.